新编五年制高等职业教育教材

语 文

（第一册）

总 主 编　华启方
本册主编　李大洲

图书在版编目(CIP)数据

语文.第一册/李大洲主编. —合肥:安徽大学出版社,2011.8(2021.9重印)
ISBN 978-7-5664-0284-4

Ⅰ.①语… Ⅱ.①李… Ⅲ.①大学语文课—高等职业教育—教材 Ⅳ.①H19

中国版本图书馆 CIP 数据核字(2011)第 157700 号

语 文(第一册)

李大洲 主编

出版发行:	北京师范大学出版集团 安 徽 大 学 出 版 社 (安徽省合肥市肥西路3号 邮编230039) www.bnupg.com.cn www.ahupress.com.cn
印　　刷:	合肥现代印务有限公司
经　　销:	全国新华书店
开　　本:	184mm×260mm
印　　张:	27.25
字　　数:	498 千字
版　　次:	2011 年 8 月第 3 版
印　　次:	2021 年 9 月第 10 次印刷
定　　价:	49.00 元

ISBN 978-7-5664-0284-4

责任编辑:龚婧瑶　朱丽琴　　装帧设计:张同龙　李　军　　责任印制:陈　如

版权所有　侵权必究

反盗版、侵权举报电话:0551—65106311
外埠邮购电话:0551—65107716
本书如有印装质量问题,请与印制管理部联系调换。
印制管理部电话:0551—65106311

第三版前言

2000年始,安徽省教育厅在我省部分重点中专学校开办初中起点的五年制高职班,对安徽职业教育的发展和提高起到了很大的促进作用。实践证明,这种学制有其独特的优势,是我国高等职业教育的一种重要形式。

为了确保五年制高职教育的质量,努力办出高职特色,在省教育厅的关心支持下,我们于2000年组织部分举办五年制高等职业教育的试点学校编写了五年制高职语文教材。该套教材自2000年9月出版使用以来,已有11年时间。在使用过程中,该套教材得到了使用学校师生及各级领导和专家的充分肯定与支持,并被安徽省教育厅教秘[2001]330号文件规定为安徽省五年制高等职业教育推荐教材。在此期间,我们曾于2001年、2003年两次对该套教材进行了修订。现在,为了进一步提高教材的整体质量,以适应新形势下高职学校生源变化的实际情况,安徽大学出版社组织省内使用该套教材的院校,抽派教学和教材编写经验丰富的优秀教师,以"中等职业学校语文教学大纲"为基本依据,从2010年起,对该套教材进行第三次修订。

这次修订的原则是:总结本套教材的编写经验,广泛吸取同类、同层次教材的长处,做好与初中文化课程的衔接,适应新形势下生源变化的实际,适当降低起点,力求做到"重视基础,突出应用,反映前沿,与时俱进"。

该套教材的编写指导思想是:

一、教材的内容应体现中等职业学校语文教学目标,落实课程结构中各个模块的内容和要求。教材应该具有鲜明的职业教育特色,要有一定的弹性,要考虑全省不同地区、不同专业的需要,为教师留有发挥的余地,也为学生留有选择的空间。

二、教材选文要具有时代性、典范性和实用性,注重内容的价值取向,反映科技进步与社会发展的趋势。同时,要富有文化内涵,文质兼美;文体、语体及风格多样,培养学生爱国主义情操,能激发学生学习兴趣,提升学生的文化品位,加强学生品德修养和职业素养。

三、教材要体现五年制高职语文课程结构的特点,符合教学模式的变革。要充分考虑学生语文学习的现状,符合学生的认知规律,符合学生的阅读心理和阅读习惯,要利于学生掌握自学的方法,养成自学的习惯。

我们期望修订后的教材既能保证学生应有的文化素质,又能为学生后续课程的学习、求职就业和自主发展打好基础。

本套教材主要适用于五年制高等职业教育,同时也可作为中专生、中职生的教材或教学参考书。适应五年制高职生的学习需要,不断提高教材质量,是我们修订本套教材的主要目的,也是我们孜孜不倦地修订教材的动力。尽管我们已经作了很大努力,但由于我们的学识、经验有限,编写时间仓促,教材中出现的局限、疏漏和不完善之处在所难免,敬请专家和使用本教材的师生及时提出宝贵的意见。

《语文》编写组
2011 年 8 月

编写说明

五年制高职语文教材自 2003 年第二次修订以来,已使用了 8 年。修订本出版后,作为全省五年制高等职业教育的推荐教材,在全省及邻近省份相关学校广泛使用,发行量逐年增加。本套教材得到了使用学校师生的充分肯定和欢迎。2007 年本套教材荣获第二届全国农业职业教育教学优秀成果三等奖。

为了进一步提高教材的整体质量,在安徽大学出版社的组织下,我们于 2010 年 11 月在合肥召开了安徽省五年制高职语文教材修订会议,根据新形势下高职学校生源变化的实际情况,参照专家及教材使用学校师生的建议,就教材的体式和选文作了较大的修订。

我们在体式上作了重大调整和改进。教材由原来的四册,改为两册。每册 12 个单元,每单元选文 5 篇,包括"写作知识"(或"应用写作")、"口语交际"、"语文实践活动"这三大块的内容。教学时,可根据各校课时安排的多少,每册一学年学完,也可一学期学完;每单元选文可全部教学,也可选取 3~4 篇教学。各个单元均有一个明确的主旨,单元内的所有内容都是围绕主旨来编写,并兼顾不同的文体、语体和风格。

两册体例贯通,每单元均含基础模块和专业模块,只不过每册的后两个单元,专业模块比重大一些而已。

(一)在基础模块中,主要包括现代文学习、文言文学习和文学阅读欣赏三方面内容。采用"学习提示——选文——思考与练习"的体式。

1. 现代文 包括记叙文、说明文和议论文这三类文体。选文选自于名家名篇和近年来活跃在文坛上的文学新锐的作品。选文形式上具备较强的文体、语体特征,较丰富的语法、修辞表现;内容上做到思想、情感健康,励志向上,催人奋进,帮助学生对社会、人生等问题进行认识和思考。同时也选了一些反映安徽自然风光、传统文化和风土人情的文章,帮助学生了解省情,培养学生对家乡的热爱和自豪感。

2. 文言文 包括古代记叙文、议论文和说明文及古典诗词等。两册共有17篇。其中,第一册第一、二、六单元各1篇;第九单元,古诗、唐诗、宋词各1组。第二册第一、六、七、九单元各1篇;第八单元2篇,第二单元5篇。这样在120篇选文中,文言文占比为14.2%。这些选文难度适中,便于分析理解。内容上情感健康,内涵丰富,能代表优秀民族文化,体现民族精神。

3. 文学阅读欣赏 包括诗歌、散文、小说和戏剧这四类文学作品样式,集中在第一册第九单元和第二册第七、八、九三个单元。内容上侧重名著名篇,兼顾古今中外各种类型和不同风格流派。让学生通过欣赏祖国乃至世界璀璨的文化瑰宝,提高阅读欣赏能力。

(二)在专业模块中,除选文之外,主要注重以下三个方面:

1. 书面写作 包括写作知识和应用写作。写作知识,包括"中心明确"、"思想清晰"、"细微观察"、"感受生活"、"记人叙事"和"科普小品"6个方面的内容。采用"写作指导——借鉴实例——简评——写作练习"的体式。应用写作,包括条据、启事、一般书信、专用书信、慰问信、表扬信、感谢信、证明信、报告、通知、说明书、计划、总结、新闻、读后感、经济合同、广告、规章制度、海报、个人简历、自荐书、调查报告、求职信和应聘信共24种常用应用文。内容上贴近学生的学习和生活实际,指导学生掌握这些应用文的主要写作特点和要求,便于学生理解和运用。采用"范例——简评——写作指导——写作练习"的体式。

2. 口语交际 包括普通话标准训练、介绍、讲故事、说服与拒绝、拜访与接待、赞美与批评、感谢与道歉、朗读、诗歌朗诵、自我介绍、口头汇报、演讲、推销与洽谈、答询、采访、即席发言、点评、交谈、角色朗读、面试介绍、应聘等。在介绍其基本知识和方法技巧的基础上,让学生不断练习,以提高听说和交际能力。采用"表达指导——借鉴实例——简评——口语练习"的体式。

3. 语文实践活动 包括故事会、演讲会、朗诵会、新闻发布会、出墙报、模拟情境活动、调查活动、观察植物生长、就职演说、模拟应聘、辩论会等。每次活动首先确定"活动主题",其次是明确"活动的目的和要求",安排"活动的内容及步骤"。各项活动的准备工作,老师可作为作业,事先布置下去。这些实践活动有些可以在上课时进行,有些也可以安排在课外活动进行。

第三版全套教材由华启方任总主编。

第一册由李大洲担任主编,并编写了第九、十单元;艾敏编写了第一、二单元;程琦琳编写了三、四单元;王荣梅编写了第五、六单元;戴建中编写了第七、八单元;吴文胜编写了第十一、十二单元。

第二册由张峰担任主编,并编写了第九、十单元;华启方编写了第一单元;贾妍编写了第三、四单元;汪煦编写了第五、六单元;王学军编写了七、八单元;王忠编写了第十一、十二单元;华皖平编写了第二单元、第三十二课和第一、二册的附录。

为了方便教与学,我们还编写了"思考与练习"、"写作练习"和"口语练习"等参考答案。请相关老师和感兴趣的同学到北京师范大学出版集团安徽大学出版社网站上下载:www.ahupress.com.cn。

在教材编写、修订过程中,我们得到了安徽省教育厅、各有关学校及安徽大学出版社的大力支持和帮助,在此一并致谢。同时,我们学习、参考了有关资料,对于资料的原作者,表示衷心的感谢!

华启方

2011 年 8 月

目 录

第一单元 感悟亲情

一 合欢树 ················· 史铁生（3）
二 故乡的榕树 ············· 黄河浪（7）
三 乡土情结 ··············· 柯 灵（12）
四 父母的心 ··············· 川端康成（17）
五 项脊轩志 ··············· 归有光（20）
　写作知识一　中心明确 ················（23）
　口语交际一　普通话标准训练 ············（28）
　语文实践活动一　普通话测试模拟 ··········（33）

第二单元 自然美景

六 故都的秋 ··············· 郁达夫（36）
七 我的空中楼阁 ············· 李乐薇（40）
八 天山景物记 ·············· 碧 野（44）
九 我的家乡（节选） ··········· 汪曾祺（51）
十 游褒禅山记 ·············· 王安石（54）
　写作知识二　细微观察 ················（58）
　口语交际二　环境介绍 ················（61）
　语文实践活动二　郊游 ················（67）

第三单元 生命礼赞

十一 做一个战士 ……………………………………… 巴　金（70）
十二 生命壮歌 ……………………………………… 秦　牧（73）
十三 呱……呱…… ……………………………〔俄〕屠格涅夫（77）
十四 巩乃斯的马 …………………………………… 周　涛（80）
十五 北风 …………………………………………… 杨　刚（85）
　　写作知识三　思路清晰 ……………………………………（87）
　　口语交际三　讲故事 ………………………………………（91）
　　语文实践活动三　故事会 …………………………………（94）

第四单元 情系和谐

十六 笑 ……………………………………………… 冰　心（98）
十七 北平的庙会 ………………………………… 张中行（100）
十八 邻居们 ………………………………………… 老　舍（104）
十九 论和谐 ……………………………… 光明日报评论员（112）
二十 张岱年先生论"和谐" ……………………… 李存山（118）
　　应用写作一　条据　启事 …………………………………（122）
　　口语交际四　劝说与婉拒 …………………………………（128）
　　语文实践活动四　学会劝说与婉拒 ………………………（133）

第五单元 心路旅程

二十一 十八岁和其他 …………………………… 杨　子（136）
二十二 我很重要 ………………………………… 毕淑敏（141）
二十三 独坐夕阳里 ……………………………… 郭　枫（145）
二十四 沙滩上的脚迹 …………………………… 茅　盾（148）
二十五 青春之门 ………………………………… 赵　冬（151）
　　应用写作二　一般书信　专用书信 ………………………（153）
　　口语交际五　拜访与接待 …………………………………（158）

语文实践活动五　成长的烦恼——说说心里话 ……………………………（163）

第六单元　友谊长存

二十六　拣麦穗 ……………………………………………… 张　洁（168）
二十七　友谊 ………………………………………………… 赵丽宏（173）
二十八　关于友情·防范破碎 ……………………………… 余秋雨（176）
二十九　我们这一代人的友谊 ……………………………… 肖复兴（180）
三十　　祭陈同甫文 ………………………………………… 辛弃疾（184）
　　应用写作三　慰问信　表扬信 ………………………………（188）
　　口语交际六　赞美与批评 ……………………………………（191）
　　语文实践活动六　新词新语与流行文化 ……………………（197）

第七单元　关爱情怀

三十一　好雪片片 …………………………………………… 林清玄（202）
三十二　一碗阳春面 ………………………………………… 栗良平（206）
三十三　幼学纪事 …………………………………………… 于是之（213）
三十四　读碑 ………………………………………………… 刘成章（220）
三十五　履痕 ………………………………………………… 雷抒雁（223）
　　应用写作四　感谢信　证明信 ………………………………（225）
　　口语交际七　感谢与致歉 ……………………………………（228）
　　语文实践活动七　中职学生上网情况调查 …………………（233）

第八单元　世间百态

三十六　我为何而生 ………………………………………… 罗　素（237）
三十七　选择 ………………………………………………… 马　德（239）
三十八　随想二则 …………………………………………… 汪国真（242）
三十九　纪念傅雷 …………………………………………… 施蛰存（245）
四十　　善良 ………………………………………………… 王　蒙（249）

应用写作五　报告 ……………………………………………… （252）
　　口语交际八　解说 ……………………………………………… （255）
　　语文实践活动八　好书伴随我成长 …………………………… （257）

第九单元　诗海泛舟

四十一　古诗两首 ………………………………………………… （261）
四十二　唐诗三首 ………………………………………………… （265）
四十三　宋词四首 ………………………………………………… （273）
四十四　中国现当代诗歌 ………………………………………… （278）
四十五　外国诗两首 ……………………………………………… （286）
　　应用写作六　通知 ……………………………………………… （289）
　　口语交际九　诗歌朗诵 ………………………………………… （292）
　　语文实践活动九　班级诗歌朗诵会 …………………………… （298）

第十单元　人生社会

四十六　清塘荷韵 ……………………………………… 季羡林（301）
四十七　《宽容》序言 …………………………………… 房　龙（305）
四十八　过万重山漫想 ………………………………… 刘　征（310）
四十九　快乐每一天 …………………………………… 谢　冕（315）
五十　　师说 …………………………………………… 韩　愈（318）
　　应用写作七　商品说明书 ……………………………………… （321）
　　口语交际十　自我介绍 ………………………………………… （324）
　　语文实践活动十　自我展示 …………………………………… （327）

第十一单元　自信自立

五十一　邂逅霍金 ……………………………………… 葛剑雄（331）
五十二　尊严 …………………………………………… 沙叶新（334）
五十三　假如给我三天光明 ………………………… 海伦·凯勒（343）

五十四　培养独立工作和独立思考的人 …………………… 爱因斯坦(351)
五十五　民族自信力断想 ………………………………………… 司空奇(356)
　　应用写作八　计划 …………………………………………………(359)
　　口语交际十一　主持 ………………………………………………(362)
　　语文实践活动十一　模拟主持 ……………………………………(366)

第十二单元　责任义务

五十六　记念刘和珍君 …………………………………………… 鲁　迅(370)
五十七　谈自制力 ………………………………………………… 诸　晓(376)
五十八　这就叫公德 ……………………………………………… 冯骥才(379)
五十九　史蒂芬娜的选择 ………………………………〔美〕托马斯·弗莱明(381)
六十　　钱学森——中国人的骄傲 ……………………………… 刘敬智(387)
　　应用写作九　总结 …………………………………………………(392)
　　口语交际十二　口头汇报 …………………………………………(395)
　　语文实践活动十二　市场调查 ……………………………………(397)

附录一　应用文常用套语 ……………………………………………………(399)
附录二　古代文化知识 ………………………………………………………(404)
后　记 …………………………………………………………………………(419)

第一单元

感悟亲情

单元导读

  一位作家曾说过:"没有亲情、友情和爱情,世界就会是一片孤独和黑暗。"亲情是人世间最美好、真挚的感情,就像温暖的阳光,照亮了我们的心房,抚慰着我们的心灵。人类自产生以来,至爱亲情便是永恒的主题,而在灿烂辉煌的文化之中,更是时时处处闪耀着至善至纯的人性之光——亲情。本单元围绕着"血浓于水的至爱亲情"这一主题选择了5篇文章,或表现伟大无私的父母之爱,或表现温馨缠绵的故土之恋……无论哪一篇都让我们深深感动。如史铁生的《合欢树》,用朴实无华的语言,行云流水般谱写了一曲感人至深的母爱之歌,款款文字无不渗透着对母亲无尽的思念和深情,点点滴滴都敲击着每一位读者的心灵。黄河浪的《故乡的榕树》和柯灵的《乡土情结》则用优美的文字在对往事的追叙中,抒发对亲人、对故土的深切怀念之情,表现了作者心中那份缠绵的思乡之情。享誉海内外的日本著名作家川端康成的《父母的心》是一篇颇具特色的小小说,作者怀着淡淡的哀怨,以柔腻纤细的笔触,叙写了一对夫妻几次将孩子送走又要回,最终宁守贫穷全家也要在一起的故事。故事平凡,但情节曲折,催人泪下。本单元唯一一篇文言文是明代归有光的《项脊轩志》,文章借百年老屋的几经兴废,以叙写家庭日常琐事来抒发对亲人的深厚感情,文字委婉清新、深刻感人。

  学习本单元首先要领会文本的内容,了解亲情的丰富内容和多样的表现方式,感悟亲情,学会感恩和爱护生命,培养关爱亲人的美好情感,以丰富自己的心灵。其次要学会运用生活化的典型细节来表现真挚、细腻情感的写法,注重细节描写,围绕中心选材、剪裁,使文章中心鲜明、突出,学习融叙事抒情为一体的表达方式。

本单元还包括写作知识——"中心明确"和口语交际——"普通话标准训练"。

"中心明确"是指文章的基本观点和主要思想要突出并贯穿全文,成为统领全篇文章的核心。中心明确是作文内容的关键表现,一篇好的文章第一要义就要表现出鲜明的观点和意图。中心明确不仅是写作的基本要求,也是写好作文的重要方法和技巧。本单元就这一内容归纳了几点基本的方法和技巧,供同学们学习和借鉴。

口语交际在社会生活中历来就具有举足轻重的作用。我国使用的汉语以普通话为标准语音,所以普通话标准训练具有积极的现实意义。说好普通话不仅是口语交际的基本要求,也是高职学生必备的基本技能。本单元从理论和实际训练两方面介绍了普通话的基本知识,同时也提供了普通话水平测试的基本内容和训练方法。

本单元的语文实践活动安排了普通话测试模拟的相关内容,目的是通过训练,提高我们声母、韵母和声调,上声变调、儿化韵和轻声读音的正确性以及在没有文字凭借的情况下,规范运用普通话的能力,从而提高口语表达水平。

一 合欢树[①]

史铁生

学习提示

但丁说:"世界上有一种最美丽的声音,那就是母亲的呼唤。"古往今来,关于母爱的文章很多,本文就是其中的一篇。文章由两大部分组成,前半部分写母亲生前的事,后半部分写母亲去世后的事;前半部分以写"人"为主,后半部分以写"事"为主。两部分有机融合,真切表现了作者对母亲深沉的爱和永远的思念,高度赞美了伟大的母爱。

本文语言质朴平淡,但质朴中显风采,平淡中藏深味。作者思绪所至、笔触所到,无不渗透着无比的深情,如涓涓细流般将深切的母爱娓娓道来,仿佛和读者在聊天时不经意谈起母亲、说起合欢树似的,内心深切隽永的真情蕴涵于字里行间,值得我们细细体味。

学习时应重点体验并感悟文中表现出来的母子深情,把握本文朴实的文风中蕴藏着的深厚感情,以及文章所运用的象征手法,理解合欢树所包含的情感和所具有的象征意义。

十岁那年,我在一次作文比赛中得了第一。母亲那时候还年轻,急着跟我说她自己,说她小时候的作文作得还要好,老师甚至不相信那么好的文章会是她写的。"老师找到家来问,是不是家里的大人帮了忙。我那时可能还不到十

[①] 选自《合欢树》(山东文艺出版社出版,2001年)。史铁生(1951～2010),北京人,当代作家。作品有《我遥远的清平湾》《合欢树》等。合欢树,落叶乔木,伞形树冠,叶互生,伞房状花序,雄蕊花丝犹如缕状,半白半红,故有"马缨花"、"绒花"之称。

岁呢。"我听得扫兴,故意笑:"可能?什么叫可能还不到?"她就解释。我装作根本不再注意她的话,对着墙打乒乓球,把她气得够呛。不过我承认她聪明,承认她是世界上长得最好看的女的。她正给自己做一条蓝地白花的裙子。

二十岁,我的两条腿残废了。除去给人家画彩蛋,我想我还应该再干点别的事,先后改变了几次主意,最后想学写作。母亲那时已不年轻,为了我的腿,她头上开始有了白发。医院已经明确表示,我的病目前没办法治。母亲的全副心思却还放在给我治病上,到处找大夫,打听偏方,花很多钱。她倒总能找来些稀奇古怪的药,让我吃,让我喝,或者是洗、敷、熏、灸。"别浪费时间啦!根本没用!"我说。我一心只想着写小说,仿佛那东西能把残废人救出困境。"再试一回,不试你怎么知道会没用?"她说,每一回都虔诚①地抱着希望。然而对我的腿,有多少回希望就有多少回失望。最后一回,我的胯上被熏成烫伤。医院的大夫说,这实在太悬了,对于瘫痪病人,这差不多是要命的事。我倒没太害怕,心想死了倒痛快。母亲惊惶了几个月,昼夜守着我,一换药就说:"怎么会烫了呢?我还直留神呀!"幸亏好起来,不然她非疯了不可。

后来她发现我在写小说,她跟我说:"那就好好写吧。"我听出来,她对治好我的腿终于绝望。"我年轻的时候也最喜欢文学,"她说。"跟你现在差不多大的时候,我也想过搞写作。"她说,"你小时的作文不是得过第一?"她提醒我说。我们俩都尽力把我的腿忘掉。她到处去给我借书,顶着雨或冒了雪推我去看电影,像过去给我找大夫、打听偏方那样,抱了希望。

三十岁时,我的第一篇小说发表了,母亲却已不在人世。过了几年,我的另一篇小说又侥幸②获奖,母亲已离开我整整七年。

获奖之后,登门采访的记者就多了。大家都好心好意,认为我不容易。但是我只准备了一套话,说来说去就觉得心烦。我摇着车躲出去,坐在小公园安静的树林里,想:上帝为什么早早地召母亲回去呢?迷迷糊糊的,我听见回答:"她心里太苦了。上帝看她受不住了,就召她回去。"我的心得到一点安慰,睁开眼睛,看见风正在树林里吹过。我摇车离开那儿,在街上瞎逛,不想回家。

母亲去世后,我们搬了家。我很少再到母亲住过的那个小院儿去。小院儿在一个大院儿的尽里头,我偶尔摇车到大院儿去坐坐,但不愿意去那个小院儿,推说手摇车进去不方便。院儿里的老太太们还都把我当儿孙看,尤其想到我又没了母亲,但都不说,光扯些闲话,怪我不常去。我坐在院子当中,喝着东家的茶,吃着西家的瓜。有一年,人们终于又提到母亲:"到小院儿去看看吧,

---

① 虔诚:恭敬。
② 侥幸:由于偶然的原因获得利益或免去不幸。

你妈种的那棵合欢树今年开花了!"我心里一阵抖,还是推说手摇车进出太不易,大伙就不再说,忙扯些别的,说起我们原来住的房子里现在住了小两口,女的刚生了个儿子,孩子不哭不闹,光是瞪着眼睛看窗户上的树影儿。

我没料到那棵树还活着。那年,母亲到劳动局去给我找工作,回来时在路边挖了一棵刚出土的"含羞草",以为是含羞草,种在花盆里长,竟是一棵合欢树。母亲喜欢那些东西,但当时心思全在别处。第二年合欢树没有发芽,母亲叹息了一回,还不舍得扔掉,依然让它长在瓦盆里。第三年,合欢树却又长出叶子,而且茂盛了。母亲高兴了很多天,以为那是个好兆头,常去侍弄它,不敢再大意。又过了一年,她把合欢树移出盆,栽在窗前的地上,有时念叨,不知道这种树几年才能开花。再过一年,我们搬了家,悲痛使我们都把那棵小树忘记了。

与其在街上瞎逛,我想,不如就去看看那棵树吧。我也想再看看母亲住过的那间房。我老记着,那儿还有个刚来到世上的孩子,不哭不闹,瞪着眼睛看树影儿。是那棵合欢树的影子吗?小院儿里只有那棵树。

院儿里的老太太们还是那么欢迎我,东屋倒茶,西屋点烟,送到我眼前。大伙都不知道我获奖的事,也许知道,但不觉得那很重要;还是都问我的腿,问我是否有了正式工作。这回,想摇车进小院儿真是不能了。家家门前的小厨房都扩大,过道窄到一个人推自行车进出也要侧身。我问起那棵合欢树。大伙说,年年都开花,长到房高了。这么说,我再也看不见它了。我要是求人背我去看,倒也不是不行。我挺后悔前两年没有自己摇车进去看看。

我摇着车在街上慢慢走,不急着回家。人有时候只想独自静静地呆一会,悲伤也成享受。

有一天那个孩子长大了,会想起童年的事,会想起那些晃动的树影儿,会想起他自己的妈妈,他会跑去看看那棵树。但他不会知道那棵树是谁种的,是怎么种的。

思考与练习

一、有感情地朗读课文,思考以下问题:

1. 作者为什么回避一直想看的合欢树?
2. 合欢树具有怎样丰富的情感内涵和象征意义?
3. 文章在对那个看树影儿的孩子的拟想中结束,作者这样写想要表现什么?这种写法的特点和效果是什么?

二、作者力图表现母爱这一宏大而深刻的主题,却故意选取了最平凡的生活场景,这体现了散文的什么特点？

三、收集有关赞美母亲的名句，学习本文朴实平淡的语言，描述一件母亲关爱你的故事。

四、课外阅读史铁生的其他文章，体会其语言质朴、感情真挚的特点。

二　故乡的榕树①

黄河浪

学习提示

  这是一篇触景怀乡，回忆往事的文章。作者原籍福建省，后移居香港。由于身居异地他乡，自然对故乡的榕树"有一份亲切的感情"和"动了未泯的童心"，心驰情往，一往情深地沉浸在对故乡的回忆和怀念之中。作者围绕故乡的两棵"熟悉的大榕树"，把儿时的往事一件件地描述了出来，充满了真切的生活情趣和浓郁的乡土气息，抒发了思念故乡的游子之情。
  本文感情真挚感人。作者时而融情于景，借景抒情；时而情真意切，直抒胸臆。文中有不少段落像图画一般美丽，又像诗歌一样充满激情，充分体现了文艺语体形象性和情意性的基本特征。请想一想：作者写对榕树和榕树周围的人和事的回忆的目的是什么？这样写在文章内容的选材上和主旨的表达上有什么好处？

  住所附近的土坡上，有两棵苍老翁郁②的榕树，以广阔的绿荫遮蔽着地面。在铅灰色的水泥楼房之间，摇曳③赏心悦目④的青翠；在赤日炎炎的夏天，注一潭诱人的清凉。不知什么时候，榕树底下辟出一块小平地，建了儿童玩的滑梯

---

 ① 选自《福建青年》1980年6月号，有删改。黄河浪，原名黄世连，香港作家。榕树，常绿大乔木，树干生气根，多而下垂，入土后粗如柱，树叶深绿色，呈卵形，在我国生长于浙江南部和江西南部以南的地区。
 ② 翁（wěng）郁：形容枝叶茂盛。
 ③ 摇曳（yè）：摇荡。
 ④ 赏心悦目：使人看了舒服，心情愉快。

和亭子,周围又种了蒲葵和许多花朵,居然成了一个小小的儿童世界。也许是对榕树有一份亲切的感情罢,我常在清晨或黄昏带小儿子到这里散步,或是坐在绿色的长椅上看孩子们嬉戏,自有一种悠然自得①的味道。

那天特别高兴,动了未泯②的童心,我从榕树枝上摘下一片绿叶,卷制成一支小小的哨笛,放在嘴边,吹出单调而淳朴的哨音。小儿子欢跳着抢过去,使劲吹着,引得谁家的一只小黑狗寻声跑来,摇动毛茸茸的尾巴,抬起乌溜溜的眼睛望他。他把哨音停下,小狗失望地跑开去;他再吹响,小狗又跑拢来……逗得小儿子嘻嘻笑,粉白的脸颊上泛起淡淡的红晕。

而我的心却像一只小鸟,从哨音里展翅飞出去,飞过迷蒙的烟水、苍茫的群山,停落在故乡熟悉的大榕树上。我仿佛又看到那高大魁梧的躯干,鬈曲③飘拂的长须和浓得化不开的团团绿云;看到春天新长的嫩叶,迎着金黄的阳光,透明如片片碧玉,在袅袅的风中晃动如耳坠,摇落一串串晶莹的露珠。

我怀念从故乡的后山流下来、流过榕树旁的清澈的小溪,溪水中彩色的鹅卵石,到溪畔洗衣和汲水④的少女,在水面嘎嘎嘎地追逐欢笑的鸭子;我怀念榕树下洁白的石桥,桥头兀立的刻字的石碑,桥栏杆上被人抚摸光滑了的小石狮子。那汨汨⑤的溪水流走了我童年的岁月,那古老的石桥镌刻着我深深的记忆,记忆里的故事有榕树的叶子一样多……

站在桥头的两棵老榕树,一棵直立,枝叶茂盛;另一棵却长成奇异的S形,苍虬⑥多筋的树干斜伸向溪中,我们都称它为"驼背"。更特别的是它弯曲的这一段树心被烧空了,形成丈多长平放的凹槽,而它仍然顽强地活着,横过溪面,昂起头来,把浓密的枝叶伸向蓝天。小时候我们对这棵驼背榕树分外有感情,把它中空的那段凹槽当作一条"船"。几个伙伴爬上去,敲起小锣鼓,以竹竿当桨七上八落地划起来,明知这条"船"不会前进一步,还是认真地、起劲地划着。在儿时的梦里,它会顺着溪流把我们带到秧苗青青的田野上,绕过燃烧着火红杜鹃的山坡,穿过飘着芬芳的小白花的橘树林,到大江大海去,到很远很美丽的地方去……

有时我们会问:这棵驼背的老榕树为什么会被烧成这样呢?听老人说,很久很久以前,有一条大蛇藏在这树洞中,日久成精,想要升天;却因伤害人畜,

---

① 悠然自得:形容安然舒适的样子。
② 未泯(mǐn):没有丧失。泯,消灭,丧失。
③ 鬈(quán)曲:指头发弯曲。
④ 汲(jí)水:从井中打水。
⑤ 汨汨(gǔ):水流的样子。
⑥ 苍虬(qiú):苍,青色。虬,传说的一种龙。

犯了天条,触怒了玉皇大帝。于是有天夜里,乌云紧压着树梢,狂风摇撼着树枝,一个强烈的闪电像利剑般劈开树干,头上响起惊天动地的炸雷!榕树着火烧起来了,烧空了一段树干,烧死了那头蛇精,接着一阵瓢泼大雨把火浇熄了……这故事是村里最老的老人说的,他像老榕树一样垂着长长的胡子。我们相信他的年纪和榕树一样苍老,所以我们也相信他说的话。

不知在什么日子,我们还看到一些女人到这榕树下虔诚地烧一叠纸钱,点几炷香,她们怀着怎样的心愿来祈求这榕树之神呢?我只记得有的小孩面上长了皮癣,母亲就会把他带到这里,在榕树干上砍几刀,用渗流出来的液汁涂在患处,过些日子,那癣似乎也就慢慢地好了。而我最难忘的是,每当过年的时候,老祖母都会叫我顺着那"驼背"爬到树上,折几枝四季常青的榕树枝,用来插在饭甑①炊熟的米饭四周,祭祀祖先的神灵。那时候,慈爱的老祖母往往会蹀着缠得很小的"三寸金莲"②,笃笃笃地走到石桥上,一边看着我爬树,一边唠唠叨叨地嘱咐我小心。而我虽然心里有点战战兢兢的,却总是装出毫不在乎的样子,把折到的树枝得意地朝她挥舞。

使人留恋的还有铺在榕树头四周的长长的石板条,夏日里,那是农人们的"宝座"和"凉床"。每当中午,亚热带强烈的阳光令屋内如焚、土地冒烟,唯有这两棵高大的榕树撑开遮天巨伞,抗拒迫人的酷热,洒落一地的荫凉,让晒得黝黑的农人们踏着发烫的石板路到这里透一口气。傍晚,人们在一天辛劳后,躺在用溪水冲洗过的石板上,享受习习③的晚风,漫无边际地讲"三国"、说"水浒",从远近奇闻谈到农作物的长势和收成……高兴时,还有人拉起胡琴,用粗犷④的喉咙唱几段充满原野风味的小曲,在苦涩的日子里寻一点短暂的安慰和满足。

苍苍的榕树啊,用怎样的魔力把全村的人召集到膝下?不是动听的言语,也不是诱惑的微笑,只是默默地张开温柔的翅膀,在风雨中为他们遮挡,在炎热中给他们荫凉,以无限的爱心庇护着劳苦而纯朴的人们。

我深深怀念在榕树下度过的愉快的夏夜。有人卷一条被单,睡在光滑的石板上;有人搬几块床板,一头搁着长凳,一头就搁在桥栏杆上,铺一张草席躺下。我喜欢跟大人们一起挤在那里睡,仰望头上黑黝黝的榕树的影子,在神秘而恬静的气氛中,用心灵与天上微笑的星星交流。要是有月亮的夜晚,如水的

---

① 饭甑(zèng):煮饭的蒸笼。甑,古代蒸食的炊具。
② 三寸金莲:称旧时女子缠小了的脚。金莲,语出《南史齐昏侯记》:"凿金为莲华以贴地,令潘妃行其上,曰:此步步生莲华也。"莲华,即莲花。以后便称女子缠过的小脚为金莲。三寸,形容小巧。
③ 习习:形容风轻轻地吹。
④ 粗犷(guǎng):粗鲁,豪放。

月华给山野披上一层透明的轻纱,将一切都变得不很真实,似梦境,似仙境。在睡意朦胧中,有嫦娥驾一片白云悄悄飞过,有桂花的清香自榕树枝头轻轻洒下来。而桥下的流水静静地唱着甜蜜的摇篮曲,催人在夜风温馨①的抚摸中慢慢沉入梦乡……有时早上醒来,清露润湿了头发,感到凉飕飕的寒意,才发觉枕头不见了,探头往桥下一看,原来是掉到溪里,吸饱了水,涨鼓鼓的,搁浅在乱石滩上……

那样的日子不会回来了。我仿佛刚刚从一场梦中醒转,身上还留有榕树叶隙漏下的清凉;但我确实知道,这一觉已睡过了三十年,而人也已离乡千里万里外了!故乡桥头苍老的榕树啊,也经历了多少风霜?听说那棵"驼背",在一次台风猛烈的袭击中,挣扎着倒下去了,倒在山洪暴发的溪水里,倒在故乡亲爱的土地上,走完了自己生命的历程。幸好另一棵安然无恙,仍以它浓蔚的绿叶荫庇②着乡人。而当年把驼背的树干当船划的小伙伴们,都已成长。有的像我一样,把生命的船划到遥远的异乡,却仍然怀念着故乡的榕树么?有的还坐在树头的石板上,讲着那世世代代讲不完的传说么?但那像榕树一样垂着长长胡子的讲故事的老人已经去世了;过年时常叫我攀折榕树枝叶的老祖母也已离开人间许久了;只有桥栏杆上的小石狮子,还在听桥下的溪水滔滔流淌罢?

"爸爸,爸爸,再给我做几个哨笛。"不知什么时候,小儿子也摘了一把榕树叶子,递到我面前,于是我又一叶一叶卷起来给他吹。那忽高忽低、时远时近的哨音,弥漫成一片浓浓的乡愁,笼罩在我的周围。故乡的亲切的榕树啊,我是在你绿荫的怀抱中长大的,如果你有知觉,会知道我在遥远的异乡怀念着你么?如果你有思想,你会像慈母一样,思念我这漂泊天涯的游子么?

故乡的榕树啊……

思考与练习

一、作者为什么不以"故乡的怀念"或"忆故乡"为题,而以"故乡的榕树"为题?

二、写入文章的材料,除了用于直接表现主旨的主要材料外,也还有一些必不可少的次要材料。如第二自然段描写"小儿子"的文字,似乎与文章的主旨没有什么关系,可是作者为什么要将它写上呢?

三、文章的结尾处写道:"故乡的亲切的榕树啊,我是在你绿荫的怀抱中长大的,如果你有知觉,会知道我在这遥远的异乡怀念着你么?如果你有思想,你会像慈母一样,思念

---

① 温馨:温暖馨香。馨,芳香。
② 荫庇(yìn bì):大树枝叶遮蔽阳光,宜于人们休息,比喻尊长照顾着晚辈或祖宗保佑着子女。

第一单元 感悟亲情

我这漂泊天涯的游子么?"

1. 说说这一段抒情有什么特点。
2. 从语言表达上看,用了哪几种修辞手法?
3. 从构思的角度看,在文中起什么特殊作用?

四、恰当地运用修饰语,是文艺语体形象性的特征之一。请比较下列两组句子中的两个句子,它们的表达效果一样吗?为什么?试作具体说明。

①我怀念小溪,鹅卵石,少女,鸭子;我怀念榕树下洁白的石桥,石碑,小石狮子。

②我怀念从故乡的后山流下来、流过榕树旁的清澈的小溪,溪水中彩色的鹅卵石,到溪畔洗衣和汲水的少女,在水面嘎嘎嘎地追逐欢笑的鸭子;我怀念榕树下洁白的石桥,桥头兀立的刻字的石碑,桥栏杆上被人抚摸光滑了的小石狮子。

①在儿时的梦里,它会顺着溪流把我们带到田野上,绕过山坡,穿过橘树林,到大江大海去,到很远很美丽的地方去⋯⋯

②在儿时的梦里,它会顺着溪流把我们带到秧苗青青的田野上,绕过燃烧着火红杜鹃的山坡,穿过飘着芬芳的小白花的橘树林,到大江大海去,到很远很美丽的地方去⋯⋯

三 乡土情结①

柯 灵

学习提示

> 本文是作者为纪念《香港文学》创刊7周年而作的。文章以故园之思为线索,解释了"乡土情结"的由来,并将"乡土情结"赋予了时代内涵,叙述了由各种原因造成的离家而后思念家乡的情况,大大丰富了乡土情结的内涵。文中由"小家"到"大家",由"离家"到"归家",将乡土情升华为爱国主义的思想感情。
>
> 本文开门见山,以不会褪色的乡土情结开篇,又以此为主线,脉络清晰;最后以不会消失的乡土之恋结篇,首尾呼应。学习时要从作者这一思路理清文章的结构,把握文章的内容。
>
> 巧妙运用古典诗文,使语言含蕴丰富,增强了生动性和文学色彩,展示中华民族特有的心理品质,构成了本文表现艺术的又一个特色。

君自故乡来,应知故乡事,来日绮窗前,寒梅着花未?——王维

每个人的心里,都有一方魂牵梦萦②的土地。得意时想到它,失意时想到它。逢年逢节,触景生情,随时随地想到它。海天茫茫,风尘碌碌,酒阑灯灺③人散后,良辰美景奈何天,洛阳秋风,巴山夜雨,都会情不自禁地惦念它。离得远了久了,使人愁肠百结:"客舍并州数十霜,归心日夜忆咸阳。无端又渡桑乾

---

① 柯灵(1909～2000),散文家,剧作家。原名高隆任,字季琳。浙江绍兴人。
② 魂牵梦萦(yíng):指对一个人或事物不能忘记,一直记在心中。
③ 灺(xiè):蜡烛熄灭。

水,却望并州是故乡。"好不容易能回家了,偏又忐忑^①不安:"岭外音书断,经冬复历春。近乡情更怯,不敢问来人。""异乡人"这三个字,听起来音色苍凉;"他乡遇故知",则是人生一快。一个怯生生的船家女,偶尔在江上听到乡音,就不觉喜上眉梢,顾不得娇羞,和隔船的陌生男子搭讪^②:"君家居何处?妾住在横塘。停船暂借问,或恐是同乡。"辽阔的空间,悠邈^③的时间,都不会使这种感情褪色:这就是乡土情结。

人生旅途崎岖^④修远,起点站是童年。人第一眼看见的世界——几乎是世界的全部,就是生我育我的乡土。他开始感觉饥饱寒暖,发为悲啼笑乐。他从母亲的怀抱,父亲的眼神,亲族的逗弄中开始体会爱。但懂得爱的另一面——憎和恨,却须在稍稍接触人事以后。乡土的一山一水,一虫一鸟,一草一木,一星一月,一寒一暑,一时一俗,一丝一缕,一饮一啜,都溶化为童年生活的血肉,不可分割。而且可能祖祖辈辈都植根在这片土地上,有一部悲欢离合的家史。在听祖母讲故事的同时,就种在小小的心坎里。邻里乡亲,早晚在街头巷尾、桥上井边、田塍^⑤篱角相见,音容笑貌,闭眼塞耳也彼此了然,横竖呼吸着同一的空气,濡染着同一的风习,千丝万缕沾着边。一个人为自己的一生定音定调定向定位,要经过千磨百折的摸索,前途充满未知数,但童年的烙印,却像春蚕作茧,紧紧地包着自己,又像文身的花纹,一辈子附在身上。

"金窝银窝,不如家里的草窝。"但人是不安分的动物,多少人仗着年少气盛,横一横心,咬一咬牙,扬一扬手,向恋恋不舍的家乡告别,万里投荒,去寻找理想,追求荣誉,开创事业,富有浪漫气息。有的只是一首朦胧诗,为了闯世界。多数却完全是沉重的现实主义格调:许多稚弱的童男童女,为了维持最低限度的生存要求,被父母含着眼泪打发出门,去串演各种悲剧。人一离开乡土,就成了失根的兰花、逐浪的浮萍、飞舞的秋蓬、因风四散的蒲公英,但乡土的梦,却永远追随着他们。"慈母手中线,游子身上衣",这根线的长度,足够绕地球三匝^⑥,随卫星上天。

浪荡乾坤的结果,多数是少年子弟江湖老,黄金、美人、虚名、实惠,都成了竹篮打水一场空。有的侘傺^⑦无聊,铩羽而归^⑧。有的春花秋月,流连光景,"未

---

① 忐忑(tǎn tè):心神不定。
② 搭讪(shàn):为了想跟人接近或把尴尬的局面敷衍过去而找话说。
③ 悠邈(miǎo):遥远、久远。
④ 崎岖:山路不平。
⑤ 田塍(chéng):田埂。
⑥ 匝:读 zā。
⑦ 侘傺(chà chì):失意而神情恍惚的样子。
⑧ 铩(shā)羽而归:指失败或不得意,灰溜溜地回来。

老莫还乡,还乡须断肠。"有的倦于奔竞,跳出名利场,远离是非地,"只应守寂寞,还掩故园扉。"有的素性恬淡,误触尘网,不愿为五斗米折腰,归去来兮,种菊东篱,怡然自得①。但要达到这境界,至少得有几亩薄田,三间茅舍作退步,否则就只好寄人篱下,终老他乡。只有少数中的少数、个别中的个别,在亿万分之一的机会里冒险成功,春风得意,衣锦还乡——"富贵不归故乡,如衣绣夜行,谁知之者!"这句名言的创作者是楚霸王项羽,但他自己功败垂成,并没有做到。他带着江东八千子弟出来造反,结果无一生还,自觉无颜再见江东父老,毅然在乌江慷慨自刎。项羽不愧为盖世英雄,论力量对比,他比他的对手刘邦强得多,但在政治策略上棋输一着:他自恃无敌,所过大肆杀戮,乘胜火烧咸阳;而刘邦虽然酒色财货无所不好,入关以后,却和百姓约法三章,秋毫无犯,终于天下归心,奠定了汉室江山,当了皇上。回到家乡,大摆筵席,宴请故人父老兄弟,狂歌酣舞,足足闹了十几天。"大风起兮云飞扬,威加海内兮归故乡,安得猛士兮守四方!"这就是刘邦当时的得意之作,载在诗史,流传至今。

　　灾难使成批的人流离失所,尤其是战争,不但造成田园寥落,骨肉分离,还不免导致道德崩坏,人性扭曲。刘邦同项羽交战败北,狼狈逃窜,为了顾自己轻车脱险,三次把未成年的亲生子女狠心从车上推下来。项羽抓了刘邦的父亲当人质,威胁要烹了他,刘邦却说:咱哥儿们,我爹就是你爹,你要是烹了他,别忘记"分我杯羹"。为了争天下,竟可以丧心病狂到这种地步! 当然,战争有正义与非正义之分,"国家兴亡,匹夫有责";"匈奴未灭,何以家为";"四方丈夫事,平心铁石心";"男儿何不带吴钩,收取关山五十州",都是千古美谈。但正义战争的终极目的,正在于以战止战,缔造和平,而不是以战养战、以暴易暴。比灾难、战争更使人难以为怀的,是放逐:有家难归,有国难奔。屈原、贾谊、张俭、韩愈、柳宗元、苏东坡,直至康有为、梁启超,真可以说无代无之。也许还该特别提一提林则徐,这位揭开中国近代史开宗明义第一章的伟大爱国前贤,为了严禁鸦片,结果获罪革职,遣戍伊犁。他在赴戍登程的悲凉时刻,口占一诗,告别家人:"苟利国家生死以,岂因祸福避趋之。谪居②正是君恩厚,养拙刚于戍卒宜。"百年后重读此诗,还令人寸心如割,百脉沸涌,两眼发酸,低徊欷歔③不已。

　　安土重迁是中华民族的传统。我们祖先有个根深蒂固的观念,以为一切有生之伦,都有返本归元的倾向:鸟恋旧林,鱼思故渊,胡马依北风,狐死必首

---

① 怡然自得:感到愉快而又满足。
② 谪(zhé)居:指贬谪后住在某个地方。谪,封建时代把高级官吏降职并调到边远地方做官。
③ 欷歔(xī xū):叹息声;抽咽声。也作"歔欷"、"唏嘘"。

丘，树高千丈，落叶归根。有一种聊以慰情的迷信，还以为人在百年之后，阴间有个望乡台，好让死者的幽灵在月明之夜，登台望一望阳世的亲人。但这种缠绵的情致，并不能改变冷酷的现实，百余年来，许多人依然不得不离乡别井，乃至漂洋过海，谋生异域。有清一代，出国的华工不下一千万，足迹遍于世界，新兴资本主义国家的金矿、铁路、种植园里，渗透了他们的血汗。美国南北战争以后，黑奴解放了，我们这些黄皮肤的同胞，恰恰以刻苦、耐劳、廉价的特质，成了奴隶劳动的后续部队，他们当然做梦也没有想到什么叫"人权"。为了改变祖国的命运，孙中山领导的革命运动发轫①于美国檀香山，第一代中国共产党人，很多曾在法国勤工俭学。改革开放后掀起的出国潮，汹涌澎湃，方兴未艾②。还有一种颇似难料而其实易解的矛盾现象：鸦片战争期间被清王朝割弃的香港，经过一百五十年的沧桑③世变，终于回到了祖国的怀抱，这是何等的盛事！而不少生于斯、食于斯、惨淡经营于斯的香港人，却看作"头上一片云"，宁愿抛弃家业，纷纷作移民计。这一代又一代炎黄子孙浮海远游的潮流，各有其截然不同的背景、色彩和内涵，不可一概而论，却都是时代浮沉的倒影，历史浩荡前进中飞溅的浪花。民族向心力的凝聚，并不取决于地理距离的远近。我们第一代的华侨，含辛茹苦，寄籍外洋，生儿育女，却世代翘首神州，不忘桑梓④之情，当祖国需要的时候，他们都作了慷慨的奉献。香港蕞尔⑤一岛，从普通居民到各业之王、绅士爵士、翰苑⑥名流，对大陆踊跃输将，表示休戚相关、风雨同舟的情谊，是近在眼前的动人事例。"美不美，故乡水，亲不亲，故乡人"，此中情味，离故土越远，就体会越深。

科学进步使天涯比邻，东西文化的融会交流使心灵相通，地球会变得越来越小，但乡土之恋不会因此消失。株守乡井，到老没见过轮船火车，或者魂丧域外，漂泊无归的现象，早该化为陈迹。我们应该有鹏举鸿飞的豪情，鱼游濠水⑦的自在，同时拥有温暖安稳的家园，还有足以自豪的祖国，屹立于现代世界文明之林。

一九九一年十二月二十三日

---

① 发轫（rèn）：比喻新事物或某种局面开始出现。
② 方兴未艾（ài）：事物正在发展，一时不会终止。
③ 沧桑："沧海桑田"的略语。大海变成农田，农田变成大海。比喻世事变化很大或朝代更迭。
④ 桑梓（zǐ）：故里。
⑤ 蕞（zuì）尔：形容小（多指地区）。
⑥ 翰苑（yuàn）：文苑，文翰荟萃之处。
⑦ 濠（háo）水：水名，在中国安徽省。鱼游濠水，意出《庄子·秋水篇》，比喻别有会心，自得其乐的境地。

思考与练习

一、给下列加点的字注音：

魂牵梦萦（　　）　　悠邈（　　）　　三匝（　　）

谪居（　　）　　蓦然（　　）　　忐忑不安（　　）

欷歔（　　）　　桑梓（　　）　　搭讪（　　）

田塍（　　）　　铩羽而归（　　）　　发轫（　　）

濠水（　　）　　翰苑（　　）　　灯炷（　　）

二、关键句是指文章中十分重要的语句，它突出地体现文章的旨趣，标示着文章的思路，显示着文章结构的特点。从阅读的角度看，不把握它，就无从正确地理解文章。请找出本文中的关键句，并以此为线索，理清文章结构，把握文章内容。

三、本文大量引用诗句，借用典故、史料来表现"乡土情结"。请找出来，想一想这样写有什么作用。

四、课文中有这样一句话："一个人为自己的一生定音定调定向定位，要经过千磨百折的摸索，前途充满未知数，但童年的烙印，却像春蚕作茧，紧紧地包着自己，又像文身的花纹，一辈子附在身上。"请联系自身经历，追寻童年生活的印记，谈谈你对此的理解。

四 父母的心①

川端康成

学习提示

> 本文是日本著名作家川端康成的一篇短篇小说。讲述了一对贫困夫妻拒绝优越条件,不愿把自己任何一个孩子送给富人的故事,表现了人类最伟大的一种情感——父母对子女的爱。
>
> 故事虽然简单,但构思新颖,描写细腻,引人入胜。作者用一波三折、跌宕起伏的情节,通过语言、动作刻画人物内心世界的表现手法,让我们感受到了天下父母对子女那份浓浓的爱。学习时应注意体会。

　　诸位,把眼睛闭上五分钟,然后平心静气地想想父亲或者母亲试试看。你们的父母是如何深深地爱着你们,怀念子女的父母之心是多么温暖、多么广阔,直到现在不是依然使大家感慨万千、激动不已的么?啊,用不着闭上眼睛,你们大家无论早晚不是深深地感到双亲之恩么?这个故事,肯定也是让你们知道父母之心是多么伟大的故事之一。

　　轮船从神户港开往北海道,当驶出濑户内海到了志摩海面时,聚集在甲板上的人群中,有位衣着华丽、引人注目、年近四十的贵妇人。女佣和打杂儿的片刻不离左右。

　　与此成对照的是,有个四十岁上下的男人,他也引人注意:他带着三个孩子,最大的七八岁。孩子们看上去个个聪明可爱,可是每个孩子的衣裳都污迹

---

① 选自《读懂父亲》(中国书店出版社,2006年4月)。川端康成(1899~1972),日本现当代小说家。1968年获诺贝尔文学奖。主要作品有《伊豆的舞女》、《雪国》、《古都》等。

斑斑。

不知为什么,高贵夫人总看着这父子们。后来,她在老女佣耳边嘀咕了一阵,女佣就走到那个穷人身旁搭讪起来:

"孩子多。真快乐啊!"

"哪里的话,老实说,我还有一个吃奶的孩子。穷人孩子多了更苦。不怕您笑话,我们夫妻已没法子养育这四个孩子了!但又舍不得抛弃他们。这不,现在就是为了孩子们,一家六口去北海道找工作啊。"

"我倒有件事和你商量,我家主人是北海道函馆的大富翁,年过四十,可是没有孩子。夫人让我跟你商量,是否能从你的孩子当中领养一个做她家的后嗣?如果行,会给你们一笔钱作酬谢。"

"那可是求之不得啊!可我还是和孩子的母亲商量商量再决定。"

傍晚,轮船驶进相模滩时,那个男人和妻子带着大儿子来到夫人的舱房。

"请您收下这小家伙吧"夫妻俩收下了钱,流着眼泪离开了夫人舱房。

第二天清晨,当船驶过房总半岛,父亲拉着五岁的二儿子出现在财主夫人的舱房。

"昨晚,我们仔细地考虑了好久,不管家里多穷,我们也该留着大儿子继承家业,把长子送人,不管怎么说是不合适的。如果允许,我们想用二儿子换回大儿子!"

"完全可以。"贵夫人愉快地回答。

这天傍晚,母亲又领着三岁的女儿到了财主夫人舱内,很难为情地说:

"按理说我们不该再给您添麻烦了。我二儿子的长相、嗓音极像死去的婆婆。把他送给您,总觉得像是抛弃了婆婆似的,实在太对不起我丈夫了。再说,孩子五岁了,也开始记事了。他已经懂得是我们抛弃他的。这太可怜了。如果您允许,我想用女儿换回他。"

财主夫人一听是想用女孩换回男孩,有些不高兴,看见母亲难过的样子,也只好同意了。

第三天上午,轮船快接近北海道的时候,夫妻俩又出现在贵夫人的卧舱里,什么话还没说就放声大哭。

"你们怎么了?"财主夫人问了好几遍。

父亲抽泣地说:"对不起。昨晚我们一夜没合眼,女儿太小了,真舍不得她。把不懂事的孩子送给别人,我们做父母的心太残酷了。我们愿意把钱还给您。请您把孩子还给我们。与其把孩子送给别人,还不如全家一起挨饿……"

财主夫人听着流下同情的泪:

"都是我不好。我虽没有孩子,可理解做父母的心。我真羡慕你们。孩子应该还给你们,可这钱要请你们收下,是对你们父母心的酬谢。"

那一家六口终于又团聚了。

思考与练习

一、课文如果一开头就写贫穷父母一个孩子也不送,不是更能体现父母的爱子之心吗?文章现在这样安排有什么好处?

二、仔细体味课文中所写的"当爹妈的心",根据下面提供的情境,用一两句话说出"那位父亲"和他的妻子的心理。

1. 财主夫人要求送一个孩子给她时?

2. 送走长子时?

3. 用次子换回长子时?

4. 用女儿换回次子时?

5. 要回女儿时?

三、有人认为两口子"宁愿一家六口饿死"的做法很不"明智",你同意这个观点吗?请简述理由。

四、这一家人终于团聚了,但以后呢?他们一家六口将会过着怎样的生活?请展开你的合理想象,选择一种结局进行续写。

五 项脊轩志①

归有光

学习提示

本文是作者为自己的书斋写的一篇文章。

作者借百年老屋的几经兴废,回忆自己青少年时期在项脊轩所经历的往事,续写了和亲人们在一起度过的美好时光,表达了人亡物在、三世变迁的感慨,抒发了怀念祖母、母亲和妻子的深厚感情。

作者善于选取生活小事、平凡场景来表现人物音容笑貌,寄托自己的深情。文章以"多可喜,亦多可悲"的思想感情作为贯穿全文的线索。学习时要注意分析这根线索串起了哪些材料来表现这"多可喜,亦多可悲"的思想感情的。

项脊轩,旧②南阁子也。室仅方丈③,可容一人居。百年老屋,尘泥渗漉④,雨泽⑤下注,每移案,顾视无可置者⑥。又北向⑦,不能得日,日过午已昏。余稍

---

① 选自《震川文集》,有删节。归有光(1507~1571),字熙甫,号震川,明代昆山(今江苏昆山)人,后迁居嘉定(今上海市嘉定区),世称"震川先生"。明代后期著名散文家。项脊轩,是作者的书斋名。
② 旧:旧日的,原来的。
③ 方丈:一丈见方。
④ 尘泥渗(shèn)漉(lù):(屋顶墙头上的)泥土漏下。渗漉,从小孔慢慢漏下。
⑤ 雨泽:雨水。
⑥ 顾视无可置者:环视周围,没有可以安置(案桌)的地方。
⑦ 北向:窗户朝北。向,窗户。

为修葺①,使不上漏。前②辟四窗,垣墙周庭,以当南日③,日影反照,室始洞然④。又杂植兰桂竹木于庭,旧时栏楯⑤,亦遂增胜⑥。借书满架,偃仰⑦啸歌,冥然兀坐⑧,万籁⑨有声;而庭阶寂寂,小鸟时来啄食,人至不去。三五之夜⑩,明月半墙,桂影斑驳⑪,风移影动,珊珊⑫可爱。

然余居于此,多可喜,亦多可悲。

先是⑬,庭中通南北为一。迨诸父异爨⑭,内外多置小门,墙往往而是⑮。东犬西吠⑯,客逾庖而宴⑰,鸡栖于厅。庭中始为篱,已⑱为墙,凡再变矣⑲。家有老妪,尝居于此。妪,先大母⑳婢也,乳二世㉑,先妣抚㉒之甚厚。室西连于中闺㉓,先妣尝一至。妪每㉔谓余曰:"某所,而母立于兹㉕。"妪又曰:"汝姊在吾怀,呱呱而泣;娘以指叩门扉曰:'儿寒乎?欲食乎?'吾从板外相为应答。"语未毕,余泣,妪亦泣。余自束发读书轩中,一日,大母过余㉖曰:"吾儿,久不见若影,何竟

---

① 修葺(qì):修补。
② 前:指阁子北面,因这阁子是"北向"的。
③ 垣(yuán)墙周庭,以当南日:院子周围砌上墙,用北墙挡着南边射来的日光。垣墙,名词用作动词,砌上垣墙。垣,矮墙,也泛指墙。
④ 洞然:明亮的样子。
⑤ 栏楯(shǔn):栏杆。纵的叫栏,横的叫楯。
⑥ 增胜:增加光彩。胜,美。
⑦ 偃(yǎn)仰:俯仰,这里指安居、休息,形容生活悠然自得。
⑧ 冥然兀(wù)坐:静静地独自端坐着。
⑨ 籁(lài):从孔穴中发出的声音。
⑩ 三五之夜:农历每月十五日的夜晚。
⑪ 斑驳:错杂。
⑫ 珊珊:美好的样子。珊珊,通"姗姗"。
⑬ 先是:先于是,这以前。
⑭ 迨(dài)诸父异爨(cuàn):等到伯、叔们分居了。迨,及、等到。诸父,伯父、叔父的统称。异爨,不同用一个灶头烧饭,意思是诸父分了家。
⑮ 往往而是:到处都是。
⑯ 东犬西吠:东家的狗(听到西家的声音)就对着西家叫。
⑰ 逾庖(páo)而宴:越过厨房去吃饭。庖,厨房。
⑱ 已:已而,然后。
⑲ 凡再变矣:总共变动了两次。凡,总共。
⑳ 先大母:去世的祖母。下文的"先妣(bǐ)"指去世的母亲。
㉑ 乳二世:给两代人喂过奶。乳,名词用作动词,喂奶。
㉒ 抚:这里是对待的意思。
㉓ 中闺:内室。
㉔ 每:经常,不止一次。
㉕ 而母立于兹:你的母亲(曾经)站在这儿。而,同"尔",你,你的,第二人称代词。下文"就不见若影"中的"若"也是第二人称代词。
㉖ 过余:到我(这里来)。过,到。

日默默在此,大类①女郎也?"比去②,以手阖③门,自语曰:"吾家读书久不效④,儿之成,则可待乎!"顷之,持一象笏⑤至,曰:"此吾祖太常公宣德间执此以朝⑥,他日汝当用之!"瞻顾遗迹⑦,如在昨日,令人长号不自禁。

轩东故尝为厨,人往,从轩前过。余扃牖⑧而居,久之,能以足音辨人。轩凡四遭火,得不焚,殆⑨有神护者。

余既为此志⑩,后五年,吾妻来归⑪,时至轩中,从余问古事,或凭几学书⑫。吾妻归宁⑬,述诸小妹语⑭曰:"闻姊家有阁子,且⑮何谓阁子也?"其后六年,吾妻死,室坏不修。其后二年,余久卧病无聊,乃使人复葺南阁子,其制⑯稍异于前。然自后余多在外,不常居。

庭有枇杷树,吾妻死之年所手植也,今已亭亭如盖⑰矣。

思考与练习

一、本文以"多可喜,亦多可悲"的感情线索作为贯穿全文的线索。熟读课文,看看作者是通过哪些生活小事、平凡场景来表现"多可喜,亦多可悲"的思想感情的。

二、辨析下列句中多义词的词义,选择正确答案。

过:A.走过、经过　　B.访问、探问　　C.超过、胜过　　D.过失、错误

1.日过午已昏。(　　)

2.一日,大母过余曰。(　　)

3.人往,从轩前过。(　　)

4.群臣吏民能面刺寡人之过者,受上赏。(　　)

---

① 大类:很像。类,像,动词。
② 比去:等到离开的时候。比,及、等到。
③ 阖(hé):关闭。阖,通"合"。
④ 久不效:长久没有效果,这里指科举上无所成就。
⑤ 象笏(hù):象牙做的笏。笏,封建时代臣子上朝时用的手板,有事可记在上面备忘。
⑥ 此吾祖太常公宣德间执此以朝:这(是)我祖父太常公宣德年间拿去上朝用的。太常公,归有光的祖母的祖父夏昶(chǎng)在宣德年间曾任太常寺卿。公,尊敬的称呼。
⑦ 瞻顾遗迹:回忆旧日的往事。瞻顾,泛指看,这里有瞻仰、回忆的意思。
⑧ 扃(jiōng)牖(yǒu):扃,关闭。牖,窗户。
⑨ 殆:大概。
⑩ 余既为此志:我已经写了这篇志。此志,指本篇中这一句以上的文章,从这一句以下的是后来补写的。
⑪ 来归:嫁到我家来。归,指女子出嫁。
⑫ 或凭几学书:有时靠着桌子学写字。
⑬ 归宁:出嫁后的女子回娘家省亲。
⑭ 述诸小妹语:(回我家后)转述小妹们的话。
⑮ 且:还有,那么的意思。
⑯ 制:形式,规制。
⑰ 亭亭如盖:高高的直立着,(枝叶繁茂)像伞一样。亭亭,直立的样子。盖,古称伞。

已：A.停止　　B.连词,同"以"　　C.已经　　D.已而、然后

1.日过午已昏。（　　）

2.庭中始为篱,已为墙。（　　）

3.学不可以已。（　　）

4.自董卓已来,豪杰并起。（　　）

为：A.写作　　B.是　　C.治理　　D.被　　E.给、替

1.余稍为修葺。（　　）

2.轩东故尝为厨。（　　）

3.余既为此志。（　　）

4.为国者无使为积威之所劫哉。（　　）

三、指出下列句中活用的词,并作解释。

1.余稍为修葺,使不上漏。

2.东犬西吠,客逾庖而宴。

3.妪,先大母婢也,乳二世。

4.百年老屋,尘泥渗漉,雨泽下注。

四、本文文字简洁,叙事真切,感情真挚。学习这种写法,自拟题目,写一篇有关家庭生活的短文。

五、背诵全文。

写作知识一　中心明确

写作指导

这里所说的"中心",是指文章通过其全部内容而表现出来的基本观点或意图,即一篇文章所要表达的主要意思和主旨。写文章都有目的,或说明一个道理,或抒发某种感情,或赞扬、批评,或歌颂、揭露,这个目的就是文章的中心。中心明确是指文章的基本观点和主要思想要突出,贯穿全文,成为统领全篇文章的核心。

那么怎样才能做到中心明确呢?

一、要确立一个集中、鲜明的中心主旨和思想。

集中、鲜明地表现出中心主旨和思想,是作文的根本任务,也是人们评析一篇文章好坏的基本依据。作为读者,我们读文章重视探究作者的写作目的,领会文章的主要思想;作为作者,我们写文章也要围绕一个中心展开详细叙述和讨论。一篇文章的内容可能涉及多个方面,表达方式也可能多种多样,但最终都必须只为一个中心服务。如果文章是由杂乱句子和段落简单地拼凑而成,没有思维逻辑,也没有明确的观点和道理;或者洋洋洒洒下笔千言却离题万里;或者"脚踏西瓜皮,滑到哪里就哪里",想到什么就写什么,思路散

漫等等,读之令人不知你到底要表达或说明什么思想内容,这样的文章连中心都没有,更谈不上中心明确了。还有一种我们比较容易犯的错误,就是中心多而分散,一篇文章里几个观点和道理,它们齐头并进,没有主次,没有统领,文章对每个方面的讨论都如蜻蜓点水般,想面面俱到,样样都谈,结果是面面都写不透,样样都说不清。多中心也就意味着无中心,俗语说"一块石头打不中两只兔子",说的就是这个道理。

一篇文章不仅只能有一个中心,而且还要把这个中心写深、写透,使其突出,旗帜鲜明地肯定或反对,而不是浅尝辄止、含糊其辞、模棱两可。这就是我们常讲的中心突出。其实集中、鲜明这两者是统一的,只有中心集中,才能使文章的中心思想明确、突出。反之亦然。

二、要紧扣中心,合理地选择和组织材料。

若想做到中心明确,除了确定一个集中、鲜明的主旨和思想外,材料的选择和组织也是关键。写一篇文章,可供使用的材料很多,但我们并不能将所有与之有联系的材料不加分析、不加选择地全都罗列其中,而必须要紧紧围绕文章所要表达的中心进行选择和组织,这样才能做到中心明确、突出,否则就会犯中心不明确的毛病。看下面的例子:

作文《我的同桌》

某同学的材料提纲是这样的:

材料一:我的同桌在上学的路上救助了一位互不相识的、受伤的路人。

材料二:我的同桌热心帮助我,使我克服了学习上困难。

材料三:我的同桌在考试中作弊,被学校通报批评。

材料四:我的同桌在运动场上因为给比赛的运动员倒水不慎而烫伤同学。

……

通过此同学作文使用的材料,我们看不出这篇文章究竟是要赞扬同桌的助人为乐,还是要批评同桌学习不努力,性格鲁莽,这就是因材料选择不当而造成全文没有一个明确的中心。现实生活中一个人的表现给人的印象是多方面和多层次的,以上材料也许是真实存在的,但不能把与此人有关的材料一并搬上才算好,而要有目地进行选择、组合和使用。仔细分析一下,这位同学在表现同桌时,如果选择了材料一和材料二,那么这篇作文就给人一个明确的中心:赞扬同桌助人为乐;如果选择了材料三和材料四,这篇作文中心同样是明确的:批评同桌学习不努力,性格鲁莽。到底应该选择哪些材料来表现我的同桌,那就看你这篇文章的中心观点和思想了,因为材料是为表现中心服务的,中心不同,所使用的材料当然也就不一样。从这个简单的例子可以看出,只有围绕着所要表达的中心来进行选择和组织材料才能使文章中心明确。

在选择组织材料时,我们还要注意材料的新颖和典型,作文一定要有明确的中心,这主要靠立意来确定,立意就要从材料的选择上来体现。如果材料新颖、深刻而典型,能以小见大,见微知著,见人之所未见、发人之所未发,那么文章的主题必定鲜明而深刻。

例如《合欢树》,作者在表现母爱这样一个传统的写作主题时,材料的选择无论是时间还是空间上,跨度都很大,既写"人",又写"事";既写到母亲生前(包括年轻时)的语言、动作,又选取了母亲去世后发生看似与"我"的母亲无关的孩子和合欢树,而且都是些平实、不起眼的"小事",但作者将这些材料有机融合,始终紧扣表现"母爱"这个中心。正是这些具体"小事"和细节,才使读者从中感受到母亲对"我"的超乎寻常的爱,以及作者对母亲深沉的爱和永远的思念,最后通过"合欢树"这一典型的意象使文章中心升华为对天下母亲的赞美,这正是作者要表达的中心思想和写作意图。这样一来文章不仅中心鲜明,而且立意深刻。

三、要用恰当的表达方式表现和深化中心。

确定了文章的中心,选择了合适的材料,并不一定就意味着文章的中心鲜明深刻了,还必须用恰当、合适的语言文字形式将其表达出来,诉诸、传递给读者,并使读者能接受、内化,才可以说中心鲜明。一篇文章的中心内容或观点无论多么鲜明、深刻,最终还是要通过文字语言表达出来。恰当、合适的表达方式不仅能够使文章主题鲜明,而且还会使其得到进一步深化,反之,则会破坏文章中心内容和思想的传递,甚至误导读者。

恰当的表达首先要无错别字,用词准确、精当、生动,语句通顺,文法修辞恰到好处。这是作文的基本要求,也是正确表达中心的前提。很难想象,一篇文理句法不通、辞不达意的文章能做到中心明确。

恰当的表达还要求文章的主要表达形式符合文体要求。一般来说,记叙文、说明文、议论文等不同文种要求运用的主要表达方式是不同的,所以写作文时就要首先确定文体,然后按文体要求确定主要表达方式,使之与文体要求相符。比如记叙文通常在叙述中表达中心,把作者对某事、某物的情感融入记叙之中,也可通过描写、抒情或议论来揭示或点化写人记事的意义和作者的感悟。议论文表述论点应言简意赅,陈述自己的看法或认识,用饱含逻辑性的语句和肯定的判断形式来表明中心论点;最好能开门见山,直截了当地把要表达的中心语句放在最为显豁的位置,这样就能让读者在短时间内清楚地了解文章的观点或主旨。

为了使文章中心明确、突出,内容充实、丰富,我们还可围绕明确的中心论点不断点题。点题,就是在恰当的地方用精要的语句点示文章的题旨,暗示全文的脉络层次。这种用于点题的语句,我们称之为"点题之笔",就是所说的"文眼"。

除此之外,还要把记叙、描写、议论、抒情、说明等多种表达形式相结合,多用修辞炼字法,使语句生动传情、文采焕发,还可以采用前后呼应、联想对比等方法来突出、深化中心等。

学会感恩

肖复兴

西方有一个感恩节。那一天,要吃火鸡、南瓜馅饼和红莓果酱。那一天,无论天南地北,再远的孩子,也要赶回家。

总有一种遗憾,我们国家的节日很多,惟独缺少一个感恩节。我们可以东施效颦吃火鸡,南瓜馅饼和红莓果酱,我们也可以千里万里赶回家,但那一切并不是为了感恩,团聚的热闹总是多于感恩。

没有阳光,就没有日子的温暖;没有雨露,就没有五谷的丰登;没有水源,就没有生命;没有父母,就没有我们自己;没有亲情、友情和爱情,世界就会是一片孤独和黑暗。这些都是浅显的道理,没有人会不懂,但是,我们常常缺少一种感恩的思想和心理。

"谁言寸草心,报得三春晖";"谁知盘中餐,粒粒皆辛苦",我们小时候背诵的诗句,讲的就是要感恩。滴水之恩,涌泉相报;衔环结草,以报恩德,中国绵延多少年的古老成语,告诉我们的也是要感恩。但是,这样的古训并没有渗进我们的血液,有时候,我们常常忘记了,无论生活还是生命,都需要感恩。

蜜蜂从花丛中采完蜜,还知道嗡嗡地唱着道谢;树叶被清风吹得凉爽,还知道飒飒地响着道谢。但是,我们还不如蜜蜂和树叶,有时候,我们往往容易忘记了需要感恩。

没错,感恩的敌人,是忘恩负义。但是,真正忘恩负义的人毕竟是少数,大多数的人们常常对别人给予自己的帮助和情谊、恩惠和德泽,以为是理所当然,便容易忽略或忘记,有意无意地站在了感恩的对立面。难道不是吗?我们父母给予我们的爱,常常是细小琐碎却无微不至,不仅常常被我们觉得就应该是这样,而且还觉得他们人老话多,树老根多,嫌烦呢。而我们自己呢,哪怕是同学或是情人的生日,都不会错过他们的PARTY,偏偏记不清父母的生日,这并不是什么奇怪的事情了。

懂得感恩的人,往往是有谦虚之德的人,是有敬畏之心的人。对待比自己弱小的人,知道要躬身弯腰,便是属于前者;感受上苍懂得要抬头仰视,便是属于后者。因此,哪怕是比自己再弱小的人,给予自己的哪怕是一点一滴的帮助,这样的人也是不敢轻视,不能忘记的。跪拜在教堂里的那些人,仰望着从教堂彩色的玻璃窗中洒进的阳光,是怀着感恩之情的,纵使我并不相信上帝的存在,但我总是被那种神情所感动。

恨多于爱的人,一般容易缺乏感恩之情。心里被怨恨涨满的人,便容易像是被雨水淹没的田园,很难再吸收进新的水分,便很难再长出感恩的花朵或禾苗。

不懂得忏悔的人,一般也容易缺乏感恩之情。道理很简单,这样的人,往往惟我独尊,一切都是他对,他从来都没有错,对于别人给予他的帮助,特别是指出他的错误、弥补他的闪失的帮助,他怎么会在意呢?不仅不会在意,而且还可能会觉得这样的帮助是多余,是当面让他下不来台呢。这样的人,心如冰硬板结的水泥地板,水是打不湿的,便也就难以再松软得能够钻出惊蛰的小虫来,鸣叫出哪怕再微弱的感恩之声来。

财富过大并钻进钱眼里出不来,和权力过重并沉溺权力欲出不来的人,一般更容易缺乏感恩之情。因为这样的人会觉得他们是施恩于别人的主儿,大腹便便,习惯于昂着头走路,已经很难再弯下腰来,蹲下身来,更难于鞠躬或磕头感恩于人了。

虽说大恩不言谢,但是,感恩一定不要仅发于心而止于口,对你需要感谢的人,一定要把感恩之意说出来,把感恩之情表达出来。美国曾经有这样一则传说,一个村子里,一家人围坐在餐桌前吃饭,母亲端上来的却是一盆稻草。全家都很奇怪,不知道这究竟是怎么一回事,母亲说:"我给你们做了一辈子的饭,你们从来没有说过一句感谢的话,称赞一下饭菜好吃,这和吃稻草有什么区别!"连世上最不求回报的母亲都渴望听到哪怕一点感谢的回声,那么我们对待别人给予的帮助和恩情,就更需要把感恩的话说出来。那不仅是为了表示感谢,更是一种内心的交流,在这样的交流中,我们会感到世界因这样的息息相通而变得格外美好。

  我在报上看到这样一则消息:湖南两姊妹在小时候一次落水,被一个好心人救起,那人没有留下姓名就走了。两姊妹和她们的父母觉得,生命是人家救的,却连一声感谢的话都没有对人家说,发誓一定要找到这个恩人。他们整整找了20年,两姊妹的父亲去世了,她们和母亲接着千方百计地寻找,终于找到这个恩人,为的就是感恩。两姊妹跪拜在地上向恩人感恩的时候,她们两人和那位恩人以及过路的人们都禁不住落下了眼泪。这事让我很难忘怀,两姊妹漫长20年的行动告诉我,到什么时候都不要忘记对有恩于你的人表示感恩。而感恩的那一瞬间,世界变得是多么的温馨美好。

  我永远也不会忘记几年前的一件事情。那天,我在崇文门地铁站等候地铁,一个也就四五岁的小男孩,从站台的另一边跑了过来。因为是冬天,羽绒服把小男孩撑得圆嘟嘟的,像个小皮球滚动了过来。他问我到雍和宫坐地铁哪边近,我告诉他就在他的那边。他高兴地又跑了回去,我看见那边他的妈妈在等他。等了半天,地铁也没有来,我走了,准备上去打个的。我已经快走到楼梯最上面的出口处了,听见小男孩在后面"叔叔,叔叔"的叫我。我不知道他要干什么,便站在那里等他,看着他一脑门子热汗珠儿地跑到我的面前,我问他有事吗,他气喘吁吁地说:"我刚才忘了跟您说声谢谢了。妈妈问我说谢谢了吗。我说忘了,妈妈让我追您。"我永远不会忘记那个孩子和那位母亲,他们让我永远不要忘记学会感恩。对世界上不管什么人给予自己的哪怕是再微不足道的帮助和关怀,也不要忘记了感恩。

》简评

  这是一篇叙事性散文,文章先从西方的感恩节说起,通过我国和西方的对比,引出我们需要而且应该常怀感恩之心和感恩之情;接着用细腻的文笔通过抒情、议论和叙述作进一步展开,告诉人们:我们不仅要常怀感恩之心和感恩之情,还要把这种感情表达出来,让给予我们帮助的人感受到,世界才会在人们息息相通的心灵交流中变得更加美好,这就是"学会感恩"全文的中心。

  在这篇文章中,作者恪守了自己一贯的叙事风格:平淡无奇、自由而又节制,就像与朋友聊天一般讲述着一个个看似平常、实则蕴含着深刻哲理的故事。作者在文中叙述了几件生活中谁都可能有过的经历:美国一位操劳了一生却因听不到儿女们一声表示感谢的话语而心怀不满的母亲;湖南两姐妹千方百计找了整整20年恩人,只为向恩人感恩的故事;还有在地铁里跑得满头大汗追上"我",只为说一声"谢谢"的小男孩等,这些好像是漫不经心,随手拈来,实则都表现了一个中心——"我们要学会感恩"。在这样一个明确的中心指引下,我们被作者逐步深入的抒情议论所吸引,从而更加懂得了:感恩让世界变得美好。如此意味隽永、引人深思的精心选择和安排,目的只有一个,就是使"我们需要学会感恩"这个全文的中心更加明确。作者可谓匠心独运。

写作练习

1. 中心鲜明指什么?写作文时,怎样才能做到中心鲜明?
2. 阅读下面文章,讨论分析其存在的主要问题,然后进行修改。

我懂得了这个道理

今天,阳光和暖,微风拂面,真是一个上体育课的好天气。清脆悦耳的上课铃声响了。我们排着整齐的队伍,齐声向马老师问好。身材魁梧的马老师笑着对我们说:"从今天起,我主要给你们上单杠练习课。"说完以后,他来到单杠前,双手握杠,轻松地上了单杠,只见他一会儿双手撑杠,倒竖蜻蜓;一会儿单手握杠,前后回环……同学们看得出了神。当马老师下了单杠时,大家才轰雷似地叫好!我悄悄地对体育委员范鸿群说:"马老师可真有一手……"

接着,马老师边口述要领,边做示范动作,要我们学习上杠下杠的动作。我练习了好几次都没有成功,心里灰溜溜的。后来在马老师的鼓励和指导下,我终于学会了上杠下杠动作,心里真高兴啊!但是,没有马老师的指导,我怎么能学会这些动作呢?因此我懂得了这样一个道理——只有虚心接受老师的指导,才能学到本领,才能像马老师那样能在单杠上"竖蜻蜓"。同时,我也懂得了,遇到困难不能怕,你勇敢了,困难就会被克服,胜利是属于勇敢者的!

口语交际一　普通话标准训练

表达指导

在社会生活中,口语交际历来就具有举足轻重的作用。具备较强的口语交际能力有利于促进我们思维发展,为终身的学习、生活和工作奠定基础。什么是口语交际呢?口语交际就是人们之间用有声语言传达信息,进行沟通交流的行为活动。发音正确,吐字清晰,说准、说清每个字和每句话,才能准确传达信息,进行交流交际。否则,字音不标准,或含糊不清,势必影响交际效果。所以口语交际的前提就是人们要使用标准和规范的语言。

我国使用的汉语以普通话为标准语音。普通话是"以北京语音为标准音,以北方话为基础方言,以典范的现代白话文著作为语法规范的现代汉民族共同语"。因此说好普通话是进行口语交际的基本要求。

一、掌握声母、韵母和声调的发音原理,准确、规范发音。

(一)声母

声母是一个字音开头的辅音部分,普通话声母共有 21 个。声母的发音主要是气流在口腔中受到不同阻碍而形成的,因此,声母可分为塞音、擦音、塞擦音、鼻音和边音五类。按发音部位的不同,又可分为双唇音、唇齿音、舌尖前音、舌尖中音、舌尖后音、舌面音和舌根音七种类型。每种类型、每个声母的发音方法和部位都是不一样的,要做到正确发音,需要我们用心揣摩,刻苦训练。其中重点是要分清舌尖前音和舌尖后音,不要把"zh、ch、sh"发成"z、c、s";其次要分清鼻音和边音,弄清"n"和"l"发音时气流在口腔中的不同流向;还要能区别清楚唇齿音"f"和舌根音"h";另外发舌面音"j、q、x"时,舌尖位置不能靠前,这也很重要。

(二)韵母

韵母是音节中声母后面的部分。普通话中韵母共有 39 个。韵母是汉语音节中最重要的部分,是发音的关键。韵母有单韵母、复韵母和鼻韵母三类。按发音的口型不同,可分为开口呼、合口呼、撮口呼和齐齿呼四类。韵母发音的特点是要靠口腔、舌头和双唇的运动变化来完成的。因此发音的关键是要控制好口腔的开合度、舌头的位置和双唇的形状及其运动变化过程衔接的自然性、完整性。其中特别要注意后鼻韵母"ang、eng、ing、ong"的发音完整性,不能发成前鼻韵母。

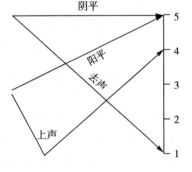

(三)声调

声调是汉语音节中固有的、能区别意义的声音高低、升降、曲直的变化,也叫"字调"。声调对发音有决定性的意义,因此有"字神"之称。普通话有四个基本调值,分别为阴平(55)、阳平(35)、上声(214)、去声(51)(见图),采取 5 度标记法,最高 5 度,最低 1 度。声调是学习普通话的难点,实际运用时要求能正确把握音高变化的幅度和高低升降的变化。

二、说好普通话还要处理好轻声、儿化等变调和音变。

(一)变调

普通话的音节除极少数外,基本上都有自己的声调,但当单个字组成词或句子时,有些音节就失去了原来的声调,变成另外的调子,这就是变调现象。变调主要有以下几种情况:

1.轻声

轻声是指一个音节在词或句子中失去原声调,变成了轻而短的调子。轻声的发音一般决定于前一音节,前一音节的声调不同,后面即使是同一音节其发音也不同。总的说来,轻声的发音应轻而短,不论是音强还是音长都比前一音节要弱。

轻声不仅是读音上的改变,还有辨别词义和区别词性的作用,所以轻声处理的正确与否意义重大。要正确地处理轻声,必须掌握其发音规律。轻声音节常位于词语的中间或附在其他音节的后面。一般情况下,语气词、方位词、名词或代词的后缀、表示趋向的动词、某些量词等都要轻读;名词叠词和动词叠词的后一音节、夹在重叠动词间的"一"、"不"要轻读;做补语的音节有时也要轻读;此外,还有一些约定俗成的常用词也轻读。

2. 上声变调

上声音节在单独或位于词尾、句尾时是不变调的,但和其他音节结合并位于其前面时就会发生变调现象。变调分为两种情况:一是当上声位于非上声音节前面时,变为低降调,即由"214"变为"211"。如"旅客"的"旅"发音时只要发成"211"即可,不需强调其调值的完整性。二是当两个上声音节相连时,前一音节的声调变为近似于阳平,由"214"变为"35",如"旅馆"的"旅"就要发成阳平。

3. "一"和"不"的变调

"一"单用或位于词尾时是不变调的,发原声调,阴平。当它位于去声前时则变调为阳平。如"一样"的"一"读成阳平,不能读原声;当它位于非去声前时则变调为去声,如"一天"的"一"声调就变为去声。

"不"单用或位于词尾时读原声调去声,位于非去声前时也不变调,只有位于去声音节前时变调,读阳平,如"不便"的"不"要读成阳平,而不能读原声调。

"一"和"不"位于两个音节中间时,都变调为轻声,如"看一看"、"差不多"等。

(二)音变

一个字音由声韵调协同配合完成,当一连串的字音连在一起形成用于表情达意的语句时,音节之间就会相互影响,从而产生语音上的变化,这就是普通话所讲的音变现象。学习普通话必须要能够处理好音变。

1. 儿化

"儿"(er)是普通话中独立的音节,当它附在其他音节后面时,有时就会使被附音节的发音发生改变,这个音节的韵母就变为卷舌的韵母音,这种语音的变化就叫做儿化。儿化在书面上用两个文字表示,但只能发成一个音。其发音要领是在发前一个音节的韵母时在韵尾随即加一个自然的卷舌动作,如"花儿"、"味儿"、"头儿"等。

和轻声一样,儿化不仅是语音变化现象,也具有辨别词义的作用,有时还可表现多种感情色彩。由于普通话是以北京语音为标准音,以北方话为基础方言,所以儿化现象比较多,究竟需不需要儿化,主要根据词性、语意和感情而定,一般表示特定感情、与原词性、语意不同的则要儿化。

2. "啊"的音变

"啊"是语气助词。当它处于一句话的末尾时,常会发声音变,读成"ya"、"ra"等音。其变化主要决定于前一音节的韵母,具有一定的规律,在这里就不一一说明了。

(三)正确区分异读词和多音多义字,克服方音

异读词是指词形、词义都相同,但有两种或两种以上不同读音的词。如常见的"血"这个字,用于书面语或复音词和文言成语中读"xuè",用于口语中的单音词或少数日常生活

第一单元 感悟亲情

事物的复音词时读"xiě"。

多音多义字是指有两种或两种以上的读音,意义不同,但字形相同的字。如"好"这个字就有"hǎo"和"hào"两种读音,不同的读音意义是不一样的。

异读词和多音字增加了人们学习普通话的难度,在学习实践中要注意分辨。

我国地域广大,方言俚语众多,在语音、语调上各地差异很大,隔山隔水而言语不通的现象并不少见。语音的规范化还必须努力克服方言语调及其发音习惯的影响,做到语音纯正、发音标准。还有就是要避免读错别字,保持发音的准确,读音的正确。

三、正确处理语调,做到婉转起伏、轻重得体,使朗读、说话的语气和语流习惯符合普通话要求。

语调也叫"句调",指说话时贯穿整个句子的、用来表达意思和情感的声音的升降起伏、抑扬顿挫的调子。一个个字音相连,就组成了语句,语句使语言表达的内容更广泛,感情也更丰富。说话时为了能更清楚、生动地表情达意,不仅需要在用词上加以修饰,而且要在声音上做一些调整:有的地方要停顿;有的字或词的音量要加大或减小;有的音高要上升或下降,这种语句声音的变化就形成语调。语调包括声音的停顿、轻重音、语势的升降和语速的快慢四个因素。语调对于朗读、说话的作用是极其重要的,除了准确传达说话的内容,还能充分表达人们的感情,是普通话练习中重要的部分。语调可停可连、可升可降、可轻可重、可快可慢,随表达感情的变化而变化,所以语调的正确运用要从文本表达情感的需要出来来确定停连、字词的轻重、语势的升降和音量的大小,当然也包括一些技巧,由于篇幅有限,这里就不详细叙述了。

借鉴实例

一、问:你次(吃)饭了吗?
答:次(吃)过了。

二、问:老来来(奶奶),您到哪里去?
答:我找鹅(儿)子去。

三、看啊,天上有灰(飞)机在灰(飞)。

四、从肥东到肥思(西),逮到一资(只)老母资(鸡),拿到胡(河)里死(洗)一死(洗),除了骨头就是皮。

简评

以上四段话都是从我省各地方言中节选出来的具有典型性和代表性的日常用语。由于长期不正确的发音,形成了顽固的方言语调,或平翘舌不分、或鼻边音不分、或舌面音和舌尖前音混淆等等。这种现象严重影响了人们之间信息的传递和交流。

口语练习

一、声母训练

我省地处江淮,在声韵母发音难点方面大部分地区表现是相同的,声母发音可能出现错误和缺陷的主要表现在以下几个方面:

1. 舌尖前音 z、c、s 和舌尖后音 zh、ch、sh 混淆,即通常所说的"平翘舌不分"。
2. 鼻音 n 和边音 l 混淆,即 n 和 l 不分。
3. 唇齿音 f 和舌根音 h 混淆,即 f 和 h 不分。
4. 舌面音 j、q、x 和舌尖前音 z、c、s 混淆,容易把舌面音发成舌尖前音。

因此普通话声母训练要从上述四方面进行难点突破,领会发音要领,找准发音部位,以尽快改善语音面貌,提高发音质量。

二、韵母训练

韵母是音节中声母后面的部分。韵母发音也许不像声母那样对错明显,大多表现为发音不到位、不完整、不准确等缺陷,但其发音的质量直接影响着语音面貌,其发音难点主要表现在以下几个方面:

1. e 读成韵母 o 或复韵母 uo。
2. 卷舌单韵母 er 无卷舌,发成舌面单音 e。
3. 复韵母 uan、uen、uei 常丢失介音 u。
4. 后鼻韵母发音时舌头没后缩,发成前鼻韵母。

因此要针对以上几个方面进行发音难点训练。

三、普通话水平测试训练

普通话水平测试是对有一定文化的成年人汉语语言运用能力的测试,以口语方式进行。目前我省普通话水平测试的内容主要包括语音、词汇、语法和语言表达等方面,包括以下四项:

1. 读单音节字词 100 个,共 10 分。
2. 读双音节字词 50 个,共 20 分。
3. 朗读短文一篇(400 个音节,在给定的 50 篇文章中抽取),共 30 分。
4. 命题说话(时间 3 分钟,在给定的两个题目中任选一个),共 40 分。

满分 100 分。

其中前两项是测试应试人声母、韵母、声调和变调、轻声、儿化等读音的标准程度,这在前面的训练中已部分讲到。第三项重点测查连续音变、停连、语调以及流畅程度,第四项重点测查应试人在没有文字凭据的情况下运用普通话的水平和能力。在训练中应在教师的指导下,重点通过对朗读和说话的练习,纠正变音、停连和语调等方面的错误和缺陷,改善语音面貌,使之符合普通话语流习惯。

语文实践活动一　普通话测试模拟

一、活动主题

普通话测试模拟

二、活动目的和要求

通过训练,提高学生普通话的听说技能,培养和提高学生口语表达能力;提高学生声母、韵母和声调,上声变调、儿化韵和轻声的正确读音以及在没有文字凭借的情况下,规范运用普通话的能力。

三、活动内容及步骤

内容见练习三。

步骤一,观看"普通话水平测试上机操作步骤"视频。

步骤二,将班级人数编号。

步骤三,进入候考室候考,按编号先后顺序进入考场,抽签朗读作品和说话题目,查阅试卷,准备测试(每人约十分钟的准备时间)。

步骤四,进入模拟考场后依照"视频"规定的步骤要求,首先报自己的单位、姓名,然后按照单音节字词、双音节词语、朗读、说话依次进行测试。

步骤五,模拟测试结束后分组进行总结。

第二单元

自 然 美 景

单元导读

　　大自然是一幅多姿多彩的画卷,是一本永远读不完的"书",美妙而神奇,吸引着人们。本单元就让文字带领我们一起走进自然,去感受它无限的魅力。

　　本单元选取的5篇课文都是优美的写景记叙文,每一篇都出自名家,既文辞优美,又意味隽永,具有极高的审美价值和艺术魅力。如台湾作家李乐薇先生的美文《我的空中楼阁》,作者把小屋与其立足的山和映衬的树融为一体,写出它们互相点缀的关系,构成了一幅和谐优美的画面。文章以"我的空中楼阁"为题,语意双关,小屋真实又虚幻,动静结合、虚实交错的抒写,含蓄曲折地把作者对独立、安静、自由的生活的喜爱和向往表达了出来。但这样一个远离尘世的世外桃源在现实中犹如"空中楼阁"一样不可得,所以这个小屋只能是作者理想的寄托、幸福的憧憬。又如汪曾祺先生的《我的家乡》,文字优美淡雅,清新自然,在平淡质朴中如话家常般为我们娓娓道来。一幅看之平淡、品之绝美的家乡风物画,让人们感受到了他对家乡那份永远的眷恋和热爱。郁达夫的《故都的秋》,也是写景抒情散文,景物描写细腻,渗透了作者的主观感情色彩,具有一种优美而又悲凉的意境。

　　这些风格各异的文章,为我们提供了丰富多彩的鉴赏样本,也培养了我们多元的审美意识。学习本单元首先要了解并学习写景的基本方法和要求(细致观察、抓住特征、恰当地安排好写景顺序、选好角度、融情于景或托物言志等);品赏景物描写,揣摩精警语句;学会阅读、欣赏写景散文；通过学习还要把握文章主旨，深入体会作者表达的主观情感，用心感受作者所描绘的美好境界，领略文章意境美；同时理解人类对自然的深厚感情，培养我们对自然的热爱之情。

　　本单元还包括写作知识——"细微观察"和口语交际——"介绍"。

　　要写出内容充实、深动感人、文质兼美的好文章，对生活作全面、细微的观察是前提和基础。因为任何一篇写作素材都是来源于生活的。要想写好文章，就要树立正确的观察态度，培养良好的观察习惯，对生活做全面、准确和细致入微的观察。本单元写作知识的主要内容是阐释了细微观察的必要性和基本的方法技巧。

　　"介绍"的种类很多，本单元安排的内容是对于环境（家乡或名胜古迹）的介绍。主要是通过学习力求掌握"介绍"一些基本要求和技巧，使"介绍"这种口语表达方式更加生动、传神，富有感染力，从而获得良好的沟通效果。

　　本单元的语文实践活动安排了郊游形式，目的是通过投入大自然，感受、领悟自然美景的神奇和魅力，从而激发我们对大自然的热爱之情。

六 故都的秋[①]

郁达夫

学习提示

本文以独特的视角与感受、细腻的文笔,着意描写故都北京秋天"清"、"静"、"悲凉"的美,抒发对北国之秋的无限赞叹与眷恋之情,也流露出忧郁、孤独的心境。作者笔下的秋味、秋色和秋的意境与姿态,都笼罩着一层奇异的主观色彩。文章开头和结尾都以北国之秋和江南之秋作对比,表达对北国之秋的向往之情。主体部分从记叙和议论两方面描述故都纷繁多彩的清秋景象:记叙部分采用并列结构,共五种景况,即小院静观、落蕊轻扫、秋蝉残鸣、秋雨送凉、清秋佳果;议论部分进一步赞颂自然之秋、北国之秋。首尾照应,回环往复;中间部分充分展开,酣畅淋漓。

秋天,无论在什么地方的秋天,总是好的;可是啊,北国的秋,却特别地来得清,来得静,来得悲凉。我的不远千里,要从杭州赶上青岛,更要从青岛赶上北平来的理由,也不过想饱尝一尝这"秋",这故都的秋味。

江南,秋当然也是有的;但草木凋得慢,空气来得润,天的颜色显得淡,并且又时常多雨而少风;一个人夹在苏州上海杭州,或厦门香港广州的市民中间,浑浑沌沌地过去,只能感到一点点清凉,秋的味,秋的色,秋的意境与姿态,总看不饱,尝不透,赏玩不到十足。秋并不是名花,也并不是美酒,那一种半

[①] 选自《郁达夫文集》第三卷(花城出版社、三联书店,1991年版)。郁达夫(1896~1945),原名郁文,浙江省富阳县人,现代著名小说家、散文家。代表作有短篇小说《沉沦》、《春风沉醉的晚上》等。

开、半醉的状态,在领略秋的过程上,是不合适的。

不逢北国之秋,已将近十余年了。在南方每年到了秋天,总要想起陶然亭①的芦花,钓鱼台②的柳影,西山的虫唱,玉泉的夜月③,潭柘寺④的钟声。在北平即使不出门去罢,就是在皇城人海之中,租人家一椽破屋来住着,早晨起来,泡一碗浓茶,向院子一坐,你也能看得到很高很高的碧绿的天色,听得到青天下驯鸽的飞声。从槐树叶底,朝东细数着一丝一丝漏下来的日光,或在破壁腰中,静对着像喇叭似的牵牛花(朝荣)的蓝朵,自然而然地也能够感觉到十分的秋意。说到了牵牛花,我以为以蓝色或白色者为佳,紫黑色次之,淡红色最下。最好,还要在牵牛花底,教长着几根疏疏落落的尖细且长的秋草,使作陪衬。

北国的槐树,也是一种能使人联想起秋来的点缀。像花而又不是花的那一种落蕊,早晨起来,会铺得满地。脚踏上去,声音也没有,气味也没有,只能感出一点点极微细极柔软的触觉。扫街的在树影下一阵扫后,灰土上留下来的一条条扫帚的丝纹,看起来既觉得细腻,又觉得清闲,潜意识下并且还觉得有点儿落寞,古人所说的梧桐一叶而天下知秋⑤的遥想,大约也就在这些深沉的地方。

秋蝉的衰弱的残声,更是北国的特产;因为北平处处全长着树,屋子又低,所以无论在什么地方,都听得见它们的啼唱。在南方是非要上郊外或山上去才听得到的。这秋蝉的嘶叫,在北平可和蟋蟀耗子一样,简直像是家家户户都养在家里的家虫。

还有秋雨哩,北方的秋雨,也似乎比南方的下得奇,下得有味,下得更像样。

在灰沉沉的天底下,忽而来一阵凉风,便息列索落地下起雨来了。一层雨过,云渐渐地卷向了西去,天又青了,太阳又露出脸来了;著着很厚的青布单衣或夹袄的都市闲人,咬着烟管,在雨后的斜桥影里,上桥头树底下去一立,遇见熟人,便会用了缓慢悠闲的声调,微叹着互答着说:

"唉,天可真凉了——"(这了字念得很高,拖得很长。)

"可不是么?一层秋雨一层凉了!"

---

① 陶然亭:在北京先农坛西,现在的陶然亭公园内。陶然亭的名字取于白居易"更待菊黄家酿熟,共君一醉一陶然"诗句。
② 钓鱼台:在阜成门外三里河,玉渊潭公园东面,环境清幽。
③ 西山的虫唱,玉泉的夜月:西山,玉泉,都在北京西郊。
④ 潭柘(zhè)寺:在西山的潭柘山腰,相传"寺址本在青龙柘潭上,有古柘千章,寺以此得名"。
⑤ 梧桐一叶而天下知秋:《淮南子·说山训》中有"以小明大,见一叶落而知岁之将暮。"《太平御览》卷二十四引作"一叶而天下知秋"。

北方人念阵字,总老像是层字,平平仄仄起来①,这念错的歧韵,倒来得正好。

北方的果树,到秋来,也是一种奇景。第一是枣子树;屋角,墙头,茅房边上,灶房门口,它都会一株株地长大起来。像橄榄又像鸽蛋似的这枣子颗儿,在小椭圆形的细叶中间,显出淡绿微黄的颜色的时候,正是秋的全盛时期;等枣树叶落,枣子红完,西北风就要起来了,北方便是尘沙灰土的世界,只有这枣子、柿子、葡萄,成熟到八九分的七八月之交,是北国的清秋的佳日,是一年之中最好也没有的 Golden Days②。

有些批评家说,中国的文人学士,尤其是诗人,都带着很浓厚的颓废色彩,所以中国的诗文里,颂赞秋的文字特别的多。但外国的诗人,又何尝不然?我虽则外国诗文念得不多,也不想开出账来,做一篇秋的诗歌散文钞,但你若去一翻英德法意等诗人的集子,或各国的诗文的 Anthology③ 来,总能够看到许多关于秋的歌颂与悲啼。各著名的大诗人的长篇田园诗或四季诗里,也总以关于秋的部分,写得最出色而最有味。足见有感觉的动物,有情趣的人类,对于秋,总是一样的能特别引起深沉,幽远,严厉,萧索的感触来的。不单是诗人,就是被关闭在牢狱里的囚犯,到了秋天,我想也一定会感到一种不能自已的深情;秋之于人,何尝有国别,更何尝有人种阶级的区别呢?不过在中国,文字里有一个"秋士"④的成语,读本里又有着很普遍的欧阳子的《秋声》与苏东坡的《赤壁赋》等,就觉得中国的文人,与秋的关系特别深了。可是这秋的深味,尤其是中国的秋的深味,非要在北方,才感受得到底。

南国之秋,当然是也有它特异的地方的,比如廿四桥的明月⑤,钱塘江的秋潮,普陀山的凉雾,荔枝湾的残荷等等,可是色彩不浓,回味不永。比起北国的秋来,正像是黄酒之与白干,稀饭之与馍馍,鲈鱼之与大蟹,黄犬之与骆驼。

秋天,这北国的秋天,若留得住的话,我愿把寿命的三分之二折去,换得一个三分之一的零头。

一九三四年八月于北平

---

① 平平仄仄起来:意即推敲起字的韵律来。
② Golden Days:英语"黄金般的日子"。
③ Anthology:英语(诗、文、曲、画等的)选集。
④ 秋士:古时指伤秋自悲之士。
⑤ 廿四桥的明月:语出杜牧《寄扬州韩绰判官》诗,"青山隐隐水迢迢,秋尽江南草未凋。廿四桥的明月夜,玉人何处教吹箫?"廿四桥借指扬州。传说扬州城里原有二十四座桥。一说"廿四桥"即扬州吴家砖桥,因古时有二十四位美人吹箫于桥上而得名。

思考与练习

一、熟读课文,揣摩课文,回答问题:

1. 全文的文眼是哪句话?

2. 作者为什么在文中多次写到南国之秋呢?南国之秋的特点是什么?请找出相关词句。

3. 文中写了"青天下驯鸽的飞声"、"息列索落的雨声"、"缓慢悠闲的人声",同样给人以幽静的感觉,这是什么原因?

4. 作者描写了哪几幅故都秋天的画面?这些画面共同的特点是什么?

5. 作者为什么对"陶然亭的芦花"等著名的风景只是点到为止,而着力去描写随处可见的寻常秋景?

二、文中有许多排比句,具有语言整饬之美,朗读起来又有音韵之美,抒情味很浓厚,表现了作者很强的驾驭语言的能力,请找出来。

三、作者说"有情趣的人类,对于秋,总是一样的能特别引起深沉,幽远,严厉,萧索的感触来的"。你同意这种说法吗?为什么?你对"秋天"的印象是怎样的?请写一段文字加以表述。

七 我的空中楼阁①

李乐薇

  本文是一篇意境优美、寓意深刻的散文。文章既实写小屋的位置、环境、视野、光线,又突出小屋的凌空、超脱,虚虚实实,交错抒写,含蓄曲折地把作者对独立、安静、自由的生活的喜爱和向往表达出来。"我的空中楼阁"由此具有象征的意味,是作者理想的寄托、幸福的憧憬。作者还运用生动新颖的比喻来加强景物的象征性,以唤起人们的美感。

  山如眉黛②,小屋恰似眉梢的痣一点。

  十分清新,十分自然,我的小屋玲珑地立于山脊一个柔和的角度上。

  世界上有很多已经很美的东西,还需要一些点缀,山也是。小屋的出现,点破了山的寂寞,增加了风景的内容。山上有了小屋,好比一望无际的水面飘过一片风帆,辽阔无边的天空掠过一只飞雁,是单纯的底色上一点灵动的色彩,是山川美景中的一点生气,一点情调。

  小屋点缀了山,什么来点缀小屋呢?那是树!

  山上有一片纯绿色的无花树;花是美丽的,树的美丽也不逊于花。花好比人的面庞,树好比人的姿态。树的美在于姿势的清健或挺拔,苗条或婀娜,在于活力,在于精神!

  有了这许多树,小屋就有了许多特点。树总是轻轻摇动着。树的动,显出

---

  ① 选自台湾省出版的《中国当代文学大系》散文第一集。李乐薇(1930~),台湾作家,祖籍江苏省南京市,早年肄业于上海大夏大学。
  ② 眉黛:古代女子用黛画眉,所以称之为"眉黛"。黛,青黑色的染料。

小屋的静;树的高大,显出小屋的小巧;而小屋的别致出色,乃是由于满山皆树,为小屋布置了一个美妙的绿的背景。

小屋后面有一棵高过屋顶的大树,细而密的枝叶伸展在小屋的上面,美而浓的树荫把小屋笼罩起来。这棵树使小屋给予人另一种印象,使小屋显得含蓄而有风度。

换个角度,近看改为远观,小屋却又变换位置,出现在另一些树的上面。这个角度是远远地站在山下看。首先看到的是小屋前面的树,那些树把小屋遮掩了,只在树与树之间露出一些建筑的线条,一角活泼翘起的屋檐,一排整齐的图案式的屋瓦。一片蓝,那是墙;一片白,那是窗。我的小屋在树与树之间若隐若现,凌空而起,姿态翩然。本质上,它是一幢房屋;形式上,却像鸟一样,蝶一样,憩于枝头,轻灵而自由!

小屋之小,是受了土地的限制。论"领土",只有有限的一点。在有限的土地上,房屋比土地小,花园比房屋小,花园中的路又比花园小,这条小路是我袖珍型的花园大道。和"领土"相对的是"领空",论"领空"却又是无限的,足以举目千里,足以俯仰天地,左顾有山外青山,右盼有绿野阡陌。适于心灵散步,眼睛旅行,也就是古人说的游目骋怀。这个无限的"领空",是我开放性的院子。

有形的围墙围住一些花,有紫藤、月季、喇叭花、圣诞红之类。天地相连的那一道弧线,是另一重无形的围墙,也围住一些花,那些花有朵状,有片状,有红,有白,有绚烂,也有飘落。也许那是上帝玩赏的牡丹或芍药,我们叫它云或霞。

空气在山上特别清新,清新的空气使我觉得呼吸的是香!

光线以明亮为好,小屋的光线是明亮的,因为屋虽小,窗很多。例外的只有破晓或入暮,那时山上只有一片微光,一片柔静,一片宁谧。小屋在山的怀抱中,犹如在花蕊中一般,慢慢地花蕊绽开了一些,好像层山后退了一些。山是不动的,那是光线加强了,是早晨来到了山中。当花瓣微微收拢,那就是夜晚来临了。小屋的光线既富于科学的时间性,也富于浪漫的文学性。

山上的环境是独立的,安静的。身在小屋享受着人间清福,享受着充足的睡眠,以及一天一个美梦。

出入的交通要道,是一条类似苏花公路①的山路,一边傍山,一边面临稻浪起伏的绿海和那高高的山坡。山路和山坡不便于行车,然而便于我行走。我出外,小屋是我快乐的起点;我归来,小屋是我幸福的终站。往返于快乐与幸福之间,哪儿还有不好走的路呢?我只觉得出外时身轻如飞,山路自动地后

---

① 苏花公路:台湾东部苏澳至莲花的公路,沿途在悬崖陡壁上行走,下临太平洋,一望无际。

退;归来时带几分雀跃的心情,一跳一跳就跳过了那些山坡。我替山坡起了个名字,叫幸福的阶梯,山路被我唤做空中走廊!

我把一切应用的东西当做艺术,我在生活中的第一件艺术品——就是小屋。白天它是清晰的,夜晚它是朦胧的。每个夜幕深垂的晚上,山下亮起灿烂的万家灯火,山上闪出疏落的灯光。山下的灯把黑暗照亮了,山上的灯把黑暗照淡了,淡如烟,淡如雾,山也虚无,树也缥缈。小屋迷于雾失楼台的情景中,它不再是清晰的小屋,而是烟雾之中、星点之下、月影之侧的空中楼阁!

这座空中楼阁占了地利,可以省去许多室内设计和其他的装饰。

虽不养鸟,每天早晨有鸟语盈耳。

无需挂画,门外有幅巨画——名叫自然。

思考与练习

一、阅读课文,请回答以下问题:

1. 我的空中楼阁的"空中"之意,具体体现在哪些语句中?
2. 分析"空中楼阁"的几层含义。

二、基础知识检查:

1. 词语注释

俯仰天地:

游目骋怀:

绚烂:

柔静:

宁谧:

缥缈:

2. 选词填空

(1)树的美在于姿势的_____(优美、清健、健壮)或挺拔,苗条或婀娜,在于_____(生命力、旺盛力、活力),在于精神。

(2)山上有了小屋,好比一望无际的水面飘过____风帆,辽阔无边的天空____过一只飞雁,是单纯的底色上____灵动的色彩。

　　A. 一片　　飞　　一抹　　　B. 一片　　掠　　一点
　　C. 一叶　　穿　　一条　　　D. 一叶　　掠　　一抹

(3)只在树与树之间露出一些建筑的线条,____活泼翘起的屋檐,____整齐的图案式的屋瓦。____蓝,那是墙;____白,那是窗。

　　A. 一个　　一行　　一点　　一片　　B. 一角　　一排　　一点　　一点
　　C. 一角　　一排　　一片　　一片　　D. 一个　　一行　　一片　　一点

三、认真阅读下面几段文字,简要回答问题:
1.空气在山上特别清新,清新的空气使我觉得呼吸的是香!(为什么香?)
2.例外的(①为什么说是"例外的"?)只有破晓或入暮,那时山上只有一片微光,一片柔静,一片宁谧(②"谧"的读音是什么?)。小屋在山的怀抱中,犹如在花蕊中一般,慢慢地花蕊绽开了一些(③小屋不会动,怎么会如花蕊一般绽开?这样比喻妥当不妥当?为什么?),好像层山后退了一些(④小屋不动,山也不动,怎么会出现这样的视觉形象?)。

①_____
②_____
③_____
④_____

3.我出外,小屋是我快乐的起点(①为什么说是"快乐的起点"?);我归来,小屋是我幸福的终站(②为什么说是"幸福的终站"?)。往返于快乐与幸福之间(③明明在山路上往返,怎么说"往返于快乐与幸福之间"?),哪儿还有不好走的路呢?

①_____
②_____
③_____

四、找出文中新颖生动的比喻句,品味优美的语言及比喻艺术。

八 天山景物记[①]

碧 野

 学习提示

> 本文以游踪为线索,从山外写到山内,由低处写到高处,从不同角度,秩序井然地介绍了天山丰饶的物产和奇丽的美景。作者说:"在天山丰富多彩的景物中,我像挑珍珠似的,把最圆润晶莹的收拢在一起,然后用思想感情的金线细心地把它们串成珠环。"本文写景状物,渗透了作者的主观情感,寓情于景,情景交融。
>
> 本文的语言绚丽多彩,具有感人的魅力。作者精心运用了比喻、拟人、夸张、对偶、排比等多种修辞手法。尤其是比喻的大量运用,生动贴切,形象传神,要引导学生重点揣摩,找出典型例句分析体会。

朋友,你到过天山吗?天山是我们祖国西北边疆的一条大山脉,连绵几千里,横亘准噶尔盆地和塔里木盆地之间,把广阔的新疆分为南北两半。远望天山,美丽多姿,那长年积雪高插云霄的群峰,像集体起舞时的维吾尔族少女的珠冠,银光闪闪;那富于色彩的连绵不断的山峦,像孔雀正在开屏,艳丽迷人。

如果你愿意,我陪你进天山去看一看。

雪峰·溪流·森林·野花

七月间新疆的戈壁滩炎暑逼人,这时最理想是骑马上天山。新疆北部的

[①] 选自《建国十年文学创作选·散文特写》(中国青年出版社,1959 年版),有改动。碧野(1916~2008),原名黄潮洋,广东人,著名文学家。著有散文集《月亮湖》和《碧野散文选》等。

伊犁和南部的焉耆①都出产良马,不论伊犁的哈萨克马或者焉耆的蒙古马,骑上它爬山就像走平川,又快又稳。

　　进入天山,戈壁滩上的炎暑就远远地被撇在后边,迎面送来的雪山寒气,立刻会使你感到像秋天似的凉爽。蓝天衬着高矗的巨大的雪峰,在太阳下,几块白云在雪峰间投下云影,就像白缎上绣上了几朵银灰的暗花。那融化的雪水,从高悬的山涧,从峭壁断崖上飞泻下来,像千百条闪耀的银练。这飞泻下来的雪水,在山脚汇成冲激的溪流,浪花往上抛,形成千万朵盛开的白莲。可是每到水势缓慢的洄水涡,却有鱼儿在跳跃。当这个时候,饮马溪边,你坐在马鞍上,就可以俯视那阳光透射到的清澈的水底,在五彩斑斓的水石间,鱼群闪闪的鳞光映着雪水清流,给寂静的天山添上了无限生机。

　　再往里走,天山显得越来越优美,沿着白皑皑群峰的雪线以下,是蜿蜒无尽的翠绿的原始森林,密密的塔松像撑天的巨伞,重重叠叠的枝丫,只漏下斑斑点点细碎的日影,骑马穿行林中,只听见马蹄溅起漫流在岩石上的水声,增添了密林的幽静。在这林海深处,连鸟雀也很少飞来,只偶然能听到远处的几声鸟鸣。这时,如果你下马坐在一块岩石上吸烟休息,虽然林外是阳光灿烂,而遮去了天日的密林中却闪耀着你烟头的红火光。从偶然发现的一棵两棵烧焦的枯树看来,这里也许来过辛勤的猎人,在午夜中他们生火宿过营,烤过猎获的野味。这天山上有的是成群的野羊、草鹿、野牛和野骆驼。

　　如果说进到天山这里还像是秋天,那么再往里走就像是春天了。山色逐渐变得柔嫩,山形也逐渐变得柔和,很有一伸手就可以触摸到嫩脂似的感觉。这里溪流缓慢,萦绕着每一个山脚,在轻轻荡漾着的溪流两岸,满是高过马头的野花,红、黄、蓝、白、紫,五彩缤纷,像织不完的织锦②那么绵延,像天边的彩霞那么耀眼,像高空的长虹那么绚烂。这密密层层成丈高的野花,朵儿赛八寸的玛瑙盘,瓣儿赛巴掌大。马走在花海中,显得格外矫健,人浮在花海上,也显得格外精神。在马上你用不着离鞍,只要稍为伸手就可以满怀捧到你最心爱的大鲜花。

　　虽然天山这时并不是春天,但是有哪一个春天的花园能比得过这时天山的无边繁花呢?

迷人的夏季牧场

　　就在雪的群峰的围绕中,一片奇丽的千里牧场展现在你的眼前。墨绿的

---

　　① 耆:读 qí。
　　② 织锦:织有花纹的彩色丝织品。

原始森林和鲜艳的野花,给这辽阔的千里牧场镶上了双重富丽的花边。千里牧场上长着一色青翠的酥油草,清清的溪水齐着两岸的草丛在漫流。草原是这样无边的平展,就像风平浪静的海洋。在太阳下,那点点水泡似的蒙古包在闪烁着白光。

当你尽情策马在这千里草原上驰骋①的时候,处处都可以看见千百成群肥壮的羊群、马群和牛群。它们吃了含有乳汁的酥油草,毛色格外发亮,好像每一根毛尖都冒着油星。特别是那些被碧绿的草原衬托得十分清楚的黄牛、花牛、白羊、红羊,在太阳下就像绣在绿色缎面上的彩色图案一样美。

有的时候,风从牧群中间送过来银铃似的叮当声,那是哈萨克牧女们坠满衣角的银饰在风中击响。牧女们骑着骏马,优美的身姿映衬在蓝天、雪山和绿草之间,显得十分动人。她们欢笑着跟着嬉逐的马群驰骋,而每当停下来,就骑马轻轻地挥动着牧鞭歌唱她们的爱情。

这雪峰、绿林、繁花围绕着的天山千里牧场,虽然给人一种低平的感觉,但位置却在海拔两三千米以上。每当一片乌云飞来,云脚总是扫着草原,洒下阵雨,牧群在雨云中出没,加浓了云意,很难分辨得出哪是云头哪是牧群。而当阵雨过去,雨洗后的草原就变得更加清新碧绿,远看像块巨大的蓝宝石,近看缀满草尖上的水珠,却又像数不清的金刚钻。

特别诱人的是牧场的黄昏,周围的雪峰被落日映红,像云霞那么灿烂;雪峰的红光映射到这辽阔的牧场上,形成一个金碧辉煌的世界,蒙古包、牧群和牧女们,都镀上了一色的玫瑰红。当落日沉没,周围雪峰的红光逐渐消褪,银灰色的暮霭②笼罩着草原的时候,你就可以看见无数点点的红火光,那是牧民们在烧起铜壶准备晚餐。

你用不着客气,任何一个蒙古包都是你的温暖的家,只要你朝有火光的地方走去,不论走进哪一家蒙古包,好客的哈萨克牧民都会像对待亲兄弟似的热情地接待你。渴了你可以先喝一盆马奶,饿了有烤羊排,有酸奶疙瘩,有酥油饼,你可以一如哈萨克牧民那样豪情地狂饮大嚼。

当家家蒙古包的吊壶三脚架下的野牛粪只剩下一堆红火烬的时候,夜风就会送来冬不拉的弦音和哈萨克牧女们婉转嘹亮的歌声。这是十家八家聚居在一处的牧民们齐集到一家比较大的蒙古包里,欢度一天最后的幸福时辰。

过后,整个草原沉浸在静夜中。如果这时你披上一件皮衣走出蒙古包,在月光下或者繁星下,你就可以朦胧地看见牧群在夜的草原上轻轻地游荡,夜的

---

① 驰骋(chěng):(骑马)奔驰。
② 暮霭(ǎi):傍晚的云雾。

草原是这么宁静而安详,只有漫流的溪水声引起你对这大自然的遐思。

野马·蘑菇圈·旱獭·雪莲

夜幕中,草原在繁星的闪烁下或者在月光的披照中,该发生多少动人的情景,但人们却在安静的睡眠中疏忽过去了,只有当黎明来到这草原上,人们才会发现自己的马群里的马匹在一夜间忽然变多了,而当人们怀着惊喜的心情走拢去,马匹立刻就分为两群,其中一群会奔腾离你远去,那长长的鬣鬃①在黎明淡青的天光下,就像许多飘曳的缎幅。这个时候,你才知道那是一群野马。夜间,它们混入牧群,跟牧马一块嬉戏追逐。它们由几匹最膘壮的公野马领群,机警善跑,游走无定,它们对许多牧马都熟悉,相见彼此用鼻子对闻,彼此用头亲热地摩擦,然后就合群在一起吃草、嬉逐。黎明,当牧民们走出蒙古包,就是它们分群的一刻:公野马总是掩护着母野马和野马驹远离人们。当野马群远离人们站定的时候,在日出的草原上,还可以看见屹立护群的公野马的长鬣鬃,那鬣鬃一直披垂到膝下,闪着美丽的光泽。

日出后的草原千里通明,这时最便于发现蘑菇。天山蘑菇又嫩又肥厚,又大又鲜甜。这个时候你只要立马草原上瞭望,便可以发现一些特别翠绿的圆点子,那就是蘑菇圈。你对着它驰马前去,就很容易在这直径三四丈宽的一圈沁绿的酥油草丛里,发现像夏天夜空里的繁星似的蘑菇。眼看着这许许多多雪白的蘑菇隐藏在碧绿的草丛中,谁都会动心。一只手忙不过来,你自然会用双手去采,身上的口袋装不完,你自然会添上你的帽子甚至马靴去装。第一次采到这么多新鲜蘑菇,对一个远来的客人是一桩最快乐的事。你把鲜蘑菇在溪水里洗净,不要油,不要盐,光是白煮来吃就有一种特别鲜甜的滋味,如果你再加上一条野羊腿,那就又鲜甜又浓香。

天山上奇珍异品很多,我们知道水獭是生活在水滨和水里的,而天山上却生长着旱獭。在牧场边缘的山脚下,你随处都可以看见一个个洞穴,这就是旱獭居住的地方。从九十月大雪封山,到第二年四五月冰消雪化,旱獭要整整在洞穴里冬眠半年。只有到了夏至后,发青的酥油草才把它们养得胖墩墩,圆滚滚。这时它们的毛色麻黄发亮,肚子拖着地面,短短的四条腿行走迟缓,正可以大量捕捉。

另一种奇珍异品是雪莲。如果你从山脚往上爬,超越天山雪线以上,就可以看见青凛凛的雪的寒光中挺立着一朵朵玉琢似的雪莲,这习惯于生长在奇寒环境中的雪莲,根部扎入岩隙间,汲取着雪水,承受着雪光,柔静多姿,洁白

---

① 鬣鬃(liè zōng):马、猪等兽类颈上的毛。

晶莹。这生长在人迹罕至的雪线以上的灵花异草，据说是稀世之宝——一种很难求得的妇科良药。

天然湖与果子沟

在天山峰峦的高处，常常可以看到巨大的天然湖。湖面明净如镜，水清见底。高空的白云和四周的雪峰清晰地倒映水中，把湖光山色天影融为晶莹的一体。在这幽静的湖上，唯一活动的东西就是天鹅。天鹅的洁白增添了湖水的明净，天鹅的叫声增添了湖面的幽静。人家说山色多变，而事实上湖色也是多变。如果你站立高处瞭望湖面，眼前是一片爽心悦目的茫茫碧水。如果你再留意一看，接近你的视线的是那闪闪的鳞光，像千万条银鱼在游动，而远处平展如镜。湖色越远越深，由近到远，是银白、淡蓝、深青、墨绿，非常分明。传说中有这么一个湖，湖水是古代一个不幸的哈萨克少女滴下的眼泪，湖色的多变正是象征着那个古代少女的万种哀愁。

就在这个湖边，传说中的少女的后代子孙们现在放牧着羊群。湖水滋润着湖边的青草，青草喂胖了羊群，羊奶哺育着少女的后代子孙。当然，这象征着哈萨克族不幸的湖，今天已经变为实际的幸福湖。

山高爽朗，湖边清净，日里披满阳光，夜里缀满星辰。牧民们的蒙古包随着羊群环湖周游，他们的羊群一年年繁殖，他们弹琴歌唱自己幸福的生活。

高山的雪水汇入湖中，又从像被一刀劈开的峡谷岩石间泻落到千丈以下的山涧里。水从悬崖上像条飞练似的泻下，即使站在十里外的山头上，也能看见那飞练的白光。如果你走到悬崖跟前，脚下就会受到一种惊心动魄的震撼。俯视水练冲泻到深谷的涧石上，溅起密密的飞沫，在日中的阳光下，形成蒙蒙的瑰丽的彩色水雾。就在急湍的涧流边，绿色的深谷里也散布着一顶顶牧民的蒙古包，像水洗的玉石那么洁白。

如果你顺着弯弯曲曲的涧流走，就会看见沿途汇入千百条泉流，逐渐形成溪流，再汇入许多涧流和溪流，就形成河流，奔腾出天山。

就在这种深山野谷的溪流边，往往有着果树夹岸的野果子沟。春天繁花开遍峡谷，秋天果实压满山腰。每当花红果熟，沟里正是鸟雀野兽的乐园。这种野果子沟往往不为人们所发现。其中有这么一条野果子沟，沟里长满野苹果树，连绵五百里。春天，五百里的苹果花开无人知；秋天，五百里的累累的苹果无人采。老苹果树凋枯了，更多的新苹果树苗长起来。多少年来，这条长沟堆积了几丈厚的野苹果泥。

现在，已经有人发现了这条野苹果沟，开始在沟里开辟猪场，用野苹果来喂养成群的乌克兰大白猪。而且已经有人计划在沟里建立酿酒厂，把野苹果酿造成大量芬芳的美酒,让这大自然的珍品化成人们的血液,增进人们的健康。

朋友,天山的丰美景物何止这些,天山绵延几千里,不论高山、深谷,不论草原、森林,不论溪流、湖泊,处处有丰饶的物品,处处有奇丽的美景,你要我说我可真说不完。如果哪一天你有豪情去游天山,临行前别忘了通知我一声,也许我能给你当一个不很出色的向导。不过当向导在我只是一个漂亮的借口,其实我私心里很想找个机会去重游天山。

思考与练习

一、选出加点字注音全部正确的一组。(　　　)

A. 矫健(jiǎo)　　横亘(gèng)　　沁人心脾(qìn)　　珠冠(guān)
B. 准噶尔(gá)　　矗立(chù)　　汲取(xí)　　人迹罕至(hàn)
C. 白皑皑(ái)　　飘曳(yè)　　暮霭(ái)　　荡漾(yiàng)
D. 急湍(tuān)　　酥油饼(sū)　　狂饮大嚼(jiáo)　　饮马溪边(yìn)

二、仔细体会下列句子用词生动、贴切的特点,从括号内选出最恰当的词语(打上√)。

1. 每当一片乌云(飞、飘、吹)来,云脚总是(连、扫、接)着草原,(降、洒、落)下阵雨,牧群在雨云中(出现、奔跑、出没),加浓了云意,很难分辨得出哪是云头哪是牧群。

2. 雪峰的红光映射到这辽阔的牧场上,形成一个(霞光灿烂、金碧辉煌、金光闪烁)的世界,蒙古包、牧群和牧女们,都(镀、染、披)上了一色的玫瑰红。

3. 蓝天(映、衬、覆盖)着高矗的巨大的雪峰,在太阳下,几块白云在雪峰间(投、射、映)下云影,就像白缎上(印、绣、画)上了几朵银灰的暗花。

4. 就在雪的群峰的围绕中,一片(奇丽、美丽、奇异)的千里牧场展现在你的眼前。(墨绿、浓密、绿色)的原始森林和鲜艳的野花,给这辽阔的千里牧场(镶、围、嵌)上了双重富丽的花边。

三、写景状物,要抓住景物特征才能给人以深刻、鲜明的印象。按要求填表,完成下面所列景物的特点(填写关键词)。

景物	特　点	景物	特　点
雪峰		天然湖	
溪流		野马	
森林		蘑菇圈	
野花		旱獭	
牧场		雪莲	
牧群		果子沟	

四、比喻句的结构包括：本体、比喻词、喻体。根据原文，将下列比喻句补充完整，并分辨本体和喻体。

1. 那常年积雪高插云霄的群峰，_____。
2. 在太阳下，几块白云在雪峰间投下云影，_____。
3. 满是高过马头的野花，红、黄、蓝、白、紫，五彩缤纷，_____。
4. 特别是那些被碧绿的草原衬托得十分清楚的黄牛、花牛、白羊、红羊，_____。
5. 就在急湍的涧流边，绿色的深谷里也散布着一顶顶牧民的蒙古包，_____。

五、写作练习：

写一个风景片段，要求抓住景物的特点，运用比喻、拟人等修辞手法，并即景抒情。

九 我的家乡①（节选）

汪曾祺

学习提示

> 作为一位家学渊源的作家，汪曾祺继承了我国优秀的民族传统，他的散文有很高的美学价值。本文看似没有作结构上的苦心经营，作者凭着对事物的独到颖悟和审美发现，从小视角切入，用平淡质朴的文笔和倾注的深情，融合点燃，描绘了一幅幅气韵生动的家乡美丽画面，不仅读之如画，而且咀嚼隽永。
>
> 本文语言洗练、清新，少有世俗之气，散发着自然而然的优美和淡淡的优雅气息，沿袭了汪曾祺散文的一贯特色。虽然文字清雅如水，但给读者留下深刻的印象，使人回味无穷。

我的家乡高邮在京杭大运河的下面。我小时候常到运河堤上去玩。运河是一条"悬河"，河底比东堤下的地面高，据说河堤和城墙垛②子一般高。站在河堤上，可以俯瞰③堤下的街道房屋。我们几个同学可以指认哪一处的屋顶是谁家的。城外的孩子放风筝，风筝在我们的脚下飘。城里人家养鸽子，鸽子飞起来，我们看到的是鸽子的背。几只野鸭子贴水飞向东，过了河堤，下面的人看见野鸭子飞得高高的。

我们看船。运河里有大船。上水的船多撑篙。弄船的脱光了上身，使劲

---

① 选自《感悟乡情》（中国对外翻译出版公司出版，2005年7月）。汪曾祺（1920～1997），江苏高邮人，现当代著名小说家、散文家、戏剧家，京派作家的代表人物。著有小说《受戒》、《大淖记事》，散文集《蒲桥集》等。
② 垛（duǒ）：用泥土、砖石等建筑成的掩蔽物。
③ 俯瞰：从上向下看。

把篙子梢头顶在肩窝处,在船侧窄窄的舷板上,从船头一步一步走向船尾。然后拖着篙子走回船头,欸的一声把篙子投进水里,扎到船底,又顶篙子,一步一步走向船尾。如是往复不停。大船上用的船篙甚长而极粗,篙头如饭碗大,有锋利的铁尖。使篙的通常是两个人,船左右舷为一人;有时只有一个人,在一边。这条船的水程,实际上是他们用脚一步一步走出来的。这种船多是重载,船帮吃水甚低,几乎要浸到船板上来。这些撑篙男人都极精壮,浑身作古铜色。他们是不说话的,大都眉棱很高,眉毛很重。因为长年注视着滚动的水,故目光清明坚定。

看打鱼。在运河里打鱼的多用鱼鹰,一般都是两条船,一船八只鱼鹰,有时也会有三条、四条排成阵势。鱼鹰栖在木架上,精神抖擞,如同临战状态,打鱼人把篙子一挥,这些鱼鹰就噼噼啪啪纷纷跃进水里。只见它们一个猛子扎下去,眨眼工夫,有的就叼了一只鳜鱼上来——鱼鹰似乎专逮鳜鱼。打鱼人解开鱼鹰脖子上的金属的箍——鱼鹰脖子上都有一道箍,否则它们就会把逮到的鱼吞下去。把鳜鱼扔进船舱,奖给它一条小鱼,它就高高兴兴、心甘情愿地又跳进水里去了。有时两只鱼鹰合力抬起一条大鳜鱼上来,鳜鱼还在挣蹦,打鱼人已经一手捞住了。这条鳜鱼够四斤!这真是一个热闹场面。看打鱼的、鱼鹰都很兴奋激动,倒是打鱼人显得十分冷静,不动声色。

远远地听见了砰砰砰砰的响声,那是在修船造船,砰砰的声音是斧头往船板里敲钉。船体是空的,故声音传得很远。待修的船翻扣过来,底朝上,这只船辛苦了很久,它累了,它正在休息。一只新船造好了,油了桐油,过两天就要下水了。看看崭新的船,叫人心里高兴——生活是充满希望的。船场附近照例有打船钉的铁匠炉,叮叮当当。有碾石粉的碾子,石粉是填船缝用的。

有时我们到西堤上去玩。坐小船,两篙子就到了。西堤外就是高邮湖,湖通常是平静的、透明的。这样一片大水,浩浩淼淼①,让人觉得有些荒凉,有些寂寞,有些神秘。

黄昏了,湖上的蓝天渐渐变成浅黄、橘黄,又渐渐变成紫色,很深很浓的紫色,这种紫色使人深深感动。我永远忘不了这样的紫色的长天。

闻到一阵阵炊烟的香味,停泊在御码头一带的船上正在烧饭。

一个女人高亮而悠长的声音:

"二丫头……回来吃饭来……"

像我的老师沈从文常爱说的那样,这一切真是一个圣境。

---

① 浩浩淼淼(miǎo):形容水势辽远的样子。

思考与练习

一、本文描写了家乡哪几幅画面？表现了作者怎样的情感？

二、背诵最后一段，体会其创造的画面美和意境美。

三、汪曾祺的文风优美、淡雅，他的文章大多清新自然，自有一种超迈古今的旷达和淡泊。不论写凡人小事，还是论乡情民俗，于不经心中设传神妙笔，成就了当代散文的经典和高峰。课外阅读汪曾祺的散文作品，试分析体会其语言特色。

十　游褒禅山记①

王安石

学习提示

> 褒禅山，旧名华山，在安徽省含山县北，山峦起伏，有泉有洞，风景秀美。王安石于宋仁宗皇祐三年（1051）任舒州（今安徽省潜山县）通判，至和元年（1054）辞职回家探亲，归途中游览了此山，当年以追记形式写下此文。
>
> 作者游褒禅山没有"极夫游之乐也"，那么"游"的方面，可记的也就不多了，所以把文章的重点放在了借游山来抒发感想和心得上。具体来说，一是从游后洞来说明"奇伟、瑰怪，非常之观，常在于险远"，必须"尽吾志"以赴之，始能于己无悔，不为人讥。虽说是游山，实则以此作比喻，说明无论治学、处事还是创业，都必须有百折不挠的精神和坚强的意志。二是由"碑仆道"、"文漫灭"而叹古书之不存，来阐明研究学问必须"深思而慎取"的道理。这些与王安石百折不挠推行新法的精神及其一丝不苟、独抒己见、独立新义的治学态度是一致的。本文即事明理，章法严谨，记游考虑到说理的需要，说理又紧扣记游的内容，叙议有机结合，前后紧密呼应，阅读时要认真理解领悟。

褒禅山亦谓之华山。唐浮图②慧褒③始舍④于其址，而卒葬之⑤；以故其后名

---

① 选自《临川先生文集》。王安石（1021～1086），字介甫，北宋临川（现江西临川）人，政治家、文学家。
② 浮图：梵（fàn）语（古代印度语）音译，也写作"浮屠"或"佛图"，本意是佛或佛教徒，这里指和尚。
③ 慧褒：唐代高僧。
④ 舍：筑舍定居，这里用作动词。
⑤ 卒葬之：死后葬在那里。

之曰"褒禅"。今所谓慧空禅院①者,褒之庐冢②也。距其院东五里,所谓华山洞③者,以其乃④华山之阳名之也。距洞百余步,有碑仆道⑤,其文漫灭⑥,独其为文犹可识,曰"花山"⑦。今言⑧"华"如"华实"之"华"者,盖音谬也⑨。

其下平旷,有泉侧出⑩,而记游⑪者甚众——所谓前洞也。由山以上五六里,有穴窈然⑫,入之甚寒,问其深,则其好游者不能穷也——谓之后洞。余与四人拥火⑬以入,入之愈深,其进愈难,而其见愈奇。有怠⑭而欲出者,曰:"不出,火且尽。"遂与之俱出。盖余所至,比好游者尚不能十一⑮,然视其左右,来而记之者已少。盖其又深,则其至又加少⑯矣。方是时⑰,余之力尚足以入,火尚足以明⑱也。既其出⑲,则或咎⑳其欲出者,而余亦悔其㉑随之而不得极㉒夫游之乐也。

于是余有叹㉓焉。古人之观于天地、山川、草木、虫鱼、鸟兽,往往有得㉔,以其求思之深而无不在也㉕。夫夷以近㉖,则游者众;险以远,则至者少。而世之奇伟、瑰怪㉗、非常之观㉘,常在于险远,而人之所罕至焉,故非有志者不能至也。

---

① 慧空禅院:寺院名。
② 庐冢(zhǒng):也作"庐墓"。古时为了表示孝顺父母或尊敬师长,在他们死后的服丧期间,为守护坟墓而盖的屋舍,叫做"庐冢"。这里指慧褒的弟子在慧褒墓旁盖的屋舍。庐,屋舍。冢,坟墓。
③ 华山洞:南宋王象之《舆地纪胜》第四十八写作"华阳洞"。看正文下句,应作"华阳洞"。
④ 乃:为,是。
⑤ 仆道:"仆于道"的省略,倒在路旁。仆,跌倒。
⑥ 其文漫灭:碑文模糊、磨灭。文,指碑文。下文"独其为文"的"文"指碑上残存的文字。
⑦ 独其为文犹可识,曰"花山":只有从它残存的字还可以辨认出"花山"的名称。
⑧ 言:说。
⑨ 盖音谬(miù)也:大概是由于读音错误。盖,承接上文,解释原因,有"大概"的意思。谬,错误。
⑩ 侧出:从旁边涌出。
⑪ 记游:指在洞壁上题诗文留念。
⑫ 窈(yǎo)然:深远幽暗的样子。
⑬ 拥火:拿着火把。拥,持、拿。
⑭ 怠:懈怠。
⑮ 比好游者尚不能十一:比起喜欢游览的人还不到(他们所至的)十分之一。不能,不及、不到。
⑯ 其至又加少:那些到(的人)更加少。加少,更少。加,增加。
⑰ 方是时:正当这个时候。方,当,正在。是时,指决定从洞中退出的时候。
⑱ 明:照明,这里用作动词。
⑲ 既其出:已经出洞。其,助词,无实在意义。
⑳ 咎(jiù):责怪。
㉑ 其:这里指自己。
㉒ 极:尽,这里有尽情享受的意思。
㉓ 叹:感慨。
㉔ 得:心得、收获。
㉕ 以其求思之深而无不在也:(是)因为他们探究、思考得深入而且广泛。无不在,没有不探究、思考到的。
㉖ 夷以近:(路)平坦而近。夷,平坦。以,而。
㉗ 瑰怪:珍贵奇特。
㉘ 观:景象。

有志矣,不随以①止也,然力不足者,亦不能至也。有志与力,而又不随以怠,至于幽暗昏惑②而无物以相③之,亦不能至也。然力足以至焉④,于人为可讥⑤,而在己为有悔⑥;尽吾志也而不能至者,可以无悔矣,其⑦孰能讥之乎?此余之所得也。

　　余于仆碑⑧,又以⑨悲⑩夫古书之不存,后世之谬其传而莫能名者⑪,何可胜道⑫也哉!此所以⑬学者不可以不深思而慎取⑭之也。

　　四人者⑮:庐陵⑯萧君圭君玉⑰,长乐⑱王回深父⑲,余弟安国平父⑳、安上纯父㉑。至和元年㉒七月某日,临川王某㉓记。

思考与练习

一、按课文中的读音给下面的字注音并解释意义。

冢(　　)_____　　　仆(　　)_____

谬(　　)_____　　　窈(　　)_____

瑰(　　)_____　　　慎(　　)_____

----

① 随以:继之以。随,跟着,接着。
② 幽暗昏惑:幽深昏暗、叫人迷乱(的地方)。
③ 相(xiàng):帮助。
④ 力足以至焉:下面省去"而不至"之类的话。意思是力量足以达到那里(却没有达到)。
⑤ 于人为可讥:在别人(看来)是可以嘲笑的。于,在。
⑥ 有悔:有所悔恨的。
⑦ 其:岂,难道。
⑧ 仆碑:倒下来的石碑。
⑨ 以:"以之"的省略,因此,由此。
⑩ 悲:感叹。
⑪ 谬其传而莫能名者:弄错了它的流传(文字),而没有人能够说明白的(情况)。谬,弄错,动词。其,指古书。名,指识其本名,这里用作动词。
⑫ 何可胜(shēng)道:哪能说得完。胜,尽。
⑬ 此所以:这(就是)……的缘故。
⑭ 慎取:谨慎地采取。
⑮ 四人者:(同游的)四个人。
⑯ 庐陵:现在江西吉安。
⑰ 萧君圭君玉:萧君圭,字君玉。
⑱ 长乐:现福建长乐。
⑲ 王回深父(fǔ):王回,字深父,北宋理学家。父,通"甫",下文"平父"、"纯父"的"父"同。
⑳ 安国平父:王安国,字平父。安国、安上都是王安石的弟弟。
㉑ 安上纯父:王安上,字纯父。
㉒ 至和元年:公元1054年。至和,宋仁宗的年号。
㉓ 王某:王安石。古人作文起稿,写到自己的名字,往往只作"某",或在"某"上冠姓,以后誊写时才把姓名写出。根据书稿编的文集,也常保留"某"的字样。

二、这篇文章是游记,但实际上写作的重点并不在"游"字上。那么,这篇文章的写作重点在哪里呢?作者以"有志"、"有力"和"物以相之"三层阐发成大事的三个条件,为何又强调"尽吾志而不能至者,可以无悔矣"呢?

三、课文中的记游,处处为说理埋下伏笔;议论,句句与记叙相呼应。两者相得益彰,浑然一体。试列出一至四段记叙与议论部分前后联系对照表。

四、解释下列各组句子中加点词的意义和用法。

- 有碑仆道
- 何可胜道也哉
- 师者,所以传道授业解惑也

- 古人之观于天地、山川……
- 而世之奇伟、瑰怪、非常之观
- 今臣至,大王见臣列观

- 其文漫灭
- 独其为文犹可识
- 属予作文以记之

- 以其华山之阳名之也
- 后世之谬其传莫能名者
- 山不在高,有仙则名

五、"其"字在文言文中主要用作代词,有时也可用来表示各种不同的语气。试解释下面各句中"其"字的不同用法。

1. 以故其后名之曰"褒禅"
2. 距其院东五里
3. 独其为文犹可识,曰"花山"
4. 其孰能讥之乎
5. 而余亦悔其随之而不得极夫游之乐也
6. 问其深,则其好游者不能穷也
7. 圣人之所以为圣,愚人之所以为愚,其皆出于此乎(《师说》)
8. 以其求思之深而无不在也

写作知识二　　细微观察

写作指导

我们作文时常常会有这样的困惑：无话可说、无物可写。即使写了也是内容空洞肤浅、语言干瘪乏味，或者只有抽象概括的介绍，没有具体细致的描述；或者泛泛而谈，反映不出事物的个性和特征……总之所写的文章言之无物，毫无生气，缺乏感染力。怎样解决这一问题呢？鲁迅先生在答复《北斗》杂志社讨论"怎样写文章"的一封信中提出的第一条就是"要留心各种各样的事情，多看看，不要看到一点就写"。鲁迅先生在这里所说的"留心各种各样的事情，多看看"就是指对生活作全面、细微观察，强调细致入微的观察是解决这一问题的关键。

细致观察是提高写作水平的金钥匙。只有细致入微地观察，才能从生活现象的矿藏中发现碎金璞玉，于泥沙混杂中攫取闪光的宝物，不掌握"细微观察"这把开门的金钥匙，是无法打开写作的"大门"的。

一、只有细微观察才能获得写作的素材，使文章真实具体、内容充实。其实，作文的过程就是从生活中寻找题材、组合题材、深化题材的过程，而写作材料来源于整个生活，真实、丰富的生活是写作的源头活水，一个人、一种事物、一个过程是什么样的，只有深入生活经过观察才能掌握，而当你掌握了这些，作文时具体的人和事就会从脑子里涌现出来，就能写出内容充实、生动感人、文质兼美的好文章。可见要真实地反映生活，就一定要认真地观察生活；要细致地反映生活，就一定要细致地观察生活。离开对生活的细致观察，离开对生活素材的自觉捕捉和用心积累，文章的内容就很难丰富和充实起来，也就很难克服空洞肤浅、言之无物的毛病。既然如此，我们就做个有心人吧，去走进生活，接触事物，深入细致地对生活进行观察，从中获得真实、深刻、细致的第一手资料和创作灵感，就如叶圣陶先生说的："生活如泉源，文章如溪水，泉源丰富而不枯竭，溪水自然活泼地流个不歇。"

二、只有细微观察才能发现事物的特征，使文章深刻感人、中心鲜明。特征，就是一事物不同于其他事物的特殊之处，是我们认识和区别事物的关键点。世界上的每一事物都有自身的特点，否则，人都是一样的人，物都是一种物了，没有万事万物的区别，也就没有姹紫嫣红、丰富多彩的世界了。可是为什么我们却无从下笔呢？或者写出来的人或事缺乏生动性和感染性，不能给人留下鲜明的印象呢？就是因为我们没有仔细、全面、细微地观察，没有发现和抓住事物的特征。所以鲁迅先生说："须创作，第一是观察。"

细微观察对于写作如此重要，那么我们应该怎样做呢？

第一，要树立正确的观察态度，培养良好的观察习惯。当下的写作教学很看重写作技巧的训练、培养，很少指导学生观察生活或怎样在平凡的生活中去观察事物，更缺少对观察能力的培养。写作技巧的训练、培养固然重要，但实践已经证明这不能从根本上解决作文"干瘪症"。要想从根本上提高写作水平，必须充分认识到细致入微观察对于写作的重要意义和关键作用,树立正确的观察态度,有意识地培养自己良好的观察习惯。茅盾先生说过:"为初学者设想,凡技巧上诸问题(包括所谓'练字'在内),固然不可不下一番苦工夫,但尤其不能不下苦功夫的,是在观察力的养成。"所以我们要热爱生活,积极主动地投身到火热的生活实践中去,培养良好的观察习惯,用心去观察、体验并感悟。对周围的事物多看、多思、多想,并且把观察所得和感想随时记下来,久而久之,观察能力就会逐渐提高,写作的题材就会越积越多,思路也就越来越开阔,下笔时就会文思泉涌。

第二,观察还要全面、准确和细致。"对于任何事物,必须观察准确、透彻,才好下笔"。这就要求我们在观察中善于发现细节,把事物的本质特征抓住,不能走马观花,浮光掠影。生活中有一些发人深省的平常小事,它不像独立鸡群的白鹤,让人一眼就看出它的高和美来。如不留心观察和分析,就会稍纵即逝、一闪而过。我们要做个有心人,只有通过细致和透彻的观察去敏锐地捕捉到"貌不惊人"却又"异彩闪耀"的生活素材,才能把它转化成文字自由地表现出来。比较下面两段文字:

1.在天山的高处,常常可以看到巨大的天然湖。湖面明净如镜,水清见底。

2.在天山的高处,常常可以看到巨大的天然湖。湖面明净如镜,水清见底。高空的白云和四周的雪峰清晰地倒映水中,把湖光山色天影融为晶莹的一体。在这幽静的湖上,唯一活动的东西就是天鹅。天鹅的洁白增添了湖水的明净,天鹅的叫声增添了湖面的幽静。人家说山色多变,而事实上湖色也是多变。如果你站立高处瞭望湖面,眼前是一片爽心悦目的茫茫碧水。如果你再留意一看,接近你的视线的是那闪闪的鳞光,像千万条银鱼在游动,而远处平展如镜。湖色越远越深,由近到远,是银白、淡蓝、深青、墨绿,非常分明。(摘自《天山景物记》)

很显然第2段文字描写具体细腻、生动感人,引人入胜,使人仿佛身临其境,久久难以忘怀。作者笔下的景色优美,不仅湖面巨大,而且湖色清澈而呈现出层次分明的变化,给人留下深刻的印象,原因就在于作者观察得全面、准确而细致,不仅从形态、色彩等方面,而且通过不同角度、不同方位进行观察,发现特点,找出特征,抓住了要点来进行描写。如果只是走马观花,泛泛地浏览一遍,那么除了看见"明净如镜"、"水清见底"之外,是不会发现其中别于其他湖泊的"幽美"而又富有多变的特征的,自然也就无法吸引人、感染人。可见作文要写得充实,观察必须全面;作文要写得真实,观察必须准确;作文要写得深刻,观察必须细致。

第三,不仅要观察,更要勤于思考、研究。有时我们还是很困惑:看了听了,也观察了,可是写出的文章始终达不到生动、鲜活的要求。这在很大程度上是因为只停留在观察的表层,缺乏思考研究。观察与思考研究是密不可分的,只有在观察的同时,进行思考、研究以及由此及彼的联想,才能丰富材料,充实内容,突出特征。否则,文章还是干瘪肤浅。写作是一种复杂的创造性劳动,写作能力是一种综合的语言能力。对事物进行全面、细致的观察、体验,还要通过思考、研究,才能切实深入地理解、把握,才能谈得上准确、深刻地去反映它。观察是思考研究的基础和前提,思考研究是对观察所得的分析、比较、归纳、联想,是观察的升华。比如写人,仅凭察言观色、听话听音等得到的感性材料是无法刻画人物的精神气质的,要通过思考、分析研究,联想到人物的内心活动,并能够通过有选择的语言、行动描写(即写作知识一所讲的"合理选择组织材料")等才能反映人物的心理活动和精神面貌。把观察和思考研究结合起来,转化成文字,不仅是细微观察的要求,更重要的是可以使我们或者增加了语言的风采,或者丰富了文章的内容,或者深化了文章的主题。

第四,广泛阅读也很重要。广泛阅读也叫"间接观察",就是通过广泛的阅读各种书报杂志,充分搜集别人观察所得的材料。由于受时间、空间等各种条件限制,我们对事物的认识和了解不可能全靠直接观察、亲身体验去获得,无论是谁,写文章凭直接观察所获得的素材都是远远不够的,必须要通过广泛阅读等间接观察来获得。阅读可以积累素材、开阔视野、增长知识面,对学习写作更有现实意义。"读书破万卷,下笔如有神"、"熟读唐诗三百首,不会作诗也会吟"等古人所言已充分证明了这一点。所以,在培养观察能力时,一定要积极养成阅读的兴趣和习惯,广泛用心地阅读,这样才能理解所读文章的结构艺术、语言特点等,广泛地吸取别人所提供的各种养分。长期坚持下去,必然会获得直接观察所得不到的各种素材,从而提高我们的写作水平。

借鉴实例

一、紫藤萝瀑布(节选)
宗 璞

我不由得停下了脚步。从未见过开得这样盛的藤萝,只见一片辉煌的淡紫色,像一条瀑布,从空中垂下,不见其发端,也不见其终极。只是深深浅浅的紫,仿佛在流动,在欢笑,在不停地生长。紫色的大条幅上,泛着点点银光,就像迸溅的水花。仔细看时,才知道那是每一朵紫花中的最浅淡的部分,在和阳光互相挑逗。

这里春红已谢,没有赏花的人群,也没有蜂围蝶阵。有的就是这一树闪光的、盛开的藤萝。花朵儿一串挨着一串,一朵接着一朵,彼此推着挤着,好不活泼热闹!

……

每一穗儿都是上面的盛开、下面的待放。颜色便上浅下深,好像那紫色沉淀下来了,沉淀在最嫩最小的花苞里。每一朵盛开的花就像是一个小小的张满了的帆,帆下带着尖底的舱,船舱鼓鼓的;又像一个忍俊不禁的笑容,就要绽开似的。那里装的是什么仙露琼浆?我凑上去,想摘一朵。

▶▶ 简评

这一段描写其妙处就在于把紫藤萝花的繁盛与生机具体、生动、传神地表现了出来,既有色彩,又有形状,还有神态。再加之拟人、比喻等多种修辞手法的运用,让人们感到作者心中无限的喜悦和对紫藤萝花满腔的真情和热爱。没有细致入微的观察,描写是不可能如此生动感人的。

二、西湖七月半(节选)

张 岱

西湖七月半,一无可看,止可看看七月半之人。看七月半之人,以五类看之:其一,楼船箫鼓,峨冠盛筵,灯火优傒,声光相乱,名为看月而实不见月者,看之。其一,亦船亦楼,名娃闺秀,携及童娈,笑啼杂之,环坐露台,左右盼望,身在月下而实不看月者,看之。其一,亦船亦声歌,名妓闲僧,浅斟低唱,弱管轻丝,竹肉相发,亦在月下,亦看月而欲人看其看月者,看之。其一,不舟不车,不衫不帻,酒醉饭饱,呼群三五,跻入人丛,昭庆、断桥,嚣呼嘈杂,装假醉,唱无腔曲,月亦看,看月者亦看,不看月者亦看,而实无一看者,看之。其一,小船轻晃,净几暖炉,茶铛旋煮,素瓷静递,好友佳人,邀月同坐,或匿影树下,或逃嚣里湖,看月而人不见其看月之态,亦不作意看月者,看之。

简评

张岱小品文的特点是写人绘景,皆有声有色、逼真如画,以点染穷形尽状,使人如临其境,达到极高的艺术境界。本文以三言两语的笔画勾勒出五种形态各异的七月半之人,既取形,又取神,将市井闲徒等各色人等的特征一一展现在读者的面前,层层的白描,生动传神,惟妙惟肖,可见其观察之深刻、细致。

写作练习

1. 为什么对事物作"细微观察"是解决文章内容空洞的有效方法?
2. 结合写作知识的内容,选一人、物或景作细微观察,然后以此为根据写一篇以写景为主的记叙文。要求对景物做生动细腻的描写,运用记叙、描写、抒情等多种表达方式。

口语交际二　环境介绍

表达指导

介绍是一种涉及范围广、实用性强的口头表达方式,是对人、事、物作口头的描述、说明和评价,其作用是通过"口说"使人"心知",即通过介绍使人对不熟悉的人、事、物或环境等有所了解并获得有关知识。介绍犹如一座桥梁,能由此及彼,通向四面八方,加强了人们之间的信息传达和沟通交流。介绍的种类很多,从内容上可分为介绍自我、介绍他人、介绍环境(家乡或名胜古迹)、介绍动物或植物、介绍产品、介绍经验等;也可从方式上分为叙述、描述、说明等。这里着重谈谈对于环境(家乡或名胜古迹)的介绍。

环境,主要是指具有空间实体特征的"自然环境"和"人文环境",包括居住环境、休闲娱乐环境以及风景名胜、旅游景点等。如果你要接待来客或者作为一名专(兼)职导游员陪同来宾或游客,那么环境介绍就是不可少的,通过这一活动既可以传播知识,使人们获得参观目的地信息,又可以沟通思想,拉近主客之间的距离,交流感情。

介绍的语言有自身的特性,即在口语化的基础上集知识性、趣味性于一体,能使人在轻松和谐的氛围中知晓环境景物的自然和人文情况,从而使主客双方沟通顺畅。掌握一些基本要求和技巧可以使你的介绍生动、传神,富有感染力,从而获得良好的沟通效果。

一、首先要熟悉、了解听众,明确介绍目的。熟悉听众才能使介绍目的明确,语言的组织才能因人、因地、因时而不同,体现出应有的灵活性。因此在面对听众开始介绍之前要尽快了解他们的背景材料,如年龄、职业、爱好、宗教信仰、客源地的风俗知识等,根据具体情况对介绍的内容进行调整、修改,选择适当的方法,从而使你的介绍能适应不同听众的文化修养和审美情趣。切忌不顾对象具体情况,总是一成不变的解说词、呆板的语言,不仅受众会产生厌烦情绪而游兴大减,我们自己也会味同嚼蜡。

二、语言准确清楚、流畅通顺,适应介绍环境的需要。这是对介绍最基本的要求。介绍是口语的艺术,最大的特点是"转瞬即逝",只有吐字清晰准确、语音自然优美、现场的听众才能听清、听懂,并领会介绍的内容及用意。因此作为介绍者要具备的最重要的基本功就是口语表达的准确清楚、流畅通顺。不仅语言上要求词语搭配得当,遣词造句准确,而且语气还要衔接自然,表达意思连贯,使口语表现的对象与语言环境相统一,更能适应环境气氛的需要,更具有表现力。例如介绍杭州岳飞墓,不仅要在语言上准确流畅地描述岳飞的事迹,在语气上准确地表现岳飞抗金报国的浩然正气,还要介绍南宋最高统治者苟且偷安、卖国奸臣的卑鄙无耻。那么就应当注意用不同感情色彩的语言,来评价这两种截然不同的历史人物,使听者从中受到感染。要做到这一点就必须苦练语言基本功。

三、简洁明了,重点突出,通俗易懂。由于参观一般都是时间有限,而且风景名胜区游人较多,所以在介绍时一定要讲求效率。介绍不仅要准确清楚、流畅通顺,而且要能抓住景物的特征,并且突出其特征,特别是景物的人文价值,比如它的文化价值和历史价值。重点内容突出,简洁明了能使介绍脉络清晰、层次分明,从而给听众留下较深刻的印象。在介绍中可以适当加入一些与之相关的人文掌故、轶闻传说等;在选词上要通俗化、口语化,尽量做到深入浅出,通俗易懂,把抽象、深奥的道理说得浅显通达,把专业性的知识讲得平易通俗,使人一听就明白。

四、诙谐幽默,鲜明生动。幽默诙谐、言之成趣的语言可以给旅游者带来轻松、愉快和美的享受,具有鲜明生动的效果。这就要求介绍时在准确流畅的基础上,尽量使用形象化的语言,恰当使用夸张、借代、比喻、映衬、象征等多种修辞手法,选用丰富多彩的词汇,灵活多样的句式组合,充分发挥描绘功能和想象功能,富于表现力地将千姿百态的景观生动形象地表现出来,从而去打动人心,引起听者的共鸣。例如一导游带一老年团参观我国著名的泰山,途中有人显露疲惫之态,这时导游介绍道:"大家知道吗?泰山除'东岳'之称外,还可以用来代称岳父,这个典故出于唐朝,当时唐玄宗登泰山封禅时,宰相张说(同'悦')在家就提升了自己的女婿郑镒。唐玄宗封禅返京后,见郑镒官服改变了,就询问原因,有人代为回答:'此泰山之力也。'此后人们就称岳父为泰山大人。我们这里就有几座泰山吧,加油啊,泰山大人们!"适时把这一有趣典故加入,顿时气氛就活跃起来,而且还使游客在不知不觉中增长了知识,获得了精神上的享受,为旅游平添了一份情趣。

诙谐幽默有时还可以化解和摆脱尴尬局面。如下面的例子:参观用餐时一服务员不小心打翻了酒杯,弄污了游客的衣服,游客正要发火,此时导游走到客人身边,面带微笑地说了句:"先生,恭喜了。"躬身、低头看了一下又说:"躬(恭),下装脏了要洗(喜),故恭喜。"游客听了,转怒为喜,导游机智幽默的语言及时化解了一场可能发生的纠纷。

诙谐幽默的语言能活跃气氛,但要适度,避免多用滥用,不能伤害旅游者的自尊心,更不能把那些庸俗低级甚至龌龊禁忌的笑话和语句用于介绍中而使介绍显得低级趣味、品位不高。

五、充分发挥态势语和副语言的作用。介绍是口头表达形式,用口头语言时如果辅之以恰当的眼神、表情、手势等态势语言,不仅能加强介绍的内容,而且还能表达出口语无法传达的内容,介绍就会因绘声绘色而形象生动起来,充满艺术性和感染力。一些副语言的作用也不可忽视,语气、语调、音高、音强等的恰当性,声音高低搭配,有起有伏,语速节奏分明、快慢适中等都能强化介绍的内容,增强口头语言的表现力。如一位导游在介绍苏州城外的山景时,一边用抑扬顿挫、充满情感的语言介绍:"你们看,那一座座山头活脱脱像一头头猛兽。天平山像金钱豹,金山像金龙,虎丘山犹如蹲伏着的猛虎,狮子山正回头深情望着虎丘,那就是苏州著名的一景——狮子回头望虎丘。"一边用手自然示意着山峰的具体方位和模拟各种动物形状。游客就在这生动、形象而富有情趣的介绍中了解了每一座山峰的方位和形态,获得了鲜明的视听享受。同时,在介绍的方式上也要注意把叙述、描述、抒情、说明等多种表达方式相结合,这样也能大大增加介绍的丰富性和感染力。总之,要充分发挥态势语和副语言的作用,把有声语言和态势语言有机结合起来,就能给听者留下深刻的印象,取得事半功倍的效果。

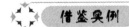

一、世界自然遗产——张家界

尊敬的客人:

一路辛苦了!

此刻,您已经到达了此行的目的地:张家界。我叫＊＊＊,是＊＊＊旅行社的职业导游,持证号码是＊＊＊＊＊＊号,市旅游投诉电话号码是:8380193。今天能为大家作导游,十分荣幸,我将竭诚为大家服务,希望能与大家共同度过美好的张家界之旅。

张家界市,位于湖南西北部武陵山脉的腹心地段,所辖面积9563平方公里,总人口155.2万。张家界是个多民族聚居区,以土家族为主体的19个少数民族达111.84万人,占全市总人口的72.06%,其中土家族98万人,白族10.8万人,苗族2.69万人(据1998年年底统计)。

张家界属中亚热带山原型季风性湿润气候,平均气温16.8摄氏度,年均降雨量1400毫米,无霜期258天,暑月平均气温28摄氏度,寒月平均气温5.1摄氏度,可谓冬无严寒,夏无酷热,四季气温宜人,是最适宜人类居住的地方。

请你们回头一看:那就是闻名世界的天门山,相信大家对1999年12月举行的世界特技飞行大奖赛飞机穿越天门洞那壮丽的一幕仍记忆犹新。

现在我们看到的这条河,叫"澧水",它发源于贺龙元帅的家乡桑植县的八大公山,穿越断崖峡谷达数百公里,流入八百里洞庭湖,是湖南四大河流中较少污染的、风光最美的"生态河"。国内首创的无动力橡皮舟旅游漂流,就在澧水上段最精彩的茅岩河。

张家界现代地貌骨架的初步形成,是在距今一亿年左右的中、新生代燕山—喜山时期。由于位处云贵高原隆起区与洞庭湖沉降区之间,大自然的鬼斧神工为我们造就了壮观的峡谷、湍急的河流、孤峭的石峰、深邃的溶洞、神出鬼没的地下阴河。我们此行第一站——张家界武陵源风景名胜区,就是大自然造山运动的经典之作。

下面,我就简单地向大家介绍一下张家界市的发展史。

张家界市区以前不叫"张家界",而是叫"大庸",是古庸国所在地。史书记载:"庸,国名。《左传》文公十六年(公元前611年),楚灭庸。"故有"大庸,古庸国是也"的说法。

早在原始社会晚期,先民就已开始在澧水两岸繁衍生息。到了尧舜时代,"舜放驩兜于崇山,以变南蛮",于是中国历史上便有了"南蛮"一说。那座与天门山并肩而立的大山,就是崇山。秦朝建立后,秦始皇把天下划成三十六郡,大庸划归黔中郡,黔中郡郡治在今沅陵县;后来,汉高祖刘邦又把大庸划给了武陵郡(今常德市),改充县;三国吴永安六年(263),嵩梁山——就是现在的天门山,发生了一场大山崩,崩掉了半边山,也崩出了一个世界奇观——一个巨大的穿山门洞。吴王孙休认为是吉祥之兆,下旨将嵩梁山改名为"天门山",并特地把武陵郡分出一部置天门郡,分管四个县,以提升天门山的政治地位。在以后长达1720余年的历史长河中,大庸几度兴废,先后历经了30余次建置改制。上世纪80年代初,由于在大庸县北部大山中,发现了一片奇特罕见的砂岩峰林自然奇观,世界为之轰动,于是就有了政府的一系列大动作:

1982年9月,建立中国第一个国家森林公园,填补了中国没有国家公园的空白;

1985年2月,原中共中央总书记胡耀邦为武陵源题字;

1985年5月,国务院批准撤大庸县建大庸市(县级);

1988年5月,国务院批准将大庸市升为地级市,辖永定区、武陵源区、慈利县和桑植县;

1988年8月,武陵源被列入国家第二批40处重点风景名胜区之内;

1992年12月24日,武陵源被联合国教科文组织列入《世界遗产名录》;

1994年4月,国务院批准将大庸市更名为张家界市;

1995年3月,时任国家主席江泽民亲临视察,并为张家界未来的发展定位:"把张家界建设成为国内外知名的旅游胜地。"

至此,张家界总算完成了漫漫时空的跨越,终于从"深闺"中走出湘西,走出湖南,走向全国,走向世界。

为了早日实现江总书记提出的奋斗目标,张家界市制定了"旅游带动"发展战略,得到湖南省委、省政府的肯定,并明确张家界要把旅游业作为全市经济发展的主导产业,作为富民强市的支柱产业。

从1982年国家森林公园成立时算起,张家界经过近20年的开发,其主导产业地位进一步得到了明确,建市以来,全市累计接待国内外游客1680万人次,其中境外游客40万人次,实现旅游收入30亿元。1999年全市接待国内外游客327万人次,旅游总收入9.5亿元,分别居全省第二位。旅游收入相当于国内生产总值的比重由1989年的2.34%提高到1999年的16.9%,旅游业已成为带动全市经济社会发展的龙头产业,在全省乃至全国旅游格局中发挥着越来越重要的作用。三次产业结构由1989年的47:18:35调整到1999年的27.0:26.4:46.6,第三产业的主导地位更加突出,经济结构趋于合理。已初步建成拥有机场、海关、火车站、高等级公路、现代通讯、星级宾馆、大中专学校、先进医疗卫生设施、民族民俗文化展示基地以及不断扩大和功能日趋完善的大旅游环境格局。目前,张家界火车站已与国内10多个大中城市开通了旅客列车。张家界机场开通了全国20多个大中城市的航班,空港口岸和香港、澳门、曼谷的包机航线业已开通。全市拥有宾馆饭店400多家(其中星级饭店20余家),床位总数已4万张。全市现有旅行社52家,其中国际社5家,国内社47家。旅游从业人员1.8万人,初步形成了"吃、住、行、游、娱、购"为一体的配套服务设施。同时,我们成功地接待了一大批党和国家领导人、外国元首及国际友人;成功地举办了数届国际森林保护节及世界特技飞行大赛,从而为张家界赢得了声誉,扩大了知名度。张家界旅游业正在走向成熟。

有人说,张家界盛产风景。除了已经开发开放的核心景区张家界国家森林公园、天子山自然保护区、索溪峪自然保护区外,周边开放景区还有天门山国家森林公园、茅岩河漂流景区、国家级自然保护区八大公山、世界溶洞探险基地九天洞,以及道教名山五雷山、湘鄂川黔革命根据地纪念馆、贺龙元帅故居洪家关等。全市旅游风景区所占面积达500余平方公里,堪称湖南第一旅游资源大市。一位大诗人写道:"如斯仙境何处有,劝君早做武陵行。"

尊贵的客人,真诚地欢迎你们的来到。张家界是中国的,也是全人类的,让我们共同爱惜她、保护她、享受她,一睹她姿容出众的风采!

简评

本篇导游词抓住了张家界的地理位置、风光特色、历史渊源、服务设施、未来蓝图等进行介绍。主次分明,条理清楚,目的性很强,很好地宣传了张家界。介绍的语言亲切、坦诚、风趣而得体。在轻松的气氛中把信息传递给了听众。

二、香港会议展览中心新翼介绍词

香港会议展览中心坐落在港岛湾仔波光粼粼的海畔。新建的会展中心新翼，从原会展中心的北面延伸入海，由一座架空多层天桥走廊连接，横跨 75 米宽水道，好像一只展翅的大鹏，掠过碧蓝的海面，正昂首飞向广阔的天宇。

耗资 48 亿的中心新翼，将提供活动场所 38106 平方米，其中有大型展览厅 3 个，大会堂及前厅各 1 个，会议室 26 个，使整个会展中心的展览和会议设施面积增至 63580 平方米，成为除日本外全亚洲最大的会议和展览场所。设于第五层的大会堂和前厅，是整个建筑物中最独特的一部分。大会堂面积 4288 平方米，不受支柱阻挡。如果作为宴会厅，可招待 3000 位宾客用餐，为全球最大的宴会厅之一。与大会堂一门之隔的前厅，全部由高 30 米的玻璃幕墙围绕，拥有 180 度的广阔视野。前厅面向海港，置身其中，维多利亚港两岸美景尽收眼底。

站在湾仔高处眺望，屹立于大海的会展中心新翼整座建筑物呈流线型，与其背后的其他建筑物以直线为主的结构形成鲜明的对照。尤其是那匠心独运的弧形屋顶用 40000 平方米的铝质保护层铺盖，在阳光的照射下，反射出多彩的光泽，甚为美观。

会议展览中心新翼地处港岛中段海旁，前面与对岸著名的游览胜地尖沙咀遥望，左侧是中环的商业楼群和金融中心，右侧是繁忙的东区走廊和铜锣湾商业闹市。会展中心新翼建成后，为绚丽的港岛新添一处独具风貌的新景观，将成为香港的新标志之一。

▶▶ **简评**

本文是 1997 年 4 月 23 日，香港贸发会举行中外记者会，引导记者参观尚未竣工的香港会议展览中心新翼的介绍词，因为在这里即将举行"香港回归政权交接大典"而使其格外令人瞩目。介绍词先交代了中心新翼的地理位置和整体造型，再按由内而外的顺序介绍，突出其内部的宏伟华丽和外部的别具一格。最后移步换景，进一步从不同角度展现新翼的建筑美和环境美。

◆ **口语练习**

1．读一读下面这段导游"介绍"词，简析其语言特点。

请大家往左看，这就是孙悟空的老家花果山和水帘洞。水帘洞外还有小桥，有芭蕉树，有许多奇花异果。每当大雨时节，一股横空而出的瀑布飞流直下，飞珠溅玉，好像无数的白米从天空中纷纷落下，这就构成了"金鸡吃白米"的生动景象。然而遗憾的是，今天我们看不见孙悟空，他不知道大家要来，出游去了。等下次吧，等下次大家再来时，相信他肯定会在这儿恭候的。

2.选择一个你熟悉的旅游景点,设计一段导游词,给"游客"作介绍。要求语言通俗、用词准确、善用修辞,有幽默感。

3.以《我的家乡》为题,写一篇口头介绍的文稿,向老师和同学宣传自己的家乡,并欢迎大家到自己的家乡做客。

文稿要求:内容可设计地理位置、自然景物或人文景观(传说、故事、史迹等)、物产资源、风土人情、今昔变化、发展前途、交通路线等。其中地理位置和交通路线必须作准确、简明的介绍;其他方面应结合自己家乡的实际,选取其中最具特色、最有吸引力的两三项作为重点来介绍,不必面面俱到。语言应体现口头语体的特征,符合"介绍"语言要求。

语文实践活动二　郊游

一、活动主题

回归自然　感受美景

二、活动目的和要求

投入大自然的怀抱,感受大自然的无限美妙和魅力,提高领悟自然美景的能力,激发对大自然的热爱之情。

三、活动内容及步骤

游览自然山水。

步骤一,结合本单元内容和季节,在学校所在地附近确定一以自然山水取胜的目的地。

步骤二,在学生中讨论、学习"感受自然美景"知识(充分调动心灵的扫描器——眼、耳、口、鼻、肤等感官)。

步骤三,安排好出行前的各项准备工作,提醒出行应注意事项。

步骤四,郊游活动。

步骤五,活动结束后以"心中的美景"为题写一篇记叙文;然后就本次活动分组讨论、交流、畅谈。或在班级内组织一次以"自然山水美景"为主题的美文欣赏活动。

第三单元

生 命 礼 赞

单元导读

冰心说:"生命像向东流的一江春水。"其实就是说生命是一个不屈不挠的过程。宇宙是个大生命,宇宙间皆是生命。

所以本单元选文5篇,其中赞美人的3篇,赞美马的1篇,赞美风的1篇。写作知识是介绍如何打开作文思路的。口语交际介绍如何"讲故事",怎样讲好故事,口语实践是开"故事会"。

《做一个战士》无论是思想内容还是写作艺术上,都值得今天的我们去学习和铭记,因为今天依然需要有这样的"战士",因为"这样的战士并不一定要持枪上战场。他的武器也不一定是枪弹。他的武器还可以是知识、信仰和坚强的意志"。

丰子恺先生曾劝告自己的孩子,不要肆意用脚踩蚂蚁,不要用开水残害蚂蚁。他说自己这样做,不仅仅出于怜悯之心,更是怕孩子的那一点点残忍之心扩大开来——他相信一个对自然生命不敬畏的人,对人的生命也不会珍惜。秦牧的《生命壮歌》就是教导我们去敬畏生命。

屠格涅夫在这篇只有千字左右的散文诗中,不仅完整地叙述了一个故事,而且时而描写,时而议论,写出了"我"的心理活动、"我"的思想转变和"我"对婴啼的赞美。这婴啼,唤醒我生的渴望;这婴啼,无疑是生的呼唤、爱的赞歌、生命的礼赞。

马是人类的挚友。它自远古以来,与人类生死相依。有人曾赞誉《巩乃斯的马》:"堪称中国作家中写马写得最好的一篇。这并不是因为作者见到了天底下最好的马,而是因为他很好地写出了心中的马。"

《北风》颂歌的基调是慷慨激昂、雄壮激越的,而且首尾贯注,一气呵成,表现了作者那种刻骨铭心、深沉浩大、燃烧炽热的爱国主义情感。文章通篇是神奇夸张的笔调,热情澎湃的语言,高昂急骤的旋津,表达了作者对"北风"——中华民族的礼赞!文章中多处使用排比,使作者的满腔激情抒发得淋漓痛快,粗犷豪纵,使读者感到自己脉搏激烈跳动,胸际也发出了北风般的怒吼声。

思路,是指写作中思维活动运行的路线。运思活动在作者头脑中进行时,思路只能由作者自己意识与把握。思路理顺了,写起来就胸有成竹。冰心的《一只木屐》,短短千字左右的散文,从开始产生写作意向到写出来竟用了15年时间,用冰心的话说:"这只木屐在我脑海中漂浮了15年。""开拓思路"的困难,就在于思路是在人的头脑中进行的复杂活动过程,人们至今还只能在经验描述的层面上把握它,主要通过考察、分析文章中呈现的思路轨迹来研究思路运行的规律。

故事是一切叙事艺术的第一要素。故事的要素是情节、人物、环境。真正要讲好一篇故事,就像写好一篇小说一样。它需要:1.根据命题,选择主题、设置情节;2.根据情节设置人物,主要人物与次要人物,以及他们的关系;3.注意对环境的描述,以烘托人物;4.寻找或设计矛盾,制造矛盾冲突,形成高潮。高潮可以从解决问题或未解决问题中获得,把中心人物带到他一生中的特定时刻,故事也就此结束。5.选择结局。本单元所介绍的讲故事的基本知识,只是侧重于讲故事的口语表达技巧而已,真正要学会讲故事、讲好故事,必须还要多学一些讲故事的理论,多看一些精彩的故事,多练习编讲故事。

十一　做一个战士①

巴　金

学习提示

在20世纪巴金被认为是青春写作的最杰出代表。巴金本人的率性、热情和诗人气质，他理想主义者的激情，和他作为一个战士而从事创作的姿态，都能在他的文字中看到和感受到。文中用大量排比式的句群从不同角度和层面表述了一个战士所具有的独特人格和顽强个性，又以多种修辞手法形象生动地阐释了战士在不同情况下的表现和他们一贯的精神。其中贯穿着巴金自己一生为人的态度，渗透着他高贵的人格、高蹈的思想情操以及他的巨大精神魅力。本文无论是思想内容还是写作艺术上，都值得半个多世纪后的我们去学习和铭记，因为今天依然需要有这样的"战士"。

一个年轻的朋友写信问我："应该做一个什么样的人？"我回答他："做一个战士。"

另一个朋友问我："怎样对付生活？"我仍旧答道："做一个战士。"

《战士颂》的作者曾经写过这样的话：

我激荡在这绵绵不息、滂沱②四方的生命洪流中，我就应该追逐这洪流，而且追过它，自己去造更广、更深的洪流。

---

① 巴金(1904～2005)，原名李尧棠，现代文学家、出版家、翻译家。同时也被誉为是"五四"新文化运动以来最有影响的作家之一，是20世纪中国杰出的文学大师、中国当代文坛的巨匠。主要代表作有长篇小说《激流三部曲》。

② 滂沱(pāng tuó)：形容雨下得很大。

我如果是一盏灯,这灯的用处便是照彻那多量的黑暗。我如果是海潮,便要鼓起波涛去洗涤海边一切陈腐的积物。

这一段话很恰当地写出了战士的心情。

在这个时代,战士是最需要的。但是这样的战士并不一定要持枪上战场。他的武器也不一定是枪弹。他的武器还可以是知识、信仰和坚强的意志。他并不一定要流仇敌的血,却能更有把握地致敌人的死命。

战士是永远追求光明的。他并不躺在晴空下享受阳光,却在暗夜里燃起火炬,给人们照亮道路,使他们走向黎明。驱散黑暗,这是战士的任务。他不躲避黑暗,却要面对黑暗,跟躲藏在阴影里的魑魅魍魉①搏斗。他要消灭它们而取得光明。战士是不知道妥协的,他得不到光明便不会停止战斗。

战士是永远年轻的。他不犹豫,不休息。他深入人丛中,找寻苍蝇、毒蚊等等危害人类的东西。他不断地攻击它们,不肯与它们共同生存在一个天空下面。对于战士,生活就是不停的战斗。他不是取得光明而生存,便是带着满身伤疤而死去。在战斗中力量只有增长,信仰只有加强。在战斗中给战士指路的是"未来","未来"给人以希望和鼓舞。战士永远不会失去青春的活力。

战士是不知道灰心与绝望的。他甚至在失败的废墟上,还要堆起破碎的砖石重建九级宝塔。任何打击都不能击破战士的意志。只有在死的时候他才闭上眼睛。

战士是不知道畏缩的。他的脚步很坚定。他看定目标,便一直向前走去。他不怕被绊脚石摔倒,没有一种障碍能使他改变心思。假象绝不能迷住战士的眼睛,支配战士的行动的是信仰。他能够忍受一切艰难、痛苦,而达到他所选定的目标。除非他死,人不能使他放弃工作。

这便是我们现在需要的战士。这样的战士并不一定具有超人的能力。他是一个平凡的人。每个人都可以做战士,只要他有决心。所以我用"做一个战士"的话来激励那些在彷徨、苦闷中的年轻朋友。

一九三八年七月十六日在上海

---

① 魑(chī)魅(mèi)魍魉(wǎng liǎng):魑,传说中的山神;魅,传说中的鬼怪;魍魉,传说中的怪物。均指各种各样的坏人。

思考与练习

1. 文章标题"做一个战士"改为"做一名战士"有何不同?
2. 你认为文章中的"战士"指的是什么样的人?他有着什么样的品质?
3. 本文用大量排比式的句群从不同角度和层面表述了一个战士所具有的独特人格和顽强个性,又以多种修辞手法形象生动地阐释了战士在不同情况下的表现和他们一贯的精神。分析这些排比式的句群和修辞手法的作用。

十二　生命壮歌①

秦　牧

> **学习提示**
>
> 由物及人,在各种生物生存状态的细腻描写中引出对生命潜能及韧性的赞美之意。文章以平实的语言,层层上升的结构来把握生命,叙述和议论并重,丰富细致的描述,兼以深刻的议论,生命的意义也就逐渐呈现出来了。

生命现象是一个很奇特深奥的现象,闲来披阅报章杂志,常常读到一些感叹生命坚韧的篇章。例如:在几千米的高空上,都可以发现蝴蝶;在几乎接近沸点的温泉里,也有生物在活动;深深的大洋底层,有水生动物在繁殖;南冰洋零度下的冰水中,也有不少的水族等等。

除此之外,一些作者笔记中,关于某些普通生物极不平常的行动的描绘,也很令人震动。屠格涅夫的散文诗中,有一篇题为《麻雀》的,记叙他见到一只母麻雀,为了保护幼雏,昂然挺身,准备和一只狗格斗,它的英勇气概,居然使狗为之退避,使得旁观的屠格涅夫为之赞叹。我还读过一篇外国猎人的随笔,说他严冬之际,在一个结冰的野外小湖旁边,正在伺机狩猎,突然一群大雁从半空降了下来,它们是下来饮水的,但是冰层隔断了水源。这时,只见为首的大雁勇敢地腾身飞起,又像飞机一样向下俯冲,腹部出力地撞击冰层,磅磅作声,这样一而再,再而三的猛烈行动,终于使薄冰断裂,露出一个窟窿来,群雁能够就着那个冰洞饮水了。那位猎人说,当他看到这番景象,他被感动得目瞪

---
①　秦牧(1919~1992),广东澄海人,散文家。著有散文集《花城》、《潮汐和船》,儿童文学集《蜜蜂和地球》,长篇小说《愤怒的海》,论文集《艺海拾贝》等。

口呆,忘记开枪,终于茫然地伫立着,望着这群征雁饮罢了水,飞去为止。

和这类事情异曲同工的,是日本有一位旅行家说他在喜马拉雅山谷地,发现许多蝴蝶扑打着翅膀向高空冲去,一次又一次,尽管屡次失败,它们仍然奋斗不懈,雪地上终于覆盖着大量蝴蝶的黄翅膀……有一个青年告诉我说,当他读到这段描写的时候,不禁哭泣起来了。

我相信,为这一类现象所激动的,决不只是一个屠格涅夫,一个猎人,一个青年。我们自己不是也常常有类似的感受吗!当我们听到:一只燕子,为了越冬,常常飞行几千公里;一条鳗鲡①,为了产卵,常常从内河游向远洋,征程一两千海里;一只蚂蚁,能够搬动比它的体重重10倍以上的东西;一只蜜蜂,敢于不惜牺牲去螫②一匹马或一头熊的时候,不是也常常为之激动不已吗!至于好些蜘蛛,为了织好一张网,不管风吹雨打,艰苦从事,百折不挠的坚毅表现,人们看了受到感动,因而奋发图强的事例,在史书里,也是屡有记载的。

也许有人说,一只鸟,一条鱼,一只昆虫或其他节肢动物,生命有这么大的韧性,不过是它的本能罢了。是的,普通的生物的行为,谈不上是什么它们信念的执著和理性的选择,大抵总是出诸本能罢了。但即使仅仅是出诸本能,也仍然令人赞叹不已。为什么比它们巨大千倍万倍的生物,有不少,生命的韧性看起来倒反而不如它们呢?

人类所以会被这类现象所感动,探索起来我想是饶有趣味的。一个人和一条狗或一匹马之间,有时还谈得上感情沟通,但是对于野外素昧平生的一只鸟、一条鱼,一只昆虫……根本谈不上存在什么情愫,但人有时却被它们的行为所震惊,甚至感极泣下,其秘密何在呢?我以为:这是由于它们使我们想起作为同类的人的某些勇敢坚韧的行为,因而也就受到感动了。

有人说,古代神话的存在,是人类渴望战胜自然的心理错综曲折的表现。人能够被某些小小动物的生命现象所激动,我想,正是人对于同类中某类行为的崇敬心理错综曲折的表现。

人们平时对于某些人的坚毅、刻苦、勇敢或者智慧存在敬爱之心,看到动物也表现了类似的现象的时候,心里潜藏的东西被掀动了,翻腾到上面来,于是对动物也仿佛有一种钟爱之情了。一个对于某种品德丝毫不存在向往之心的人,看到那类现象,却是漠然无动于衷的。一个习于懒惰,丝毫不知道勤奋可贵,或者一个懦弱成性,完全不想培养勇敢品格的人,即使知道一只燕子,正

---

① 鳗鲡:是一种降河性洄游鱼类,原产于海中,溯河到淡水内长大,后回到海中产卵。每年春季,大批幼鳗(也称白仔、鳗线)成群自大海进入江河口。

② 螫:多音字,音 shì 或 zhē(用于口语),有毒腺的虫子用毒刺刺人或动物。

在从事千里壮飞,或者看到一只大雁,居然以胸脯猛烈撞击冰层的时候,哪里会有什么感动可言呢?

因此,人对生物的这种奇特感情,说穿了,不过是人对人的感情的升华而已。

如果我们不斤斤纠缠于虫鱼鸟兽这些形象之中,就可以透过动物看到人,领会不少人对于坚毅、刻苦、勇敢、智慧这类美德的由衷敬仰。

如果说,虫、鱼、鸟、兽有时竟出现了那么令人瞩目的行为,有思想,有感情以至具有信仰的人所能够发挥的作用,所能够使人受到的震撼也就可想而知。读历史,有时固然令人十分痛苦,但是那些志士仁者,名将学人的事迹,却一直使我们的心弦为之颤动,这可以说是学习生活中最愉快的享受。

对个人的作用,作出过分夸大的估价,谁都知道是不当的。因为历史归根到底是劳动群众集体所创造的。但是个人的行为只要是顺应历史的潮流,合乎人群的需要,却的确可以发挥异常巨大的作用。我们只要举出几件普通的事情就足够说明了,试想:爱迪生的发明,怎样改变了全世界人类的生活面貌;巴斯德发现了细菌,怎样拯救了千千万万人的生命;琴纳医生发明了种牛痘,竟使猖獗流行于地球上的天花到了当代终归全部趋于消灭;达尔文的发现,怎样使人类认识了自己并使生物学跨进了新的境域……

这还仅仅是就自然科学家而言罢了,革命家、政治家、社会科学家、艺术家、大匠,他们所能够发挥的作用,也都不是可以简单估计出来的。

历史上常常出现过一些害死了千千万万人的"杀人魔王",也常常出现过一些拯救了千千万万人的革命家和科学家,把这些简单地归结为"历史规律"在起作用,而对个人因素的作用不作充分的估计,是有欠公允的。

一个鲁莽者的一根火柴可以烧毁数千亩山林,一个科学家的毕生辛勤又可以创造数万亩山林。从这样的事情当中,我们可以见到个人能够对整个社会发挥多么坏或者多么好的作用,而且并不是注定非如此不可的。

从前面提到的生物现象,使我想到人类社会中的现象,生命,有的像一个泡沫,有的却可以谱一阕壮歌。对于好些人,只能碌碌无为的生命,在某些人身上,却能够发挥多么巨大的潜能,绽放多么美丽的花朵啊!

一九八七年二月在广州

思考与练习

1.生命是奇妙的。大千世界,生命演绎出许许多多的故事,有的卑微,有的壮烈,有的渺小,有的伟大。尽管如此,生命力却经常在生物世界的舞台上创造出奇迹。种子的精妙、力大的蚂蚁、嗅觉超常的狗、神奇的蜂鸟和鸭嘴兽等等,就连蛆都是拒腐英雄。我们有千万个理由在崇尚生命的同时,去学习它们的奇妙,也为生命唱首壮歌。请讲述生命奇妙的故事。

2.生命是不可触摸的,所以我们很难了解它。但对生存的渴望,极端的情感与自身的责任感等都可将其生命激发。生命之花能否绽放,与人的精神状态息息相关。心怀理想,才能高唱生命壮歌。围绕本主题,写一篇作文。

十三　呱……呱……①

〔俄〕屠格涅夫

学习提示

> 本文讲述了年轻时的"我"曾一度感到这个世界的一切都是毫无价值的、庸俗的,我怀着孤傲的愁苦、绝望和蔑视一切的心情想离开人寰,不想再活下去,但就在我走向死亡的途中,婴儿那充满生命力的呱呱的啼哭声让我收回了脚步,治愈了我内心的创痛。屠格涅夫是一位有独特艺术风格的作家,他既擅长细腻的心理描写,又长于抒情。这篇只有千字左右的散文诗,不仅完整地叙述了一个故事,而且时而描写,时而议论,写出了"我"的心理活动、"我"的思想转变和"我"对婴啼的赞美。

那时候我在瑞士,我非常年轻,自尊心颇强,又是十分孤独。我的生活很艰苦,很不愉快。我什么也没有亲身体验过,就已经感到无聊,意志消沉,经常发脾气。世上的一切我觉得都是毫无价值的,庸俗的——正像年轻人所常有的那样,我心中幸灾乐祸地暗暗怀着一个思想——想自杀。"我要证明……我要报仇……"可是证明什么呢?报什么仇呢?这一点连我自己也不清楚。只不过是我胸中的血液在沸腾,仿佛是密封在坛子里的葡萄酒,我感觉到,必须让这葡萄酒流出来,必须把压制着它的坛子砸碎。拜伦②是我崇拜的偶像,曼

---

① 伊凡·谢尔盖耶维奇·屠格涅夫(1818～1883),是19世纪俄国有世界声誉的现实主义艺术大师。他的小说不仅迅速及时地反映了当时的俄国社会现实,而且善于通过生动的情节和恰当的言语,通过对大自然情境交融的描述,塑造出许多栩栩如生的人物形象。他的语言简洁、朴质、精确、优美,为俄罗斯语言的规范化作出了重要贡献。

② 乔治·戈登·拜伦(1788～1824),是英国19世纪初期伟大的浪漫主义诗人。其代表作品有《恰尔德·哈罗德游记》、《唐璜》等。在他的诗歌里塑造了一批"拜伦式英雄"。拜伦不仅是一位伟大的诗人,还是一个为理想战斗一生的勇士;他积极而勇敢地投身革命,参加了希腊民族解放运动,并成为领导人之一。

弗雷德①是我心目中的英雄。

有一天傍晚,我像曼弗雷德一样决心到远离人寰的、高出于冰川之上的山顶去,那里寸草不生,只有突兀峥嵘的光秃秃的岩石,那里一切声响俱归寂灭。甚至听不到瀑布的喧豗!

我要到那里去干什么……我不知道……也许是去结束自己的生命……

我去了……

我走了很长时间,起初在大路上走,后来沿着山径前进,越走越高……越走越高。——最后的几幢小房子,最后的一些树木,早已落在我后面了……岩石——四周全是岩石。在前边不远但还看不见的雪,以凛冽的寒气向我袭来;夜的阴影以一团团黑气从四面八方围拢来。

我终于停住了脚步。

多么可怖的寂静啊。

这是死之国。

我在这里就只一个人,一个活着的人,怀着孤傲的愁苦、绝望和蔑视一切的心情……一个离开人寰、不想再活下去的、有思想意识的活着的人。一种隐秘的恐惧使我全身冰冷,可是我还在想象中把自己看作是一个伟大的人!……

曼弗雷德——不折不扣的曼弗雷德!

一个人!我一个人!我重复着说。一个人面对着死亡。该是时候了吧?不错……是时候了。别了,微不足道的世界。我要一脚把你踢开!

就在这一瞬之间,忽然有一个奇怪的声音传到我耳边,我在仓猝之中一下子不明白这是什么声音,但这是活生生的……人的声音……我吓了一跳,侧耳静听:这声音又重复了一遍……这……这是一个婴儿,一个吃奶婴儿的啼哭声!……在这荒山野岭,这里一切的生命似乎早已绝灭了,永远绝灭了,竟然还会有婴儿的啼哭声!……

我的惊讶突然为另一种感情所代替。于是我急不择路地朝着这啼哭声,这微弱的、可怜的、求救的声音拼命奔去……

不久,在我面前闪过一点摇曳不定的火光。我奔得更快了——过了不多久,我看见一幢低矮的小房子。这小房子是用石头垒成的,上面有低低的平屋顶,通常是阿尔卑斯山的牧人躲避风雨的,可以在里面住上几个星期。

---

① 《曼弗雷德》(Manfred)是拜伦的代表作之一。主人公曼弗雷德从小便是一个落落寡合的人,壮年时独自居于阿尔卑斯山的大自然中。但是他的心境无论如何不得宁静。他埋头研究科学,然而知识亦不能让他看到幸福。"知识的树,终非生命的树"。曼弗雷德就这样在苦闷中厌世。

我推开半掩的门,直冲进屋子,仿佛死神就在背后追踪我。

在一条长板凳上坐着一个年轻的女人,她在给婴儿喂奶……牧人,大概是她的丈夫,坐在她身边。他们两人都目不转睛地凝视着我。可是我一句话也说不出来……只是微笑着向他们点头……

拜伦,曼弗雷德,自杀的念头,我的高傲,我的伟大,这一切都到哪儿去了?……

婴儿继续啼哭着……我却要感激他,感激他的母亲和他的父亲。

一个人的,一个刚刚诞生的生命的充满热情的啼哭声啊,你拯救了我,这生命的礼赞治愈了我内心的伤痛!

思考与练习

1. 课文讲述了一个怎样的故事?找出文中表现"我"思想转变的语句,说说为什么会发生这样的转变。

2. 集体讨论:为什么说"一个刚刚诞生的啼哭的生命拯救了我"?

3. 请谈谈你对生命的态度或认识。

4. 字词练习(注音)

颇(　　)　人寰(　　)　峥嵘(　　)　凛冽(　　)　摇曳(　　)

十四　巩乃斯的马[①]

周　涛

> 有人曾赞誉这篇文章："堪称中国作家中写马写得最好的一篇。这并不是因为作者见到了天底下最好的马,而是因为他很好地写出了心中的马。"有人说这篇散文"给人印象最深的是无所不在的飞动感"。作者借马来言志,巩乃斯的马体现了自强不息的龙马精神,它是我们民族的马、中国的马。

没话找话就招人讨厌,话说得没意思就让人觉得无聊,还不如听吵架提神。吵架骂仗是需要激情的。

我发现,写文章的时候就像一匹套在轭[②]具和辕木中的马,想到那片水草茂盛的地方去,却不能摆脱道路,更摆脱不了车夫的驾驭,所以走来走去,永远在这条枯燥的路面上。

我向往草地,但每次走到的,却总是马厩。

我一直对不爱马的人怀有一点偏见,认为那是由于生气不足和对美的感觉迟钝所造成的,而且这种缺陷很难弥补。有时候读传记,看到有些了不起的人物以牛或骆驼自喻,就有点替他们惋惜,他们一定是没见过真正的马。

在我眼里,牛总是有点落后的象征的意思,一副安贫知命的样子,这大概是由于过分提倡"老黄牛"精神引起的生理反感。骆驼却是沙漠的怪胎,为了

[①] 周涛(1946～),山西潞城人,诗人、作家。著有诗集《山岳山岳》《丛林丛林》《神山》《野马群》《鼓声》,散文集《稀世之鸟》等。
[②] 轭(è):驾车时搁在牛马颈上的曲木。

适应严酷的环境,把自己改造得那么丑陋畸形。至于毛驴,顶多是个黑色幽默派的小丑,难当大用。它们的特性和模样,都清清楚楚地写着人类对动物的征服,生命对强者的屈服,所以我不喜欢。它们不是作为人类朋友的形象出现的,而是俘虏,是仆役。有时候,看到小孩子鞭打牛,高大的骆驼在妇人面前下跪,发情的毛驴被缚在车套里龀①牙大鸣,我心里便产生一种悲哀和怜悯。

　　那卧在盐车之下哀哀嘶鸣的骏马和诗人臧克家笔下的"老马",不也是可悲的吗?但是不同。那可悲里含有一种不公,这一层含义在别的畜生中是没有的。在南方,我也见到过矮小的马,样子有些滑稽,但那不是它的过错。既然橘树有自己的土壤,马当然有它的故乡了。自古好马生塞北。在伊犁,在巩乃斯大草原,马作为茫茫天地之间的一种尤物,便呈现了它的全部魅力。

　　那是一九七零年,我在一个农场接受"再教育",第一次触摸到了冷酷、丑恶、冰凉的生活实体。不正常的政治气息像潮闷险恶的黑云一样压在头顶上,使人压抑到不能忍受的地步。强度的体力劳动并不能打击我对生活的热爱,精神上的压抑却有可能摧毁我的信念。

　　终于有一天夜晚,我和一个外号叫"蓝毛"的长着古希腊人脸型的上士一起爬起来,偷偷摸进马棚,解下两匹喉咙里滚动着咴咴低鸣的骏马,在冬夜旷野的雪地上奔驰开了。

　　天低云暗,雪地一片模糊,但是马不会跑进巩乃斯河里去。雪原右侧是巩乃斯河,形成了沿河的一道陡直的不规则的土壁。光背的马儿驮着我们在土壁顶上的雪原轻快地小跑,喷着鼻息,四蹄发出"嚓嚓"的有节奏的声音,最后大颠着狂奔起来。随着马的奔驰、起伏、跳跃和喘息,我们的心情变得开朗、舒展。压抑消失,豪兴顿起,在空旷的雪野上打着呼哨乱喊,在颠簸的马背上感受自由的亲切和驾驭自己命运的能力,是何等的痛快舒畅啊!我们高兴得大笑,笑得从马背上栽下来,躺在深雪里还是止不住地狂笑,直到笑得眼睛里流出了泪水……

　　那两匹可爱的光背马,这时已在近处缓缓停住,低垂着脖颈,一副歉疚的想说"对不起"的神态。它们温柔的眼睛里仿佛充满了怜悯和抱怨,还有一点诧异,弄不懂我们这两个人究竟是怎么了。我拍拍马的脖颈,抚摸一会儿它的鼻梁和嘴唇,它会意了,抖抖鬃毛像抖掉疑虑,跟着我们慢慢走回去。一路上,我们谈着马,闻着身后热烘烘的马汗味和四围里新鲜刺鼻的气息,觉得好像不是走在冬夜的雪原上。

　　马能给人以勇气,给人以幻想,这也不是笨拙的动物所能有的。在巩乃斯

---

　　① 龀(chèn):小孩换牙(乳齿脱落,长出恒牙)。

后来的那些日子里,观察马渐渐成了我的一种艺术享受。

我喜欢看一群马,那是一个马的家族在夏牧场上游移,散乱而有秩序,首领就是那里面一眼就看得出的种公马。它是马群的灵魂,作为这群马的首领当之无愧,因为它的确是无与伦比的强壮和美丽。匀称高大,毛色闪闪发光,最明显的特征是颈上披散着垂地的长鬃,有的浓黑,流泻着力与威严;有的金红,燃烧着火焰般的光彩。它管理着保护着这群牝马和顽皮的长腿短身子马驹儿,眼光里保持着父爱的尊严。

在马的这种社会结构中,首领的地位是由强者在竞争中确立的。任何一匹马都可以争夺,通过追逐、撕咬、拼斗,使最强的马成为公认的首领。为了保证这群马的品种不至于退化,就不能搞"指定",不能看谁和种公马的关系好,也不能凭血缘关系接班。

生存竞争的规律使一切生物把生存下去作为第一意识,而人却有时候会忘记,造成许多误会。

唉,天似穹庐①,笼盖四野。在巩乃斯草原度过的那些日子里,我与世界隔绝,

生活单调;人与人互相警惕,唯恐失一言而遭来灭顶之祸,心灵寂寞。只有一个乐趣,看马。好在巩乃斯草原马多,不像书可以被焚,画可以被禁,知识可以被践踏,马总不至于被驱逐出境吧?这样,我就从马的世界里找到了奔的诗韵。油画般的辽阔草原、夕阳落照中兀立于荒原的群雕、大规模转场时铺散在山坡上的好文章、熊熊篝火边的通宵马经、毡房里悠长喑哑②的长歌在烈马苍凉的嘶鸣中展开、醉酒的青年哈萨克在群犬的追逐中纵马狂奔,东倒西歪地俯身鞭打猛犬,这一切,使我蓦然感受到生活不朽的壮美和那时潜藏在我们心里的共同忧郁……

哦,巩乃斯的马,给了我一个多么完整的世界!凡是那时被取消的,你都重新又给予了我!弄得我直到今天听到马蹄踏过大地的有力声响时,还会在屋子里坐卧不宁,总想出去看看,是一匹什么样儿的马走过去了。而且我还听不得马嘶,一听到那铜号般高亢、鹰啼般苍凉的声音,我就热血陡涌、热泪盈眶,大有战士出征走上古战场,"风萧萧兮易水寒"的悲壮之慨。

有一次我碰上巩乃斯草原夏日迅疾猛烈的暴雨,那雨来势之快,可以使悠然在晴空盘旋的孤鹰来不及躲避而被击落,雨脚之猛,竟能把牧草覆盖的原野瞬间打得烟尘滚滚。就在那场暴雨的豪打下,我见到了最壮阔的马群奔跑的

---

① 穹庐(qióng lú):游牧民族居住的圆顶帐篷,用毡子做成。
② 喑哑(yīn yǎ):嗓子干涩发不出声音或声音低而不清楚。

场面。仿佛分散在所有山谷里的马都被赶到这儿来了,好家伙,被暴雨的长鞭抽打着,被低沉的怒雷恐吓着,被刺进大地倏忽①消逝的闪电激奋着,马,这不肯安分的牲灵从无数谷口、山坡涌出来,山洪奔泻似地在这原野上汇集了,小群汇成大群,大群在运动中扩展,成为一片喧叫、纷乱、快速移动的集团冲锋!争先恐后,前呼后应,披头散发,淋漓尽致!有的疯狂地向前奔驰,像一队尖兵,要去踏住那闪电;有的来回奔跑,俨然像临危不惧、收拾残局的大将;小马跟着母马认真而紧张地跑,不再顽皮、撒欢,一下子变得老练了许多;牧人在不可收拾的潮水中被携裹,大喊大叫,却毫无声响,喊声像一块小石片跌进奔腾喧嚣的大河。

雄浑的马蹄声在大地奏出鼓点,悲怆苍劲的嘶鸣、叫喊在拥挤的空间碰撞、飞溅,划出一条条不规则的曲线,扭住、缠住漫天雨网,和雪声雨声交织成惊心动魄的大舞台。而这一切,得在飞速移动中展现,几分钟后,马群消失,暴雨停歇,你再看不见了。

我久久地站在那里,发愣、发痴、发呆。我见到了,见过了,这世间罕见的奇景,这无可替代的伟大的马群,这古战场的再现,这交响乐伴奏下的复活的雕塑群和油画长卷!我把这几分钟间见到的记在脑子里,相信,它所给予我的将使我终身受用不尽……

马就是这样,它奔放有力却不让人畏惧,毫无凶暴之相;它优美柔顺却不任人随意欺凌,并不懦弱,我说它是进取精神的象征,是崇高感情的化身,是力与美的巧妙结合恐怕也并不过分。屠格涅夫有一次在他的庄园里说托尔斯泰"大概您在什么时候当过马",因为托尔斯泰不仅爱马、写马,并且坚信"这匹马能思考并且是有感情的"。它们常和历史上的那些伟大的人物、民族的英雄一起被铸成铜像屹立在最醒目的地方。

过去我认为,只有《静静的顿河》才是马的史诗;离开巩乃斯之后,我不这么看了。巩乃斯的马,这些古人称之为"骐骥"、称之为"汗血马"的英气勃勃的后裔们,日出而撒欢,日入而哀鸣,它们好像永远是这样散漫而又有所期待,这样原始而又有感知,这样不假雕饰而又优美,这样我行我素而又不会被世界所淘汰。成吉思汗的铁骑作为一个兵种已经消失,六根棍马车作为一种代步工具已被淘汰,但是马却不会被什么新玩艺儿取代,它有它的价值。

牛从鞯车变为食用,仍然是实用物;毛驴和骆驼将会成为动物园里的展览品,因为它们只会越来越稀少;而马,当车辆只是在实用意义上取代了它,解放了它们时,它从实用物进化为一种艺术品的时候恰恰开始了。

---

① 倏忽(shū hū):很快地;忽然。

值得自豪的是我们中国有好马。从秦始皇的兵马俑、铜车马到唐太宗的六骏,从马踏飞燕的奇妙构想到大宛汗血马的美妙传说,从关云长的赤兔马到朱德总司令的长征坐骑……纵览马的历史,还会发现它和我们民族的历史紧密相连着。这也难怪,骏马与武士与英雄本有着难以割舍的亲缘关系呢,彼此作用的相互发挥、彼此气质的相互补益,曾创造出多少叱咤风云的壮美形象?纵使有一天马终于脱离了征战这一辉煌事业,人们也随时会从军人的身上发现马的神韵和遗风。我们有多少关于马的故事呵,我们是十分爱马的民族呢。至今,如同我们的一切美好的传统都像黄河之水似地遗传下来那样,我们的历代名马的筋骨、血脉、气韵、精神也都遗传下来了。那种"龙马精神",就在巩乃斯的马身上——

此马非凡马,房星是本星;向前敲瘦骨,犹自带铜声。

我想,即便我一直固执地对不爱马的人怀一点偏见,恐怕也是可以得到谅解的吧。

一九八四年五月二十日于乌鲁木齐

思考与练习

1. 讨论:由巩乃斯的马联想到哪些民族精神和气节?

2. 阅读理解(第16~18自然段"有一次我碰上巩乃斯草原夏日迅疾猛烈的暴雨——它所给予我的将使我终身受用不尽……")

(1)作者为什么写夏日之雨"来势之快"、"雨脚之猛"?

(2)作者为什么"发愣、发痴、发呆"?

(3)第16自然段文字在语言上有什么特点?

3. 周涛在《巩乃斯的马》中说,"牛总是有点落后的象征的意思","它们的特性和模样,都清清楚楚地写着人类对动物的征服,生命对强者的屈服"。你认同作者的观点吗?请说一说你的理由。

十五 北 风①

杨 刚

学习提示

《北风》是一篇借物喻志的散文佳作,写于1938年。作者咏述北风,而寄寓自己对中华民族不屈外侮,奋力抗战的一腔炽热之情。文章起笔先写人们不理解北风,作者则赞颂北风的伟大,并愿北风——那不屈不挠、刚劲有力的华夏正气"鞭击"、"刺割"自己;愿北风——那不愿做奴隶的强烈的民族意识"咬住我的心",义无反顾地奔向抗日战场,用自己的"血肉筑起新的长城"!

没有人能够明白北风,从没有谁见到了北风的心脏,他们说北风是无知的毁坏,他们说北风无头无手,只有一条像女人的累赘裙边一样的脚。

北风,啊,深夜的黑暗里从地心底层吼射出来的北风,你的声音多么壮!多么猛!在玄色的天地中间,在宇宙蒙上了单一忧惶的迷灰色调时,你狂烈的暴激,奔腾的绚烂,你壮阔的动变,仿佛发出了万能的震人心目的色彩,使人张不开他微弱的眼,色盲的眼,使人为了天地的酷虐而昏眩。

你的鞭子,你震挞生命笞②逐宇宙的鞭子,就从没有停息过。你千里奔驶的驱逐死寂!鞭捶疲弱!扫荡一切死亡和虚伪!你永远不肯停在半路上,等着寂灭来和你妥协!你鞭打太阳,鞭打洋海,永不让它们躺下来,永不让它们

---

① 杨刚(1905~1957),女,祖籍湖北沔阳,中国现代杰出的新闻工作者。曾做过作家、记者、评论家、国际事务活动家,并长期从事新闻宣传工作。20世纪40年代,杨刚撰写的《美国札记》通讯受到读者的广泛关注。1950年调北京,任周总理办公室主任秘书、中宣部国际宣传处处长,《人民日报》副总编辑。

② 笞(chī):用鞭、杖或竹板打。

安闲游混！就是懒性天成的大山，你也要鞭碎它的岩石，扫荡它的林木，你使它一时剥落了狡狯①沙石的掩盖，光着脊梁在你面前发抖。

北风，伟大的北风，你是永不许冬日死亡的大神，是生命的红旗先使！在冬日，雨来了，雪来了，霰②珠塞满了生命的细胞，太阳颓然如醉了酒的老头，早上起不来，未晚就躺下去，披着它半黄半红的黯淡袍服，像老和尚送丧的袈裟。大树小树都被剥夺干净了，被夺去了它们青春的冠冕，被剥下了它们润绿的衣裳，它们只好铁紧的闭着嘴唇，等着生命的汁子从它们心上干枯而死。大牛小牛干渴了，大狗小狗都缩紧到屋檐底下去躺着，不敢出声息。川流迟迟不前，像老人绊坏了他的腿脚骨，也唱不出清脆的歌声。宇宙那时好像是根本忘记了它自己，它以为死亡已经代替了它，寂芜将把整个冬天封锁起来丢下冰洋里去了。

没有你，没有北风的狂吼，没有北风的军号，谁知道这宇宙还存在着？谁知道这宇宙还有无疆的雄厚，无穷的力，刚猛万变的美！啊，谁又料到临到了生命的尽头跃出了生命的本身！

哦，北风。我不知你对于生命有几千万万吨启示的活力！我不知你累积了人类几十万年磅磅礴礴，蓊蓊郁郁③，绵绵延延不死的雄力在你怀里，更不知道你饱载了宇宙多少多少钢铁的火星！当着明媚的春节，当着炎炎的夏日，当生命有的是喜说和自由时，你俄延④着，囤积着，你不动，你说："好吧，孩子们！玩一会儿，乐一会儿，别着急。"一旦生命在收缩，在溃败，力与美落在枯寂死灭的威胁底下，在一个丑到失了容仪的黑夜里，你突然发出了你的巨吼！为了你狂烈的震动而使生命力在梦中人心里像轰雷一样爆炸！北风，我不了解你，我不能说一个微末的分子能了解它的全体。可是我觉得我和你有着心连心，手指连手指的密切生命，正像我和我的中华民族一样。在冬日的窗头，我见不到北风的鞭子在寂呆的树杪⑤挥动时，我心是何等的寥寞！我渴恋着北风的呼声；北风的号角未来时，我将怎样度我的荒凉！然而正和彗星辉耀的存在相似，北风浩荡的来临是生命至确至刚的真理。我以我的胸脯敞露在北风凶猛的鞭击底下，在北风尖锐的指锋的刺割之下，我愿北风排剑一般的牙齿咬住我的心，拖我上那生命的战场！

在那生命的尽头上永远有生命自己的堤防，站在堤防排荡一切的使者，请天下古今一切的权威者向他膜拜！

----

① 狡狯（jiǎo kuài）：狡诈。
② 霰（xiàn）：空中降落的白色不透明的小冰粒，常呈球形或圆锥形。
③ 蓊蓊郁郁（wěng wěng yù yù）：形容草木茂盛。
④ 俄延（é yán）：拖延，迟延。
⑤ 杪（miǎo）：树梢。

啊,北风!啊,伟大的中华民族!

思考与练习

1. 作者从哪几个方面描写了北风的品质?
2. 阅读理解(第6自然段"哦,北风——拖我上那生命的战场")
(1)作者赞美北风是"力"与"美"的化身,本段一开始就赞美了北风具有三种"力",是哪三种"力"?
(2)本段描写了北风温情的一面,找出相关描写,并分析描写北风温情一面的意义。
(3)作者为什么说她和北风"有着心连心,手指连手指的密切生命"?
(4)作者为什么"渴恋着北风"?
3. "啊,北风!啊,伟大的中华民族",分析北风和中华民族之间的关联。

写作知识三　　思路清晰

写作指导

作文的思路,不仅仅是指一篇文章的行文思路,它还应包括立意、落笔点、文体选择、材料选用和表现手法的确定等。立意不同,材料选用、表现手法就会不同;即便立意相同,落笔点不同,那么文体的选择、材料的选用、表现手法也会大相径庭。因此,作文的思路就是关涉文章写作的通盘设计。

作文示例

话题作文:以"根"为话题写一篇文章,除诗歌外,文体不限。

生活中,"根"是一个涉及广泛的话题——科学家有了不凡的建树,人们会归因于"根深叶茂";艺术家的创作离开了生活,人们会说那是"无本之木";一生漂泊的游子回归故乡,会称之为"落叶归根";侨居海外的华人探访故里,则称之为"万里寻根";人们称基础稳固、不可动摇为"根深蒂固";称颠倒轻重、混淆主次为"本末倒置"。一首古诗写道:"人生无根蒂,飘如陌上尘";一位哲人则说:"一个生命之树伟岸的人,首先是一个灵魂根系深广的人。"据说,有人曾完整地发掘出一棵大树的根,那蜿蜒曲折的众多的大小根系竟是树冠所占空间的两倍!难怪许许多多大树或者枝繁叶茂、高耸云霄,或者树影婆娑、果硕花红呢,原来是紧紧地拥抱大地的树根,以其蓄精养锐之力,滋养着绿色,活泼着生命,支撑着茂盛。正如泰戈尔所言:"根是地下的枝,枝是空中的根。"

一、多角度立意

拓展思路,打开写作空间,以"根"为话题,示范立意。

1."根"是本,是基础。

2.根深叶茂,绿叶对根的情谊。

3.根的依托——土地。由"根"联想到"土地",跳出了"根",极大地拓宽了写作空间。"根"的依托是土地,人的依托呢?联想——引申:父母、老师、祖国。生我养我是父母,终身无私地给予我养分;教我育我是老师,从牙牙学语到走向科学殿堂,一路教诲、一路扶持,默默无闻地给予我养分;生我养我、教我育我、立我强我是祖国,终身无私、默默无闻、无穷无尽地给予我养分。如此立意,"根"和"土地"都是比喻,比喻贯穿整篇文章,立意一步步深化,思路一层层拓展,材料一批批罗列,必然能写出一篇好文章。

4.寻根——中国人的情结。这个角度立意,可写爱国、爱民族、故乡情等等。对比第三角度,其主题更单纯,材料更集中。

5.人类生存之根——保护地球。

6.人类文明之根——保护传统文化。

7.腐烂的根——可批判的内容很多,如:传统中的糟粕;腐败的制度等等。

8.异化的根——如:狭隘的民族主义,种族优越论,种族歧视政策等等。当今世界,民族纷争、盲目排外仇外事件频发,动辄诉之于暴力、战争,究其根源乃是狭隘民族主义、种族优越论,种族歧视政策在作祟。

9.根的悲哀——如:盆景。本可根深叶茂的树囿于小小的花盆之中,枝斜叶疏,自是可悲。然后由盆景到学生,矛头指向畸形的应试教育,呼唤教育制度的进一步改革。这样曲折立意,曲折行文,应该不失为一篇佳作。

10.根深蒂固——可正、反写。如:"于花,根是你的心,有了根深蒂固就有了叶绿花开;于人,心是你的根,有了不泯心志才有了花样人生,"便是正写。反之,一些积重难返的问题,积习难改的现象,冥顽不化的观念等等,就要批判着写。

11.根的其他启示——读书和做人、适者生存、愈挫愈强等等,都可以立意延伸。

分析上面多角度立意,我们可作些理论上的概括,以说明多角度立意的一些方法或技巧。

①化实为虚,由具体到抽象。前面11个立意,"根"的内涵大部分都有了变化,不再是单纯的植物之根,而赋予了它新的内涵,经历了由实到虚,由具体到抽象的过程。

②联想——引申。相对于前一点而言,这一点是更具体的方法。由实到虚,通常得借助联想引申。示例4,9~11等都借助了引申这一方法。

③联想——比喻、类比。如示例2、3、6、7、11等。

④正反立意。如示例6、7,一正一反,立意得到拓展;示例8、9相对于2、3、4、10、11而言,后者为正面立意,前者则为反向立意。立意时由正到反,正反都能顾及,丰富了立意的角度。

二、落笔点的多角度

立意部分示例11:读书和做人——根的启示,落笔点可有两个。以"做人"为落笔点,可将"做人"比作根,"读书"比作叶,这样,重点为"做人"。若以"读书"为落笔点,则"读书"为根,"做人"为叶,读好书,读好的书,可对"做人"产生有益的影响,这样就突出了"读书"的重要作用。

立意部分示例4:寻根——中国人的情结,可从海外华人对祖国的思念落笔,可从秦牧的《土地》一文或余光中的《乡愁》等文章落笔,也可从普通人热爱故乡落笔。这样,一个立意不同落笔点,自然拓展了文章思路,丰富了文章写法。

三、选材的广泛性

文章的基本意思确定以后,具体的立意其实还大有讲究之处。而决定这一点的便是文章的材料。如"打实基础"这个题目下,有多方面材料可供选择,而材料的不同,将关系到立意的深浅和新旧。如以学生的学习为材料,在学习过程中要打实基础。这个材料较陈旧,立意也就一般。"基础"也可理解为"国家基础设施",这样,就可写现代化建设中应注重基础设施建设。这个立意较前一个深了些,但这方面的材料学生可能比较陌生,不易写好。拓展思路,可写教育是现代化建设的基础,国民素质改造是国家兴旺的基础,重塑民族精神是国家强盛的基础等等。前后比较一下,后面的几个材料更有深意和新意。可见,在文章的大意确定之后,在材料方面还可拓展思路,以选择文章的最佳写法。

四、文体的多样性

就学生写作思路而言,多考虑几种文体,可以大大丰富扩展学生的写作思路。如"根的悲哀",可写议论文,由盆景引申到学生,由根联想到应试教育。还可写成散文。最佳的文体形式其实是写成一个寓言故事,让盆景自己开口说话。譬如说,可先写一个学生在题海中遨游疲惫之后,走出房间,来到阳台散心,观赏盆景;观赏一番之后准备离开,忽然听到了盆景之间的对话。盆景诉说自己的种种束缚和痛苦;学生由此感悟:我们不正是盆景么?采用寓言故事写法,更灵活自由,更有趣味。试想,常规的记叙文、议论文,盆景如何能开口说话呢?还有,这种写法也较含蓄,引人思考。此文之真正意图当是批判畸形的应试教育,但这个意思不必言明,结尾轻轻一两句话点一点即可达到目的。

五、表现手法的丰富性

表现手法上作些思考,同样可拓展文章写作思路。各种文体有各自的表现手法,同一文体有多种表现手法;不同题材有不同表现手法,同一题材也可使用不同的表现手法。某种表现手法可用于文章整体,也可用于文章局部。学生在平时练习时,可尝试各种表现手法,此处不再赘述。

综上所述,学生在作文训练过程中,如果能在立意、落笔点、文体、材料和表现手法上多作些思考,多一些方案,多一些选择,当可打开文章写作思路。老师布置一个题目,学生形成文字的只是一篇文章,但在构思过程中,却可以有多种方案,多种设想。这样,既可开阔写作思路,又有助于比较选择,写出好文章。

百川滂沱　终归于海

四川省新津中学高2006级14班　王怡鑫

春因花而明媚轻抚,夏因风而狂飙奔放,秋因月而皎洁素雅,冬因雪而冰凉寒骨,人如曲曲折折的溪流在四季的轮廓中来来回回。总而言之,百川滂沱,终归于海,落叶缤纷,终归于根,事物的形形色色离不开它的本,更离不开它的根。

一望萧然意远,旷达怡静。看似飘渺横纵的外景,到了柳三变手中,一下变得那么得心应手,老气横秋。一夜寒梦,吹不走昨晚的寒蝉凄切,"水因有月方知静,天为无云始觉高"。一身清风,半世飘泊,你将归去何方,你的根将扎在何处。长安,也许是你再回首处的烟花之地。歌舞升平的长安使你在命运间徘徊,你不再是那位风流才子,你的国度,你的国都不再是你的天堂,而是你失意的故乡,梦依稀,只有"舞低杨柳"、"春风和煦"、"柳岸花落",是你永恒的家,是你亘古不变的根。在寥落之际,你只能倾听"长安古道的萧萧马蹄"。凝眸处,不再依恋,轻舟小泛,古寺清梦,再次踏入你未卜的岁月之梦。

黑暗与光明并存,恐慌与希望同行,双目失明的荷马依然清歌幽唱,他的根在哪里?是他的《荷马史诗》还是他不朽的挣扎,弹着古老的竖琴,站在古老的战场,一个硝烟余灭、尸体纵横,埋着古人的战场,唱着古老的葬歌歌颂着英雄奥塞德和特洛伊战争,万千生灵的渺小与伟大,也就尽收于他波澜壮阔的心里,他的根在他的心田,在他未赴的古战场。

似枯枝卷入漩涡,似鱼肉陈于刀俎,一位老人于花甲之年远离国土,只为续写使命的传奇。孙必干,一位鬓白的老人,矍铄毅然,他涡漩在死生之际,只为挽救脆弱的生命,蓦然回首,多少年风霜雨雪,多少年朝思暮想祖国的人民,祖国的国土,而在他前面却是他必赴的使命,在他身后,则是他骄傲的祖国,根在哪里,在他永不变的使命之中,在他泪痕满面的脸上,早已看出祖国的根埋藏在他心底。

历史的烟雨湮没在浩淼之中,人们在历史的探索中泯灭、苍老。而惟一不变的是他们心中的根。

> **简评**

百川滂沱,终归于海;落叶缤纷,终归于根。作者撷取古今中外三个人物:半世飘泊的柳永;吟诵英雄的荷马;临危受命的孙必干。虽然他们追寻的梦想和理想迥然不同,但他们无怨无悔的动力均归结于深深埋藏在他们心底的根。

> **写作练习**

阅读下面这首短诗,根据要求作文。

散步的时候
我走直路
儿子却故意
把路走弯
我说

把路走直

就是捷径

儿子说

把路走弯

路就延长

"弯路"和"直路"是一对矛盾。走直路,快捷便当,省时省力,却往往错过了许多景致,留下些许遗憾;走弯路,闲步拾贝,曲径通幽,费时费功,但一路欣赏,也会有山重水复、柳暗花明之趣。在现实生活中,"弯路"和"直路"各有其妙。你对此是怎么看的呢?你有这样的经历、体验、见闻和认识吗?请以"'弯路'和'直路'"为话题,写一篇文章。

注意:①可以记叙经历,编述故事,抒发感情,发表见解,等等。

②可以写"弯路",可以写"直路",也可以两者结合着写。

③立意自定,文体自选,题目自拟。

④不少于800字。

口语交际三 讲故事

表达指导

故事就是通过生动的情节、通俗易懂的语言,来反映社会生活的一种口头文学。故事既可以是笑话,也可以是真人真事,或者是通过一件小事,说明一个大的哲理,同时故事特有的魅力可以深深地吸引对方,比就事论事更有感染力。当对方提问或者你想说明一个道理时,可以讲个故事给她听,效果会与众不同。同样说一件事,有些人就说得平淡无奇,但是有些人就能够讲得生动活泼,让你听得津津有味。重点在于,你懂不懂得运用描述的方法,来丰富你所想要表达的重点。美国知名脱口秀主持人欧普拉就说过:"描述,就是用语言画一幅画,然后你把这幅画,送到对方的心头上,让他看到的也是一幅同样的画。"

怎样才能讲好故事呢?

一、讲故事的基本要求

一般说,讲故事要把握好以下几点基本要求:一要确立主题,确立主题就确定了故事的中心内容;二要精心选材,设置情节,勾画好故事结构,包括对故事进行加工改造、熟记和试讲等;三要"话"、"表"兼顾。"话":指讲故事的人直接叙述故事的情节和内容。"表":指讲故事的人运用自己富有感情色彩的声音、姿态、动作、表情等,把故事中人物的性格、思想感情形象地表达出来,把故事发生、发展的环境气氛渲染出来。下面着重说说"话"、"表"兼顾问题。

(1)怎样说

第一,语言要口语化。

讲故事是一种口头文学，应该强调大众化和口语化，尽量避免过于书面化的语言。因为口语化的语言接近于生活语言，富有生活气息，说起来顺口，听起来悦耳。如给小学生讲故事，要符合儿童语言习惯，做到简洁、生动、通俗；要多用短句，少用长句；适当运用语气词、象声词和形象性词语，让他们听起来感到亲切，从而增强故事的感染力。有的字、词虽然听上去也不大会发生误解，但不是口语，说出来别扭，听着也不顺耳，最好改成我们平时说的大白话。比如："他每每见到古人的书法名迹，总要手不释卷。"不如改成："他总是不舍得把书放在一旁。"

第二，掌握好语气和语调。

发音要清晰，这是讲好故事的基本条件。声音要抑扬顿挫，这是讲故事重要的技能技巧。高兴时，声调轻松明快；郁闷时，声调低沉缓慢。让听众根据声音就能区分出角色和剧情的变化。

第三，处理好语速和节奏。

讲故事，要快慢适度。太慢，听众不耐烦；太快，听众把握不了故事内容。要节奏鲜明，让人听起来清晰、连贯、悦耳。叙述主要情节时，要从容不迫，把字字句句送入听众耳中。叙述次要情节时，则可快速带过，使情节加速推进。对不同人物的语言、动作的叙述，也要有快慢的变化，以突出其性格特征。除此以外，还要注意停顿。停顿恰当，不仅让讲故事的人有思索的时间，更重要的是给听故事的人有回味的余地。故事都是由一些铺垫和高潮组成的，所以在说高潮的时候，请刻意把语速调慢，这会让人注意到你在说高潮了，还可以稍作停顿，制造一下戏剧效果。

（2）怎样表

第一，从声音变化上"表"。

不同年龄、不同性别、不同身份、不同性格的人，都有自己特有的声音。讲故事时，用不同的声音代表不同的人物，便可以把不同的人物区分开来。比如，可以用声音的粗细来区别男人和女人、大人和小孩；可以用声音的强弱来区分健康人和病弱人，等等。

第二，用态势来"表"。

讲故事是一门语言艺术，为了内容和感情的需要，更需要以表情和动作相配合。表情动作，主要体现在眼神、面部表情、头部动作、手势及脚步移动等全身形体动作几个方面。

①眼神

"眼睛是灵魂的窗户"。在日常生活中谈话时，你总是注视着对方的眼神；讲故事时，面对的是听众，听众们注视着你的一言一行，特别会注视着你的眼睛。要善于通过眼睛了解听众的反应，和听众交流。

②面部表情

表情应该配合故事内容，讲开心的故事，眼睛一定要呈现出一种亮光；讲悲伤的故事，眼睛一定要呈现出一种淡淡的哀伤，让对方与你一起沉浸到这个悲伤的故事之中。

③手势

手势是帮助人们语言表达的一个重要手段。我们平时说话，总是用不同的手势来帮忙。因为手势常常传达语言力度、表达语气的一个重要的辅助手段。

④形体

讲故事与语言配合的动作,除了头部动作和手势动作之外,还包括整个身体有机配合。除了故事情节需要的弯腰、侧身外,脚步也要适当移动。

第三,用拟声来"表"。

讲故事时,可以绘声绘色地模仿自然界的风声、雨声、流水声,可以模仿汽笛声、枪炮声、动物的鸣叫声,也可以模仿人的笑声、哭声、叹息声,等等。运用得好,便能渲染气氛,加强真实感,提高口语表达效果。

二、讲故事的基本技巧

1. 开场的语音语调语速是非常关键的,如果第一句话较有力,那么首先会吸引对方的注意力,下面的故事陈述也会流畅得多,所以在讲话之前,稳定下情绪再讲。

2. 度身定做。选择和听众的智力水平,经历,职业以及当时场合的特性相吻合的故事。

3. 讲故事包括"何时、何事、何地、何人、何故"五要素。"何时"要注意开门见山,用警示性的话语来引起对方注意;"何地"的表述要尽快进入画面,这样才会突出你想表达的主题;"何人"的表述要有名有姓,这才显得真实,方便对方理清思路;"何事"的表述要具体化,描述细节化;何故的表述相对不太重要,是对对方的一种心理释放。讲故事最重要的是要对何事的讲解,换句话说也就是重建画面,重要之处在于具体化,描述细节化,这样才能使对方和你描述的一致的画面一起进入情节,而不是随意思考。

4. 细节必须具体。运用对方能够理解的事实,特定的细节,例如故事里讲到洗发可以说"海飞丝",说到航空公司可以点出是"东航"。你的故事听上去越真实越特定化,你的听众就越能理解你所说的,越容易同你保持一致。

5. 多用生活中的真实场景。你亲身经历过的,讲起来会更有感情,会更有声有色。如果你的故事发生在一家餐馆,你说在北京"全聚德"就比说一家不知名的小饭店更好些,这给了对方更多想象的基础,使他们能够更容易地投入到情节中。

6. 不要拘泥于故事原形。可能一个故事你讲过几遍,切忌刻意回忆,要让同一个故事在不同的时间段有不同的长短。不要逐句地记忆你的故事。你每次讲故事的时候,都可以通过增加或压缩细节轻而易举地改变故事的长度。

7. 不要用抽象化或解释性的语言,改用形象化或描述性的语言。如果你想陈述你的学习成绩,你要说你总是优秀,是一个很笼统的表述。你应该说,你考试不是第一就是第二。如"那天因为天气很热,所以我穿得很少",就不如说"那天天气太热,我只穿了个短裤";"因为台子上有8米高,所以我站在上面直发抖",不如说"我站在8米高的台子上,双腿发抖"。

8. 在讲一个事实或心理效果时,尽量多使用事实来侧面衬托,如说害怕,可以说事后发现衣服都湿透了,这样给听众的印象是传神的。

9. 故事可以以提问式开头,如"你知道如果世界上只有最后一个人,结局会是怎样的吗?"开场就提问题,可以把听众很快带入故事情节中去;故事的结尾可以留下悬念,如:"下回再讲"。

10. 设置悬念,创造戏剧性的效果。悬念是对情节悬而未决、结局难料的安排,以此引起读者给予知其后果的迫切期待心理。适当使用原因倒置的技巧,往往使听众充满心理期待。如:万米长跑,小伟遥遥领先,突然,小伟放慢脚步……

口语练习

1. 把下面的语言材料改成讲故事的语言。

　　乐山大佛身高 71 米,头长 14.7 米,宽 10 米,耳长 6.72 米,脚背长 11 米,宽 9 米。

2. 上课铃声响了,老师还没有来,今天是语文课,王老师从不迟到,可今天怎么会发生这种事?请讲述这个故事。

语文实践活动三　故事会

一、活动主题

连词成句讲故事

二、活动目的和要求

训练学生反应速度及口语表达能力。以连词成句讲故事的形式,分组记分激励学生。恰当、得体地运用词语,故事完整,逻辑合理,体态自然。

三、活动内容和步骤

【规则】

共有 3 组词语,词语数量不同,5、6、7,分值分别为 10、20、30。每组最后一组相对较难,分值分别为 15、25、35。每组参加答题者在规定 2 分钟时间内讲出完整故事按分值加分,超出时间扣该组 5 分。每名参加者上台时写好自己的名字,方便教师按"词语运用适当、故事情节完整、逻辑合理、内容积极、表现力"几个方面进行点评。

【过程】

第一轮,每组在所有词组中任选一组讲一个故事,第一组准备时间为 2 分钟,其他组在前一组参加者讲完,老师点评结束后依次上台,没有准备好的不加分,不扣分。每组只限一人。

第二轮,多名组员上台讲故事。教师在每个故事后进行点评。

结果,分多者获胜。

【词组】

(一)5个(10分)
1. 天堂　人间　树木　旷野　帆船
2. 商人　船长　地主　农夫　强盗
3. 财产　双腿　眼睛　春天　工作
4. 亲情　爱情　感情　同情　热情

(二)6个(20分)
1. 平凡　活力　执著　知识　钱财　得意洋洋
2. 花园　夏天　优美　青春　梦想　书籍
3. 魔法　国王　城堡　歌声　智慧　丛林
4. 闷闷不乐　异想天开　心满意足　大吉大利　高傲自大　随机应变

(三)7个(30分)
1. 火焰　勇气　热情　理想　鼓励　礼貌　地位
2. 态度　心情　感情　忠诚　沉默　未来　永远
3. 称赞　意外　恐惧　水果　敌人　潮水　春风得意
4. 响雷　乌云　星光　蓝天　大意　暴雨　台风

【测评】

(1)点评

姓名	词语运用恰当	故事完整	逻辑合理	内容积极	表现力
×××	√		√	√	
×××		√	√		√
×××	√		√		√
×××	√		√	√	

(2)各组得分

①	②	③	④	⑤	⑥

第四单元

情 系 和 谐

单元导读

孔子说:"礼之用,和为贵。先王之道,斯为美。"老百姓说家和万事兴。无论是帝王将相,还是普通百姓,都把和谐看成是社会或家庭稳定发展的基础。

本单元选文5篇,其中记叙文3篇,议论文2篇;应用写作"条据"和"启事";口语交际"说服与拒绝";语文实践活动围绕"和谐"主题:"说说我的邻居。"

学习《论和谐》和《张岱年先生论"和谐"》将有助于我们从文化传承的角度去理解:和谐,是中华文化的精髓;和谐,是中国人亘古以来的梦想;和谐,是中华民族的主旋律;和谐,是伟大时代的最强音。不仅如此,和谐还是中国人人生之修养、生活之理想。张岱年先生提出的生理合一、与群为一、义命合一、动的天人合一"生活理想之四原则",实质上是强调每个人要在生活与道德、现实与理想、个人与社会群体以及人与自然等方面做到"充生以达理","胜乖以达和","即充实发展人的内在的生命力,克服生活中的冲突,以达到和谐的道德理想境界"。所以说,只有做到和谐个人,才能创建和谐社会。

《笑》由一个雨后月夜的美景引出对三幅微笑图景的追忆和描述,表达作者对人生理想境界——"融化在爱的调和里"的追求,抒发作者泛爱的思想感情。文章将如诗如画的客观图景与似水般的柔情自然和谐地融合在一起,从而创造了一个深邃优美的散文意境,给人以美的享受。安琪儿的微笑、孩子的微笑、老妇人的微笑,浸淫着圣洁、纯真、慈爱的普世大爱,该是怎样的一幅笑之和谐辉映的图画、爱之和谐交响的协奏!

　　《北平的庙会》为我们描绘了蕴含丰富的天人合一的和谐美、身心愉快的生活美的中国传统的民俗文化活动。

　　《邻居们》试图通过对旧式中国两种不同文化背景家庭的矛盾冲突的刻画,完成作者对传统中国市民身上的劣根性的反思和批判。邻里和谐是社会和谐的基本元素,《邻居们》对构建当今的和谐社会仍具有反思意义。

　　应用写作和口语交际旨在培养学生适应职业需要的基本素质和基础能力。

十六　笑①

冰　心

学习提示

　　《笑》是冰心女士最早的散文成名作。文章由一个雨后月夜的美景引出对三幅微笑图景的追忆、描述，表达作者对人生理想境界——"融化在爱的调和里"的追求，抒发作者泛爱的思想感情。文章将如诗如画的客观图景与似水般的柔情自然和谐地融合在一起，从而创造了一个深邃优美的散文意境，给人以美的享受。画面清美，情感清纯，线索清晰，层次井然。

笑

　　雨声渐渐的住了，窗帘后隐隐的透进清光来。推开窗户一看，呀！凉云散了，树叶上的残滴，映着月儿，好似萤光千点，闪闪烁烁的动着。——真没想到苦雨孤灯之后，会有这么一幅清美的图画！

　　凭窗站了一会儿，微微的觉得凉意侵入。转过身来，忽然眼花缭乱，屋子里的别的东西，都隐在光云里；一片幽辉，只浸着墙上画中的安琪儿②。——这白衣的安琪儿，抱着花儿，扬着翅儿，向着我微微的笑。

　　"这笑容仿佛在哪儿看见过似的，什么时候，我曾……"我不知不觉的便坐在窗口下想，——默默的想。

---

　　① 冰心（1900～1999），福建福州人，原名为谢婉莹，笔名为冰心。取"一片冰心在玉壶"为意。被称为"世纪老人"。现代著名诗人、作家、翻译家。曾任中国民主促进会中央名誉主席，中国文联副主席，中国作家协会名誉主席、顾问，中国翻译工作者协会名誉理事等职。

　　② 英文 angel 的音译词，天使的意思。

严闭的心幕,慢慢的拉开了,涌出五年前的一个印象。——一条很长的古道。驴脚下的泥,兀自①滑滑的。田沟里的水,潺潺②的流着。近村的绿树,都笼在湿烟里。弓儿似的新月,挂在树梢。一边走着,似乎道旁有一个孩子,抱着一堆灿白的东西。驴儿过去了,无意中回头一看。——他抱着花儿,赤着脚儿,向着我微微的笑。

"这笑容又仿佛是哪儿看见过似的!"我仍是想——默默的想。

又现出一重心幕来,也慢慢的拉开了,涌出十年前的一个印象。——茅檐下的雨水,一滴一滴落到衣上来。土阶边的水泡儿,泛来泛去的乱转。门前的麦垄和葡萄架子,都濯③得新黄嫩绿的非常鲜丽。——一会儿好容易雨晴了,连忙走下坡儿去。迎头看见月儿从海面上来了,猛然记得有件东西忘下了,站住了,回过头来。这茅屋里的老妇人——她倚着门儿,抱着花儿,向着我微微的笑。这同样微妙的神情,好似游丝一般,飘飘漾漾的合了拢来,绾④在一起。

这时心下光明澄静,如登仙界,如归故乡。眼前浮现的三个笑容,一时融化在爱的调和里看不分明了。

思考与练习

1. 找出本文写"月"的语句,细品后,试分析它们的作用。
2. 整体感知文章,归纳一下作者写了哪些微笑,它们有何特点?
3. 找出本文中的成语,并运用其中5条以上成语,完成一幅写景段落。
4. 本文大量使用叠词、儿化词、轻声词、衬字、助词等来描绘景物,选用优秀的口语化词汇来陈述过程,找出这些词汇,并阐述它的作用。

---

① 兀(wù)自:径自。
② 潺:读 chán。
③ 濯:读 zhuó。
④ 绾(wǎn):把长条形的东西盘绕起来打成结。

十七　北平的庙会①

张中行

学习提示

文章描写的北平的庙会与生活紧密相连,表达了民众对生活美的热爱;作家笔下北平的庙会,惟妙惟肖,生机勃勃,虽只是文字挥洒,却远比浓墨重彩的图片铺陈更显张力。一个热闹、闲适,叫人流连和怀念的庙会如在眼前。

因为在北平住过几年,而且曾经有过一个家,便有时被人看作"老北京"了。据说乡村人称老北京为"京油子",意思是不务实际的人,取义似乎没有"老北京"来得客气,堂皇。

因为被人目为老北京,所以外乡的朋友常以怎样逛北平的问题来问。这问题假若由外宾引导员去答一定很简便,什么西山、北海、天坛、八达岭等等,不上几天,便可逛完。但我总不以此种逛法为然,所以要答复也常不能使人满意,因为我是根本主张欲理解北平的文化是非住上三年五年不可的。

北平不比商埠,有洋房,有摩天楼,假若你到北平去找华丽的大楼,那你只有败兴。那么到北平应该逛什么呢?此非一二言所能尽:假若你对于历史有兴趣,你应该先知道这古城的家世,隋唐的塔,元明的庙不用说,就是商店,也不少几百年以前的。北平也追时髦,然而时髦有个限度,譬如同仁堂的门面,沙锅居的肉锅,你是给他多少钱他也不会换的。

你说北平颓唐,衰老,不合时代,但她仍是这么古老下去,也许时代转换更

---

① 庙会:设在寺庙里边或附近的集市,在节日或规定的日子举行。张中行(1909~2006),河北香河人,国学家、文学家、哲学家。著有《文言常识》、《佛教与中国文学》、《禅外说禅》等,代表作有《顺生论》。

能给她些光荣,正如秋天的枫叶,愈老愈红。所以你要逛,就须钻入她的内心,靠城根租一所房子,住上三年两年,你然后才有时间去厂甸,去鬼市,逛庙会,吃爆肚,喝豆汁等等;不然你走马看花,专追名胜,那她只有给你一副残破相。

　　记得知堂先生①说北平是元明以来的古城,总应该有很多好吃的点心的。北平不只零吃多,可玩赏的地方也多,单说庙会吧:每旬的九、十、一、二是隆福寺,三是土地庙,五、六是白塔寺,七、八是护国寺,几乎天天有;如再加上正月初一的东岳庙,初二的财神庙,十七八的白云观,三月初三的蟠桃宫,你会说北平真是庙会的天下了。

　　鉴赏北平应该自己去看,去尝,去听,靠书本的引导就不行。不信你翻一翻《日下旧闻》,《春明梦余录》,以及《北平游览指南》等书,关于庙会就很少记载,盖庙会根本不为高文厚册所看重也。

　　记庙会颇难,因其太杂。地大庙破,人多物杂,老远望去就觉得乱嘈嘈,进去以后更是高高低低,千门万户,东一摊,西一案,保你摸不着头脑。但你看久了以后,也会发现混乱之中正有个系统,嘈杂之中也有一定的腔调,然后你才会了解它,很悠闲地走进去,买你所要买的,玩你所要玩的,吃你所要吃的,你不忍离开它,散了以后,再盼着下一次。

　　赶庙会的买卖人是既非行商,又非坐贾②,十天来一次,卖上两天又走了,正像下乡的粥班戏,到了演期,搭上台子,就若有其事地吆喝起来,等到会期一过,就云飞星散。庙会的末天的晚上,他们或推车,或挑担,离开这个庙,去到另一个庙,地方总新鲜,人与货仍是那一群。

　　庙会里货物的种类可真多,大至绸缎古玩,小至碎布烂铁,无论是居家日用,足穿头戴,或斗鸡走狗,花鸟虫鱼,无所不备。只要你有所欲,肯去,它准使你满意,而且价钱还便宜,不像大商店或市场,动不动就是几块钱。

　　庙会的交易时刻是很短的,从午后到日落,在此时以外没有人去,去也没有人卖。时间短而买卖多,所以显得特别匆忙。人们挨肩挤背地进去,走过每一个摊,每一个案。庙会的东西很少言不二价,常去的人自然知道哪一类东西诳③多,哪一类东西诳少,看好了,给一个公道价,自然很快成交。

　　北平这城有她自己的文化,有她自己的风格,不管你来自天南海北,只要你在这里住久了,也会被她融化,染有她的习惯,染有她的情调,于是生活变成"北平的"了。然而在这同一北平的情调之中,也分成三、六、九等,譬如学生是

---

　　① 周作人(1885~1967),号知堂,浙江绍兴人。中国现代著名散文家、文学理论家、诗人、翻译家,中国民俗学开拓人。
　　② 坐贾(zuò gǔ):在固定地址经营商业的商人。
　　③ 诳(kuáng):欺骗,瞒哄。

一流，商贾是一流，而住家则另是一流也。

严格说起来：北平的情调应该拿住家来代表，也唯有住家的生活才真正够得上"北平的"，这一点不能详说了。——我总以为北平的地道精神不在东交民巷、东安市场、大学、电影院，这些在地道北平精神上讲起来只能算左道，摩登，北平容之而不受其化。任你有跳舞场，她仍保存茶馆；任你有球场，她仍保存鸟市；任你有百货公司，她仍保存庙会。

地道北平精神由住家维持，庙会为住家一流而设，所以庙会也很尽了维持之力。譬如以鞋为例：纵然有多少摩登女子去市场买高跟，然而住家碧玉仍然去庙会寻平底，她们走遍所有的鞋摊，躲在摊后去试，试好了，羞答答地走回家去，道上也许会遇见高跟鞋的女郎，但她们不羡慕那些，有时反倒厌恶，她们知道穿上那种鞋会被胡同里的人笑话，那是摩登，是胡闹。

市场是摩登，庙会是过日子，过日子与摩登大有分别，所以庙会的货物不求太精，只取坚而贱，由坚而贱中领略人生，消磨日子，自然会厌弃摩登，这是住家的可取处，也是庙会的可取处。由住家去庙会，买锅买炉，买鞋买袜，看戏吃茶，挑花选鸟，费钱不多，器用与享乐两备，真是长久过日子之道。摩登不解此，笑庙会嘈杂，卑下，只知出入市场，照顾公司；一到自己过日子，东西不是，左右无着，然后哭丧着脸，怨天尤人，皆是不解庙会，离开住家之病也。

庙会专为住家而设，所以十天中开上两天也就够了。住家中有老少男女，色目不同，趣味各异，庙会商人洞明住家情形，预备一切住家需要的东西，不管你是老翁、稚子，或管家的主妇、将出阁的姑娘，只要你去，它准使你有所欲，或买或玩，消磨半日，眉开眼笑地回去。

你是闲人雅士，它有花鸟虫鱼；你是当家主妇，它有锅盆碗箸①；你是玩童稚子，它有玩具零食；你是娇媚姑娘，它有手帕脂粉。此外你想娱乐，它有地班戏，戴上胡子就算老生，抹上白粉就算花旦，虽然不好，倒也热闹，使你发笑，使你轻松。

就按我自己来说，是非常爱庙会的，每次都是高高兴兴地去，我想旁人也应该这样。人生任有多少幻想，也终不免于过小家日子，这是快乐的事，也是严肃的事，而庙会正包含这两种情调，所以我爱它，爱每一个去庙会的人。有一次，我从庙会里买回两只鸟，用手提着向家里走，路上常常有人很亲切地问：

"这只鸟还好哇，多少钱？"

我一个个地答复，有时谈得亲热了，不得不伫立在道旁，听他的批评，他的意见，有些人甚至唠唠叨叨地说起他的养鸟历史，热切地把他的经验告诉我，

---

① 箸（zhù）：筷子。

看样这些人也是常去庙会的。庙会使人们亲密,结合,系住每一个人的心。

常听离开北平的人说:"在北平时不觉得怎么样,才一离开,便想得要命。"我自与北平别,便觉得此话千真万确。闲时想了想,北平的事物几乎样样值得怀念,而庙会就是其一。这大概是现在还不能不过小家日子之故,锅盆碗箸,为我所用,花鸟虫鱼,为我所喜,然今皆不习见,即见,亦不若庙会之亲切。爱而至于不忘,此即北平之魄力乎?此种意境,恐非登西山,跑北海,奔波三五日即离开的朋友所能理解也。

1936年5月9日于津南开

思考与练习

1.作者说:北平的庙会"看久了以后,也会发现混乱之中正有个系统,嘈杂之中也有一定的腔调","系统"和"腔调"是什么意思?本文描绘了北平庙会怎样的"系统"和"腔调"?

2.阅读理解:第14自然段(市场是摩登——离开住家之病也)

(1)作者为什么说逛庙会能"由坚而贱中领略人生"?"坚"和"贱"各指什么?

(2)作者说逛庙会能"器用与享乐两备","器用"和"享乐"各指什么?

(3)作者为什么说不解庙会的人"哭丧着脸,怨天尤人"?从自身生活说起,分析有无道理。

(4)给本段分层并归纳层意,分析本自然段在本文中的作用。

十八　邻居们①

老　舍

学习提示

《邻居们》塑造了明先生、明太太，以及杨先生、杨太太两对夫妇的形象。明家夫妇是市侩，明太太是市侩兼泼妇，明先生是市侩兼"西崽"；杨家夫妇则是爱惜自己"礼貌"和"身份"的小知识分子。小人物，小事件，人与事的配合，时合时分地推动着小说的发展。老舍以从容的笔墨刻画出生动的人物形象，同时也揭示了"故事"背后的"人类的普遍性"、"人生的哲理"，从而完成老舍式的文化批判。

　　明太太的心眼很多。她给明先生已生了儿养了女，她也烫着头发，虽然已经快四十岁，可是她究竟得一天到晚悬着心。她知道自己有个大缺点，不认识字。为补救这个缺欠，她得使碎了心；对于儿女，对于丈夫，她无微不至的看护着。对于儿女，她放纵着，不敢责罚管教他们。她知道自己的地位还不如儿女高，在她的丈夫眼前，她不敢对他们发威。她是他们的妈妈，只因为他们有那个爸爸。她不能不多留个心眼，她的丈夫是一切，她不能打骂丈夫的儿女。她晓得丈夫要是恼了，满可以用最难堪的手段待她；明先生可以随便再娶一个，她一点办法也没有。

　　她爱疑心，对于凡是有字的东西，她都不放心。字里藏着一些她猜不透的秘密。因此，她恨那些识字的太太们，小姐们。可是，回过头来一想，她的丈夫，她的儿女，并不比那些读书识字的太太们更坏，她又不能不承认自己的聪

---

① 选自老舍短篇小说集《樱海集》。老舍，本名舒庆春，字舍予，中国现代小说家、戏剧家，获得"人民艺术家"称号。老舍的代表作有：长篇小说《骆驼祥子》、《四世同堂》等，剧本《龙须沟》、《茶馆》等。

明,自己的造化,与自己的身分。她不许别人说她的儿女不好,或爱淘气。儿女不好便是间接的说妈妈不好,她不能受这个。她一切听从丈夫,其次就是听从儿女;此外,她比一切人都高明。对邻居,对仆人,她时时刻刻想表示出她的尊严。孩子们和别家的儿女打架,她是可以破出命的加入战争;叫别人知道她的厉害,她是明太太,她的霸道是反射出丈夫的威严,像月亮那样的使人想起太阳的光荣。

她恨仆人们,因为他们看不起她。他们并非不口口声声的叫她明太太,而是他们有时候露出那么点神气来,使她觉得他们心里是说:"脱了你那件袍子,咱们都是一样;也许你更胡涂。"越是在明太太详密的计划好了事情的时候,他们越爱露这种神气。这使她恨不能吃了他们。她常辞退仆人,她只能这么吐一口恶气。

明先生对太太是专制的,可是对她放纵儿女,和邻居吵闹,辞退仆人这些事,他给她一些自由。他以为在这些方面,太太是为明家露脸。他是个勤恳而自傲的人。在心里,他真看不起太太,可是不许别人轻看她;她无论怎样,到底是他的夫人。他不能再娶,因为他是在个笃信宗教而很发财的外国人手下作事;离婚或再娶都足以打破他的饭碗。既得将就着这位夫人,他就不许有人轻看她。他可以打她,别人可不许斜看她一眼。他既不能真爱她,所以不能不溺爱他的儿女。

他的什么都得高过别人,自己的儿女就更无须乎说了。

明先生的头抬得很高。他对得起夫人,疼爱儿女,有赚钱的职业,没一点嗜好,他看自己好像看一位圣人那样可钦仰。他求不着别人,所以用不着客气。白天他去工作,晚上回家和儿女们玩耍;他永远不看书,因为书籍不能供给他什么,他已经知道了一切。看见邻居要向他点头,他转过脸去。他没有国家,没有社会。可是他有个理想,就是他怎样多积蓄一些钱,使自己安稳独立像座小山似的。

可是,他究竟还有点不满意。他嘱告自己应当满意,但在生命里好像有些不受自己支配管辖的东西。这点东西不能被别的物件代替了。他清清楚楚的看见自己身里有个黑点,像水晶里包着的一个小物件。除了这个黑点,他自信,并且自傲,他是遍体透明,无可指摘的。可是他没法去掉它,它长在他的心里。

他知道太太晓得这个黑点。明太太所以爱多心,也正因为这个黑点。她设尽方法,想把它除掉,可是她知道它越长越大。她会从丈夫的笑容与眼神里看出这黑点的大小,她可不敢动手去摸,那是太阳的黑点,不定多么热呢。那些热力终究会叫别人承受,她怕,她得想方法。

明先生的小孩偷了邻居的葡萄。界墙很矮,孩子们不断的过去偷花草。邻居是对姓杨的小夫妇,向来也没说过什么,虽然他们很爱花草。明先生和明太太都不奖励孩子去偷东西,可是既然偷了来,也不便再说他们不对。况且花草又不同别的东西,摘下几朵并没什么了不得。在他们夫妇想,假如孩子们偷几朵花,而邻居找上门来不答应,那简直是不知好歹。杨氏夫妇没有找来,明太太更进一步的想,这必是杨家怕姓明的,所以不敢找来。明先生是早就知道杨家怕他。并非杨家小两口怎样明白的表示了惧意,而是明先生以为人人应当怕他,他是永远抬着头走路的人。还有呢,杨家夫妇都是教书的,明先生看不起这路人。他总以为教书的人是穷酸,没出息的。尤其叫他恨恶杨先生的是杨太太很好看。他看不起教书的,可是女教书的——设若长得够样儿——多少得另眼看待一点。杨穷酸居然有这够样的太太,比起他自己的要好上十几倍,他不能不恨。反过来一想,挺俊俏的女人而嫁个教书的,或者是缺个心眼,所以他本不打算恨杨太太,可是不能不恨。明太太也看出这么一点来——丈夫的眼睛时常往矮墙那边溜。因此,孩子们偷杨家老婆的花与葡萄是对的,是对杨老婆的一种惩罚。她早算计好了,只要那个老婆敢出一声,她预备着厉害的呢。

　　杨先生是最新式的中国人,处处要用礼貌表示出自己所受过的教育。对于明家孩子偷花草,他始终不愿说什么,他似乎想到明家夫妇要是受过教育的,自然会自动的过来道歉。强迫人家来道歉未免太使人难堪。可是明家始终没自动的过来道歉。杨先生还不敢动气,明家可以无礼,杨先生是要保持住自己的尊严的。及至孩子们偷去葡萄,杨先生却有点受不住了,倒不为那点东西,而是可惜自己花费的那些工夫;种了三年,这是第一次结果;只结了三四小团儿,都被孩子们摘了走。杨太太决定找明太太去报告。可是杨先生,虽然很愿意太太去,却拦住了她。他的讲礼貌与教师的身分胜过了怒气。杨太太不以为然,这是该当去的,而且是抱着客客气气的态度去,并且不想吵嘴打架。杨先生怕太太想他太软弱了,不便于坚决的拦阻。于是明太太与杨太太见了面。杨太太很客气:"明太太吧?我姓杨。"

　　明太太准知道杨太太是干什么来的,而且从心里头厌恶她:"啊,我早知道。"

　　杨太太所受的教育使她红了脸,而想不出再说什么。可是她必须说点什么。"没什么,小孩们,没多大关系,拿了点葡萄。"

　　"是吗?"明太太的音调是音乐的:"小孩们都爱葡萄,好玩。我并不许他们吃,拿着玩。"

　　"我们的葡萄,"杨太太的脸渐渐白起来,"不容易,三年才结果!"

"我说的也是你们的葡萄呀,酸的;我只许他们拿着玩。你们的葡萄泄气,才结那么一点!"

"小孩呀,"杨太太想起教育的理论,"都淘气。不过,杨先生和我都爱花草。"

"明先生和我也爱花草。"

"假如你们的花草被别人家的孩子偷去呢?"

"谁敢呢?"

"你们的孩子偷了别人家的呢?"

"偷了你们的,是不是?你们顶好搬家呀,别在这儿住哇。我们的孩子就是爱拿葡萄玩。"

杨太太没法再说什么了,嘴唇哆嗦着回了家。见了丈夫,她几乎要哭。

杨先生劝了她半天。虽然他觉得明太太不对,可是他不想有什么动作,他觉得明太太野蛮;跟个野蛮人打吵子是有失身分的。但是杨太太不答应,他必得给她去报仇。他想了半天,想起来明先生是不能也这样野蛮的,跟明先生交涉好了。可是还不便于当面交涉,写封信吧,客客气气的写封信,并不提明太太与妻子那一场,也不提明家孩子的淘气,只求明先生嘱咐孩子们不要再来糟蹋花草。这像个受过教育的人,他觉得。他也想到什么,近邻之谊……无任感激……至为欣幸……等等好听的词句。还想象到明先生见了信,受了感动,亲自来道歉……他很满意的写成了一封并不十分短的信,叫老妈子送过去。

明太太把邻居窝回去,非常的得意。她久想窝个像杨太太那样的女人,而杨太太给了她这机会。她想象着杨太太回家去应当怎样对丈夫讲说,而后杨氏夫妇怎样一齐的醒悟过来他们的错误——即使孩子偷葡萄是不对的,可是也得看谁家的孩子呀。明家孩子偷葡萄是不应当抱怨的。这样,杨家夫妇便完全怕了明家;明太太不能不高兴。

杨家的女仆送来了信。明太太的心眼是多的。不用说,这是杨老婆写给明先生的,把她"刷"了下来。她恨杨老婆,恨字,更恨会写字的杨老婆。她决定不收那封信。

杨家的女仆把信拿了走,明太太还不放心,万一等先生回来而他们再把这信送回来呢!虽然她明知道丈夫是爱孩子的,可是那封信是杨老婆写来的;丈夫也许看在杨老婆的面上而跟自己闹一场,甚至于挨顿揍也是可能的。丈夫设若揍她一顿给杨老婆听,那可不好消化!为别的事挨揍还可以,为杨老婆……她得预备好了,等丈夫回来,先垫下底儿——说杨家为点酸葡萄而来闹了一大阵,还说要给他写信要求道歉。丈夫听了这个,必定也可以不收杨老婆的信,而胜利完全是她自己的。

她等着明先生，编好了所要说的话语，设法把丈夫常爱用的字眼都加进去。明先生回来了。明太太的话很有力量的打动了他爱子女的热情。他是可以原谅杨太太的，假若她没说孩子们不好。他既然是看不起他的孩子，便没有可原谅的了，而且勾上他的厌恶来——她嫁给那么个穷教书的，一定不是什么好东西。赶到明太太报告杨家要来信要求道歉，他更从心里觉得讨厌了；他讨厌这种没事儿就动笔的穷酸们。在洋人手下作事，他晓得签字与用打字机打的契约是有用的；他想不到穷教书的人们写信有什么用。是的，杨家再把信送来，他决定不收。他心中那个黑点使他希望看看杨太太的字迹；字是讨厌的，可是看谁写的。明太太早防备到这里，她说那封信是杨先生写的。明先生没那么大工夫去看杨先生的臭信。他相信中国顶大的官儿写的信，也不如洋人签个字有用。

　　明太太派孩子到门口去等着，杨家送信来不收。她自己也没闲着，时时向杨家那边望一望。她得意自己的成功，没话找话，甚至于向丈夫建议，把杨家住的房买过来。明先生虽然知道手中没有买房的富余，可是答应着，因为这个建议听着有劲，过瘾，无论那所房是杨家的，还是杨家租住的，明家要买，它就得出卖，没有问题。明先生爱听孩子们说"赶明儿咱们买那个"。"买"是最大胜利。他想买房，买地，买汽车，买金物件……每一想到买，他便觉到自己的伟大。

　　杨先生不主张再把那封信送回去，虽然他以为明家不收他的信是故意污辱他。他甚至于想到和明先生在街上打一通儿架，可是只能这么想想，他的身分不允许他动野蛮的。他只能告诉太太，明家都是混蛋，不便和混蛋们开仗；这给他一些安慰。杨太太虽然不出气，可也想不起好方法；她开始觉得作个文明人是吃亏的事，而对丈夫发了许多悲观的议论，这些议论使他消了不少的气。

　　夫妇们正这样碎叨唠着出气，老妈子拿进一封信来。杨先生接过一看，门牌写对了，可是给明先生的。他忽然想到扣下这封信，可是马上觉得那不是好人应干的事。他告诉老妈子把信送到邻家去。

　　明太太早在那儿埋伏着呢。看见老妈子往这边来了，唯恐孩子们还不可靠，她自己出了马。"拿回去吧，我们不看这个！""给明先生的！"老妈子说。

　　"是呀，我们先生没那么大工夫看你们的信！"明太太非常的坚决。

　　"是送错了的，不是我们的！"老妈子把信递过去。"送错了的？"明太太翻了翻眼，马上有了主意："叫你们先生给收着吧。当是我看不出来呢，不用打算诈我！"拍的一声，门关上了。

　　老妈子把信拿回来，杨先生倒为了难：他不愿亲自再去送一趟，也不肯打开看看；同时，他觉得明先生也是个混蛋——他知道明先生已经回来了，而是与明太太站在一条战线上。怎么处置这封信呢？私藏别人的信件是不光明的。想来想去，他决定给外加一个信封，改上门牌号数，第二天早上扔在邮筒里；他还得赔上二分邮票，他倒笑了。

　　第二天早晨，夫妇忙着去上学，忘了那封信。已经到了学校，杨先生才想起来，可是不能再回家去取。好在呢，他想，那只是一封平信，大概没有什么重要的事，迟发一天也没多大关系。

　　下学回来，懒得出去，把那封信可是放在书籍一块，预备第二天早上必能发出去。这样安排好，刚要吃饭，他听见明家闹起来了。明先生是高傲的人，不愿意高声的打太太，可是被打的明太太并不这样讲体面，她一劲儿的哭喊，孩子们也没敢闲着。杨先生听着，听不出怎回事来，可是忽然想起那封信，也许那是封重要的信。因为没得到这封信，而明先生误了事，所以回家打太太。这么一想，他非常的不安。他想打开信看看，又没那个勇气。不看，又怪憋闷得慌，他连晚饭也没吃好。

　　饭后，杨家的老妈子遇见了明家的老妈子。主人们结仇并不碍于仆人们交往。明家的老妈子走漏了消息：明先生打太太是为一封信，要紧的信。杨家的老妈回家来报告，杨先生连觉也睡不安了。所谓一封信者，他想必定就是他所存着的那一封信了。可是，既是要紧的信，为什么不挂号，而且马马虎虎写错了门牌呢？他想了半天，只能想到商人们对于文字的事是粗心的。这大概可以说明他为什么写错了门牌。又搭上明先生平日没有什么来往的信，所以邮差按着门牌送，而没注意姓名，甚至或者不记得有个明家。这样一想，使他觉出自己的优越，明先生只是个会抓几个钱的混蛋。明先生既是混蛋，杨先生很可以打开那封信看看了。私看别人的信是有罪的，可是明先生还会懂得这个？不过，万一明先生来索要呢？不妥。他把那封信拿起好几次，到底不敢拆开。同时，他也不想再寄给明先生了。既是要紧的信，在自己手中拿着是有用的。这不光明正大，但是谁叫明先生是混蛋呢，谁教他故意和杨家捣乱呢？混蛋应受惩罚。他想起那些葡萄来。他想着想着可就又变了主意，他第二天早晨还是把那封送错的信发出去。而且把自己寄的那封劝告明家管束孩子的信也发了；到底叫明混蛋看看读书的人是怎样的客气与和蔼；他不希望明先生悔过，只教他明白过来教书的人是君子就够了。

　　明先生命令着太太去索要那封信。他已经知道了信的内容，因为已经见着了写信的人。事情已经有了预备，可是那封信不应当存在杨小子手里。事情是这样：他和一个朋友借着外国人的光儿私运了一些货物，被那个笃信宗教而很发财的洋人晓得了；那封信是朋友的警告，叫他设法别招翻了洋人。明先生不怕杨家发表了那封信，他心中没有中国政府，也没看起中国的法律；私运货物即使被中国人知道了也没多大关系。他怕杨家把那封信寄给洋人，证明他私运货物。他想杨先生必是这种鬼鬼祟祟的人，必定偷看了他的信，而去弄坏他的事。他不能自己去讨要，假若和杨小子见着面，那必定得打起来，他从心里讨厌杨先生这种人。他老觉得姓杨的该挨顿揍。他派太太去要，因为太太不收那封信才惹起这一套，他得惩罚她。

明太太不肯去，这太难堪了。她楞愿意再挨丈夫一顿打也不肯到杨家去丢脸。她耗着，把丈夫耗走，又偷偷的看看杨家夫妇也上了学，她才打发老妈子向杨家的老妈子去说。

杨先生很得意的把两封信一齐发了。他想象着明先生看看那封客气的信必定悔悟过来，而佩服杨先生的人格与手笔。

明先生被洋人传了去，受了一顿审问。幸而他已经见着写错了门牌的那位朋友，心中有个底儿，没被洋人问秃露①了。可是他还不放心那封信。最难堪的是那封信偏偏落在杨穷酸手里！他得想法子惩治姓杨的。

回到了家，明先生第一句话是问太太把那封信要回来没有。明太太的心眼是多的，告诉丈夫杨家不给那封信，这样她把错儿都从自己的肩膀上推下去，明先生的气不打一处而来，就凭个穷酸教书的敢跟明先生斗气。哼！他发了命令，叫孩子们跳过墙去，先把杨家的花草都踩坏，然后再说别的。孩子们高了兴，把能踩坏的花草一点也没留下。

孩子们远征回来，邮差送到下午四点多钟那拨儿信。明先生看完了两封信，心中说不出是难受还是痛快。那封写错了门牌的信使他痛快，因为他看明白了，杨先生确是没有拆开看；杨先生那封信使他难过，使他更讨厌那个穷酸，他觉得只有穷酸才能那样客气，客气得讨厌。冲这份讨厌也该把他的花草都踏平了。

杨先生在路上，心中满痛快：既然把那封信送回了原主，而且客气的劝告了邻居，这必能感动了明先生。一进家门，他楞了，院中的花草好似垃圾箱忽然疯了，一院子满是破烂儿。他知道这是谁作的。可是怎办呢？他想要冷静的找主意，受过教育的人是不能凭着冲动作事的。但是他不能冷静，他的那点野蛮的血沸腾起来，他不能思索了。扯下了衣服，他捡起两三块半大的砖头，隔着墙向明家的窗子扔了去。哗啦哗啦的声音使他感到已经是惹下祸，可是心中痛快，他继续着扔；听着玻璃的碎裂。他心里痛快，他什么也不计较了，只觉得这么作痛快，舒服，光荣。他似乎忽然由文明人变成野蛮人，觉出自己的

---

① 秃露：裸露，露底儿。

力量与胆气,象赤裸裸的洗澡时那样舒服,无拘无束的领略着一点新的生活味道。他觉得年轻,热烈,自由,勇敢。

把玻璃打的差不多了,他进屋去休息。他等着明先生来找他打架,他不怕,他狂吸着烟卷,仿佛打完一个胜仗的兵士似的。等了许久,明先生那边一点动静没有。

明先生不想过来,因为他觉得杨先生不那么讨厌了。看着破碎玻璃,他虽不高兴,可也不十分不舒服。他开始想到有嘱告孩子们不要再去偷花的必要,以前他无论怎样也想不到这理;那些碎玻璃使他想到了这个。想到了这个,他也想起杨太太来。想到她,他不能不恨杨先生;可是恨与讨厌,他现在觉出来,是不十分相同的。"恨"有那么一点佩服的气味在里头。

第二天是星期日,杨先生在院中收拾花草,明先生在屋里修补窗户。世界上仿佛很平安,人类似乎有了相互的了解。

思考与练习

1. 分析明、杨两对夫妇的性格及通过矛盾冲突所引起的性格变化。
2. 分析"葡萄事件"、"信件事件"和"踩花事件"之间的关联及与人物性格发展之间的关系。
3. "明先生知道自己身上有个黑点",这个"黑点"指的是什么?这个"黑点"对人物塑造有什么作用?
4. 文章结尾"世界上仿佛很平安,人类似乎有了相互的了解"是本文的主旨吗?作者为什么这样结尾?有什么含义?
5. 邻里和谐是社会和谐的一个重要组成部分,俗话说:"远亲不如近邻。"主题活动:"说说我的邻居。"

十九　论和谐[①]

光明日报评论员

学习提示

党中央提出构建社会主义和谐社会的战略任务是人类亘古以来的一个梦想。因为和谐不仅是中国人自古以来追求的一种美好的社会状态，也是马克思主义政党孜孜以求的社会理想。但是构建什么样的社会主义和谐社会，怎样构建社会主义和谐社会，是我们党对社会主义实践的又一次理论升华。

人类亘古以来的一个梦想，正成为亿万中国人民的自觉行动；
构建社会主义和谐社会的伟大实践，正在中国大地蓬勃进行。
和谐，是中华民族的主旋律；
和谐，是伟大时代的最强音。
2004年9月，在党的十六届四中全会上，以胡锦涛同志为总书记的党中央明确提出构建社会主义和谐社会的战略任务；
2005年2月19日，胡锦涛总书记在中共中央举办的省部级主要领导干部专题研讨班上发表重要讲话，深刻阐明了构建社会主义和谐社会的重大意义、科学内涵、基本特征、重要原则和主要任务，清晰勾画出社会主义和谐社会的壮美前景，为我们正确认识、全面把握和积极构建社会主义和谐社会指明了方向；
2005年10月，党的十六届五中全会审议并通过的《中共中央关于制定国民经济和社会发展第十一个五年规划的建议》，进一步提出了"促进社会和谐"

[①] 选自《光明日报》，2005年10月25日。

的具体要求。

和谐，已经成为全体人民共同的理想信念；和谐，已经成为全体人民共同的奋斗目标；构建社会主义和谐社会，已经成为亿万人民群众的生动实践。

一

企盼社会和谐，是古往今来人们共同的美好愿望。

在古人看来，和谐是一种美好的社会状态。《左传》用诗一般的语言描绘了一幅社会和谐的图景："如乐之和，无所不谐。"①这是一个多么令人向往的理想社会啊！

在中国传统文化中，有关"和谐"的思想源远流长。翻开中国古代的典籍，随处可见对于"和谐"的描述。《礼记·礼运》中描绘了一个令人为之神往的理想社会："大道之行也，天下为公，选贤与能，讲信修睦。故人不独亲其亲，不独子其子，使老有所终，壮有所用，幼有所长，矜、寡、孤、独、废、疾者皆有所养。②"孔子提倡"礼之用，和为贵"、"和而不同"；墨子提出了"兼相爱"、"爱无差等"的理想社会方案；孟子描绘了"老吾老以及人之老，幼吾幼以及人之幼"的社会状态；太平天国运动的领袖洪秀全提出要建立"务使天下共享"、"有田同耕，有饭同食，有衣同穿，有钱同使，无处不均匀，无人不饱暖"的社会；康有为在《大同书》中提出要建立一个"人人相亲，人人平等，天下为公"的理想社会。这些思想都表达了盼望社会和谐的美好愿望。哪怕是最普通的百姓，也明白这样一个浅显的道理："家和万事兴。"

实现社会和谐，是马克思主义政党孜孜以求的社会理想。

实现社会和谐，建设美好社会，是马克思主义经典作家和包括中国共产党在内的马克思主义政党不懈追求的奋斗目标。1803年，法国空想社会主义者傅立叶发表《全世界和谐》一文，指出资本主义制度必将为"和谐制度"所代替；1824年，英国空想社会主义者欧文把他在美国印第安纳州进行的共产主义试验，命名为"新和谐公社"；1842年，德国空想社会主义者魏特林在《和谐与自由的保证》一书中把社会主义社会称为"和谐与自由"的社会，并指出新社会的"和谐"是"全体和谐"。马克思、恩格斯在继承前人思想成果的基础上，创立了科学社会主义理论，勾画了美好社会的蓝图，指明了实现美好社会理想的正确

---

① 如乐之和：出自《左传·襄公十有一年》，像乐曲一样，美妙动听。
② "亲其亲"，以"其亲"为亲，意动用法；"子其子"，上同。译文：在大道施行的时候，天下是人们所共有的，把有贤德、有才能的人选出来（给大家办事），（人人）讲求诚信，崇尚和睦。因此人们不单奉养自己的父母，不单抚育自己的子女，要使老年人能终其天年，中年人能为社会效力，幼童能顺利地成长，使老而无妻的人、老而无夫的人、幼年丧父的孩子、老而无子的人、残疾人都能得到供养。

途径。

在革命、建设和改革的长期实践中,以毛泽东、邓小平和江泽民同志为主要代表的中国共产党人,把马克思列宁主义基本原理同中国具体实际相结合,不断探索、发展和丰富了具有中国特色的社会主义社会建设理论,实现了三次历史性飞跃,产生了毛泽东思想、邓小平理论和"三个代表"重要思想,引领全国人民走上了实现民族伟大复兴的光明大道。

构建和谐社会,是当代中国共产党人对人类社会发展规律、社会主义建设规律、共产党执政规律的新认识。

构建和谐社会,建设小康社会,是我国经济社会发展的必然要求和当代中国人民的共同愿望。

改革开放20多年来,中国发生了翻天覆地的变化,取得了举世瞩目的巨大成就。到2003年,我国人均国内生产总值首次超过1000美元,标志着我国经济社会发展进入了一个新的阶段。这既是一个发展机遇期,也是一个矛盾凸显期。从国际环境看,和平与发展仍是当今时代的主题,但国际形势处于深刻变化之中,各种矛盾错综复杂。在这样的国际国内环境下,机遇与挑战并存,动力和压力共生。人心思变革,人心思发展,人心思稳定,人心思和谐。

以胡锦涛同志为总书记的党中央审时度势,明确提出构建社会主义和谐社会的战略思想,适应了我国改革发展进入关键时期的客观要求,体现了广大人民群众的根本利益和共同愿望。这一战略思想,着眼于我们党面临的新形势新任务,着眼于我国社会已经和正在出现的深刻变化,着眼于国际局势发展的风云变幻,反映了我们党对执政规律、执政能力、执政方略和执政方式的新把握。明确提出构建社会主义和谐社会,并且把"提高构建社会主义和谐社会的能力"作为党执政能力建设的一个重要方面,这是我们党对什么是社会主义、怎样建设社会主义的又一次理论升华,是马克思主义中国化的最新成果,显示了我们党解放思想、实事求是、与时俱进的理论智慧和理论勇气,体现了我们党高屋建瓴①、统揽全局、开拓未来的能力。

二

伟大的实践需要先进理论的指引。

构建社会主义和谐社会的理论,进一步为我们指明了前进方向。

党的十六大以来,以胡锦涛同志为总书记的新一届中央领导集体明确提出、系统阐述了构建社会主义和谐社会的战略思想,强调要形成全体人民各尽

---

① 高屋建瓴:在房顶上用瓶子往下倒水,形容居高临下,不可阻挡的形势。建,倾倒。瓴,盛水的瓶子。

其能、各得其所而又和谐相处的社会。

2005年2月,在中央举办的省部级主要领导干部提高构建社会主义和谐社会能力专题研讨班上,胡锦涛同志明确提出,我们所要建设的社会主义和谐社会,应该是民主法治、公平正义、诚信友爱、充满活力、安定有序、人与自然和谐相处的社会。

民主法治,就是社会主义民主得到充分发扬,依法治国基本方略得到切实落实,各方面积极因素得到广泛调动;

公平正义,就是社会各方面的利益关系得到妥善协调,人民内部矛盾和其他社会矛盾得到正确处理,社会公平和正义得到切实维护和实现;

诚信友爱,就是全社会互帮互助、诚实守信,全体人民平等友爱、融洽相处;

充满活力,就是能够使一切有利于社会进步的创造愿望得到尊重,创造活动得到支持,创造才能得到发挥,创造成果得到肯定;

安定有序,就是社会组织机制健全,社会管理完善,社会秩序良好,人民群众安居乐业,社会保持安定团结;

人与自然和谐相处,就是生产发展,生活富裕,生态良好。

这六条基本特征,内容十分丰富,既为我们描绘了社会主义和谐社会的美好蓝图,又给我们提出了构建社会主义和谐社会的具体要求,共同揭示了社会主义和谐社会的本质内涵。

构建社会主义和谐社会的理论,把中国特色社会主义事业的总体布局,更明确地由社会主义经济建设、政治建设、文化建设三位一体,发展为社会主义经济建设、政治建设、文化建设、社会建设四位一体。这一理论拓展了中国特色社会主义的理论体系,使其更加充实、更加完善。

理论的生命力在于与实践的有效结合。构建社会主义和谐社会的时代主旋律正在神州大地回响,实现中华民族伟大复兴、力促社会和谐稳定已经成为亿万华夏儿女的生动实践。

三

构建社会主义和谐社会,需要全体人民的共同努力,需要做好方方面面的工作。我们要按照民主法治、公平正义、诚信友爱、充满活力、安定有序、人与自然和谐相处的要求,从解决关系人民群众切身利益的现实问题入手,扎扎实实推进社会主义和谐社会建设。

构建和谐社会,必须坚持以"三个代表"重要思想为根本指针。

"三个代表"重要思想,是加强和改进党的建设、推进我国社会主义制度自我完善和发展的强大理论武器。贯彻落实"三个代表"重要思想,把党的先进性切实体现在代表中国先进生产力的发展要求、代表中国先进文化的前进方向、代表中国最广大人民的根本利益上,有利于为构建社会主义和谐社会奠定坚实的思想基础、物质基础和制度基础。

在构建和谐社会的进程中,只有把"三个代表"重要思想落实到社会主义现代化建设的各个领域、落实到党领导发展的大政方针和各项工作部署之中,才能促进全社会创造活力的持续迸发,促进各种利益关系的妥善协调,促进社会公平和正义的有效实现,进而不断实现好、维护好、发展好最广大人民的根本利益。

构建和谐社会,必须坚持以科学发展观统领经济社会发展全局。

以人为本、全面协调可持续的科学发展观,是指导我国经济社会发展的世界观和方法论,它反映了多年来世界各国发展的经验教训。科学发展观是统领我国经济社会发展全局的重要战略思想,也是指导构建社会主义和谐社会的重要战略思想。

全面理解和贯彻落实科学发展观,必须从思想上、体制上、措施上加大工作力度,增强全党全国人民落实科学发展观的自觉性和坚定性,全面把握贯彻落实科学发展观的目标要求,切实把科学发展观贯穿于经济社会发展的全过程、落实到经济社会发展的各个环节;必须坚持以人为本,坚持发展为了人民、发展依靠人民、发展成果由人民共享,不断实现好、维护好、发展好最广大人民的根本利益;必须深化对科学发展观基本内涵和精神实质的认识,建立符合科学发展观要求的经济社会发展综合评价体系,坚持一切从实际出发,尊重群众的首创精神,自觉按客观规律办事,扎扎实实推进和谐社会建设。

构建和谐社会,必须牢牢把握发展这个党执政兴国的第一要务。

发展是硬道理,发展是党执政兴国的第一要务。构建社会主义和谐社会,必须牢牢把握发展这个第一要务,坚持以经济建设为中心,坚持用发展和改革的办法解决前进中的问题,聚精会神搞建设,一心一意谋发展,推动我国经济社会发展不断迈上新台阶。

"十一五"时期是改革发展的关键时期。要满足人们日益增长的物质、文化需求,缓解就业压力和处理好各类矛盾,必须保持经济持续较快地发展。同时,我们的发展必须是科学的发展,要注重提高经济增长的质量和效益,注重资源的节约和环境的保护。立足科学发展,就要坚持以人为本,转变观念、创新模式、提高质量;就要更加注重优化结构、提高效益、降低消耗、减少污染,更加注重实现速度和结构、质量、效益相统一,更加注重经济发展和人口、资源、环境相协调;就要注意统筹城乡发展、区域发展、经济社会发展、人与自然和谐发展、国内发展与对外开放。

构建和谐社会,必须坚持社会主义市场经济的改革方向不动摇。

构建社会主义和谐社会,不是放慢改革步伐,也不是改变改革方向,而是要坚持社会主义市场经济的改革方向,进一步推动制度创新,不断深化改革,不断增强经济社会发展的内在动力。

坚持社会主义市场经济的改革方向不动摇,就必须完善现代企业制度和现代产权制度,建立反映市场供求状况和资源稀缺程度的价格形成机制,更大程度地发挥市场在资源配置中的基础性作用,提高资源配置效率,切实转变政府职能,健全国家宏观调控体系。统筹国内发展和对外开放,不断提高对外开放水平,增强在扩大开放条件下促进发展的能力。

构建和谐社会,必须倍加珍视、切实维护团结稳定的社会环境。

稳定的社会环境,是构建社会主义和谐社会的重要保证。没有稳定的环境,什么事情都干不成。这是我国现代化建设的一条重要经验,也是构建社会主义和谐社会必须坚持的一条重要原则。构建和谐社会,必须倍加顾全大局,倍加珍视团结,倍加维护稳定。

要进一步落实维护社会稳定的工作责任制,及时消除各种不稳定因素,化解矛盾,理顺情绪,努力营造良好的发展环境,在促进社会稳定的同时,实现社会和谐。要不断扩大社会就业,加快完善社会保障体系,更加注重社会公平,从源头上减少人民内部矛盾的发生,加强社会治安防控体系建设,增强执政意识和政权意识,维护社会稳定和国家安全。

构建和谐社会,亘古梦想正在我们手中实现;

构建和谐社会,辉煌历史正在我们手中谱写;

构建和谐社会,千秋伟业正在我们手中成就!

回顾以往,企盼社会和谐之梦启迪良多;展望未来,构建和谐社会之路前程似锦。只要我们更加紧密地团结在以胡锦涛同志为总书记的党中央周围,牢固树立和全面落实科学发展观,抓住战略机遇,立足科学发展,着力自主创新,奋力开拓进取,全体人民各尽所能、各得其所而又和谐相处的奋斗目标就一定能够实现!

思考与练习

1. 汉字的构形大多是有意义的,"和",从"口"从"禾","禾",粮食;"谐",从"言"从"皆","皆",普遍的意思。从"和谐"文字构形,谈谈你对"和谐"的理解。

2. 口述社会主义和谐社会的六条基本特征。

3. 以"和谐校园"为题,写一篇作文。

二十　张岱年先生论"和谐"

李存山

　　在新唯物论哲学家中，张岱年先生最早并且一贯地注重阐发"和谐"的思想。他在上世纪30年代就提出了生活理想之四原则——生理合一、与群为一、义命合一、动的天人合一。在40年代，他把"和谐"列为辩证法的基本概念之一，认为事物的发展"一乖一和"，"如无冲突则旧物不毁"，"如无和谐则新物不成"，人生之道在于"充生以达理"，"胜乖以达和"，"兼和"乃是人类最高的价值准则。在张先生晚年的著述中，崇尚和谐一直被认为是中国哲学和文化的优良传统，指出中国文化对于人类的独特贡献主要有二：一是重视自然与人的统一的"天人合一"观，二是以"和"为贵的人际和谐论。①

　　今年4月24日是张岱年先生逝世一周年的祭日。当我们缅怀这位哲学家之际，我首先想到的是，张先生一生致力于哲学理论、中国哲学史和中国文化的研究，其内在的思想动力就是希望中国实现"民族复兴和文化再生"。学宗新唯物论，会通中西哲学之优长而进行综合创新，是张岱年哲学思想的特色。当今建设"和谐社会"，张先生的哲人睿智可以给我们许多启发。

　　张先生对"和谐"的重视，最早阐发于他在1936年所作《生活理想之四原则》一文中。此文把"唯物对理法"（按即唯物辩证法）应用于人生哲学的研究，

---

① "内容提要"为原作者所写，编者保留为该文"学习提示"。"一乖一和"，"乖"，冲突；"胜乖以达和"，"胜"，超越。

指出"我们需要由实际生活深处发出新的人生理想",此"生活理想"的四个原则就是:"一,生理合一;二,与群为一;三,义命合一,或现实理想之统一;四,动的天人合一,或天人协调。"张先生说:"欲清楚的了解'合一'之意谓,必须懂唯物对理法。"按张先生对"唯物对理法"的理解,"合一"有对立统一的意思,但对立统一不仅是矛盾之冲突,而且是由克服冲突而达到理想的和谐。

所谓"生理合一",即生命、生活与当然的准则或道德的规律的合一。张先生说:"理只是生之理,离开了生,就无所谓理;生也必须受理的裁制,好的生活就是合理的生活。""只讲生,不讲理,结果必至于毁坏了生。因为生是包含矛盾的,生与生相冲突……要克服生之矛盾,便必须以理来裁制生。如不克服生之矛盾,任生与生相冲突下去,结果必至于达到生之破灭。""生含有矛盾,克服生之矛盾,乃得到'生之谐和'。

所谓理,即是生之谐和。"按照"生理合一"的观点,"我们一方面要培养生命力,发展生命力,充实生活,扩大生活;一方面要实践理义,以理裁制生活,使生活遵循理。"在张先生看来,生活的最高境界就是"与理为一","与理为一的生活,也便是达到了生之谐和的生活"。所谓"与群为一",即个人与人群、社会、国家结为一体。张先生说:"个人生活不能单独的获得圆满,只有在好的社会中,才能有好的个人生活。可以说,理想生活的问题,只是理想社会的问题;改善生活的问题,即是变革社会的问题。"社会中的人群有层级之不同,"个人应与群为一,小群更应与大群为一"。在当时国难危急的关头,张先生特别指出:"弱国之目的只在平等的共存,其利益是合于全人类的;帝国主义之目的在剥削他民族以自肥,其利益是反于全人类的,所以我们应谋弱小民族的利益。在此意义上,我们应当救中国,不只是为了中国是我们的祖国;而且,为全人类,为理,为义,应当救中国……我们应该与中国为一。"

所谓"义命合一"①,即理想的当然与现实的必然相统一。张先生说:"义是人事方面的,命是环境方面的。……人的生活须一方面适应环境,不适应环境则不能生活;一方面又要克服环境,不克服环境则生活不能提高。以此,理想要适应现实,又须克服现实;义须顺应命,又要改变命。""理想当是根据现实发展之客观趋势决定的",而理想又是"以变革现实为主"。"如想得到圆满的生活,必须一方面要认识自然的限制,一方面力践所认为应当的……务使命之所归,即是义之所宜"。

所谓"动的天人合一",是相对于中国传统的"静的天人合一"而言。张先生说:"静的天人合一是在内心的修养上达到与天为一的境界;动的天人合一

---

① "义",繁体"義",从"我"从"羊",本义指公正、合理而应当做的。

则是以行动实践来改造天然,使天成为适合于人的,而同时人亦适应天然,不失掉天然的乐趣。静的天人合一是个人的……动的天人合一则是社会的,是由物质的改造而达到一种实际的活动的协调。"显然,只有将"静的天人合一"转化为"动的天人合一",才符合现代社会在提高生产力、发展科学技术(包括生态科学和环境工程技术)的基础上达到人与自然的和谐。

在上个世纪40年代,张先生对其"新哲学之纲领"进行充实论证,写了五部哲学论稿,即后来所称"天人五论"。其中,《哲学思维论》主要阐述哲学方法。当时多数哲学家把辩证法与形式逻辑对立起来,张先生则力主辩证法与形式逻辑"必结为一,方能两益"。在对辩证法的阐述中,张先生把"和谐"列入辩证法的基本概念,指出:"对待(按即对立统一)不唯相冲突,更常有与冲突相对峙之现象,是谓和谐。……和谐包括四方面:一相异,即非绝对同一;二不相毁灭,即不相否定;三相成而相济,即相互维持;四相互之间有一种均衡。"在近现代的辩证法史上,辩证法几乎成为斗争、冲突的代名词,以致常有哲学家认为辩证法"使人们沉溺于冲突并乐于去从事冲突,它使人们对合作的可能性和好处视而不见"。张先生则最先把"和谐"引入唯物辩证法,这是具有深远意义的。

在"天人五论"的《事理论》中,张先生写有"乖违与和谐"一节。所谓"乖违"即对立之相互冲突,所谓"和谐"即对立之聚合而得其平衡。张先生继承发展中国传统哲学的"和实生物"思想,指出:"凡物之毁灭,皆由于冲突;凡物之生成,皆由于相对的和谐。如无冲突则旧物不毁,而物物归于静止。如无和谐则新物不成,而一切止于破碎。……生命之维持,尤在于和谐。如有生机体之内部失其和谐,则必至生之破灭,而归于死亡。人群亦然,如一民族内部斗争过甚,则必亡国、灭族。乖违为旧物破灭之由,和谐为新物生成之因,事物变化,一乖一和。"

在"天人五论"的《品德论》中,张先生把30年代提出的"生理合一"思想进一步表述为:人生之道在于"充生以达理","胜乖以达和",即充实发展人的内在的生命力,克服生活中的冲突,以达到和谐的道德理想境界。

在"天人五论"的《天人简论》中,张先生以十个命题来简括他的哲学思想。其中第五个命题为"大化三极",即认为宇宙的运动演化有"元极"(最根本的物质存在)、"理极"(最根本的原理,即最普遍的规律)和"至极"(最高的价值准则)。关于"至极",张先生说:"最高的价值准则曰兼赅众异而得其平衡,简云兼和,古代谓之曰和,亦曰富有日新而一以贯之。"所谓"兼和"实亦"和谐"的意思,只是更强调了"兼赅众异"①(包容众多的相异成分),在"富有日新"的发展

———————
① 赅(gāi):包括的意思。

中得其平衡。张先生认为中国古代哲人所推崇的"中庸""易致停滞不进之弊,失富有日新之德",故主张"以兼和易中庸"。在张先生晚年的弘富著述中,崇尚和谐一直被认为是中国哲学和文化的优良传统,而主张予以继承和发扬光大。例如,80年代初张先生发表《论中国文化的基本精神》,认为指导中国文化不断前进的基本思想主要有四点:(1)刚健有为;(2)和谐与中庸;(3)崇德利用;(4)天人协调。张先生晚年特别重视对中国哲学价值观的研究,义利关系和德力关系是他阐发的两个重点问题。他认为中国传统的"重义轻利"或"存理去欲"是错误的,而见利忘义、纵欲违理更是荒谬的,正确的原则应该是遵义兴利、循理节欲,以达到义利统一。他又认为,儒家重视"德"而轻视"力",法家则主张"争于气力",这两种观点皆有所偏。他肯定王充提倡的"德力具足"思想,"一方面要尊崇道德,一方面要培养实力",力包括生命力、意志力、体力、脑力、知识力、生产力和军力等等,"正确的方向是德力的统一"。张先生的义利统一、德力统一思想与其早年所提"生理合一"或"充生达理"①有着内在的一致性。他在90年代初所作《中西文化之会通》一文中认为,"新中国文化即是具有中国特色的社会主义物质文明和精神文明,这一方面要认真吸取近代西方文化的先进成就,主要是科学与民主……另一方面更要弘扬中国文化的优良传统,大力发展中国文化对于人类的独特贡献。这贡献主要有二:一是重视自然与人的统一的'天人合一'观,二是以'和'为贵的人际和谐论。"虽然作为哲学家的张先生对"天人合一"与"人际和谐"的阐述终不免比较抽象,但从哲学价值观的层面对此给予高度肯定,不仅影响了学术界,而且由学术界的讨论也逐渐影响了整个社会。

思考与练习

1.复述"生理合一、与群为一、义命合一、动的天人合一"的含义。

2.讨论:为什么说"重义轻利"或"存理去欲"是错误的,而见利忘义、纵欲违理更是荒谬的?"遵义兴利、循理节欲,以达到义利统一"对提高每个公民的修养、构建和谐社会有何意义?

---

① 充生达理:扩充内在的生命力,以达到合理的道德境界。

应用写作一　条据 启事

条　据

>> 范例

一、凭证式条据

【范例一】

借　条

今借到××学校财务科人民币伍仟元整,作出差之用。借期一个月,到时一次还清。此据。

借款人:×××(签名盖章)
2011 年×月×日

【范例二】

收　条

今收到省政府党史研究室《中国共产党简史》伍拾本。此据。

经手人:××(签名盖章)
2010 年×月×日

【范例三】

领　条

今领到总务处发给职工开水瓶壹佰伍拾个。此据。

经手人:××(签名盖章)
2010 年×月×日

【范例四】

欠　条

原借到本校财务科人民币伍仟元整,已还叁仟元,尚欠贰仟元整,一个月内还清。此据。

××(签名盖章)
2010 年×月×日

二、函件式条据

【范例一】

请假条

尊敬的高老师：

  我因感冒发烧，需要到医院输液，故于××年×月×日请假一天，请予批准！

  此致

敬礼！

请假人：×××
×月×日

【范例二】

留言条

李总：

  今天下午我来找你，你家中无人，特留此条。请你见条后，立即和我联系，有要事相告。我的电话号码是：139××××××××。

×××
×月×日

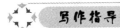

一、概述

"条"指便条，"据"指单据，都是以较少的文字、简便的形式在工作、生产和生活中起着互通信息的作用，充当办理事情的凭据和依据的一种实用价值很高的日常应用文体。

二、基本要求

(一)态度

本着"认真负责，严肃规范"的工作态度，按照公事公办的原则和"空口无凭，立此为证"的凭据性特征，立据时必须端正自己的态度，在署名时应由立据者亲笔签上自己的真实姓名，必要时应在签名之后加盖私章或摁手印，以示负责。

(二)语言

条据的语言应符合简洁、准确两大要求。

1.简洁。条据实质是对书信的简化。能以条据形式表达的内容通常都是简单的内容，复杂的内容不宜用条据表述。一般情况下，一张条据只能说明一件事，切勿一据多事。切勿拖沓冗长，也不可过分简单而致使表述不清。

2.准确。条据的语言应当准确无误，切勿模糊难辨，更不能让人有空子可钻。

三、条据的基本格式

根据条据的内容和格式可分两大类：一是凭证式条据，二是函件式条据。

(一)凭证式条据

1.基本格式

凭证式条据主要有:借条、欠条、收条、领条等,它们的格式通常由标题、正文、署名和日期四部分组成。

(1)标题:如"收条、借条、领条、欠条"(其中"收条"也可写成"收据"),也可不写标题,只在标题位置书写"今借(领、收)到"字样,有时还可以将"今"字去掉。标题位置要求居中排列。

(2)正文:写明借到、领到、收到或欠某单位或者某人物品多少或者钱款多少。借条和欠条还需要写明归还时限。

(3)署名:要求在右下方写明自己的单位名称、经手人姓名或者出单据人姓名,并要求签字盖章。

(4)日期:要求写明写单据的年、月、日。

2.写作注意事项

(1)字迹要清楚工整,只能用钢笔或毛笔书写,不能用铅笔或圆珠笔书写;只能用黑墨水或蓝墨水书写,不能用红墨水书写。

(2)条据上的款项金额、物品数量必须大写,小写只作说明,不能只小写,更不能只用阿拉伯数字书写,以防涂改;款项金额后面要加上一个"整"字,数字前后不能留有空格,以防添加。

(3)条据写成后不能涂改,尤其是涉及关键内容的文字和数字。若发现遗漏或错误,可另立一据。如需改动,应由出具单位或个人在改动处盖章。

(二)函件式条据

所谓"函件式"是指格式近似信函,但又不完全同于信函的简便信函实用文体。篇幅短小,简明扼要,主要有请假条、留言条、便条等。

1.基本格式

(1)标题。如"请假条"、"留言条"。标题要居中排列。

(2)称呼。如"××老师"、"××主任"、"××总"等。要顶格书写,称呼后用冒号。

(3)正文。空两格,用简洁的语言写明因何事、何病请假,并注明请假时限,或拜访××不遇、相约不遇,留下要说的话。视情况而定,可在正文之后另起一行空两格写"此致",再另起一行顶格写"敬礼"。

(4)署名。在正文右下方写明写条人的姓名,如果是学生写请假条,在姓名前写"学生"二字,以示对老师的尊敬。

(5)日期。在署名的下方写明年、月、日。

2.写作注意事项

(1)条据一般属于说明性文体范围,其四项要素即写给谁、什么事、谁写的、什么时间写的,要一一写清楚。

(2)是否要写敬辞,应视条据格式、内容和交往对象而定,不可随便处理。

(3)注意用词和标点符号,不能出现歧义。

写作练习

一、凭证式条据训练

1. 条据上涉及钱物数量的数字必须用汉字大写形式，你能写出"一、二、三、四、五、六、七、八、九、十、百、千"的大写形式吗？（提示：人民币2分硬币上的数字大写竟然也错了！）

2. 修改以下收据。

作家陆××突然收到一家与他没有文字关系的出版社寄给他的500元。原来，这是该出版社的会计贪污所得，请他代为保存。陆××毅然将此款交给了公安局。该局具办人员交给陆××这样一张收据：

收　据

今收到陆××同志交来贪污款伍佰元整。

×××公安局（盖章）
经手人×××（盖章）
二〇××年×月×日

二、函件式条据训练

星期六上午，李×去找校长商量重要事情，在校长办公室前等了很久都没有等到，因此决定留一便条，约他××年×月×日9时在办公室等候。请根据上述情况，替李×写一留言条。

启　事

范例

【范例一】

退种启事

今天上午，一个30多岁的男青年在这里卖出一批未经种子公司检验的稻种，现提请各位农友互相转告，不要用这种稻种播种，并速来朱村街××号退种退款。

易××
二〇一一年二月四日

【范例二】

回收稻种启事

我的儿子（30多岁）从私人手里购进一批稻种，未经科技推广站检验，于今天上午在这里卖出一部分，坑害了农友，深表歉意。为了使农友生产免受损失，特请今天上午在我儿子手中购买稻种的农友速来朱村街××号退货退款。

易××

二〇一一年二月四日

【范例三】

中国新闻社诚聘记者编辑

中国新闻社是国内知名通讯社之一,是对外报道专业机构,因事业发展需要,招聘记者、编辑各1名从事侨务新闻的采编业务。招聘条件如下:

1. 大学本科或以上学历,专业不限,热爱新闻事业,有较强的新闻敏感性及新闻编辑、策划和写作能力;

2. 身体健康,男女不限,户籍不限,年龄在30周岁以下;

3. 熟悉侨情、有相关采编工作经验者优先;

4. 有强烈的工作责任心和团队精神,能承受较强的工作压力;

5. 良好的英语能力(英语六级或以上水平)。

以上职位一经录用,将提供具有吸引力的发展机会,薪酬面议。有意者请将详细履历、个人照片、两三篇代表作品等投递至:100037,北京市西城区百万庄南街12号中国新闻社网络中心,封面请注明"应聘"。或通过E-mail以邮件主题"应聘记者编辑"发至:×××@××××××

此招聘启事有效期截至2010年9月3日。

中国新闻社

二〇一〇年八月三日

写作指导

启事是公开向人告白事情的一种应用文体。启事的公开告白有两方面的意义。一是在告白对象无法确定具体人,或已确定具体人但不知此人身在何处的情况下,可通过公开告白形式使告白对象闻讯;二是有些事情的告白虽有具体对象,但告白人有意面向社会大众。

启事的写法是:启事通常由标题、正文、结尾三部分组成。第一行正中写启事的名称,如"征文启事"。第二行空两格起,写启事内容。末尾右下方分两行写署名、日期。启事的有些内容要具体明确,如地址、时间、联系办法等。有些内容就不应写得具体明确,如"失物招领"中有关失物的详情,以防冒领。

常见的启事大致可归纳为以下种类:

1. 寻访类 如寻物启事、寻人启事等。

2. 招领类 拾遗者发启事寻找物(或人)的主人。

3. 征求类 如征稿启事、征物启事、征求某种人才的启事、征婚启事等。

4. 征询类 征询对某物的产权、对某件事情的结论有无异议。

5. 通知类 邀集亲友、校友、会友、社会同仁举行某种活动,由于被告知者居住分散或不确定,往往发启事广泛告知。

6. 声明类 遗失证件、支票,发启事告白社会有关方面,声明作废。

7. 道歉类 社会活动中发生侵权行为,经有关方面调解,有时以公开道歉为和解条件,可用启事公开道歉。

8. 鸣谢类 受别人祝贺、援助、恩惠之后,往往要表示谢意,用启事公开道谢,也兼有表彰之意。

9. 辞行类 多用于个人或团体离开某地时向社会各界或亲友公开道别。

10. 陈情类 对某事或某一方针政策有异议,可用启事形式向社会公开陈述意见以征求支持者,或请求主持公道。

11. 喜庆类 生活中遇有喜庆之事(如订婚、结婚、寿诞、荣膺、开幕、奠基等)公开告白亲友或邀集举行庆祝活动,均可以启事形式告白。

12. 丧祭类 在操办丧事,举行追悼、祭奠活动时,除用丧帖告知亲友外,也往往同时发启事,以便对社会亲友广泛告白。

13. 迁移类 厂家、店铺、机关团体的办公地址、个人住址等迁移新址时,如认为有必要向社会公开告白,也常采用发表启事的方式。

14. 更改类 对已公布出的事项或文字错误作更改通知或勘误说明。

15. 其他类 书刊出版发行的预告、预订,公开的警告或悬赏,公开推荐或招聘人才,出租出售物品,开业或停业的通知等,都可用启事形式告白大众。

写作练习

1. 根据文后的问题,修改下面的"寻物启事"。

寻物启事

本人是供销社会计,于5月15日骑车经过农科大学教援楼附近时,不小心丢失皮包一只。有拾到者请交给本人,我愿意负出重金表示感谢。此致

敬礼!

春风供销社全体职工

5月16日

(1)它在格式上有两个毛病:①_____ ②_____
(2)它在内容上有两个问题:①_____ ②_____
(3)文中有两个错别字,请修改。

2. 育英中学决定在全校发起一次"歌颂祖国"的征文活动,请你以该校学生会的名义写一份《"歌颂祖国"征文启事》。要写清楚这次征文活动的目的、要求、做法,格式行款要正确,字数在150字左右。

口语交际四 劝说与婉拒

劝 说

让别人改变主张,听从你的建议,这是一件很难的事。初中语文课本中的《公输》《曹刿论战》《唐雎不辱使命》《邹忌讽齐王纳谏》和《愚公移山》等几篇文章,都涉及了劝说的问题,很有意思,文章表现的古人高超的劝说艺术令人拍案叫绝。

楚国要攻打宋国,墨子风尘仆仆,前往劝说;齐国要攻打弱小的鲁国,鲁庄公勉强要参战,作为草根一族的曹刿虽不在其位,但坚信"肉食者鄙",挺身而出,劝谏鲁庄公不要鲁莽行事,帮助鲁庄公战胜了强大的齐国;弹丸之地的安陵进入了不怀好意的秦国的视线,贪得无厌的秦王诡计多端,想占领安陵,面对这种局面,唐雎在劝说无效的情况下,以死相拼,保住了自己的国家;邹忌从自己和徐公比美中发现了问题,劝说齐威王纳谏;愚公要搬走太行、王屋二山,智叟前往劝说,结果没有成功,还成了反面教材。细细研究这些人物和故事,对于我们有很多需要借鉴的地方。

劝说要注意分析清楚各种情况,针对不同的形势和人物,采取不同的方式方法。方式得当,就会有一定的效果,就能到达目的。

一、劝说要知己知彼,了解自己也要了解对方

上面提到的这些人物,面临的形势不同。楚国攻打宋国、齐国攻打鲁国、秦国侵占安陵,他们所面对的都是君王。劝说君王一般来说比较困难,因为君王有自己独特的思维,大多有霸气、傲气,不可一世,像秦王、楚王。可墨子和唐雎,却不得不面对。而曹刿劝说的鲁庄公和邹忌劝说的齐威王,又是另一种情况。这两个君王,性格、气势和秦王、楚王不可同日而语。

上面提到的故事中,劝说者和被劝说者是上下级关系,有的虽不是上下级关系,但是地位有一定的悬殊。如何劝说这些君王,这些使者确实需要高度的智慧和非凡的才能。

二、劝说要明确目的

劝说的目的不同,所采取的措施就不一样。曹刿劝说鲁庄公不要盲目出战,墨子劝说楚国不要攻打宋国,邹忌劝说齐王要学会纳谏,智叟劝说愚公停止移山。这些目的,有的是别人给定下的,像唐雎;也有的是自己设定的。完成这些目标任务,是有很大难度的。正是因为任务艰巨,事关国家利益,有的事关国家存亡,所以需要耗费脑筋,需要付出一定的代价,有的甚至要忍辱负重。

三、劝说要注意方法和态度

因为劝说的对象不同、目的不同,在劝说的方法上就不一样。曹刿直谏鲁庄公,邹忌

讽谏齐王,唐雎死谏秦王,智叟嘲笑讽刺愚公。这些人,想尽千方百计,就是为了到达自己的目的,实现自己的理想。有的借故事讲道理,有的单刀直入,有的委婉含蓄,有的据理力争。

四、劝告要知时知度,要选择时机,过早,对方可能意识不到问题的重要,过迟,可能又木已成舟,追悔莫及。

五、劝说要知事知理。知事,就是要了解清楚事情的来龙去脉。知理,就是在了解掌握事实的基础上,从中说明的道理。

六、劝说要巧用语言

常言道:"好话一句三冬暖,恶言半句六月寒。"在劝说时一定要高度注意语言的分寸。根据不同的人物、不同的性格、不同的环境,使用不同的语言。劝说一定要看人说话。语言过激,有时会适得其反;语言力度不到,有可能就达不到说服效果。有的人善于旁征博引,有的人喜欢夸夸其谈;有的人词藻华丽,有的人妙趣横生;有的人善用旁敲侧击,有的习惯冷嘲热讽;有的人喜欢摆事实,有的人擅长讲道理,运用排比手法,增强语言气势。墨子的语言就很有特点,《公输》第一部分中的5个连续的"……不可谓……"在语势上像连发的炮弹一样有力,在内容上从不同角度对公输盘进行斥责,令其难以招架,无可推脱。智叟劝说愚公,心态不正,冷嘲热讽,一个"笑"字,让人回味无穷。愚公不但没采纳智叟的意见,反而主动反击,最后让智叟哑口无言。

七、劝说要善用技巧

1. 正面劝告,有理有节。这种方法要求对被劝告者直陈道理,注意因势利导,层层深入。

2. 直话曲说,借例言理。这种方法通过曲折含蓄的语言旁敲侧击,以达到劝告目的。1939年10月11日,美国总统罗斯福收到一封由英国核物理学家西拉德起草,有爱因斯坦签名的主要文件,其内容是对德国在原子弹实验方面遥遥领先表示忧虑,并要求美国抢在希特勒之前研制成原子弹。然而,罗斯福总统看了信却不以为然。当时,身为总统顾问的美国核物学家亚历山大·萨克斯以为此事关及世界人民的命运,但是怎样才能引起总统的重视呢?萨克斯和罗斯福总统共进午餐时,讲了一个故事:"美术科学家罗伯特·富尔顿(轮船发明家)有一次拜谒拿破仑,他建议成立一支由蒸汽机船组成的舰队,这样,在气候恶劣的时候,也能顺利地在英国登陆……遗憾的是拿破仑以嘲笑的口吻回答了富尔顿:军舰不用帆?靠你发明的蒸汽机?……科学家的建议被拒绝了,使用帆船的拿破仑终于没能横渡英吉利海峡,征服英国的愿望也落空了。"萨克斯讲的故事,引起罗斯祖福的深思,一个星期后,罗斯福拍板决定制造原子弹。

3. 运用"归谬法",迂回包抄。这种方法针对方认识上的缺陷,分析出其自相矛盾的判断,让对方认识到其中的谬误。

4. 运用"激将法",因势利导。这种方法主要是用言语激将,"请君入瓮"。公输盘是云梯的制造者,墨子和他交谈的时候用的是激将法,他没有先提到有关云梯和楚国将要攻宋的事,而是要求公输盘帮他去杀人,又要给他钱,直逼到公输盘说出"吾义固不杀人",墨子才开始直陈厉害,分析攻宋这件事。

5. 巧用譬喻类比,晓之以理,动之以情。相传明朝初年,有一天,告老还乡的李尚书接到一道圣旨:皇帝要他进贡公鸡蛋。原来,李尚书在位时得罪过几个小人,他们在皇帝面前搬弄是非,说李家的公鸡会下蛋。李尚书非常着急,他的学生解缙说:"老师不要为难,我替你去进贡公鸡蛋。"这时的李尚书毫无办法,只好让他前往。解缙进京见到皇帝后,没有直接劝说皇帝公鸡是不能下蛋的,要皇帝收回成命。如果这样,他可能遭到一场杀身之祸。他向皇帝说:"李尚书在家生孩子呢!"皇帝一听哈哈大笑,说:"男人怎么会生孩子呢?"解缙立即回答:"是呀,男人不会生孩子,那么公鸡又怎么能下蛋呢?"这时皇帝略有所悟,于是解缙抓住机会对皇帝进行一番劝说,最后皇帝把进贡公鸡蛋的想法取消了。

总之,劝说重在"劝",要讲究技巧,晓之以理,动之以情,让对方充分认识到自己的错误,这样对方才能接受你的劝说,达到明辨是非、导之以行的目的。

婉 拒

喜剧大师卓别林曾说:学会说"不"吧!那你的生活将会美好得多。

拒绝是一门学问,是一种艺术。如何拒绝他人?在什么情况下可以拒绝别人?怎样做才能使自己不做违心的事,而又不影响友谊呢?拒绝的艺术,的确是人际交往中的一个至关重要的问题。一般来说下列情况应考虑拒绝:

1. 违背自己做人的原则。

2. 不符合自己的兴趣爱好。

3. 违背自己的价值观念。

4. 可能陷入关系网。

5. 有损自己的人格。

6. 助长虚荣心。

7. 庸俗的交易。

8. 违法犯罪的行为。

一、拒绝的艺术

1. 不要立刻就拒绝:立刻拒绝,会让人觉得你是一个冷漠无情的人,甚至觉得你对他有成见。

2. 不要轻易地拒绝:有时候轻易地拒绝别人,会失去许多帮助别人、获得友谊的机会。

3. 不要盛怒下拒绝:盛怒之下拒绝别人,容易在语言上伤害别人,让人觉得你一点同情心都没有。

4. 不要随便地拒绝:太随便地拒绝,别人会觉得你并不重视他,容易造成反感。

5. 不要无情地拒绝:无情地拒绝就是表情冷漠,语气严峻,毫无通融的余地,会令人很难堪,甚至反目成仇。

6. 不要傲慢地拒绝:一个盛气凌人、态度傲慢不恭的人,任谁也不会喜欢亲近他。何况当他有求于你,而你以傲慢的态度拒绝,别人更是不能接受。

7. 要能婉转地拒绝:真正有不得已的苦衷时,如能委婉地说明,以婉转的态度拒绝,别人还是会感动于你的诚恳。启功先生是我国著名的书法家,在上世纪70年代末向他求学、求教的人就已经很多了,以致先生住的小巷终日不断脚步声和敲门声,惹得先生自嘲曰:"我真成了动物园里供人参观的大熊猫了!"有一次先生患了重感冒起不了床,又怕有人敲门,就在一张白纸上写了四句:"熊猫病了,谢绝参观;如敲门窗,罚款一元。"先生虽然病了,但仍不失幽默。此事被著名漫画家华君武先生知道后,华老专门画了一幅漫画,并题云:"启功先生,书法大家。人称国宝,都来找他。请出索画,累得躺下。大门外面,免战高挂。上写四字,熊猫病了。"这件事后来又被启功先生的挚友黄苗子知道了,为了保护自己的老朋友,遂以"黄公忘"的笔名写了《保护稀有活人歌》,刊登在《人民日报》上,歌的末段是:"大熊猫,白鳍豚,稀有动物严护珍。但愿稀有活人亦如此,不动之物不活之人从何保护起,作此长歌献君子。"呼吁人们应该真正关爱老年知识分子的健康。

8.要有笑容地拒绝:拒绝的时候,要能面带微笑,态度要庄重,让人感受到你对他的尊重、礼貌,就算被你拒绝了,也能欣然接受。

9.要有代替和有帮助地拒绝:你跟我要求的这一点我帮不上忙,我用另外一个方法来帮助你。这样一来,他还是会很感谢你的。例如不准安装冷气,至少你可以给他一台电风扇;朋友希望你送她一盆玫瑰花,没有玫瑰至少你可以送她一盆蔷薇;能做到有替代、有出路、有帮助的拒绝,必能获得对方的谅解。

二、拒绝的技巧

1.巧用暗示。换个说法,把自己的意见、思想暗示给对方,使对方知难而退,以达到拒绝的目的。注意:暗示要得当。示例:外贸公司的小王对刚来公司不久的丽娜颇有好感,想方设法献殷勤。一次,小王趁办公室没人,把一套高档彩棉内衣放到丽娜桌子上。因与他只有一般关系,直接回绝怕对方难堪,丽娜略作深思便微笑着说:"这套内衣真漂亮。只不过这种式样的我男朋友给我买过好几件了,留着送你女朋友吧。"

2.迂回曲折。

(1)先肯定,后否定。例如:总的来说,你的看法是对的,如果……;你的看法我也有同感,问题在于……;这个建议的确不错,只是……。

(2)不直接谈自己的看法,而讲其他人的看法。

3.适当补偿(在婉转拒绝他人要求的同时,出些点子加以弥补)。补偿拒绝法注意提出的建议不会损害他人的利益,提出的建议的确有可能帮助他人解决问题。

4.直接分析。直接向对方陈述拒绝对方的客观理由,包括自己的状况不允许、社会条件限制等。通常这些状况是对方也能认同的,因此较能理解你的苦衷,自然会自动放弃说服你,并觉得你拒绝得不无道理。

5.巧妙转移。不好正面拒绝时,只好采取迂回的战术,转移话题,要善于利用语气的转折——温和而坚持——绝不会答应,但也不致撕破脸。比如,先向对方表示同情,或给予赞美,然后再提出理由,加以拒绝。由于先前对方在心理上已因为你的同情使两人的距离拉近,所以对于你的拒绝也较能以"可以理解"的态度接受。

6.肢体语言:有时开口拒绝对方也不是件容易的事,往往在心中演练N次该怎么说,一旦面对对方又下不了决心,总是无法启齿。这个时候,肢体语言就派上用场了。一般而言,摇头代表否定,别人一看你摇头,就会明白你的意思,之后你就不用再多说了,面对推销员时,这是最好的方法。另外,微笑中断也是一种暗示,当面对笑容的谈话,突然中断笑容,便暗示着无法认同和拒绝。类似的肢体语言包括,采取身体倾斜的姿势,目光游移不定、频频看表、心不在焉、沉默不语……但切忌伤了对方自尊心。

7.一拖再拖。当对方提出要求时迟迟不答应,只是一再表示要研究研究或考虑考虑,那么聪明的对方马上就能了解你是不太愿意答应的。其实,有能力帮助他人不是一件坏事,当别人拜托你为他分担事情的时候,表示他对你的信任,只是自己由于某些理由无法相助罢了。但无论如何,仍要以谦虚的态度,别急着拒绝对方,仔细听完对方的要求后,如果真的没法帮忙,也别忘了说声"非常抱歉"。

8.借力反问。罗斯福在当选美国总统前,曾在海军担任要职。一天,一位好朋友向他打听海军在加勒比海一个小岛上建立潜艇基地的计划。罗斯福向四周看了一看,压低声音问:"你能保守秘密吗?"对方答:"当然能。""那么,"罗斯福微笑着说,"我也能。"

9.幽默睿智。第二次世界大战丘吉尔领导英国人民积极配合盟军,最终战胜了法西斯。在他战后退位时,英国国会拟通过提案,为他塑造一尊铜像,陈列在公园。丘吉尔听说之后,表示了拒绝。他说:"多谢大家的好意,可是我不喜欢鸟儿在我的铜像头上拉粪,还是请大家高抬贵手吧!"埃及总统萨达特邀请基辛格吃饭,由于基辛格为"和平进程"忙于奔走,再加上工作进展速度缓慢,心情不是很好,不想参加这类宴会。但是拒绝的理由也不能实话实说。那么基辛格是如何拒绝的呢?只听他说:"十分感谢总统先生的盛情,不过最近我的胃已经被喜悦填得满满的。等有了空缺,再接受你的邀请也不迟。"

10.自我嘲讽。通过嘲讽和贬低自我,间接表达自己没有能力为对方提供帮助。如,我哪有这能力?你高抬我了,我哪有这本事。著名作家钱钟书先生在谢绝了一笔高额酬金后,钱老莞尔一笑:"我都姓了一辈子'钱'了,难道还迷信钱吗?"

学会婉转拒绝,既可减少许多不必要的麻烦,又可以不致使自己在人际交往中陷入被动,是一门社会学问。

 口语练习

1.你的家乡有一条河,清澈见底,夏天人们都在河边乘凉、下棋;这条小河也是青少年的乐园,你们在河里打水仗、洗澡,甭提多快乐了。这时,你看见一位老人要往河里倾倒污水,请你用恰当的语气对老人进行一番劝说。

2.李明要参加义务献血活动,可他爸爸不同意,认为献血会影响其健康。请你帮李明想个办法,怎样劝告他父亲?

3.一位同学想利用父亲出差的机会随父去黄山游玩,向班主任请假,如果你是班主任,如何拒绝他,才能使他心悦诚服?

4.假如你的家长担心由于"减负"影响你的学习成绩,没有征求你的意见就为你请来了家庭教师,此时你并不同意家长的这一做法,你将如何向家长表明自己的观点?如何向请来的老师说明情况? 要求:(1)表述要得体;(2)语言要简洁明确。

语文实践活动四　学会劝说与婉拒

一、活动主题

学会劝说和婉拒

二、活动目的和要求

同班同学吴××网瘾很大，经常旷课泡网吧，既影响学习又伤害身体，请劝说吴××，让该同学认识到上网成瘾的危害性。

三、活动内容及步骤

分成两组，每组4人，进行角色扮演，1人扮演吴××，其他3人分别劝说（婉拒），教师和其他同学一起参与评说，最后进行讨论并评定。

第五单元

心 路 旅 程

单元导读

有人说"心路"就是心的道路、心的感悟,每个人的路都是用心走出来的。而在心路旅程中,每个人或多或少、或长或短、或喜或悲地留下了难以忘怀的印迹,在自己的人生画卷上勾勒出不同的色彩。

青春是个美好的话题,也是个迷惘的话题。走过青春的父辈们如何对待子女的青春,正要跨越青春之门的一群人又有怎样的渴盼和悸动,杨子的《十八岁和其他》、赵冬的《青春之门》给了我们很好的诠释。杨子敞开心扉,以自己的人生感受,围绕"十八岁"、"两代人的矛盾"、"读书的苦乐"、"青春"等话题,饱含深情地诉说着对孩子的理解和期望,娓娓道来,别具情韵。青春之门充满神秘和梦幻,门外的诱惑、门内的惊诧都是必然和无奈的选择,走进、走出也是不能拒绝和回避的,正如赵冬所说:"人生就像是小姑娘跳方格格一样,无论愿不愿意,都必须跨过这一扇又一扇庄严的大门。"但青春之门更是人生的阶梯,它会把年轻的一代托上新的高度、新的层次。

长期以来,中国人习惯于忽视个体价值的重要性,而毕淑敏却坚定地、大声地发出了"我很重要"的呐喊,这是作者打破常规的内心表白,文中多角度、多层次的阐释,将说理和抒情融为一体,充满了情感美和理趣美。《独坐夕阳里》描绘了作者独处时的所见、所思,三幅画面,各臻其妙,抒情性的议论画龙点睛,"物我同一"的境界,"真"、"美"一体的意趣,升华着伟大与渺小、青春与衰老、有限与无限的哲理思索。《沙滩上的脚迹》则展现了特殊年代、特殊背景下"探索者"的心路旅程,在寻觅中,虽有彷徨、悲观、等待,甚至失望,但他们执著信念,坚定向前。

　　围绕"心路旅程",本单元选取了5篇精美的散文。而散文的精髓在于"真情",学习本单元作品,首先要体察作者情感,进入作者的内心世界,感悟作者的心路旅程;其次要关注文中的语句和意境,感受其中的画面美和情意美;艺术手法的赏析也不能忽视,记叙、描写和抒情的结合,象征、排比等修辞手法的运用,值得仔细鉴赏和品味。

　　本单元的书面写作安排了"一般书信"和"专用书信",通过学习、训练,旨在帮助大家了解这两种书信的区别及基本格式,学会写作"一般书信"和"介绍信"、"辞职信"。本单元还安排了"拜访与接待"的口语交际训练,通过理论学习和实践训练,让同学们懂得积极主动、礼貌周到地拜访和接待客人,是未来工作和生活中必备的基本能力和职业素质。语文实践活动配合口语交际,安排了"成长的烦恼——说说心里话"的实训活动,在模拟语境中让同学们学会正确对待自己成长中的烦恼,摆脱不良心态,从而拥有积极健康的人生态度,同时锻炼同学们的口头表达能力和组织能力。

二十一　十八岁和其他①

杨　子

　学习提示

　　这是一篇父亲写给儿子的"书信体"散文，原文的副题为"贺长子东东生日"。作者在孩子十八岁生日之际，以自己深刻而具体的人生感受，围绕这个年龄所关涉的人生话题，敞开心怀，诉说对孩子的理解、尊重、期望和深爱，朋友般的倾心话语演绎了别具韵味的父子情怀。

　　全文以感性的文字表达了理性的观点，平等的、谈话般的行文方式注定了语言的朴素与真挚，而小标题的运用既看出作者选材的取舍有道，又给人非常清晰的写作思路。时隔几十年，读来仍不乏新鲜的时代气息，依然具有蓬勃的生命活力。阅读时，联系自己，仔细体会。

一、十八岁

　　东东：想到今天是你十八岁的生日，我有一份"孩子长大了"的欣慰，也有一份似水流年的迷惘②。似乎，抱着初生的你到医生处诊治你的"脱肠"，半夜喊破喉咙把医生从睡梦中叫起，那种焦急忧虑，还像是昨天的事。似乎，你刚能坐起，我在院子里为你拍照，假日带你坐在脚踏车前头藤椅上到处炫耀，那种激动喜悦，也还是昨天的事。怎么，昨天和今天，竟是十八年的光阴了！诗人说："在东方似是晨曦初露，乍回身，已是大地明亮。"这正可引来描述我突然想起你已是十八岁的心情。你也许会笑我，我就是那么时常把你看作缠绕身边的孩子呢！

---

① 本文选自《台湾散文精粹》。杨子，生于1923年，原名杨选堂，广东梅州人。
② 迷惘(wǎng)：由于分辨不清而困惑，不知怎么办。

十八岁有许许多多令人沉湎①眷恋的回忆。我不知道我对你的爱,十八年来是否夹杂有一些不经心的、任性的以及成人对孩子不够了解的责备,而曾使你难过。我读过一个父亲因对孩子无端发脾气,伤了孩子的心,而事后深表懊悔的文章。一位日本作家也说:"当孩子在你身边的时候,多宠爱他们吧。不要等到你不能宠爱他们时再来后悔。"东东,假如人生能够重来一次,我真会情愿溺爱②你的!

孩子长大了,许多父母都会感到一些无法再把握孩子童年的惆怅③。因为,孩子长大了,便不再整天黏着你了,他有了自己的思想、朋友和活动天地;他不再那么依顺,他甚至开始反叛了。但是,对于我,反倒高兴有了一个可以谈话的朋友了。有什么事情可以比自己的孩子长大得能够兼为挚友更令人满意开怀的啊!人生如有知己,应该以自己的孩子为最。是不?

东东,让我以这样的心情来祝贺你的十八岁生日。

二、两代人的矛盾

"父与子"时常被看作是对立的两方,意味着思想的冲突,观念的差异,新与旧的不同,进步与保守的矛盾。下一代往往在下意识中受到这流行观念的影响,好像一开始便必然处在与上一代对立的地位。孩子,我希望我们不致有这么令人不愉快的关系。其实,在这"两代的矛盾"中,许多做父母的"错",都依然是出自于爱——纵使是自以为是的爱。你也许听过、读过父母干涉儿女婚姻一类的故事,譬如反对爱女嫁给穷小子等等,无论你如何指责这一类的行为,你依然不能抹杀④它根本的动机——关怀子女的幸福。

在"两代的矛盾"中,可能有一部分是源于父母的愚昧和落伍,但也有一部分是出自下一代对父母经验的无条件否定,出自年轻人的盲目反抗与追求"成熟"、"独立"的急躁。不过,一切悲剧的造成,都由于父母与子女间有时不能像朋友般地把问题摊出来谈谈,大家尽可能地过一种较随便的、不拘束的、较多接触的共同生活。东东,美国作家劳伦斯著有一本叫做《我的父亲》的书(你可以在我的书架上找到),在他的描写里,他父亲一样犯有许多惹儿女烦厌的"严父"怪癖⑤。但是,就因为他们父子彼此多了点"友情"和理解,两代间的关系充满了和谐的快乐。孩子,我从小丧父,没有享受过父爱,也没有机会服从或反

---

① 沉湎(miǎn):沉溺,耽于。比喻潜心于某事物或处于某种境界或思维活动中。
② 溺(nì)爱:过分宠爱(自己的孩子)。
③ 惆怅(chóu chàng):伤感,失意。
④ 抹杀:一概不计,完全勾销。
⑤ 怪癖(pǐ):古怪的癖好。

抗父亲。但是，即使对于温柔慈祥的母爱，我也曾犯过盲目反抗的错误。等到了解"可怜天下父母心"的深情时，已是后悔莫及！

孩子，我可能有许多错误，你也可能有许多错误，可是，希望你踏进"反抗"的年龄时，能够避免流行的"父与子"观念的感染，避免摭拾①一些概念、术语，轻率地对父母下评断。而我，当你踏进"反抗"的年龄时，能够对你们"下一代"有更深的了解与同情，在思想上不至于老旧得太追不上属于你的时代。

孩子，我真希望你们兄妹，把父母看作可以谈心的知己，让我们共享你们的喜乐，分担你们的烦恼。

三、读书的苦乐

现在你正为准备大专联考而深感读书之苦，我像其他的父母一样，虽然极端同情你却不能不鼓励你，甚至鞭策你尽全力去争取这一场残酷竞争的胜利。说起来是非常令人诧异的，享受过自由自在的读书生活的我们这一代，在思想上、制度上却布置了一个叫你们憎厌的读书环境。自以为爱护下一代的我们，却使你们读书受到那么长时期（从幼稚园到大学）的身心折磨。我记得故乡老家后院临天井的小书房里，曾祖母曾挂了一条横幅，写着"读书最乐"四个字。我年少时常为这四个字所表现的意思所感动，并引起共鸣。我们这一代人是较幸运的，虽然我们读书也曾感到"光宗耀祖"、"十年寒窗"一类的传统压力，但并没有像你们这样喘不过气来的考试与升学的逼迫。你们高中国文课本里也许还有蒋士铨的《鸣机夜课图记》②。你可以从这篇文章中读出昔人读书之苦，但也一定能感受到那洋溢于文字中的读书乐。以我来说，从连环图画、《西游记》到《红楼梦》；从郁达夫到屠格涅夫；从徐志摩到吉辛；从新月派的诗到美国惠特曼的《草叶集》③，我们少年时代，读书真到了废寝忘食的快乐程度。我现在闭着眼能清晰地看到自己一面吃饭一面读书（不是功课）的"迷样子"（祖母的话）。我在你这个年龄，曾经捧着肖洛霍夫的《静静的顿河》④，整夜地不睡觉，等到发觉窗外泛白，才意犹未足地合起书本起床。这正是当前长年为考试、升学烦恼紧张的你们所难以想象的读书"闲"趣。

东东，你来信说，希望我不要对你期望太高，你对于选择科系的"志愿"也

---

① 摭（zhí）拾：收取，采集。
② 蒋士铨（1725～1784），字心馀、苕生，号藏园，又号清容居士，晚号定甫。汉族，铅山（今属江西）人，清代诗人、戏曲家。
③ 惠特曼（1819～1892），沃尔特·惠特曼是19世纪美国杰出的民主主义诗人，《草叶集》是他的代表作，一部浪漫主义诗集。
④ 肖洛霍夫（1905～1984），是20世纪苏联文学的杰出代表，代表作《静静的顿河》、《新垦地》（旧译《被开垦的处女地》）、《一个人的遭遇》等。

表示了独特的意见。孩子,坦率地说,我无法抑制你的期望,我虽不致横蛮专制到干涉你对"志愿"的选择,但也实在希望你能考进大学。我不能在自己孩子面前唱反升学主义的高调,尽管我希望你能从心所欲地享受读书之乐。我祈祷你能够随意读书,不再为"功课"苦恼的日子快些来临。那时你可叫做一个率性读书的人。在学问的海洋中,有无数的蓬莱仙岛,涉猎其中,其乐融融。

孩子,扯起你的帆去遨游吧。

四、青春

十八岁使我想起初长彩羽、引吭试啼的小公鸡,使我想起翅膀甫健①、开始翱翔②于天空的幼鹰,整个世界填满不了十八岁男孩子的雄心和梦。

十八岁使我想起我当年跟学校大队同学远足深山。春夏初交,群峰碧绿,我漫步于参天古木之中,发现一大丛新长的桉树,枝桠③上翘,新芽竞长,欣欣向荣。我指着其中挺秀的一株对同学说,这就是我,十八岁的我。好自负的年龄啊!

孩子,现在你是十八岁了,告诉我你把自己比作什么?做些什么年轻的梦?我不想向你说教,只是希望你不要想得太复杂,太现实。青春是可爱的,希望你保持纯真,永远有一颗赤子之心,人生就会满足、快乐。

东东,人到了中年便时有闲愁,怪不得词人会感叹年华一瞬,容销金镜,壮志消残,我也不免有些感触。想起一手托着你的身体,一手为你洗澡的去日;想起你吵闹不睡,我抱着你在走廊上行走半夜的情景;想起陪你考幼稚园、考初中、考高中的一段段往事;还有那无数琐碎而有趣的回忆……孩子,一切都历历在目,我真不相信十八年已溜走了。不过,看到你英姿俊发,我年轻时的梦,正由你在延展,亦深觉人生之乐,莫过于目睹下一代的成长、茁壮。你读过《金缕衣》④吧,劝君惜取少年时,孩子,多珍重!

一九六六年三月十二日

---

① 甫健:刚刚健壮,刚刚长成。
② 翱(áo)翔:鸟儿在空中回旋地飞。
③ 枝桠(yā):枝丫。
④ 《金缕衣》:唐代七言绝句,作者无名氏,此诗旨在强调珍惜时光。

思考与练习

一、仔细品读课文,回答下列问题。

1. 儿子十八岁了,作者是怎样的心情呢?在养育孩子的过程中,作者又有哪些难忘的人生体验?

2. 作者认为两代人矛盾的原因是什么?他为什么把"成熟"、"独立"这两个词加上了引号?

3. 读书中的苦与乐是绝对对立的吗?作者给了儿子怎样的读书建议?

4. 作者对儿子的青春提出了怎样的希望?你是怎样对待自己的青春的呢?

二、"十八岁"的话题很多,也很复杂,但作者只选取了四个部分,并用小标题标明,这样写有什么好处?

三、这篇文章在行文方式上有什么特点?这种行文方式对语言表达有什么要求?

四、探讨:你是如何看待两代人之间的矛盾的?你和父母产生过矛盾吗?有了矛盾后你是如何处理的?

二十二　我很重要[①]

毕淑敏

学习提示

　　这是一篇对个体生命的价值和意义进行思考的，带有浓郁哲理思辨色彩的散文。文章开篇采用欲扬先抑的手法，通过一系列排比、对比，道出了现实生活中普遍存在的现象和看法——"我不重要"，随后便坚定地表明了作者的观点，从亲情、友情、事业等方面多角度、多层面展开说理。最后用激励性的语言告诫人们，只要我们努力着、奋斗着，我们就很快乐，"我"就很重要！

　　本文结构清晰，语言朴实流畅，作者精心运用了比喻、夸张、反问、反复等修辞手法，尤其是大量比喻的使用，生动贴切，感人至深。学习时，要引导学生仔细地揣摩、思考。

　　当我说出"我很重要"这句话的时候，颈项后面掠过一阵战栗[②]。我知道这是把自己的额头裸露在弓箭之下了，心灵极容易被别人的批判洞伤[③]。许多年来，没有人敢在光天化日之下表示自己"很重要"。我们从小受到的教育都是——"我不重要"。

　　作为一名普通士兵，与辉煌的胜利相比，我不重要。

　　作为一个单薄的个体，与浑厚的集体相比，我不重要。

[①] 选自《毕淑敏文集》（漓江出版社2011年出版）。曾获《小说月报》《解放军文艺》、台湾第16届《中国时报》等各种文学奖30余次。主要作品有《预约死亡》《血玲珑》《拯救乳房》《心灵密码》，中学教材入选散文《提醒幸福》等。

[②] 战栗：战抖。也作颤栗。

[③] 洞伤：比喻洞口那么大的伤害。

作为一位奉献型的女性,与整个家庭相比,我不重要。

作为随处可见的人的一分子,与宝贵的物质相比,我们不重要。

我们——简明扼要①地说,就是每一个单独的"我"——到底重要还是不重要?

我是由无数星辰日月草木山川的精华汇聚而成的。只要计算一下我们一生吃进去多少谷物,饮下了多少清水,才凝聚成一具美轮美奂②的躯体,我们一定会为那数字的庞大而惊讶。平日里,我们尚要珍惜一粒米、一叶菜,难道可以对亿万粒菽粟③亿万滴甘露濡养④出的万物之灵,掉以丝毫的轻心吗?

当我在博物馆里看到北京猿人窄小的额和前凸的吻时,我为人类原始时期的粗糙而黯然。他们精心打制出的石器,用今天的目光看来不过是极简单的玩具。如今很幼小的孩童,就能熟练地操纵语言,我们才意识到已经在进化之路上前进了多远。我们的头颅就是一部历史,无数祖先进步的痕迹储存于脑海深处。我们是一株亿万年苍老树干上最新萌发的绿叶,不单属于自身,更属于土地。人类的精神之火,是连绵不断的链条,作为精致的一环,我们否认了自身的重要,就是推卸了一种神圣的承诺。

回溯我们诞生的过程,两组生命基因的嵌合,更是充满了人所不能把握的偶然性。我们每一个个体,都是机遇的产物。

常常遥想,如果是另一个男人和另一个女人,就绝不会有今天的我……

即使是这一个男人和这一个女人,如果换了一个时辰相爱,也不会有此刻的我……

即使是这一个男人和这一个女人在这一个时辰,由于一片小小落叶或是清脆鸟啼的打搅,依然可能不会有如此的我……

一种令人怅然以至走入恐惧的想象,像雾霭⑤一般不可避免地缓缓升起,模糊了我们的来路和去处,令人不得不断然打住思绪。

我们的生命,端坐于概率垒就的金字塔的顶端。面对大自然的鬼斧神工⑥,我们还有权利和资格说我不重要吗?

对于我们的父母,我们永远是不可重复的孤本。无论他们有多少儿女,我们都是独特的一个。

---

① 简明扼要:指简单明了,又能抓住要点。
② 美轮美奂:轮,此处指高大;奂,众多,盛大。古时形容房屋建筑的高大、众多与宏丽。现也常用来形容人家装饰、布置等美好漂亮。
③ 菽粟(shū sù):泛指粮食。
④ 濡(rú)养:滋养。
⑤ 雾霭(ǎi):指雾气。
⑥ 鬼斧神工:形容建筑、雕塑等技艺的精巧,不是人力所能达到的。

假如我不存在了,他们就空留一份慈爱,在风中蛛丝般飘荡。

假如我生了病,他们的心就会皱缩成石块,无数次向上苍祈祷我的康复,甚至愿灾痛以十倍的烈度降临于他们自身,以换取我的平安。

我的每一滴成功,都如同经过放大镜,进入他们的瞳孔,摄入他们心底。

假如我们先他们而去,他们的白发会从日出垂到日暮,他们的泪水会使太平洋为之涨潮。面对这无法承载的亲情,我们还敢说我不重要吗?我们的记忆,同自己的伴侣紧密地缠绕在一处,像两种混淆于一碟的颜色,已无法分开。你原先是黄,我原先是蓝,我们共同的颜色是绿,绿得生机勃勃,绿得苍翠欲滴。失去了妻子的男人,胸口就缺少了生死攸关的肋骨,心房裸露着,随着每一阵轻风滴血。失去了丈夫的女人,就是齐斩斩折断的琴弦,每一根都在雨夜长久地自鸣……面对相濡以沫①的同道,我们忍心说我不重要吗?

俯对我们的孩童,我们是至高至尊的惟一。我们是他们最初的宇宙,我们是深不可测的海洋。假如我们隐去,孩子就永失淳厚无双的血缘之爱,天倾西北,地陷东南②,万劫不复③。盘子破裂可以粘起,童年碎了,永不复原。伤口流血了,没有母亲的手为他包扎。面临抉择,没有父亲的智慧为他谋略……面对后代,我们有胆量说我不重要吗?

与朋友相处,多年的相知,使我们仅凭一个微蹙的眉尖、一次睫毛的抖动,就可以明了对方的心情。假如我不在了,就像计算机丢失了一份不曾复制的文件,他的记忆库里留下不可填补的黑洞。夜深人静时,手指在揿④了几个电话键码后,骤然停住,那一串数字再也用不着默诵了。逢年过节时,她写下一沓沓的贺卡。轮到我的地址时,她闭上眼睛……许久之后,她将一张没有地址只有姓名的贺卡填好,在无人的风口将它焚化。

相交多年的密友,就如同沙漠中的古陶,摔碎一件就少一件,再也找不到一模一样的成品。面对这般友情,我们还好意思说我不重要吗?

我很重要。

我对于我的工作我的事业,是不可或缺的主宰。我的独出心裁的创意,像鸽群一般在天空翱翔,只有我才捉得住它们的羽毛。我的设想像珍珠一般散落在海滩上,等待着我把它用金线串起。我的意志向前延伸,直到地平线消失的远方……没有人能替代我,就像我不能替代别人。我很重要。

我对自己小声说。我还不习惯嘹亮地宣布这一主张,我们在不重要中生

---

① 相濡以沫:泉水干涸,鱼靠在一起以唾沫相互湿润。比喻同处困境,相互救助。
② 天倾西北,地陷东南:比喻像天崩地陷一样巨大的灾难与打击。
③ 万劫不复:佛教称世界从生成到毁灭的一个过程为一劫,表示永远不能恢复。万劫,万世。
④ 揿(qìn):(方)按。

活得太久了。我很重要。

　　我重复了一遍。声音放大了一点。我听到自己的心脏在这种呼唤中猛烈地跳动。我很重要。

　　我终于大声地对世界这样宣布。片刻之后，我听到山岳和江海传来回声。

　　是的，我很重要。我们每一个人都应该有勇气这样说。我们的地位可能很卑微，我们的身分可能很渺小，但这丝毫不意味着我们不重要。

　　重要并不是伟大的同义词，它是心灵对生命的允诺。

　　人们常常从成就事业的角度，断定我们是否重要。但我要说，只要我们在时刻努力着，为光明在奋斗着，我们就是无比重要地生活着。

　　让我们昂起头，对着我们这颗美丽的星球上无数的生灵，响亮地宣布——

　　我很重要。

思考与练习

　　一、课文的题目为《我很重要》，可一开始为什么用排比句连续地说"我不重要"？

　　二、作者认为"我很重要"，文章是从哪几个方面进行具体阐述的？

　　三、学习课文，回答下列问题。

　　1."我们——简明扼要地说，就是每一个单独的'我'——到底重要还是不重要？"请同学们各抒己见。

　　2."我们否认了自身的重要，就是推卸了一种神圣的承诺。"这句话中的"承诺"一词所指什么？

　　3."我对自己小声说"、"我重复了一遍。声音放大了一点"、"我终于大声地对世界这样宣布"这三句话表明了一种什么心理？

　　四、有些人认为"我很重要"就是"以我为中心"，一切从"我"出发，对吗？

　　五、从文中找出几个运用比喻的句子，说说它们的表达效果。

二十三　独坐夕阳里[①]

郭　枫

学习提示

　　本文写于1969年10月,作为高级中学教师的郭枫在学校操场草地上独坐,在空旷静寂的氛围里,他神思翩翩、诗意涌现,抒写下了人生的特殊感悟。文章开篇点题,以"独坐夕阳"为线索,由物及人,依次描写落日、花朵、青春,从所见写到所感,以抒情性的议论画龙点睛,描绘"物我同一"的境界。文章主旨鲜明,思路清晰合理。

　　作者对色彩有着敏锐的感受力,全文写景抒情,语言绚丽多彩,描写的细腻和多种修辞手法的运用,使文章极富画面美和情意美。

　　薄暮时分,独坐在学校操场的草地上,在空旷静寂之中,我感觉今天的黄昏极美。

　　天气新晴,料峭[②]的春寒抖落在薄暮里,仍有沁人的凉意。夕阳,挂在脱尽了叶子的凤凰树梢上,许是奔波了一整天的缘故,光线里已经没有了热和力,却充满了梦幻的色彩。整个操场,黄澄澄、亮晶晶,像撒上一层金沙似的。天上云霞更美,空气的每一个粒子,都染上了颜色,跳跃着,流动着,分秒之间便有种种奇妙的变化。华丽的金、鲜明的橙、酡[③]醉的红、神秘的紫……从夕阳的中心向四外荡漾开,幻化成一片绚丽的异彩。可是,每一种颜色都带着黄蒙蒙

[①] 郭枫,原名郭少鸣,1933年生于江苏徐州,台湾著名散文家和诗人。
[②] 料峭:形容微寒(多指春寒)。
[③] 酡(tuó):形容喝了酒脸色发红。

的底子。这种黄,像秋叶一般的冷艳,也像秋叶一般渲染着浓郁的落寞;整个大地,整个天空,都笼罩在这奇瑰的光之网里。

夕阳真美!美得多么令人心悸。

安谧的校园,被暮色浸透了。细柳、扁柏、小池、曲径……一切都蒙上了凄迷的调子,带着些凉薄的意味。独有一圃大理菊却盛放着,翁翁郁郁①地开出一片花海。在沉沉的夕阳影里,鲜明极了。那些硕大的花朵,每一朵都像一团火球,逼近去凝视,火球中含蕴着生命的烈焰,让人有灼热的感觉。花朵的颜色缤纷:粉白色的那种固然娇媚,深紫色的那种固然艳丽,不过,有一种橙红色的更让我喜爱。这种花,也不知道每一朵是由多少花瓣组成的,但见一圈一圈的花瓣,密密地排列着;中心是耀眼的赤红,向外层展开去,花瓣渐渐变大,颜色渐渐变淡,最外一层,乃变成明亮的橙黄了。花瓣,毛茸茸的,闪着丝绒般的亮芒,却又透明得像玻璃似的流转着夺目的晶莹。

这一圃大理菊,怎会开得如此茂美呢?也许,这就是春花对于生命的讴歌吧!

散步在花径上的女孩是谁呢?十七八岁吧,还正是白色小马般的年龄,春云初展般的面容,却偏爱拢起一缕闲愁,轻锁在眉峰上。她有时低头寻思,有时向天边凝视,是在想什么,还是在期待什么?是要一个多彩的梦,还是要一个灿烂的明天?她的眼睛闪动着光芒,小小的唇紧闭着,倔强而高傲,绛色的夕阳映照着她红润的面庞,夸耀着一个蓬勃的生命。晚风轻拂,飘动着她的头发也飘动着她的衣裳,她轻盈地散步在花径间,好像踏着无声的旋律在舞蹈!

她是谁?这不必追问,她是青春的形象。

太阳沉得更低了,已敛尽了光芒,红通通的,像一轮又大又圆的月亮。它被淡蓝的暮云烘托着,庄严而祥和地步向沉静的世界。

白昼即将尽了。

大理菊仍热情地燃烧着。

女孩还流连在晚霞中。

独坐在夕阳里,在朦胧的光影中,我的灵智却被眼前的这三件事物——落日、花朵和青春——启发得清朗了。我的心灵好像一湖清波,澄明地映出了生命的过去和未来。

你没觉察到吗?在宇宙间一切事物都有其相似的一面。伟大如太阳,冉冉初升时何等辉煌!日当正午时何其壮烈!可是,当它散尽了热力,失去了光芒之后,仍将归于平淡。渺小如花草,当其默默地钻出地面,平凡的样子,虽不

---

① 翁(wěng)翁郁郁:多形容草木蓬勃茂盛的样子。

能邀得人们一顾,但在生命展开的一刻,却灿烂得令人目眩!而后便萎落飘零了。人,谁没拥有过可傲的青春呢?可是谁也不能扭转那自然的大手,终将走上衰老的归宿。然而,我们又何必遗憾?不见那落下去的夕阳,是多么和平静美么?不见那怒放的春花,是多么热烈、疯狂吗?我们生活在天地间的人,若能献出自己的热力,如骄阳之壮烈;若能展开自己的爱情,如春花之绚丽;那么,生活过而非白活,热爱过而有真爱,短暂的一生便不只是一生。

独坐在夕阳里,昼和夜的羽翼同时覆盖着我。我感到昼的光明也感到夜的阴暗,感到时间的短促也感到生命的无限。恍然间,我已不是我。我,和那些花草,那些树木,那流荡的云,那吹拂的风:是同样的存在。紫色的雾升起了,包笼了所有的形象。一切,渐渐地模糊,渐渐地不见。

思考与练习

一、作者对色彩有着敏锐的感受力,请在横线上填写相关词语,并细加揣摩。

1. _____ 的金、_____ 的橙、_____ 的红、_____ 的紫……从夕阳的中心向四外荡漾。

2. 花朵的颜色缤纷:粉白色的那种固然_____,深紫色的那种固然_____,不过,有一种_____ 的更让我喜爱。

3. 中心是耀眼的_____,向外层展开去……最外一层,乃变成_____ 的橙黄了。

4. _____ 的雾升起了,包笼了所有的形象。

二、作者"独坐夕阳里"看到的三件事物各具有什么特点?请简要概括。

三、文中用"白昼即将尽了"、"大理菊仍热情地燃烧着"、"女孩还流连在晚霞中"三个短句构成了三个自然段,这样写有什么作用?

四、作者说"在宇宙间一切事物都有其相似的一面"。请结合课文,谈谈"太阳"、"花草"和"人"之间有什么相似之处?

二十四　沙滩上的脚迹①

茅　盾

学习提示

　　作者抛开第一人称写抒情类文章的常态，而以"他"寻找人的脚迹为结构线索，通过对沙滩上各种脚迹的辨认，真实而细腻地描写了人在寻找、彷徨、悲观、等待、失望、前进中的心路历程，表达了作者在逆境中对前途仍充满希望和信心的积极奋进的人生态度。

　　全文从题意、布局到描述，通篇贯穿了象征手法。尽管意象繁多，但每一个意象都有丰富的象征内涵，学习时联系本文的写作背景，仔细加以揣摩。另外，逼真、细腻的心理刻画，描写、记叙和抒情的完美结合以及极具功力的语言表达，使得全文洋溢着动人的诗情，令人赞叹不已。

　　他，独自一个，在这黄昏的沙滩上彳亍②。

　　什么都看不分明了，仅可辨认，那白茫茫的知道是沙滩，那黑魆魆③的是酝酿着暴风雨的海。

　　远处有一点光明，知道是灯塔。

　　他，用心火来照亮了路，可也不能远，只这么三二尺地面，他小心地走着，

---

① 本文最早发表于 1934 年 11 月的《太白》一卷第五期。茅盾(1896～1981)，原名沈德鸿，字雁冰。浙江嘉兴桐乡人。中国现代著名作家，"文学研究会"的倡导者和组织者之一，"茅盾"是他 1928 年发表第一部小说《幻灭》时所用的笔名。茅盾一生创作了大量的文学作品，具有很高的艺术成就。主要有：长篇小说《蚀》、《子夜》；短篇小说《春蚕》、《秋收》、《残冬》、《林家铺子》等。现有人民文学出版社出版《茅盾全集》41 卷。

② 彳亍(chì chù)：慢步行走；形容小步慢走或时走时停。

③ 黑魆魆(xū)：黑暗的样子。

走着。

猛可地①,天空瞥过了锯齿形的闪电。他看见不远的前面有黑簌簌的一团,呵呵,这是"夜的国"么,还是妖魔的堡寨?

他又看见离身丈把路的沙上,是满满的纵横重叠的脚迹。

哈哈,有了! 赶快! 他狂喜地跳着,想踏上那些该是过去人的脚迹。

他浑身一使劲,迸出个更大些的心火来。

他伛②着腰,辨认那纵横重叠的脚迹,用他的微弱的心火的光焰。

咄! 但是他吃惊地叫了起来。

这纵横重叠的,分明是禽兽的脚迹。大的,小的,新的,旧的,延展着,延展着,不知有几多远。而他孤零零站在这兽迹的大海中间。

他惘然站着,失却了本来的勇气;心头的火光更加微弱,黄苍苍地像一个毛月亮,更不能照他一步两步远。

于是抱着头,他坐在沙上。

他坐着,他想等到天亮;他相信:这纵横重叠的鸟兽的脚迹中,一定也有一些是人的脚迹,可以引上康庄大道,达到有光明温暖的人的处所的脚迹,只要耐守到天明,就可以辨认出来。

他耐心地等着,抱着头,连远处的灯塔也不望它一眼。他相信,在恐怖的黑夜中,耐心等候是不错的。然而,然而——

隆隆隆地,他听得了叫他汗毛直竖的怪响了。这不是雷鸣,也不是海啸,他猛一抬头,他看见无数青面獠牙③的夜叉④从海边的黑浪里涌出来,夜叉们一手是钢刀,一手是人的黑心炼成的金元宝,慌慌张张在找觅牺牲品。

他又看见跟在夜叉背后的,是妖媚的人鱼,披散了长发,高耸着一对浑圆的乳峰,坐在海滩的鹅卵石上,唱迷人的歌曲。

他闭了眼,心里这才想到等候也不是办法;他跳了起来,用最后的一分力,把心火再旺起来,打算找路走。可是——那边黑簌簌的一团这时闪闪烁烁飞出几点光来,飞出的更多了! 光点儿结成球了,结成线条了,终于青闪闪地排成了四个大字:光明之路!

呵! 哦! 他得救地喊了一声。

这当儿,天空又撒下了锯齿形的闪电。是锯齿形! 直要把这昏黑的天锯成了两半。在电光下,他看得明明白白,那边是一些七分像人的鬼怪,手里都

---

① 猛可地:猛然。
② 伛(yǔ)曲(背),弯(腰)。
③ 青面獠(liáo)牙:青面,青色的脸。獠牙,露出嘴唇的长牙。形容面貌极其凶恶狰狞。
④ 夜叉:一般喻指恶魔,后用来比喻相貌丑陋、凶恶的人。

有一根长家伙,怕就是人身上的什么骨头,尖端吐出青绿的鬼火,是这鬼火排成了好看的字。

在电光下,他又分明看到地下重重叠叠的脚迹中确也有些人样的脚迹,有的已经被踏乱,有的却还清楚,像是新的。

他的心一跳,心好像放大了一倍,从心里射出来的光也明亮得多了;他看见地下的脚迹中间还有些虽则外形颇像人类但确是什么只穿着人的靴子的妖魔的足印,而且他又看见旁边有小小的孩子们的脚印。有些天真的孩子上过当!

然而他也在重重叠叠的兽迹和冒充人类的什么妖怪的足印下,发现了被埋藏的真的人的足迹。而这些脚迹向着同一的方向,愈去愈密。

他觉得愈加有把握了,等天亮再走的念头打消得精光,靠着心火的照明,在纵横杂乱的脚迹中他小心地辨认着真的人的足印,坚定地前进!

思考与练习

一、选择题

1.茅盾的农村三部曲是( )

A.《幻灭》、《动摇》、《残冬》　　B.《春蚕》、《秋收》、《幻灭》

C.《春蚕》、《秋收》、《残冬》　　D.《春蚕》、《动摇》、《追求》

2.茅盾的《蚀》三部曲是( )

A.《幻灭》、《动摇》、《追求》　　B.《春蚕》、《秋收》、《残冬》

C.《春蚕》、《秋收》、《幻灭》　　D.《春蚕》、《动摇》、《追求》

二、文章一开始就交代"他,用心火来照亮了路",找出文中关于"心火"的句子,说说这"心火"的内涵是什么?它的变化又说明了什么?

三、"沙滩上的脚迹"有哪几种?它们各象征了什么?

四、文章中几次提到"锯齿形的闪电","直要把这昏黑的天锯成了两半",说说这"闪电"指的是什么?作者的用意何在?

五、通过学习谈谈你对当时的这些"探索者"的看法。

二十五　青春之门①

赵　冬

学习提示

　　作者以"门"为意象,探讨关于青春的话题。孩提时从门里往外看,充满了渴盼和遐想;跨进去,则真真切切地看到青春的多彩与诱人,这里有甜蜜和痛苦,有静谧和骚动,更多的是执著、是热情、是奋进、是成熟……这正是青春亮丽的本色!

　　青春之门是一种形象的表述,比喻、拟人、排比等多种手法的运用,使文章活泼欢快、节奏鲜明。而清丽淡雅的文笔,细腻纯挚的感情,读来令人回味无穷。学习课文,我们应更自信、更潇洒地跨越属于自己的青春之门!

　　我是一个喜欢在人家门前徘徊的孩子,无意间看见的小花猫或蓝风铃什么的,都会引逗得我在人家门口默默地望上半天。我的一双眼睛以外永远是一扇门,把自己内心世界与外面的大世界隔绝开来,于是心中就总是酝酿②着孩提时代的那种清纯,于是眼睛就总是贪婪地向门外张望。

　　从前一直认为那扇门很大,大得连风雨都推不动。那时门里只有爸爸妈妈、姐姐和玩具熊,一本旧旧的连环画早就翻烂了;一首催人入梦的童谣早就唱厌了;一段关于公主与巫婆的故事早就听腻了……可门却关得那么严,我出

---

① 本文选自《时文选粹》第一辑。赵冬,1964年生于吉林市,青年作家,中国作家协会会员,图书主编及策划人。曾在海内外500余家报刊杂志发表小说、散文诗、美文1000多篇。作品多次获奖,1993年被读者评为"当代十佳散文家"之一。现已出版长篇小说、散文、散文诗20多部,并主编60多部文化丛书。

② 酝酿(yùn niàng):造酒材料加工后的发酵过程,比喻事前考虑或切磋协商使条件成熟。

不去。只好经常站在窗前,夏天看窗外的白鹭在云里钻来钻去,心儿便也插上了翅膀飞出大门;冬天用手在窗花上模仿各种野兽在雪地中的脚印,每一串脚印都跳到了门外……懂事的时候,我就试图接近那扇门,有时间就与它培养感情,跟它说话,给它唱歌,向它做鬼脸儿……可是不论我怎样讨好,它都不理我,它离我好远啊!

后来,我可能是长大了,在某年某月的某一天,那扇门竟訇然①地向我洞开了。我一下子仿佛置身于另一个清新的世界。跑呵跳呵,朋友也多起来,调皮的鸟,溢香的花,青翠的山,幽蓝的湖,还有伙伴的友情,对知识的求索,对异性的那种神秘而清纯的爱慕……排山倒海地向我堆来。穿越过一段时间的隧道,我终于跨过了这扇既陌生而又熟悉的大门。

由小男孩迅速长成个小伙子,这不能不算是大自然对自己的慷慨。那扇绚丽芬芳的五彩门已经被丢在身后了,喜欢在门前徘徊的我,突然像失去了什么,周围是一片空濛寂寥②,于是便发现了自己的孤独。总想把甜蜜和痛苦都揉进梦里,让一个清丽修长的身影夜夜光着脚熨干我潮湿的情绪;总想把静谧和骚动都揉进指甲缝,让一个绵软的笑时时眯着眼流入我荒凉的田野。

这就是我所踏上的青春阶梯吗?这样的年龄悄悄地来了,这样的季节悄悄地来了,谁也无法拒绝,谁也无法回避。青春的门应该是属于诗的,它不仅奔流着执著的血浆,还燃烧着热情的生命。清晨,我在它的轻唤中醒来;夜晚,我在他的抚慰中睡去;仅仅是在短暂的瞬间,我便迎来了青春之门,我便告别了青春之门,向人生的又一领域奋力攀登。仅仅只是在短短的路程中,便留下了一生中最多最多的回忆……

想停下来深情地沉湎一番,怎奈行驶的船却没有铁锚;想回过头去重温旧梦,怎奈身后早已经没有了归途。因为时间的钟摆一刻也不曾停顿过,所以使命便赋予我们将在汹涌的大潮之中不停地颠簸③。

生命不是一张永远旋转的唱片;青春也不是一张永远不老的容颜。爱情是一个永恒的故事,从冬说到夏,又从绿说到黄;步履是一个载着命运的轻舟,由南驶向北,又由近驶向远……你看到那阳光明媚、金色羽毛升起的地方,矗立在歌吟里、掩映在诗词中的不分明是一扇神奇玄妙的青春之门吗?

人生就像是小姑娘跳方格格一样,无论愿不愿意,都必须跨过这一扇又一扇庄严的大门。

---

① 訇(hōng)然:(象声词)惊叫声,也用以形容大声。
② 寂寥:寂静空旷,没有声音。
③ 颠簸:上下震荡;不平稳。

思考与练习

一、通读课文,简答下列问题。

1. 这篇抒情散文以"青春之门"为题,却从孩提生活入手,这样写的好处是什么?
2. 某一天,"青春之门"訇然向作者打开,他看到了什么?
3. 作者跨过"青春之门"后,"便发现了自己的孤独",为什么?

二、揣摩下列句子,回答括号内的问题。

1. 总想把甜蜜和痛苦都揉进梦里,让一个清丽修长的身影夜夜光着脚熨干我潮湿的情绪;总想把静谧和骚动都揉进指甲缝,让一个绵软的笑时时眯着眼流入我荒凉的田野。(这段话的意思是什么?)
2. 仅仅是在短暂的瞬间,我便迎来了青春之门,我便告别了青春之门,向人生的又一领域奋力攀登。(为什么说迎来了又告别了,这不是自相矛盾吗?)
3. 生命不是一张永远旋转的唱片,青春也不是一张永远不老的容颜。(这句话的含义和用意是什么?)
4. 人生就像是小姑娘跳方格格一样,无论愿不愿意,都必须跨过这一扇又一扇庄严的大门。(以这句话作为全文的结尾,作者想告诉我们什么?)

三、文章中多次运用比喻、拟人、排比等各种修辞手法,请在文中找出具体的句子,并简要分析。

应用写作二　一般书信　专用书信

范例

【范例一】

给朋友的一封信

李子超:

　　你好!来信收悉,勿念!

　　收到你的来信后,我反复看了好几遍。你在信中说,你要过生日了,朋友们商量凑些钱给你买礼物或去饭店搞个生日聚会,你不知道该不该接受?坦率地说,我是非常不赞成的。

　　老实说,现在社会上确实大兴请客、送礼之风。似乎不请客不送礼,就什么事也办不成,或被别人说成抠门、小气。但我认为这是一种不良的社会现象。我们大学生中确实有人不能正确认识这种现象,反而盲目地效仿、跟风,还自以为这是显示自己男子汉气魄的好机会。不知道你和你的朋友是否有这种想法。不错,当代大学生、甚至中小学生中确实有过生日送重礼、下馆子吃大餐的现象。

但是你们仔细考虑过没有,这实在是有百害而无一利的。首先,给父母增加了负担。我们大学生还是消费者,还没有自己的经济来源。现在大多数的父母供养一个大学生已经挺不容易了,如果再给父母增加额外的负担,实在是太不应该了。为了一个生日在饭馆里挥霍掉父母辛辛苦苦挣来的钱,以此来显示所谓的"大方",这有什么意义呢?你又能从中得到什么呢?甚至你小小年纪就可能染上抽烟、酗酒的坏毛病。其次,纯洁的友谊不是以物质为基础的,友谊的深浅也不在于金钱的多少。真正的友谊在于关心朋友,帮助朋友,共同上进。不能认为你过生日,朋友给你送重礼,一起下馆子,就是讲义气,就是友情深。其实这只是满足了一些人的可笑而又可悲的虚荣心,反而玷污了纯洁的友谊。

　　子超,写到这里,我觉得自己已经说得不少了,可能你也明白这个道理了,只是抹不开面子。不妨想想在过生日那一天,你能为父母、为朋友、为同学做些特别的、令他们感动的事,这岂不是更有意义吗?

　　祝生日快乐!

你的好友吴庆
2008年10月20日

>> 简评

　　这是一封朋友之间沟通感情、交流看法的一般书信。称呼和署名,表明二人之间的好友关系;"你好"、"来信收悉",通常用于问候和表明写信的原因和目的;一般书信的主体内容,则由写信人根据需要来具体确定,书写格式也没有具体规定。这封信的作者在信中谈了自己对过生日的看法,分析了大学生请客、送礼办生日的危害;结尾,可以独立成段,如"祝生日快乐",表示祝愿,以示礼貌。最后在署名的下一行写上日期。

【范例二】

介绍信

××市人才交流中心:

　　兹介绍我公司人力资源部长×××同志等×人,前往贵处联系招聘工作事宜,请予协助。

　　此致
敬礼!

　　(有效期五天)

××公司(公章)
××年×月×日

>> 简评

　　这是一封书信式的介绍信。以"介绍信"为标题,在第一行的正中间;收信对象名称是"××市人才交流中心",注意,凡收信对象为单位和团体,必须写全称或规范化简称;正文内容是被介绍者的姓名、身份(如:人力资源部长)、随行人数(要大写)、具体的接洽事项(如:招聘工作)和要求(如:请接洽、请予以协助等)。这部分内容要周全、简明、扼要。随后以"此致"、"敬礼"作结束语,以示礼貌。最后出具介绍信单位的全称和日期,并加盖公章。介绍信的有效日期,可视具体情况而定。

【范例三】

辞职信

尊敬的××所长:

您好!

来到研究所工作已经一年多了,在此期间我真切地感受到研究所就像一个大家庭,友好而和睦。在所长和各位同事的帮助下,我学到了不少东西,在此表示衷心的感谢。

从去年进研究所到现在,做零件图册几乎成了我工作的全部,日复一日的重复工作,渐渐让我失去了前进的动力,消耗了我的勇气和信心,让我看不到前进的方向。工作上的毫无成就感让我倍感彷徨与失落。每当看到别的同事都做与设计有关的工作而自己只能与零件图册为伍时,这种感觉尤其明显,有时甚至觉得自己是个局外人,所有这些与我当初积极争取进研究所时的理想产生了很大的偏差。

我也很清楚在这个时候辞职,对所里、对自己都是一个考验,所里正值用人之际,不断有新项目启动。也正是考虑到今后所里的工作安排,本着对研究所负责的态度,自己也想换一个工作环境。经过我慎重的考虑,现决定辞去这份工作。

离开研究所,离开这些曾经同甘共苦的同事,心里确实有些舍不得,舍不得同事之间的那份真诚和友善。在短短的一年时间里,研究所已经发生了很多可喜的变化,我很遗憾不能为研究所辉煌的明天贡献自己的力量,我只有衷心地祝愿研究所的业绩一路飙升,祝愿所长和各位同事工作顺利!

恳请所长同意我的离开。祝事业蒸蒸日上!

此致

敬礼!

×××敬上
××年×月×日

▶▶ **简评**

辞职信的正文内容一般由三部分构成:

1.表示感谢之意。范例的作者对所里的领导和同事给予自己的关心、支持

和帮助,表示了深深的感谢;

  2.陈述辞职理由。工作的单调乏味,消耗了"向前的勇气和信心","本着对公司负责的态度",决定辞去现任职位,并表示自己是经过深思熟虑才做出的决定;

  3.表达致歉之情。请所长给予谅解和理解,同时向受信者表达美好的祝愿。

写作指导

  一般书信是人们在社交活动中,用书面形式互相沟通信息、讨论问题、商洽工作、交流感情的一种工具。尽管我们已经进入通讯手段空前先进的时代,一般书信仍有着其他通讯手段不可替代的作用和优势。

  一般书信由六个部分组成:称谓、问候语、正文、结尾、署名和日期,每部分的格式相对固定。称谓,在信纸的第一行顶格写,后面加冒号,为了表示尊重或亲切,称谓的前面可以加上"尊敬的"或"亲爱的"等词,具体怎么写由写信人和收信人的亲疏远近关系来确定。问候语在第二行空两格处写,单独成行。一般长者问候身体,中年人问候事业和家庭,青年人多问候学业和爱情,少年儿童祝愿健康活泼、学业进步。正文在问候语下面一行空两格处写起,一般书信正文内容的长短或详略由写信人根据需要来确定,书写格式也没有具体规定。要求叙述清楚,语言通俗明白,自然贴切。结尾一般根据收信人的身份写表示祝愿或敬意的结句,以示礼貌。如"此致敬礼"或"祝身体健康"、"顺祝秋祺"(用于秋天)、"祝学习进步"等,结尾是有格式的,如"此致"在正文后另起一行空两格写,"敬礼"在下一行顶格写。署名写在结尾的下一行右下方,日期则写在署名的下面。署名可按写信人和收信人的关系,在姓名前表明身份,"好友×××"、"您的学生×××"等。

  一般书信还要注意信封的写法,横式信封从上到下写,收信人的邮政编码、地址应该在信封的左上方,地址首字空两格写,姓名居中;寄信人地址、姓名应写在右下方。如果竖写,收信人的邮政编码、地址写在右上方,姓名居中,寄信人地址、姓名、邮政编码写在左下方。

  写信要讲究礼仪,一定要用正规的信封,字迹清楚,不能潦草,不能用红墨水书写。

  专用书信的种类繁多。本单元主要学习介绍信、辞职信等。

  介绍信是机关团体、企事业单位派人到其他单位联系工作、了解情况或参加各种社会活动时,给本单位人员外出所开具的书面函件。主要有两种形式:一种是固定格式,印刷成册,属联单式,有的还有编号和存根,可备日后查询,用时按空格填写即可,存根和介绍信之间的骑缝线上要加盖公章。另一种是用信笺书写,无固定格式,可根据需要决定文字多少。这种介绍信无编号和存根,事后难以查询,单位一般不随意用。介绍信具有介绍、证明的双重作用。使用介绍信,可以使对方了解来人的身份和目的,以便得到对方的信任和支持。

  辞职信,也叫"辞呈",是个人写给所在单位以辞去现任职位的专用书信。辞职信是辞职者在辞去职务时的一个必要程序。一般情况下,员工提出辞职,需要向单位递交正式的辞职信。它是作为员工结束与单位之间劳动关系的凭证之一,具有法律效力。当然,员工在提出辞职时,应慎重思考,三思而后行。写作辞职信,要注意:1.态度恳切、措辞委婉。2.理由要充分、可信。3.不要批评对方。4.含蓄、简洁。

专用书信与一般书信相比,既有相同也有不同。它们的相似之处主要有以下几点:

1.相似的格式。它们都有称谓、问候语、正文、结尾、署名和日期。

2.得体的用语。都要注意写信人和收信人之间的关系。关系不同,称呼、语气、措辞等方面都要有区别。

3.明确的目的。无论是初次通信还是经常通信,无论是询问事情还是表达谢意等,它们都有非常明确的目的,当然,目的不同,写法也不同。

4.简明的表达。写信使用的语言要简明、通顺,除特殊情况需含蓄表达外,一般要开门见山,有话则长,无话则短,语言应平直和口语化。

在日常使用中,专用书信与一般书信也有一些区别。

1.专用书信常有表明性质的标题,写在第一行的正中间,字体稍大。一般书信没有标题。

2.不少专用书信,为表示慎重,要在署名处加盖公章。一般书信除单位写的外,一般不用公章。

3.从阅读对象看,大多数专用书信的读者具有不确定性的特点,一般书信的读者是相对确定的。

4.从内容上,一般书信内容丰富,而专用书信内容单一;从表达上看,一般书信可以多种写作方式综合运用,而专用书信则以说明为主;从语体上看,专用书信的语言基本采用书面语,而一般书信则要求口语化。

写作练习

一、请按照一般书信写作的规范格式,以近一个月在校学习、生活和其他活动为内容,给父母写一封家信。

二、假如你是学校学生会主席,毕业在即,你有很多事情要处理,有点力不从心,因此想辞去学生会主席的职务,请向学校有关部门写封辞职信。

三、你的同学面临初中毕业,是报考中专,还是报考普通高中,他难以抉择,希望你帮助他拿主意。请你给他回封信。

四、下面的辞职信存在什么毛病?

厂领导:您好!
由于所学专业不对口和工资偏低等原因,我决定辞职。

五、××粮食职业学院教务处×××科长和工作人员××,拟于2009年6月20日前往××大学教务处联系青年教师暑期进修事宜,请你以该校办公室的名义给××大学教务处写一份介绍信。

口语交际五　拜访与接待

一、拜访

迎来送往是社会交往中必不可少的基本形式和重要环节。拜访是指为了礼仪或某种目的而进行的访问,是人际交往中最基本、最常规的形式之一。通过拜访,人们可以交流思想、互通信息、统一意见、协调行为、发展友谊和解决事务,一次成功的拜访,将会给你带来意想不到的收获。

拜访通常分为事务性拜访、礼节性拜访、私人性拜访,一般应注意以下几个方面:

(一)拜访前的准备

凡事预则立,不预则废。拜访前必须做到以下几点:

1.了解拜访对象:拜访前,可以通过自我观察、他人介绍或数据分析,了解被访问对象的年龄、民族、文化程度、宗教信仰、性格爱好、价值观念等等。也要准备好自己的名片及相关的数据,如有需要还要准备适宜的礼品。

2.拜访预约:预约既尊重对方,自己也可以把握好时间,避免拜访扑空。对受访者来说,一般都不会拒绝有预约的来访者,这样既达到拜访的目的,也培养了自己的工作积极性和自信心。预约的方式通常用电话、电子邮件或信件,不得已的情况下至少也要提前5分钟打个电话告知对方。万一因故不得不取消访问,应及时通知对方。

3.拜访的时间和地点:不同的场合、不同的对象,拜访的时间有不同的要求。最好是选择双方都比较方便的时间。拜访地点的选择,要尽量遵循"客随主便"的原则。

4.拜访的着装:出门拜访之前,应根据拜访的对象、拜访的目的,对自己的服饰、容貌适当地加以修饰,这既是尊重拜访对象,讲究礼貌礼节的体现,也是自尊自爱的表现。比如拜访的地点在办公区域,那么应着正装或所在单位的制服为宜。

(二)拜访中的礼仪

1.私人拜访时,要准时赴约。若拜访私宅,应以不影响对方休息为原则,一般选择上午9~10点,下午3~4点,晚上7~8点,或节假日的前夕,夏天尽量避免私宅拜访。拜访时间的长短应根据拜访目的和主人意愿而定,一般而言,时间宜短不宜长。到达受访人的私宅时,一定要用手轻轻敲门,进屋后应问候致意。待主人安排指点后坐下。交谈时应彬彬有礼,举止文雅,大方自然。告辞时要同主人告别,说"再见"、"谢谢";主人相送时,应说"请回"、"留步"、"再见"。

2.事务性拜访时,同样要准时。拜访写字楼时间一般在上午9~10点或下午3~4点,最好不要在周一和休息日拜访。拜访写字楼,原则上必须提前5分钟到达。到达时,告知对方接待人员你的名字和预约的时间,递上名片。然后安静、耐心地等待,不要在中途打电话、看手表。被引到办公室时,如果是第一次见面先做自我介绍;如果认识,互相问候并握手;与接待者意见相左,不要争论不休,对接待者提供的帮助要致以谢意,但不要过分;注意观察接待者的举止表情,适可而止,当接待者不耐烦或为难时应转换话题或语气;接待者有结束会见的表示时,应立刻起身告辞。

(三)拜访时的语言

无论何种形式的拜访都需要掌握一定的交谈技巧,表现出较高的说话水平,这样才能做一个受欢迎的拜访者,并取得预期的效果。在语言表达上要做到:

(1)称呼得体,举止礼貌。针对不同年龄、不同身份的受访者,选择恰当、得体的称呼,非常必要,如:"局长"、"老师"、"阿姨"、"先生"等。举止文雅,不要有过多的肢体动作和面部表情。客人的言谈举止得体,也是实现拜访目的的关键。因为这是一个人素质的外在体现,它会使主人产生或愉快,或厌恶的感觉。而在不同感情的支配下,对人对事会有不同的看法。

(2)寒暄问候,营造气氛。刚见面时,适当热情的寒暄,可以拉近双方的距离。客人与主人交谈,首先不要进入实质性的问题,可先谈谈天气,问问主人小孩的学习情况,说说趣闻,关心关心他家老人的健康……待交谈气氛融洽时,也就是双方心理兼容时,再慢慢说明来意,切入正题。这样,定能使你乘兴而来,满载而归。所以说,要想稳操胜券,寒暄是不可少的。在交谈过程中,还要注意调节现场气氛,善于把握交谈的内容和进程,兼顾所有在场的人,积极启发和诱导别人讲话。有时,几句俏皮、幽默的话,或一段笑话会使现场气氛活跃、欢快。

(3)夸奖赞赏,回避禁忌。真诚、恰当的赞赏,会使对方心情愉快,从而融洽双方的关系;而禁忌是交际活动的雷区。尊重别人,不触犯他人的禁忌区域,是拜访用语的礼貌原则,回避禁忌显示出你的练达老成。

(4)面对拒绝,心平气和。当遭遇拒绝时,拜访者自己要保持心平气和、从容不迫的良好礼仪。切莫计较、争辩,要给对方留足面子,也显得自己大方得体,说冒昧打扰到人家,或说声"对不起"。

(5)友好告别,适时再访。拜访结束后,一般握手告别,说"打扰了"、"谢谢"、"再见";若有再访的需要,应给自己留下机会,"谢谢您的接见!方便的话,我下周再来向您请教"或"下次再来拜访"。

二、接待

接待是指个人或单位以主人的身份招待有关人员,加强横向联系,以达到某种目的的社会交往方式。热情大方、彬彬有礼的接待,将给客人留下深刻而友好的印象,同时会加深彼此的了解,给对方留下好的第一印象,为下一步深入接触打下了基础。

接待,一般包括工作性接待和私人性接待,主要有迎客、待客、送客三个环节。不论是公务还是私务,平等、热情、礼貌、友善,都是接待中必须遵循的原则。

（一）接待准备要周全

接待和拜访一样，事前必须做好周全的准备工作。如果是工作性接待，应弄清楚来宾的基本情况，包括人数、职务、级别、性别构成、年龄分布及宾主关系等，其中对主宾要有更详细全面的了解，要明确来访意图和具体要求，拟订接待方案，做好相应的准备工作，知己知彼，有备无患。私人性接待也需要打扫房间，准备待客的果品、香烟、茶叶，适度修饰自己的服饰容貌，调控好情绪，以满腔的热情迎接客人的到来。

（二）重大活动的接待流程

要搞好一次接待，流程安排是非常重要的。正规的、大型的接待活动的流程通常包括邀请、接待准备、迎宾、交通礼仪、会见、宴请，以及最后的送别。

比较正规的、大型的活动必须对一定的交往对象发出邀请，一般采用请柬的方式。在请柬中写清活动的时间、地点、内容、要求、联络方式以及邀请人等。在准备阶段，要弄清来访者的有关情况，制定书面接待活动日程安排，依据来访者的身份，确定迎送规格。要了解对方到达的车次、航班，安排与客人身份、职务相当的人员前去迎接。主人到车站、机场去迎接客人，应提前到达，恭候客人的到来，绝不能迟到让客人久等。接到客人后，应首先问候"一路辛苦了"、"欢迎您来到我们这个美丽的城市"、"欢迎您来到我们公司"等等。然后向对方作自我介绍，如果有名片，可送予对方，注意送名片的礼仪。迎接客人应提前为客人准备好交通工具，并按乘车礼仪安排座位，同时事先准备好住宿，并给予对方热情周到的照顾。在与来宾的会见中，要认真倾听，切不可一心二用，答非所问。送别是接待工作的最后一个环节，同样起着十分重要的作用。来宾离开时，接待方为其举行的送行仪式一般较为简化，常见的送别方式有话别、送行等。做好接待工作，要一如既往，有始有终，认真做好话别和送行工作。外地来宾离开前，主办方应专程前往其住所探望，公务接待人员应专程陪同前往机场、车站或码头送行。特别强调的是，对方乘坐的交通工具未开动时，接待人员通常不能先行离开。

（三）一般接待的语言技巧

一般的社交中接待客人包括迎客、交谈、送客三个环节。

迎客——热情相迎，亲切问候。

主宾双方见面，热情适当的问候语，可迅速缩短双方的心理距离，为进一步的交往营造十分愉快融洽的气氛。如果是熟悉的客人，应先说："欢迎。请进！哪阵风把您吹来了"、"您真准时"。进屋后，应让客人先落座，然后主人再坐下，以示尊敬。如果来的是陌生人，见面可用提示性语言："您是……"、"您今天穿了这么一套漂亮衣服，我一时认不出来了"、"您和×××太像了。您的名字是叫……"表示询问，让客人自我介绍，然后表示欢迎。请客人落座后，不要急于询问客人来访的目的，应等客人主动开口。

交谈——知人善谈、真诚沟通。

了解来访者的意图，然后"看人说话"，既可以迅速确定话题，又可以顺应对方的心愿，给人以愉快的感受。来访者的年龄、性别、职业、文化程度以及来访目的可能各不相同，主人要具备与各种不同来客侃侃而谈的本领，就要在语速、音量、遣词用句等方面因人而异。不同的人有不同的生理、心理特征，主人与其交谈，就应因人而谈、知人善谈。

面谈是一种双向的沟通,接待方应鼓励客人说话,善于倾听,这样可获得对方真实的想法和需求。当然,真诚友好的态度更是双方达到相互理解、彼此信任的前提。交谈双方的距离,依关系、性别而定。即使是比较熟悉的异性客人也应保持一定的距离。

送别——礼貌送客,致以祝愿。

客人如要离去,先要诚恳挽留;如执意要走,则不必强留。送客要到门外并说些告别语,如"您慢走"、"欢迎再来"、"经常来玩"等等。送别客人不要急于回转,客人请主人"留步"后,主人要目送客人走远,招手"再见",再回转。

需要注意的是:在工作中,不同的行业对接待语言的要求是不一样的。比如,营业员对顾客要热情招呼,主动询问,称谓得体,用词得当,语气谦和,使用文明规范用语和普通话。导游语言的语音、语调、语法、用词要准确,讲解的内容要准确无误、有据可查。外事接待中,回避不宜涉及的交谈内容,接待语言要亲切友善、不卑不亢。文秘人员接待来访人员,讲究语言艺术,要说"热"话,不要说"凉"话。同学们应根据自己的专业特点,学习、研究本专业的接待语言特点。

借鉴实例

一、一次成功的拜访

小王是一家公司的医药代表,早晨7点起床,洗漱完毕,边吃早餐边看电视新闻,8点开始工作。他首先浏览了上次拜访某家医院的记录,再检查了应带的各种宣传单页、文献资料、名片夹和几件小礼物。在镜前审视一下衣冠,然后出门,开始了自己的拜访行程。

9点,小王到了某医院门口,观察一下,从门诊到药剂科比较顺路。进入门诊大楼,看到张主任诊室门口等待不少病人,小王即转到药剂科。陆主任办公室门半掩着,陆主任正在看报,关注着国际版。小王观察片刻,轻轻敲门三下,陆主任示意小王进去。

小王:陆主任早上好!您在看伊拉克战事吗?今天不知怎样了?

陆主任:你看怎么会突然刮起了沙尘暴,美军要能经受这种恶劣的天气可不容易。

小王:是的,好像真有真主。主任,我上星期来您正好不在,听黄药师说您开会去了,是星期五回来的吧?

陆主任:是的。

小王:(递过公司的小礼品)知道您回来,今天我特意给您送来。

陆主任:谢谢!

小王:哦!陆主任,我还想向您汇报一下A产品的使用情况。我们的A产品现在除肿瘤科使用外,呼吸科也开始在一些干咳的病人中试用,普遍反映疗效不错,他们正尝试推广使用。所以,真得感谢陆主任,为临床选了一个有价值的镇痛、止咳且价格、效能较适合的好药。

陆主任：是吗？我还不知道用量情况怎样呢？

小王：是的。上周以来呼吸科医生开处方，肿瘤科应用明显提高。主任，您从专家的角度来看，A产品和B产品从药理基础上相比，在临床使用方面，哪个更有前景？

陆主任：应该说各有所长，虽然它们的作用机理不同，但在临床上更多关心的是疗效、副作用、服用的适应性和价格。中度癌痛的治疗两个作用相差不大，但如果从适应性来看，A产品应更有优势。

小王：我想您的看法在临床上得到了较好的验证，他们觉得A产品适应性更广泛，适应更方便。主任，现在A、B产品各自的用量情况怎样？

陆主任：具体的你要到库房去问问黄药师。

小王：好！陆主任谢谢您接见我！我下周一再来看您，再见！

陆主任：再见！

▶▶ 简评

这是一次成功拜访的实例。拜访前，小王无论在精力、资料还是着装方面，都做了充分的准备。拜访时，通过细致观察，从对方感兴趣的话题巧妙引入。交谈中，通过小礼物的赠送，起到了很好的润滑作用，话题自然转入正题。礼貌得体的语言、恰当的赞美和业务知识的熟练，使得小王顺利达到了拜访的目的，同时也不露痕迹地为下次的拜访埋下伏笔。

二、周恩来接待美国代表团

1971年7月29日，基辛格率代表团秘密访华，进行了打破20年外交僵局的谈判。来华前，尼克松总统曾不止一次为他们设想这次会谈的情形，以为中方会大拍桌子叫喊"打倒美帝国主义"，勒令他们退出台湾，滚出东南亚。为此基辛格一行非常紧张。

但事实出乎他们的意料。周恩来总理在钓鱼台国宾馆亲切会见了他们。周恩来总理微笑着握着基辛格的手，友好地说："这是中美两国高级官员20年来第一次握手。"当基辛格把随行人员一一介绍给周恩来总理时，他的赞美更出乎他们的意料，他握住霍尔德里奇的手说："我知道，你会讲北京话，还会讲广东话。广东话连我都讲不好。你是在香港学的吧？"又对斯迈泽说："我读过你在《外交季刊》上发表的关于日本的论文，希望你也写一篇关于中国的。"最后他握住洛德的手说："小伙子，好年轻，我们该是半个亲戚，我知道你的妻子是中国人，在写小说。我愿意读到她的书，欢迎她回来访问。"

▶▶ 简评

周恩来总理在接见基辛格一行时，态度热情、真诚、友善，对其随行人员因人而异的赞美，说明周恩来总理事先已做了充分的准备，这样的接待给对方留下了非常愉快的印象，拉近了双方的距离，有利于随后进行的两国首脑人物的正式会晤。

口语练习

一、将班级分成几个小组，每个小组再分成两组，分别担任拜访和接待的角色进行训练，然后交换角色训练，之后相互评比总结。

二、一位多年不来往的小学同学突然来拜访你，你从他面有难色的表情和吞吞吐吐的话语中明显感觉到他有难言之隐，想得到你的帮助，却又难以启齿。你准备怎样进行这场谈话？

三、清明节放假，王林从学校一回到家中，父母就忙问他在学校里的学习情况，还对即将到来的期中考试提出了一些要求。王林不高兴了，心想："你们就知道关心我的学习呀、成绩呀，其他方面一概不问。"王林刚参加了校园文化艺术节中的手工比赛，获得了第一名。他本来想把这个消息告诉父母，和他们分享快乐，但是现在……请以王林家长的身份设计两种方式进行交谈，并加以比较。一种是发现话不投机，便适可而止；另一种是发现话不投机，仍坚持交谈下去。

四、××公司的小查，是一位刚从大学经管专业毕业的学生。因他曾在该公司实习，他针对该公司管理撰写的毕业论文中的某些观点得到指导教师的赏识，他本人也认为对该公司改革有一定作用。工作一段时间后，他对论文中的一些观点和看法更加成熟，因此，他很想找总经理谈谈。但他去找经理那天，恰好经理外出开会，只有张秘书在看当天准备上报的统计表。张秘书很客气地让小查坐下，并告诉小查："经理不在，有何意见，我可以代为转达。"于是，小查就滔滔不绝地讲了起来。张秘书一边看报表，一边听小查说话，但精神却集中在报表上。小查言谈中常带"像我们这样的小公司"，张秘书越听越不高兴，结果，没等这位大学生把话说完，他便满脸怒气地说道："公司小是否埋没了你的才能？你是大学生，大材小用，何不去大公司呢？"张秘书的冷嘲热讽，激怒了小查，导致了双方的激烈争吵。最后，小查非常气愤地离开了办公室。

问题讨论：请你说说张秘书这样做对吗？如果换了你，你打算怎样做？

语文实践活动五　　成长的烦恼——说说心里话

一、活动主题

谁不希望生活愉快？可处在青春期的学生幼稚与成熟并存，稍有不适，便怨天尤人，痛不欲生，这显然直接影响青年学生的身心健康。本次活动以"打开心窗，说说心里话"为主题，进行师生之间、学生与学生之间一次心灵的对话，帮助学生正确认识"成长的烦恼"。

二、活动目的和要求

1. 学会倾诉，认识自我，正确对待成长中的烦恼，明确健康心理的意义、作用，学会积极的生活态度。
2. 学会倾听，尝试换位思考，重新审视自己的烦恼，摆脱不良心态，重新评价自我。
3. 加强口语表达训练，要求口齿清楚，态度大方，能准确地表情达意。
4. 总结分析，整理心得，做到主题明确，内容充实，最好写出自己独到的见解。

三、活动内容及步骤

1. 前期准备

(1)问卷调查：教师可以事先组织班长和组长讨论制作一份调查问卷（不记名），主要内容是"你了解自己吗"，包括：

a. 你的理想是什么？

b. 你最崇拜的人是谁？

c. 你有什么爱好和特长？

d. 你的优点是什么、缺点是什么？

e. 你喜欢什么科目、不喜欢什么科目？

f. 你喜欢什么样的老师？

g. 你的烦恼是什么？你怎样化解烦恼？

h. 你择友的标准是什么？你的朋友多吗？与朋友产生误会你怎么办？

(2)采访调查：请同学当回记者，采访一些成年人，问问他们在你们这个年纪都烦恼些什么。可以设计一张表格，包括：记者、采访对象、时间、地点、采访内容、过程、长辈寄语、后记等，分发给每个同学，要求在规定的时间内完成上交。

(3)统计信息：在完成问卷调查和采访调查后，教师可以组织部分学生帮忙进行分类统计，最好能加以分析归类。

2. 课堂实践

(1)抛砖引玉，倾诉烦恼：大多数的学生不愿意当众诉说自己的心事，为此，老师事先准备一件自己亲身经历的特别烦恼的事在课堂上向学生倾诉，以引起学生的同情和共鸣，然后邀请同学说说自己的烦心事或者讲述自己的采访过程和采访心得，要积极营造一个敢于诉说、勇于诉说的氛围。

(2)分析整理，总结归类：结合先前的调查统计情况，整合课堂上学生的诉说内容，老师进行适当的分析总结。

(3)换位思考，学会宽容：学生的烦恼无外乎来自学业、交友、父母、生活和自身等方面，针对不同的原因，要引导大家逐一地学会换位思考。学会了相互理解，也就学会了宽容。

3.活动收获

(1)积极行动:针对自己烦恼的具体原因,应重新认识自我,然后行动起来,采用写信、打电话、面谈等多种方式,积极化解矛盾,做一个身心健康的人。

(2)书写心得:"以我口说我心,以我笔抒我情"。活动最后要安排一次习作,并进行习作交流,评议修改,共同提高。

第六单元

友谊长存

单元导读

本单元选取的5篇文章（其中一篇文言文）都是围绕着"友谊长存"的话题展开的。这里有古代人的友谊，也有现代人的友谊；有同辈的友谊，也有老少的友谊。每位作家都用饱蘸深情的笔调从不同的角度抒写着人世间共同的、必不可少的、永恒的情谊。

学习本单元的文章一方面要感受作品中人物之间的深情厚谊，一方面也要领略作品展现出的不同艺术风采。作家注注能敏锐地感受社会现实、真实人性，并进行深入的思考，《拣麦穗》有感于"文革"刚过不久，人们之间的某些冷漠和隔阂而赞美纯真的友谊，小女孩的天真烂漫、卖糖老人的慈爱风趣，通过精彩的对话、细致的行为描写而栩栩如生，生动传神。"小火柿子"象征手法的运用则表现出作家对至真、至纯、至美的人间挚爱的肯定和向往。

"友谊"是青年人十分关心的话题。对于什么是真友谊，什么是假友谊，怎样建立真正的友谊等问题，朋友之间会经常探讨。赵丽宏在《友谊》一文中对上述问题的阐释，会给我们许多新的启示。

友谊有很多类型，我们拥有怎样的友谊，我们怎样对待友谊，《我们这一代人的友谊》和《关于友情·防范破碎》给了我们精妙的诠释。肖复兴在文中选用了一系列具体而朴实的事例告诉读者，经历了"悲凉年代"的一代人，更加重视和珍爱以"精神和道德力量"为内涵的友谊，质朴的语言、清淡的风格，折射出作者朴素、内敛而深刻的思想境界。友谊纯净而脆弱，为了拥有友谊，人们使用了各种办法来"防范破碎"，余秋雨则以智者的洞察，用平实自然的语言，条理清晰地剖析这些办法的实质,并明确提出:当邪恶侵入的时候,"该破碎的让它破碎",提出了自己独到的见解。

《祭陈同甫文》是悼念性的文章,采用抒情为主、辅以议论的方式,赞美陈同甫的卓越才华和崇高抱负,作者为他不得志而不平,为他终得重用而欣喜,为他猝然离世而嚎啕不已,情真语悲,感人肺腑。

本单元安排了"慰问信"和"表扬信"的书面写作,旨在帮助同学们掌握这两种文体的基本格式和写作要求,学会写作这两种应用文。口语交际安排了"赞美与批评",重点介绍这两种交际形式的作用,了解运用它们的技巧和方法,通过学习、实践,让同学们养成赞美他人的习惯和掌握批评的技巧,愉悦别人,也开阔自己的心境,从而拥有乐观向上的人生态度。语文实践活动安排了以"新词新语与流行文化"为主题的实训活动,一方面通过参与整个过程锻炼同学们的动手、动脑和动口的能力,一方面让同学们学会关注生活,向生活学习语言,提高辨别和感悟语言的能力。

二十六　拣麦穗[①]

张　洁

学习提示

　　这是一篇感人至深的记事散文。文章从回忆的视角描述了"我"对童年时一个单一纯真的梦想的怀念，赞赏了一老一少之间特有的纯真情谊，表达了作者对朴素纯真友谊的向往和追求。

　　文章第一部分为群体描绘，开门见山地叙写农村姑娘拣麦穗时的幻梦以及幻梦的破灭，为全文的基调抹上了美丽而忧伤的底色。第二、三部分为个人描写，回忆"我"童年拣麦穗的幻梦以及得到的温暖；记叙了卖灶糖老人的离去及"我"渴望爱的幻想破灭。第一部分与第二、三部分虽然并不是一个连续的故事，但在内容和感情上统领全文、贯穿全文。

　　文章以舒缓从容而略带伤感的笔调娓娓道来，寓意含蓄深刻。充满地方特色的人物对话，简洁、幽默，尽显个性，而文中"我"及"老汉"的行为细节描写，生动传神；还有"小火柿子"的象征手法的使用，都使人感到那样亲切和自然。

　　在农村长大的姑娘，谁不熟悉拣麦穗这回事儿呢？
　　我要说的，却是几十年前拣麦穗的那段往事。

---

　　① 本文发表于1979年12月16日《光明日报》。张洁，1937年生于北京，原籍辽宁，当代女作家，国务院授予的有特殊贡献作家。著有《沉重的翅膀》、《世界上最疼我的那个人去了》、《在那绿草地上》等。其中长篇小说《沉重的翅膀》获得第二届茅盾文学奖，曾被译为多种文字出版，获1989年度马拉帕蒂国际文学奖。作者在以童年生活为主的"大雁系列"中，描述了一个憨直、纯朴的女孩"大雁"追逐美好的人与事的故事，《拣麦穗》就是其中的一篇。

或许可以这样说,拣麦穗的时节,也许是顶能引动姑娘们的幻想的时节。

在那月残星稀的清晨,挎①着一个空篮子,顺着田埂上的小路,走去拣麦穗的时候,她想的是什么呢?

等到田野上腾起一层薄雾,月亮,像是偷偷地睡过一觉,重又悄悄地回到天边,方才挎着装满麦穗的篮子,走回自家的破窑洞的时候,她想的又是什么呢?

唉,她能想什么呢?!

假如你没有在那种日子里生活过,你永远不能想象,从一粒粒丢在地里的麦穗上,会生出什么样的幻想!

她拼命地拣呀,拣呀,一个收麦子的时节,能拣上一斗？她把这麦子换来的钱积攒②起来,等到赶集的时候,扯上花布,买上花线,然后,她剪呀,缝呀,绣呀……也不见她穿,也不见她戴,谁也没和谁合计过,谁也没找谁商量过,可是等到出嫁的那一天,她们全会把这些东西,装进新嫁娘的包裹里去。

不过,当她们把拣麦穗时所伴着的幻想,一同包进包裹里去的时候,她们会突然感到那些幻想全都变了味儿,觉得多少年来,她们拣呀,缝呀,绣呀,实在是多么傻啊！她们要嫁上的那个男人,和她们在拣麦穗,扯花布,绣花鞋的时候所幻想的那个男人,有着多么大的不同,又有着多么大的距离啊！但是,她们还是依依顺顺地嫁了出去,只不过在穿戴那些衣物的时候,再也找不到做它、缝它时的那种心情了。

这算得了什么呢？谁也不会为她们叹一口气,表示同情。谁也不会关心她们还曾经有过幻想。连她们自己也甚至不会感到过分的悲伤。顶多不过像是丢失了一个美丽的梦。有谁见过哪一个人会死乞白赖③地寻找一个丢失的梦呢？

当我刚刚能够歪歪咧咧地提着一篮子跑路的时候,我就跟在大姐姐的身后拣麦穗了。

那篮子显得太大,总是磕碰着我的腿和地面,闹得我老是跌跤。我也很少有拣满一个篮子的时候,我看不见田里的麦穗,却总是看见蚂蚱和蝴蝶,而当我追赶它们的时候,好不容易拣到的麦穗,还会从篮子里跳出来重新回到地上。

---

① 挎(kuà)：胳膊弯起来挂着东西。
② 积攒(zǎn)：一点一点地聚集。
③ 死乞白赖：形容纠缠个没完。也作"死气白赖"。

有一天,二姨看着我那盛着稀稀拉拉几个麦穗的篮子说:"看看,我家大雁也会拣麦穗了。"然后,她又戏谑①地问我:"大雁,告诉二姨,你拣麦穗做啥?"

我大言不惭地说:"我要备嫁妆哩!"

二姨贼眉贼眼地笑了,还向围在我们周围的姑娘、婆娘们眨②了眨她那双不大的眼睛:"你要嫁谁嘛?"

是呀,我要嫁谁呢?我忽然想起那个卖灶糖的老汉。我说:"我要嫁那个卖灶糖的老汉!"

她们全都放声大笑,像一群鸭子一样嘎嘎地叫着。笑啥嘛!我生气了。难道做我的男人,他有什么不体面的地方吗?

卖灶糖的老汉有多大年纪了?我不知道。他脸上的皱纹一道挨着一道,顺着眉毛弯向两个太阳穴,又顺着腮帮弯向嘴角。那些皱纹,给他的脸上增添了许多慈祥的笑意。当他挑着担子赶路的时候,他那剃得像半个葫芦的后脑勺上的长长的白发,便随着颤悠悠的扁担一同忽闪着。

我的话,很快就传进了他的耳朵。

那天,他挑着担子来到我们村,见到我就乐了。说:"娃呀,你要给我做媳妇吗?"

"对呀!"

他张着大嘴笑了,露出了一嘴的黄牙。他那长在半个葫芦样的头上的白发,也随着笑声一齐抖动着。

"你为啥要给我做媳妇呢?"

"我要天天吃灶糖哩!"

他把旱烟锅子朝鞋底上磕着:"娃呀,你太小哩。"

"你等我长大嘛!"

他摸着我的头顶说:"不等你长大,我可该进土啦。"

听了他的话,我着急了。他要是死了,那可咋办呢?我那淡淡的眉毛,在满是金黄色的茸毛的脑门上,拧成了疙瘩。我的脸也皱巴得像个核桃。

他赶紧拿块灶糖塞进了我的手里。看着那块灶糖,我又咧着嘴笑了:"你别死啊,等着我长大。"

他又乐了。答应着我:"我等你长大。"

"你家住哪哒③呢?"

---

① 戏谑(xuè):用诙谐有趣的引人发笑的话开玩笑。
② 眨(shǎn):眨巴眼;眼睛很快地开闭。
③ 哪哒:哪里,什么地方。

"这担子就是我的家,走到哪哒,就歇在哪哒!"

我犯愁了:"等我长大,去哪哒寻你呀?"

"你莫愁,等你长大,我来接你!"

这以后,每逢经过我们这个村子,他总是带些小礼物给我。一块灶糖、一个甜瓜、一把红枣……还乐呵呵地对我说:"看看我的小媳妇来呀!"

我呢,也学着大姑娘的样子——我偷偷地瞧见过——要我娘找块碎布,给我剪下个烟荷包,还让我娘在布上描了花。我缝呀,绣呀……烟荷包缝好了,我娘笑得个前仰后合,说那不是烟荷包,皱皱巴巴的,倒像个猪肚子。我让我娘给我收起来,我说了,等我出嫁的时候,我要送给我男人。

我渐渐地长大了。到了知道认真地拣麦穗的年龄了。懂得了我说过的那些个话,都是让人害臊的话。卖灶糖的老汉也不再开那玩笑——叫我是他的小媳妇了。不过他还是常常带些小礼物给我。我知道,他真的疼我呢。

我不明白为什么,我倒真是越来越依恋他,每逢他经过我们村子,我都会送他好远。我站在土坎坎上,看着他的背影,渐渐地消失在山坳坳①里。

年复一年,我看得出来,他的背更弯了,步履也更加蹒跚②了。这时,我真的担心了,担心他早晚有一天会死去。

有一年,过腊八的前一天,我约莫③着卖灶糖的老汉,那一天该会经过我们村。我站在村口上一棵已经落尽叶子的柿子树下,朝沟底下的那条大路上望着,等着。

那棵柿子树的顶梢梢上,还挂着一个小火柿子。小火柿子让冬日的太阳一照,更是红得透亮。那个柿子多半是因为长在太高的树梢上,才没有让人摘下来。真怪,可它也没让风刮下来,雨打下来,雪压下来。

路上来了一个挑担子的人。走近一看,担子上挑的也是灶糖,人可不是那个卖灶糖的老汉。我向他打听卖灶糖的老汉,他告诉我,卖灶糖的老汉去了。

我仍旧站在那棵柿子树下,望着树梢上的那个孤零零的小火柿子。它那红得透亮的色泽,仍然给人一种喜盈盈的感觉。可是我却哭了,哭得很伤心。哭那陌生的,但却疼爱我的卖灶糖的老汉。

后来,我常想,他为什么疼爱我呢?无非我是一个贪吃的,因为生得极其丑陋而又没人疼爱的小女孩吧?

---

① 山坳坳:山沟沟。坳,洼下的地方。
② 蹒跚(pán shān):腿脚不灵便,走路缓慢、摇摆的样子。
③ 约莫:揣测,估计。

等我长大以后,我总感到除了母亲以外,再也没有谁能够像他那样朴素地疼爱过我——没有任何希求,没有任何企望①的。

真的,我常常想念他。也常常想要找到,我那个皱皱巴巴的,像猪肚子一样的烟荷包。可是,它早已不知被我丢到哪里去了。

1979年12月

思考与练习

一、课文开头部分先述说农村姑娘拣麦穗时的梦想以及梦想的破灭,这样写在全文中有什么作用?

二、学习课文,说说"我"是怎样的女孩,老汉是个怎样的人,如何理解"我"的梦想以及老汉对"我"的疼爱。

三、"烟荷包"在文中寄托了作者怎样的思想感情?为什么作者常常想找到那个"像猪肚子一样的烟荷包"?

四、简析文章中"树梢上的那个孤零零的小火柿子"的象征意味。

五、结合课文,简析本文叙述从容、意境优美、寓意含蓄的艺术特点。

---

① 企望:期望,盼望。企,踮起脚后跟站着。

二十七　友　谊[①]

赵丽宏

学习提示

  友谊是个古老的话题，怎样才能写出新意？友谊又是个大众的话题，怎样写才不会人云亦云？赵丽宏这篇以"友谊"为题的散文有其独到之处，让我们对友谊有了一些新的认识。

  文章对友谊进行了全景式的解析，在不同方位、不同角度的阐释中，对友谊作了类型梳理：先说什么是真友谊，再说什么是假友谊，最后又说怎样建立真正的友谊。这种梳理，对涉世未深的青少年是必需的。

  在全方位的解释中，作者运用恰当的比喻和精彩的排比，把这古老的话题写得生动活泼、激情四溢："友谊是雨中的伞，是黑夜里的灯火，是扬帆航船途中的风，是崎岖山路上的扶手。"读着这些饱含情感的句子，我们会抑制不住心灵的激动。

  本文采用书信形式，用面对面谈心的语气娓娓道来，让人读起来倍感亲切。

亲爱的孩子：

  你要我谈谈友谊的含义，我想用三言两语恐怕说不清楚。在人类的感情中，友谊是极为珍贵的。不珍视友谊的人，不值得交往；无法获得友谊的人，一定有严重的人格缺陷。

[①] 选自《时文选粹》第10辑（南方出版社2007年5月第3版），略有改动。赵丽宏，1951年生于上海。当代著名散文家、诗人。散文集有《风啊，你这弹琴的老手》《生命草》《维纳斯在海边》等。有十余篇作品入选中国各地和新加坡语文教材。

那么，什么是真正的友谊？应该怎样来对待友谊？对这个问题，我也在思考。最近，我在写一篇短文，题目是《关于友谊》，我把其中的部分文字抄录在此，也许能回答你的问题。

在我的词典中，"友谊"这两个字弥足珍贵①。如果没有友谊，我的生命便会暗淡无光。

友谊是什么？友谊是雨中的伞，是黑夜里的火，是扬帆航船途中的风，是崎岖山路上的扶手。友谊是一间不上锁的房屋，你可以随时敲门进入；友谊也是一把钥匙，能帮你打开心灵之门。

饥饿时的一勺稀粥，寒风中的一件棉袄，哀伤时一滴同情的泪水，愤怒时一声发自肺腑的呐喊……这些，都是友谊的流露。

患难见真情。不错，在困境中，在受难时，来自朋友的帮助显得特别可贵。有时，哪怕是一个关切善意的眼神，也会像一簇炭火，在冰天雪地中送给你温暖。当你被成功和得意冲昏头脑时，友谊会像一盆凉水，兜头泼来，把你浇醒。

炭火和凉水，其实同样珍贵。

是的，友谊是锦上添花，更是雪中送炭，友谊是阳关大道上的携手远足，更是崎岖攀登路上的相互搀扶。

友谊是推心置腹的交谈，是默默无声的关怀。友谊是不求回报的付出，是无拘无束的平等交流。友谊是理解，是尊重，是从一颗开放的心走进另一颗开放的心。友谊是驱散孤独和绝望的动力。

怜悯和施舍不是友谊，拍马和奉承不是友谊。心胸狭窄，以怀疑的目光审视他人者，无法保存友谊。损人利己者，永远不懂什么叫友谊。

势利者的眼里，友谊是娼妓，需要时招之即来，不需要时随意丢弃。轻诺寡信者，把友谊当成赌桌上的牌，随手抛撒。利欲熏心者，把友谊看成钱包里的纸币，精心算计着它们的价值。他们亵渎友谊的时候，友谊早已离他们而去。

友谊是一棵树，要用真诚和挚爱去浇灌，用信任和宽容去栽培。嫉妒和猜疑是毒药，会使友谊之树根枯叶焦，失去生命的绿色。

一个人，纵然功名显赫，万贯缠腰，倘若没有一个可以敞开胸襟以心换心的真朋友，终究可悲可怜。没有友谊的人生，是残缺不全的人生，不值得羡慕。

没有友谊、没有朋友的人生，是惨淡的人生，也是失败的人生。

少年时代，对人生和世界的认识还只是刚刚开始，你还没有经历人世间复杂的感情纠纷。对亲情，你已经有了很多体会，那多半是来自父母长辈的关爱。而对于友谊，你们天天都在接触，天天都在为之快乐，也为之苦恼。我无

---

① 弥(mí)足珍贵：十分珍贵。弥，更加。

法告诉你应该和谁交往,但我可以对你说:必须真诚待人,才能得到真诚的回报。友谊的基础,是真诚。

思考与练习

一、本文从不同角度对友谊进行了全方位阐释,写了什么是真友谊、什么是假友谊,以及怎样建立友谊。阅读后,请结合文章具体说一说:什么是真友谊、什么是假友谊,怎样建立真正的友谊。

二、品读下列文句,回答问题。

1. 友谊是雨中的伞,是黑夜里的灯火,是扬帆航船途中的风,是崎岖山路上的扶手。

(如果把这几句话概括成一句直白的话,该怎么说?作者为什么要这样写?)

2. 有时,哪怕是一个关切善意的眼神,也会像一簇炭火,在冰天雪地中送给你温暖。

(删去"在冰天雪地中"好不好?为什么?)

3. 友谊是锦上添花,更是雪中送炭;友谊是阳关大道上的携手远足,更是崎岖攀登路上的相互搀扶。

(将两句中的"更"改为"也",其表意有什么不同?改后好不好?为什么?)

4. 轻诺寡信者,把友谊当成赌桌上的牌,随手抛撒。利欲熏心者,把友谊看成钱包里的纸币,精心算计着它的价值。

(将"轻诺寡信者"、"利欲熏心者"都改成"有的人",好不好?为什么?)

三、对于"友谊",不同的人会有不同的理解,读了本文,联系社会实际和个人经历,谈谈你对"友谊"的看法。

四、熟读全文,背诵你喜爱的段落。

二十八　关于友情·防范破碎[①]

余秋雨

> **学习提示**
>
> 这是一篇说理的散文。文章一开始就用精粹的语言点题：友情"既纯净又脆弱"，所以要"防范破碎"，用心维护。然而捆扎友情、淡化友情、粘贴友情都是不可取的办法，因为这些都是技术性手段，不会收到好的效果。接着作者提出关键性的做法：在友情领域要防止邪恶的侵入，作者通过分析实质、列举事例来说明自己的观点。文章最后作者借用罗丹的名言，告诉读者"该破碎的让它破碎，毫不足惜"。
>
> 文章在表达观点的时候，把浓缩的段意放在段首的醒目位置，起着很好的提示作用；而细致的分析和大量感性、直观事例的运用，充满了生活气息，拉近了作者与读者的距离，读来倍感亲切。对生活的体验和感悟栖身在典丽精工的哲理词语中，增加了文章的厚度，具有很强的人生教育意义。

真正的友情因为不企求什么不依靠什么，总是既纯净又脆弱。

世间的孤独者也都遭遇过友情，只是不知鉴别和维护，一一破碎了。

为了防范破碎，前辈们想过很多办法。

一个比较硬的办法是捆扎友情，那就是结帮。不管仪式多么隆重，力量多

[①] 本文选自余秋雨的散文集《霜冷长河》第二辑《关于友情》（共6篇）。余秋雨（1946～　），浙江慈溪人。当代著名散文家、文化学者。毕业于上海戏剧学院戏剧文学系。历任上海戏剧学院院长、教授，上海戏剧家协会副主席。1962年开始发表作品。1991年加入中国作家协会。在海内外出版过史论专著多部，曾被授予"国家级突出贡献专家"、"上海市十大高教精英"等荣誉称号。著有《余秋雨文集》、《戏剧理论史稿》、《戏剧审美心理学》等。

么雄厚,结帮说到底仍然是出于对友情稳固性的不信任,因此要以血誓重罚来杜绝背离。结帮把友情异化为一种组织暴力,正好与友情自由自主的本义南辕北辙①。我想,友情一旦被捆扎就已开始变质,因为身在其间的人谁也分不清伙伴们的忠实有多少出自内心,有多少出自帮规。不是出自内心的忠实当然算不得友情,即便是出自内心的那部分,在群体性行动的裹卷下还剩下多少个人的成分?一切吞食个体自由的组合必然导致大规模的自相残杀,这就不难理解,历史上绝大多数高竖友情旗幡②的帮派,最终都成了友情的不毛之地,甚至血迹斑斑,荒冢丛丛。现在不少年轻人的团伙式交往虽然没有这么严重,却也具备某些特征。今天决定合力炒作这件事,明天决定联手灭掉那个人,看似叱咤风云③,实际上互相裹卷而已,说不上是谁的独立意志,因此也不存在多少真实的友情成分。

　　一个比较软的办法是淡化友情。同样出于对友情稳固性的不信任,只能用稀释浓度来求得延长。不让它凝结成实体,它还能破碎得了吗?"君子之交淡如水",这种高明的说法包藏着一种机智的无奈。怕一切许诺无法兑现,于是不作许诺;怕一切欢晤无法延续,于是不作欢晤,只把微笑点头维系于影影绰绰之间。有人还曾经借用神秘的东方美学来支持这种态度:只可意会,不可言传;不着一字,尽得风流;羚羊挂角,无迹可寻④……这样一来,友情也就成了一种水墨写意,若有若无。但是,事情到了这个地步,友情和相识还有什么区别?这与其说是维护,不如说是窒息,而奄奄一息的友情还不如没有友情,对此我们都深有体会。在大街上,一位熟人彬彬有礼地牵了牵嘴角向我们递过来一个过于矜持的笑容,为什么使我们那么腻烦,宁肯转过脸去向一座塑像大喊一声"早安"?在宴会上,一位客人伸出手来以示友好却又在相握之际绷直了手指以示淡然,为什么使我们那么恶心,以至恨不得到水池边把手洗个干净?

　　另一个比较俗的办法是粘贴友情。既不拉帮结派,也不故作淡雅,而是大幅度降低朋友的标准,扩大友情的范围,一团和气,广种薄收。非常需要友情,又不太信任友情,试图用数量的堆积来抵拒荒凉。这是一件非常劳累的事,哪一份邀请都要接受,哪一声招呼都要反应,哪一位老兄都不敢得罪,结果,哪一个朋友都没有把他当做知己。如此大的联系网络难免出现种种麻烦,他不知如何表态,又没有协调的能力,于是经常目光游移,语气闪烁,模棱两可,不能

---

①　南辕北辙:想到达南方,车子却向北行。比喻行动和目的正好相反。
②　旗幡:旗子。
③　叱咤(zhà)风云:一声呼喊、怒喝,可以使风云翻腾起来。形容威力极大。叱咤,怒喝声。
④　羚(líng)羊挂角:羚羊夜宿,挂角于树,脚不着地,以避祸患。旧时多比喻诗的意境超脱。此处指不留踪迹。

不被任何一方都怀疑、都看轻。这样的人大多不是坏人,不做什么坏事,朋友间出现裂缝他去粘粘贴贴,朋友对自己产生了隔阂他也粘粘贴贴,最终他在内心也对这种友情产生了苦涩的疑惑,没有别的办法,也只能在自己的内心粘粘贴贴。永远是满面笑容,永远是行色匆匆,却永远没有搞清:友情究竟是什么?

强者捆扎友情,雅者淡化友情,俗者粘贴友情,都是为了防范友情的破碎,但看来看去,没有一个是好办法。原因可能在于,这些办法都过分依赖技术性手段,而技术性手段一旦进入感情领域,总没有好结果。

我认为,在友情领域要防范的,不是友情自身的破碎,而是邪恶的侵入。邪恶一旦侵入,会使整个友情系统产生基元性的蜕变①,其后果远比破碎严重。这种情形,用通俗的话说,就是交错了朋友。不是错在一次两次的失约、失信上,而是错在人之为人的本质上。本质相反而又成了朋友,那就只有两种选择,要么结束这种本来就不应建立的友谊,要么渐渐改变自己的本质。可惜的是,很多善良的人选择的是后者。我曾调查过数量不小的犯罪记录,发现有很大一部分人犯罪,都是从交错朋友开始的。他们在铁窗里的忏悔,更多的不是属于刑事,而是属于友情方面。其实,这样的忏悔又岂止在大墙之内?

邪恶侵入,触及友情领域一个本体性的悖论②,很难躲避得开。友情在本性上是缺少防卫机制的,而问题恰恰就出在这一点上。几盏浓茶淡酒,半夕说古道今,便相见恨晚,顿成知己,而所谓知己,第一特征是毫无戒心,一见倾心,不再遗忘;第二特征是彼此可以关起门来,言人前之不敢言,吐平日之不便吐,越是阴晦隐秘越是贴心。因此,这似乎是一个天生的想入非非的空间,许多在正常情况下不愿意接触的人和事就在这里扭合在一起。事实证明,一旦扭合,要摆脱十分困难。那种杂乱的组接系统成了一种隐性嗜好,不见得有多少实利目的却能在关键时刻左右行止。为什么极富智慧的大学者因为几拨老朋友的来访而终于成了汉奸?为什么从未失算的大企业家只为了向某个朋友显示一点什么便一泻千里?而更多的则是,一次错交浑身惹腥,一个恶友半世受累,一着错棋步步皆输。产生这些后果,原因众多,但其间肯定有一个原因是为了友情,容忍了邪恶。心中也曾不安,但又怕落一个疏远朋友、背弃友情的话柄,结果,友情成了通向邪恶的拐杖。

由此更加明白,万不能把防范友情的破碎当成一个目的。该破碎的让它破碎,毫不足惜;虽然没有破碎却发现与自己生命的高贵内质有严重抵牾③,也

---

① 蜕变:(人物或者事情)发生质变。
② 悖(bèi)论:亦作"吊诡"或"诡局",是指一种导致矛盾的命题。
③ 抵牾(dǐ wǔ):矛盾。也作"抵牾"。

要做破碎化处理。罗丹说,什么是雕塑?那就是在石料上去掉那些不要的东西。我们自身的雕塑,也要用力凿掉那些异己的、却以朋友名义贴附着的杂质。不凿掉,就没有一个像模像样的自己。

思考与练习

一、反复阅读课文,找出文中精彩的语句,仔细加以体味。

二、回答下列问题,理解课文内容。

1. 为了防范友情破碎,人们想出了哪些办法?

2. 作者认为人们想出的办法是好办法吗?为什么?

3. 作者认为"在友情领域要防范的,不是友情自身的破碎,而是邪恶的侵入"。是这样吗?

4. 文章在最后借用罗丹的话表达了什么样的观点?你同意吗?

三、本文是一篇议论性的散文,作者没有运用逻辑推理的方法,而是选取生活中常见的事例和现象来阐述道理,试从文中找出相关的内容,说说这样写作的好处。

四、作者说:"历史上绝大多数高竖友情旗幡的帮派,最终都成了友情的不毛之地,甚至血迹斑斑,荒冢丛丛。"这句话的意思是什么?请用自己的语言表述,它对你有启示作用吗?

五、搜集关于友谊的名人名言,并与同学交流阅读。你认为真正的友情应该是什么样的?

二十九　我们这一代人的友谊[1]

肖复兴

 学习提示

本文阐述了一个最常见的话题。作者先借亚里士多德[2]的话将友谊分为三种类型,然后表明"我们这一代人的友谊"是"最完美的",也是最持久的,因为我们"依然重视精神和道德的力量"。接着作者选取了一个个看上去颇为平常的故事展开叙述、阐释和印证,写出了他对生活的独到观感和人的精神渴求。最后作者用抒情的笔调赞美了这种友谊的珍贵和永恒。

本文层次清晰,首尾照应,中间部分所选事例平淡朴素而满含深意,在道德缺失相对严重的今天,读来令人深思。

清淡的风格,朴实无华的语言,叙事与抒情交互为用的写法,加之比喻、反复、引用的使用,所有这些都是我们学习本文时,应当加以注意的。

亚里士多德曾经将友谊分为三种:一种是出自利益或用处而考虑的友谊;一种是出自快乐的友谊;一种是最完美的友谊,即有相似美德的好人之间的友谊。同时,亚里士多德特别强调:友谊是一种美德,或伴随美德;友谊是生活中最必要的东西。

---

[1] 本文选自《读者》2006年第六期。肖复兴(1947～　),北京人,原籍河北沧县。曾多次获全国及北京、上海地区优秀文学奖。著有《肖复兴自选集》三卷、《肖复兴散文》等。1968年到北大荒插队,1982年毕业于中央戏剧学院。当过大、中、小学教师,曾任《小说选刊》副主编。现任《人民文学》杂志社副主编。

[2] 亚里士多德(前384～前322年),古希腊哲学家、科学家和教育家。

我们这一代人在那个时代所建立起来的友谊，当然会随着时间的变迁，不断地发生着变化，有的会逐渐堕落①为亚里士多德说的前两种势利的友谊，亵渎②着我们自己曾经付出的青春。但我可以说，我们这一代大多数人，或者说我们这一代中的优秀者在艰辛而动荡的历史中建立起来的友谊，则是亚里士多德所说的第三种友谊。因为我相信虽然经历了波折、阵痛、跌宕，乃至贫穷与欺骗之后，这一代依然重视精神和道德的力量。这就是这一代人友谊持久的根本原因所在。

可以说，没有比这一代人更重视友谊的了。

我这样说也许有些绝对，因为每一个时代的人都会拥有值得他们自己骄傲的友谊。但我毕竟是这一代人，我确实对我们这一代的友谊这样偏执而真切地感受着并感动着。我的周围有许多这样在艰苦的插队日子里建立起来的友谊，一直绵绵长长延续至今，温暖着我的生活和心灵，让我格外珍惜。就像艾青③诗中所写的那样："我们这个时代的友谊，/多么可贵又多么艰辛，/像火灾后留下的照片，/像地震后拣起的瓷碗，/像沉船露出海面的桅杆……"

因此，即使平常的日子再忙，逢年过节，我们这些朋友都要聚一聚。我们这里的许多朋友，虽然并不常见常联系，甚至不会如现代年轻人一样常打个电话或寄一张时髦的贺卡，而只是靠逢年过节这样仅仅少数几次的见面来维持友谊，但那友谊是极其牢靠的。这是我们这一代友谊特殊的地方。这在可以轻易地找到一个朋友也可以轻易地抛弃一个朋友的当今，就越发显得特殊而难能可贵。这种友谊讲究的不是实用，而是耐用；它有着时间作为铺垫，便厚重得犹如年轮积累的大树而枝叶参天。如果说那个悲凉的时代曾经让我们失去了一些什么，但也让我们得到了一些什么，那么，我们得到的最可宝贵的东西之一就是友谊。友谊和爱情从来都是在苦难土壤中开放的两朵美丽的花。只是爱情需要天天一起的耳鬓厮磨④，友谊只需哪怕再遥远只要心的呼唤就可以了。这样的友谊之花，就开得坚固而长久。

去年春天，我们聚会的时候，得知一个当年一起插队的朋友患了癌症，大家立刻倾囊相助，许多朋友已经下岗，但他们都毫不犹豫地拿出带着的所有的钱，那钱上带有他们的体温、血汗、辛酸和心意。看着这情景，我有一种说不出的感动。我知道这就是友谊的力量，是我们这一代人独特的友谊。

----

① 堕落：(思想、行为)往坏里变。
② 亵(xiè)渎：轻慢，冒犯，不恭敬。
③ 艾青(1910～1996)，原名蒋正涵，号海澄，曾用笔名莪加、克阿、林壁等，浙江金华人。中国现代诗人。主要作品有《大堰河——我的保姆》、《艾青诗选》。
④ 耳鬓厮磨：指两人的耳朵和鬓发相接触，形容亲密相处(多指小儿女)。

我想起有一年的春节,是1973年的春节,由于我是赶在春节前夕回北大荒去的,家中只剩下孤苦伶仃的父母。我的三个留京的朋友在春节这一天买了面、白菜和肉馅,跑到我家陪伴两位老人包了一顿饺子过春节,这大概是我的父母吃过的唯一一次滋味最特殊的大年饺子了。就在吃完这顿饺子以后不久,我的父亲一个跟头倒在天安门广场前的花园里,患脑溢血去世了。如果他没有吃过这一顿饺子,无论是父亲还是我都该是多么的遗憾而永远无法补偿。那顿饺子的滋味,常让我想象着,除了内疚,我知道这里面还有的就是友谊的滋味,是我们这一代人永远无法忘怀的友谊。

我还想起有一个冬天的夜晚,开始只是我们少数几个人的聚会,商量给我们当中一位朋友的孩子尽一点心意。因为孩子在北大荒降生的时候,条件太艰苦简陋,得了小儿麻痹瘫痪症。如今孩子快二十岁了,我们想为孩子凑钱买一台电脑,让他学会一门本事将来好立足这个越发冷漠的世界,让他知道在这个世界上他不是孤独无助的。他的身边永远有我们这些人给予他的友谊。谁想,一下子来了那么多曾经在一起插队的朋友,当中还有下岗的人,纷纷掏出准备好的钱。一位朋友还特意带来了他弟弟的一份钱和一份心意。后来,我们收到这个孩子用这台电脑设计出自己构思的贺卡,并阅读了他写给我们这些叔叔阿姨的信时,我看到许多朋友的眼睛湿润了。我知道这就是友谊的营养,滋润着我们的下一代,同时也滋润着我们自己的心灵。

我还想起我几次在书店里卖书的情景,那是写我自己和我们这一代人命运的书,一本是《触摸往事》,一本是《绝唱:老三届》。来买书的大多是我们这一代人,我知道他们是来为我捧场的,我知道他们当中有的人要掏出的是他们的血汗钱。那次到南宁卖《触摸往事》,我没有想到突然站在我面前的是一位当年和我同在一个队插队的老朋友,虽然二十多年未见,却一见如故,往事全都在眼前。他是从上海出差到柳州,从报纸上看到卖书的消息,连夜从柳州赶到南宁的。那次在北京卖《绝唱:老三届》,来了好几个十几岁的孩子,他们告诉我是他们的爸爸妈妈或姑姑因为今天有事或上班来不了,特意让他们来买书的。我真是很感动,我与他们素不相识,我的书其实根本不值得他们这样的对待。我深深体会着他们给予我的这一份友谊,感受着逝去的日子在我们心中沉甸甸①的分量,感受着我们生命共同的回忆。

现在,常有人说我们这一代人太爱怀旧,有的说是优点,有的说是缺点。我们这一代人怎么能不爱怀旧呢?那个逝去的悲凉年代,已经让我们彻底地失去了青春乃至一切,只剩下这种美好的友谊,怎么能不常常念及而感怀呢?

---

① 沉甸甸:形容沉重。

况且它又是怎样温暖着、慰藉着我们在艰辛中曾经破碎的心,在忙碌和物欲横流中已经粗糙的心。这是亚里士多德所说的第三种友谊,不带势利,而伴随美德;不随时世变迁,而常青常绿。

以感情而言,我以为爱情的本质是悲剧性的,真正的爱情在世界上极其稀少甚至是不存在的,所以千万年来人们在艺术中才永无止境地讴歌和幻想它;而友谊却是存在于我们身边的,是对爱情悲剧性的一种醒目而嘹亮的反弹。爱情和人的激情是连在一起的;而友谊则是"一种均匀和普遍的热力"。这是蒙田①说的,他说得没错。从某种意义上讲,真正如亚里士多德所说的第三种友谊,不会如爱情星光般灿烂,它只是在艰辛日子里靠均匀的热力走出来的脚上的泡,而不是与生俱来或描上去的美人痣,我们这个时代的友谊因此才会从遥远的历史中走来,伴随我们的命运持久直到永远。

思考与练习

一、通读课文,简答下列问题。

1. 你知道什么样的友谊是最完美的吗?作者为什么认为"我们这一代人"的友谊是最完美的?

2. 文章中叙述了几件关于友谊的具体事例?这些事例有什么特点?每个事例叙述之后作者都抒发了自己的感慨,把它们找出来,仔细体会其中蕴含的情感。

二、品味下列句子,回答括号中的问题。

1. 我们这里的许多朋友……只是靠逢年过节这样仅仅少数几次的见面来维持友谊,但那友谊是极其牢靠的。(作者为什么这么自信?这种"牢靠"的根源在哪里?)

2. 友谊和爱情从来都是在苦难土壤中开放的两朵美丽的花。(这句话用了哪种修辞方法?这两朵美丽的花有什么异同?)

3. 我们这一代人怎么能不怀旧呢?那个逝去的悲凉年代,已经让我们彻底地失去了青春乃至一切,只剩下这种美好的友谊,怎么能不常常念及而感怀呢?(这里运用的是疑问句还是反问句?直接抒情还是间接抒情?)

4. 从某种意义上讲,真正如亚里士多德所说的第三种友谊,不会如爱情星光般灿烂,它只是在艰辛日子里靠均匀的热力走出来的脚上的泡,而不是与生俱来或描上去的美人痣。("脚上的泡"和"美人痣"这两个比喻恰当吗?你怎样理解这句话?)

---

① 蒙田(1533～1592),法国文艺复兴后期、16世纪人文主义思想家。主要作品有《蒙田随笔全集》。

三十　祭陈同甫文[①]

辛弃疾

> **学习提示**
>
> 　　辛弃疾与陈亮(字同甫)同处偏安一隅的南宋时代,同为爱国词人。相同的见解、相类的志向、相近的词风,使得两人成为志同道合、生死莫逆的挚友。陈亮一生才华横溢,雄才大略,然英雄困途,命运多舛,直至51岁才考取状元,可就在赴任途中一病不起,于第二年初忧愤离开人世。辛弃疾极为悲痛,写下了这篇情感真挚、言辞悲切的祭文。
>
> 　　文章开始盛赞陈亮的才识学问并对其终生无法施展才能的状况表示不平;接着作者加以议论说理:"人才之难,自古而然,匪难其人,抑难其天。"这几句是对志士不遇现象的概括总结,由具体到抽象,简单明了地说明其间的道理。联系陈亮的终生穷居,看似怨天,实则尤人,情理契合,相得益彰。最后叙写陈亮的突然离世以及作者痛心疾首的怀念,辞切意深,感人肺腑。
>
> 　　这篇祭文以抒情为主,议论为辅,运用散文句法写作韵文,骈散相间,错落有致。同时化用典故,驱遣自如,全文看似平铺直叙而实则波澜起伏,具有高超的艺术造诣。

[①]　陈同甫(1143~1194),原名汝能,后改名陈亮,字同甫,人称"龙川先生"。南宋思想家、文学家。婺州永康(今属浙江)人。一生饱受坎坷,却坚持抗战,多次上书论国事,反而屡次被诬入狱。著有《龙川文集》、《龙川词》。他的爱国词作能结合政治议论,自抒胸臆,慷慨激烈,气势磅礴,与辛弃疾词风相近似。辛弃疾(1140~1207),原字坦夫,改字幼安,中年名所居曰稼轩,因此自号"稼轩居士"。南宋词人。历城(今山东省济南市)人。辛弃疾存词600多首。强烈的爱国主义思想和战斗精神是辛词的基本思想内容。

呜呼,同甫之才,落笔千言,俊丽雄伟,珠明玉坚。人方窘步①,我则沛然②,庄周李白,庸敢先鞭③!

　　同甫之志,平盖万夫④,横渠少日⑤,慷慨是须⑥。拟将十万,登封狼胥⑦,彼臧马辈⑧,殆其庸奴⑨。

　　天于同甫,既丰厥禀⑩,智略横生,议论风凛⑪。使之早遇,岂愧衡伊⑫?行年五十,犹一布衣。间以才豪⑬,跌宕四出⑭,要其所厌⑮,千人一律。

　　不然少贬⑯,动顾规检⑰,夫人能之,同甫非短。至今海内,能诵三书⑱,世无杨意⑲,孰主相如⑳?

　　中更险困㉑,如履冰崖,人皆欲杀,我独怜才。脱廷尉系㉒,先多士鸣㉓,耿耿未阻㉔,厥声浸宏㉕。盖至是而世未知同甫者,益信其为天下之伟人矣!

　　呜呼,人才之难,自古而然,匪难其人,抑难其天㉖。使乖崖公而不遇㉗,安

---

① 窘步:语出《离骚》"夫唯捷径以窘步",指步履维艰,这里喻才思枯竭、文思苦涩。
② 沛然:才思横溢。
③ 庸敢:岂敢。先鞭:占先一着。
④ 平盖:超过。
⑤ 横渠:指北宋哲学家张载,凤翔眉县(今陕西眉县)横渠镇人,世称"横渠先生"。
⑥ 慷慨:报国的激昂情绪。是:助词,起宾语提前作用。须:期待,追求。张载在青年时代学习兵法,欲结客收复为西夏所侵占的洮西失地。
⑦ 封:在山上筑台祭天。狼胥:狼居胥山的简称,在今内蒙古自治区克什克腾旗一带。公元前119年,霍去病率军击退匈奴两千余里,封狼居胥山而还。
⑧ 臧:东汉臧宫,跟随光武帝刘秀征战有功,封朗陵侯。马:马援,东汉光武帝的名将,任伏波将军,封新息侯。
⑨ 殆:差不多。庸奴:奴仆。
⑩ 丰:作动词解,给以丰富。厥:他的。禀:天赋。
⑪ 横生:洋溢而出。风凛:意气风发,辞义严正。
⑫ 遇:生得逢时。衡伊:指商汤时的贤相伊尹,汤称"阿衡",后人称为"衡伊"。
⑬ 间:间或。
⑭ 跌宕四出:豪情洋溢。
⑮ 要:总的方面。厌:厌恶。
⑯ 少:稍加。贬:指收敛。
⑰ 动顾:言行。规检:规矩,法度和约束。
⑱ 三书:指陈亮在宋孝宗淳熙年间所上三封主战奏章。
⑲ 杨意:即杨得意。
⑳ 主:作主,引荐。相如:西汉辞赋家,所作《子虚赋》为汉武帝所欣赏,由杨意推荐。
㉑ 更:经历。
㉒ 脱:解除。廷尉:官名,秦时设置,掌刑狱,宋时已改称大理寺卿,这里指监狱。系:拘囚。陈亮因触怒权贵,三次被诬入狱。
㉓ 先:领先于。多士:众多士子。鸣:闻名,指宋光宗时,陈亮为进士第一。
㉔ 耿耿:指诚信的报国之心。
㉕ 浸宏:更加宏大。
㉖ 天:命运。
㉗ 乖崖公:即张咏,号乖崖公,深得宋太宗信赖。

得征吴入蜀之休绩①？太原决胜②，即异时落魄之齐贤。方同甫之约处③，孰不望夫上之人谓握瑜而不宣④。今同甫发策大廷⑤，天子亲置之第一，是不忧其不用；以同甫之才与志，天下之事孰不可为，所不能自为者天靳之年⑥！

闽浙相望⑦，音问未绝，子胡一病，遽与我诀！呜呼同甫，而止是耶？

而今而后，欲与同甫憩鹅湖之清阴⑧，酌瓢泉而共饮⑨，长歌相答，极论世事⑩，可复得耶？

千里寓辞⑪，知悲之无益，而涕不能已。呜呼同甫，尚或临监之否⑫！

附译文：

唉！同甫的文才，下笔千言，俊逸秀丽、雄壮魁伟，作品犹如宝珠的晶莹、玉石的坚贞。他人文思滞涩，同甫却才思横溢。庄周李白，谁敢同你比先！

同甫的报国之志，超群出众。如同青年时代的张载，期待着慷慨击敌。又谋划像霍去病那样领兵十万，驱敌两千里，登狼居胥山筑坛祭天。那些东汉名将臧宫、马援与你相比，几乎是无能的奴才。

老天既赋予同甫极高的禀赋，而他的智谋才略又充沛洋溢，议论时政意气风发、态度严正。倘是早受赏识，难道较商汤的伊尹惭愧不成？可是年过五十，还是一介平民。间或依靠自己的才能豪放不羁，到处行为不加检束，正因如此，招致了许多人的厌恶。

如果不是这样而稍加谦逊抑制，常常注意法度约束，那些别人能达到的名利地位，同甫绝不会达不到。至今海内之人，尚能诵读他的三封奏议，可是当今没有杨意这样的人，谁来推举这像司马相如的才俊呢？

中间更是屡遭艰险困厄，真是如履薄冰如临悬崖。别人皆欲杀之而后快，而我独爱惜他的才能。摆脱了廷尉的拘囚，先于众人鸣谏，耿耿的报国之心不再受到阻挠，他的声名与日俱增。大概到这个时候而世上尚不理解同甫的人，

---

① 入蜀：指张咏镇压四川李顺农民起义。休：美。
② 太原决胜：指宋初张齐贤建议宋太祖占领太原。
③ 约处：穷困之时。
④ 望：抱怨。宣：利用。
⑤ 发策：发出策向，策犹今之试题。大廷：朝廷之上。
⑥ 靳：吝惜。年：性命。
⑦ 闽浙相望：陈亮为浙江永康人，死时，辛弃疾在福建安抚使任上，故云。
⑧ 鹅湖：鹅湖山，在江西铅山县境内。公元1188年，陈亮到铅山拜访辛弃疾，两人同游鹅湖。
⑨ 瓢泉：在铅山县东二十五里处，因此泉形状如瓢，辛称之为"瓢泉"。
⑩ 极论：纵论。
⑪ 寓辞：寄寓在文辞之间。
⑫ 尚：庶几，表希望的副词。临监：降临观看。

也更加相信他是天下的伟人了。

唉！人才多患难，自古就是这样呀。不是难有其人，而是难在他的机遇命运。假使张咏不得机缘，怎么能建立征吴入蜀的丰功伟绩？宋太祖太原决胜，原来就是昔日失魂落魄的张齐贤起了作用。当同甫在穷困之时，谁不责怪在上位的人好比攥着美玉而不使用。而今同甫在朝廷上应试对策，天子钦定他进士第一名，这就不愁他不被重用；凭同甫的雄才壮志，天下有什么事是做不到的呢？而他自己所做不到的只是老天对他寿命的吝啬！

闽浙相邻相望，彼此间书信问候不断，怎么你就一病不起，突然这么快地同我诀别！唉！同甫啊，你就这样中止消息了吗？

从今往后，想与同甫休憩在鹅湖的树林阴翳之下，舀一瓢清泉举杯共饮，彼此长歌互答，纵论天下大事，能再有机会吗？

千里之遥将哀思寄托在祭文上，我虽知悲痛也无益于你，可我还是痛哭流涕不能自已。唉！同甫，希望你的英灵降临观看我这祭文吧！

思考与练习

一、参照注释，试着用现代汉语翻译全文。

二、解释下列句子中加点词语的含义。

1. 横渠少日，慷慨是须。
2. 智略横生，议论风凛。
3. 间以才豪，跌宕四出。
4. 人才之难，自古而然，匪难其人，抑难其天。
5. 孰不望夫上之人谓握瑜而不宣。
6. 呜呼同甫，尚或临监之否！

三、学习课文，回答下列问题。

1. 文章高度评价了陈亮的文学才华，还颂扬了他的将兵之才和治国理政的本领，可事实上陈亮终生只是一介布衣，作者这样写合适吗？为什么？

2. 第六自然段主要采用了哪种写作方法？这样写在全文中起什么作用？作者列举了张咏、张齐贤的事例想说明一个什么样的道理？

应用写作三 慰问信 表扬信

>> 范例

【范例一】

共青团中央全国青联全国学联
致邵云环、许杏虎、朱颖烈士亲属和负伤勇士的慰问信

烈士的亲属和负伤的同志们：

5月8日，以美国为首的北约悍然用导弹袭击我驻南斯拉夫联盟共和国大使馆，造成我人员重大伤亡和馆舍严重毁坏。这是对中国主权和民族尊严的粗暴侵犯，是对包括广大青年在内的12亿中国人民犯下的滔天罪行和公然挑衅。我们对新华社记者邵云环和光明日报社青年记者许杏虎、朱颖同志的壮烈牺牲表示极大的悲痛和深切的哀悼，对三位烈士的亲属和负伤的勇士表示亲切慰问，对以美国为首的北约这一丧心病狂的罪恶行径表示万分愤慨和最强烈的抗议。

邵云环、许杏虎、朱颖同志在南斯拉夫工作期间，面对北约对南斯拉夫发动的侵略战争，主持正义，尽责敬业，不畏艰险，坚持采访报道，发回了大量消息，最后以身殉职。他们是中华民族的英雄和骄傲，是全国广大青年学习的榜样，我们一定要学习他们的热爱祖国，尽责尽职，英勇无畏，无私奉献的崇高品格，把对以美国为首的北约暴行的义愤化为刻苦学习和勤奋工作的强大动力，紧密团结在以江泽民同志为核心的党中央周围，高举邓小平理论伟大旗帜，积极维护改革、发展、稳定的大局，为提高国家的综合实力，实现中华民族的伟大复兴贡献自己的青春、智慧和力量。

祝愿负伤的勇士们早日康复！

为国牺牲的烈士们永垂不朽！

共青团中央
全国青联
全国学联
一九九九年五月十三日

>> 简评

这是一封慰问信。标题表明了慰问的组织和被慰问的对象；正文内容首先说明了"我驻南使馆遭无端袭击，造成重大人员伤亡和财产损失"是写这封慰问信的背景、原因，并表达了我们的悲痛、哀悼和慰问。接着，慰问信概述了邵云环、许杏虎、朱颖同志的英雄业绩，歌颂了他们的可贵品质和高尚风格，号召广大青年以烈士为榜样，鼓励他们加倍努力，为中华民族的伟大复兴贡献青春、智慧和力量。结尾部分表达了良好的祝愿。这封慰问信体现了同志间的深情厚谊，语言亲切、自然，以情动人，使对方从中得到鼓励和慰藉。

【范例二】

表扬信

××大学：

　　我们是中国人民解放军某部一连的全体官兵。8月25日我连干部陈某的家属自安徽携幼子来部队探亲，不慎在火车站丢失了所有的现金和火车票，正当陈某母子俩万分焦急之时，你校的姚某某和韩某某同学向她们伸出援助之手，这两位同学不仅掏钱为她们买了到驻地的火车票，而且一路上为陈某母子俩买饭买菜，递茶递水，最后又为她们叫好出租车并预先付了车费，陈某母子俩这才平安到达部队驻地。

　　姚某某和韩某某同学这种助人为乐的"雷锋精神"，令我们全体指战员感动万分。我们将号召全连干部战士向这两位同学学习，在建设四化、保卫祖国的工作中奉献我们的青春，同时也希望学校领导对姚某某、韩某某同学予以表扬。

　　此致
敬礼！

某部一连全体官兵
2009年9月6日

【范例三】

表扬信

××高级中学：

　　昨天我超市从外地运回一批糕点、糖果等商品，因卡车有急事暂时先将货物卸在马路边。下午3点左右，我们正往超市仓库里搬运时，忽然雷声隆隆，豆大的雨点洒落下来。大家正急得不知所措时，放学回家的一群学生，立即投入了抢运货物的战斗。抬的抬，扛的扛，搬的搬，使我们几千元的商品免遭损坏。我们万分感激，拿出糖果表示点谢意，可他们坚决不肯接受，并且连姓名也不愿留下。

　　直到今天早晨，我们才了解到他们是贵校高一(3)班的王宁、陈飞等20名同学。他们爱国家、爱集体、做好事不留名的优秀品质使我们深受感动，我们深为祖国有这样的好接班人感到欣慰。

　　请贵校对他们的精神广为宣传，对他们的行为大力表扬！

×××超市
2010年3月12日

》》简评

　　这两则表扬信都是单位发给学校的，语气热情恳切，文字朴素精练，篇幅短小精悍。范例二和范例三都用概括叙述的语言首先交待人物事件的发生、发展过程,叙述清晰自然,条理分明,用事实说话突出了事情最本质的一方面。其次在叙事的基础上进行评价,赞颂对方所作所为的道德意义。如范例二中"助人为乐",范例三中"爱国家、爱集体、做好事不留名的优秀品质"。表扬信的公开发表,有利于弘扬正气,褒奖善良,形成良好的社会风气。另外在行文中发信人把自己真诚的谢意蕴含于字里行间,并在行文中表现出来。在结尾处,两则例文都写有希望学校予以表扬的句子。总体看来,表扬信以表扬为主,不乏感谢之意,同时也是发信人的诚恳态度与真挚的情感流露。

写作指导

慰问信和表扬信从分类上说都属于专用书信,它们都由标题、称谓、正文、结尾和落款构成。

慰问信是以组织或个人的名义向对方表示关切、问候和安慰的一种书信。标题,在第一行居中写"慰问信"、"写给×××的慰问信"或"×××致×××的慰问信";称谓,写被慰问的单位名称或个人姓名,也可加修饰语,后面可接"同志"、"先生"等,另起一行顶格写;正文内容因人因事而异,主要包括:

1.写慰问信的背景、原因。

2.概述对方的先进思想和事迹,或战胜困难,舍己为人,不怕牺牲的可贵品质和高尚风格,并向对方表示慰问和学习。

3.向对方提出希望,鼓励他们加倍努力,继续前进。

4.表示共同的愿望和决心。

结尾主要写表达良好祝愿的话语。落款即单位名称或个人姓名及日期。慰问信可直接寄给个人或单位,也可以登报或广播。使用范围广泛,针对性强,所以在内容和写法上要因人因事而异,不能千篇一律。必须要注意:态度诚恳、真切,感情要真挚,让对方感受到无限的关怀和深情厚谊;慰问信的基调要昂扬向上,应以激励和鼓舞为主,即使面对困难和不幸,也不要过于渲染悲切。同时语言要简练,表达要朴实、自然,篇幅要短小。

表扬信是用来表彰和颂扬某个单位或个人的先进思想、高尚风格或模范事迹的一种书信。可以集体写,也可以个人写,一般用大红纸抄写,张贴在被表扬的单位或个人所在的公共场所,也可以通过媒体或大会表彰。标题,在第一行居中写上"表扬信",称谓、结尾和落款的格式与慰问信类似;正文内容则一般分为三个方面:

1.交待表扬的缘由,简明扼要地叙述受表扬对象的先进思想、优秀品质及感人事迹。

2.对事实的评价和赞扬,在叙述事实的基础上,引发评价、鼓励和赞扬,并表示向先进单位和人物学习的决心。

3.建议和希望,通常独立成段。

表扬信的写作要做到:实事求是,即对被表扬的人和事的叙述一定要准确无误,既不夸大,也不缩小;评价要恰如其分,要充分反映出对方的可贵品质。语言要热情、恳切,文字要朴素、精练,篇幅要短小、精悍。除在信中给予的表扬外,也可以建议有关部门给予表彰。

写作练习

一、以教师节为题材,给本校全体教师写一封慰问信。

二、某地区某学校在地震中遭受重大损失,教室被毁,教学设备损坏严重,并造成一定的人员伤亡。请你以学生会的名义给那里的同学写一封慰问信。

三、××市××宾馆服务员林宇在一间客房里拾到一只公文包,打开一看,内有现金3万元和银行卡及若干票据。经查询,客人是香港某公司经理,来本市洽谈业务,现已赴北京联系业务。林宇将情况向领导作了汇报,并同领导一起多方查询联系,找到了这位经理。这位经理正在为丢失钱物焦急不安时,林宇将钱物分毫不差地送到他的身边,他非常感激,当即要留下5000元表示感谢,林宇坚决不肯接受。请你代这位经理给××宾馆写一封表扬信。

口语交际六　赞美与批评

表达指导

赞美与批评是日常生活、工作和人际交往中常用的口语交际形式,对建立、维护良好的人际关系,促进工作有十分重要的意义。

一、赞美

生活中,人人需要赞美,这是人类的一种天性,也是一种渴求上进,寻求理解、支持与鼓励的表现。经常听到真诚的赞美,明白自身的价值,获得社会的肯定,有助于增强自尊心、自信心,从而鼓足勇气,去开拓更为广阔的事业。

(一)赞美的作用

1.肯定价值。赞美的根本意义在于肯定对方的价值,赞美也是对对方的一种欣赏、颂扬、尊重和崇拜。在人类的天性中,有一点是共同的,那就是希望得到别人的喜欢、尊重,从而感受到自身的价值。在人类的身上,值得赞美的东西很多,即使普通人身上也有许多值得肯定的东西。因此,善于发现优点,善于赞美别人,不仅肯定了他人,也密切了人与人之间的关系。

2.催人奋进。赞美是进步的原动力,获得赞美能使人满怀信心,全力以赴,积极向上,不断进步,唯如此才不会辜负别人的一片心意。心理学家的试验表明:经常被鼓励、被赞美的学生进步最快;人们常说的"零成本激励",就是指企业管理中"赞美"的运用。一句真诚的赞美,可以使人心情愉快,信心倍增;特别对于一些遭受挫折的人,一句赞美和鼓励,甚至可以改变其一生的命运。

3.消除怨恨。"将相和"故事中,出身低微的蔺相如位居大将军廉颇之上,廉颇扬言要羞辱相如,相如称病不上朝。连门客都以相如的躲避为耻,蔺相如解释道:我连秦王都不怕,会怕廉颇吗?"夫秦以虎狼之势,而不敢加兵于赵,徒以吾两人在也"。从侧面赞扬了廉颇军事上的极大功劳。廉颇听后,感动至极,负荆请罪,二人成为刎颈之交。

4.收获友谊。赞美在给他人带来愉悦的同时,也能使自己心胸开阔。只有心胸开阔、豁达乐观的人,才能善于发现别人的优点。这样的赞美者容易获得别人的好感,别人也乐意与他相处。有人说:赞美是一种最低成本、最高回报的人际交往法宝,懂得赞美的人也是懂得交际的人。

5.替代批评。过多的批评往往会使人产生自卑心理或对抗情绪,而要一个人改正缺点的最好办法不是批评、惩戒,而是赞美和激励,以赞美代替批评,往往事半功倍。

(二)赞美的技巧

赞美是要选择适当的场合和时间,发自内心地对美好事物表示肯定的一种表达方式。要真正发挥赞美的作用,应注意以下技巧:

1.赞美出自真诚。这是赞美的先决条件。只有名符其实、发自内心的赞美,才能显示出它的光辉、它的魅力。首先,赞美的内容应是对方拥有的、真实的,而不是无中生有的,更不能把别人的缺陷、不足作为赞美的对象。其次,赞美要发自肺腑,情真意切。一大堆风马牛不相及的夸赞之辞,纯粹是一种套话,很难与谄媚划清界限。被赞美的人听到这样的话也会头皮发麻,浑身不自在。言不由衷的夸奖,一般给人留下虚伪的印象,只会增加对方的警戒心理。而诚挚的敬意和真心实意的赞美会令对方更愉快、更乐于合作。

2.捕捉可赞之处。人人都有自己的长处、自己的闪光点,有些人的长处也许不是特别明显,但只要细心观察就不难发现。比如漂亮的服饰、敏捷的思维、深刻的见解等,甚至一句话、一个动作,都有其独到之处,都可以成为赞美的对象。罗丹说过:"我们的眼睛,不是缺少美,而是缺少发现。"只要用心观察,善于发现,赞美之词就会随口而来。有一些赞美是人们常用的,如"长得好看"、"有领导能力"、"能吃苦"等。听多了效果并不好。它们只是习惯性的交往辞令,所以赞美者应该细心发现被赞美者的其他优点尽量使自己的赞美新颖一些。

3.赞美合乎时宜。善于把握时机,才能恰到好处。一是要及时,二是要适时。当发现对方有值得赞美的地方,就要及时、大胆地赞美,不要错过时机;当一个人取得成功,及时的赞美,如同锦上添花。当一个人计划做一件有意义的事,开头的赞美能增强其信心,中间的赞美能激励其斗志,最后的赞美能鼓励他再接再厉。一次宴会上,曾国藩笑听幕僚论诸帅的特点,有人说:"左帅(左宗棠)严,人不敢欺。"也有人说:"李帅(李鸿章)明,人不能欺。""那么我呢,诸位是否可以给个鉴定呢?"曾国藩突然问道。问题来得突然,又是当面议帅,众僚属面面相觑。正在尴尬之际,一位小官应声答道:"曾公仁,人不忍欺。"合座称妙。曾国藩忙说不敢,内心却很高兴。后来还找机会给那人提了官。平心而论,曾国藩的待人之道,确实是颇重诚心,而幕僚的赞美也恰到好处。

4. 了解对方好恶。赞美要因人而异,了解对方的好恶,以免适得其反。有一位非常漂亮的姑娘,总觉得时装模特是徒有其表的"衣架",因此,每当听到别人赞美她的脸蛋和身材,她总会感觉是一种侮辱。因为她较关心内在修养,认为别人对她外表的过分赞美,是暗示她内涵不够深厚。如果一对夫妇养了一个智力有些缺陷的孩子,一般情况下他们不太愿意提起孩子,这种情况下,见到他们孩子时,如果不注意,对他们苦衷不了解,习惯性地夸奖孩子如何聪明,会让人觉得话中带刺。

5. 赞美客观适度。赞美的尺度掌握得如何往往直接影响赞美的效果。恰如其分、点到为止的赞美才是真正的赞美。赞美的话要自然,不能矫揉造作,不要使用过分的词语,既要准确得体,又要优雅大方,语句清楚。而支支吾吾、犹豫不定的赞美,显然让人觉得缺乏诚意。客气话是表示你的恭敬和感激,所以也要适可而止。

6. 学会背后赞美。孙子兵法讲究虚实结合,奇正相生,除了正面赞美之外,不妨试一试背后赞美。人们对背后的坏话恨之入骨,是因为相信背后的评价更能体现人们内心的真实想法;因此,当人们知道一个人在背后赞美自己的时候,比直接告诉本人更多了一份惊喜。就会感到更加高兴。即便你曾经当面与某个人争吵,但是如果你得知对方在背后说你的好话,你多半会冰释前嫌,并对他产生好感。不必担心你的赞美他(她)听不到,世上没有不透风的墙,即便他(她)听不到,别人也会因为你在背后夸奖他人而更敬重你。

赞美的技巧、方法很多,关键在于大家在日常的生活、工作和交际中要做个"有心人",真诚的心灵,积极的态度,灵活的运用,会使你在人际交往中如鱼得水。

二、批评

(一)批评的作用

古人云:人非圣贤,孰能无过?批评就是对缺点和错误提出意见,从而帮助对方改正缺点,提高认识,形成健康的心理品质和良好的行为习惯。善意的批评是对他人的关爱、希望、信任、鼓励和鞭策。恰当的批评可以使人正确认识自己的缺点、不足,感受到他人的关爱,从而奋发向上,不断进步。真正的批评不是把人整垮,而是帮助他成长、进步。

生活中,人人需要批评,虽然并不是人人都喜欢批评,但"去掉污垢,可以使人更艳丽;去掉缺点,可以使人更完美",这是大家都喜欢的至理名言。

著名教育家马卡连柯说过:"批评不仅仅是一种手段,更应是一种艺术,一种智慧。"真正富有教育魅力的批评,不是批评者广施威风,使被批评者无地自容,而是在尊重、民主、平等的交往中帮助他人认识自我、改变自我,激发上进心,从而实现更好的发展。

(二)批评的技巧

1. 批评出自关爱。美国著名教育家爱默生说:"教育成功的秘密在于尊重学生。每一位学生都有自尊心,犯错误学生的自尊心尤其强烈而且特别脆弱。"批评必须出于善意的目的,必须以尊重对方的自尊为前提,从关爱的角度出发,让对方感受到温情、关怀,从而心悦诚服地接受批评教育,切忌意气用事,言辞过激,或采用简单粗暴的方法,这样只能激化矛盾,形成积怨。著名教育家苏霍姆林斯基说:"要成为孩子的真正教育者,就要把自己的心奉献给他们。"只有出自关爱的批评,才能以纯洁的心灵塑造出纯洁的心灵,才能收到良好的效果。

2. 批评要客观公正。批评前必须深入调查，弄清事实真相，掌握充分证据，对缺点和错误的定性准确，措辞恰当。不可捕风捉影、感情用事、小题大作，甚至上纲上线。并且要就事论事，对事不对人。

3. 批评要把握时机。批评要审时度势，综合问题性质、影响力、时间、地点、心理情绪等因素，择机而行。既不能操之过急，弄巧成拙，也不能贻误时机，时过境迁。批评一方和被批评一方情绪激烈或者有敌对情绪时，都应先进行"冷处理"，耐心地等到不良情绪缓解、趋于稳定，事情的真相清楚时再批评教育，正如《孙子兵法》上说的："善用兵者，避其锐气，击其惰归。"

批评不仅要因时制宜，还要因地制宜，研究"在什么场合的批评更有利于教育目的的达成"。人人都有自尊心，有的人心理承受能力较弱，切忌在公开场合、公共场所进行批评，否则，被批评者自尊心容易受到伤害，失去自信心。一定要注意场合，单独聊天或尽量选择人少的地方，这样以利交谈，坦诚相对，减轻被批评者的心理压力，从而达到预期的目的。

4. 批评要委婉含蓄。"良药苦口"、"忠言逆耳"的说法是告诫人们要虚心接受批评，不计较批评的方式、方法。可是谁都不愿意接受不留情面、不分场合、大发雷霆的公开批评，外国有句谚语："关键不在于你说什么，而在于你怎么说。"有位和尚有两位弟子，大弟子较懒且爱告状，有一次，师傅正在打坐，大弟子跑来说："师傅，师弟刷碗时又把碗打碎了。"师傅眼睛也没睁，开口道："你是从来不会打碎碗的。"师傅没有直接批评大弟子从不刷碗，而是间接暗示他过于懒惰，弟子听了面红耳赤。批评的方式很多，委婉含蓄则是一条有效准则，运用得当，可以做到"忠言不逆耳，老少皆喜欢"。有些批评应点到为止，切忌死缠烂打。如领导发现某位员工迟到了，就指着对方的手表问道："帮我看一下现在几点了？"这就是典型的暗示式批评。

5. 批评要褒贬有致。俗话说："良言一句三冬暖，恶语半声六月寒。"尺有所短，寸有所长。一个人犯了过失，并不等于他一无是处。美国著名企业家玛丽·凯什说："不管你要批评的是什么，都必须找出对方的长处来赞美，批评前和批评后都要这么做。这就是所谓的'三明治'策略——夹在两大赞美中的小批评。"心理学表明，批评虽然有道理，但不等于对方会接受。批评之前先赞美对方的优点，这样有褒有贬，是非分明，不仅让对方得到赞扬，而且化解了被批评者的对立情绪，使其乐于接受批评，达到预想效果。从表扬入手，就好像动手术前给病人打麻醉一样，让病人在不知不觉中得到康复。用赞美营造批评的氛围，让对方在愉悦的赞扬声中接受批评，并自觉地将之转化为动力，加倍努力，积极进步。

6. 批评要善后沟通。心理学告诉我们：人们都把批评看作贬义的，所以听到批评心里总是不舒服。批评者未必完全正确，对方也不一定心服口服，有的人可能因此自暴自弃，失去向上进取的信心和勇气；有的人因此产生隔阂、矛盾甚至怨恨。批评之后切不可置之不理，一批了事，而应留心追踪批评产生的后果，适时找被批评者个别交换意见，善于发现被批评后的进步，及时加以表扬、鼓励。让对方进一步感受到关心和爱护。

借鉴实例

一、赞美的力量

卡耐基小时候是一个公认的非常淘气的坏孩子。在他9岁的时候,父亲把继母娶进家门。当时他们是居住在弗吉尼亚乡下的贫困人家,而继母则来自较好的家庭。他父亲一边向她介绍卡耐基,一边说:"亲爱的,希望你注意这个全县最坏的男孩,他可让我头疼死了,说不定会在明天早晨以前就拿石头扔向你,或者做出别的什么坏事,总之让你防不胜防。"出乎卡耐基意料的是,继母微笑着走到他面前,托起他的头看着他,接着又看着丈夫说:"你错了,他不是全县最坏的男孩,而是最聪明、但还没有找到发泄热忱的地方的男孩。"继母说得卡耐基心里热乎乎的,眼泪几乎滚落下来。就因为这一句话,他和继母开始建立友谊。也就是这一句话,成为激励他的一种动力,使他日后创造了成功的28项黄金法则,帮助千千万万的普通人走上成功和致富的光明大道。因为在继母到来之前没有一个人称赞过他聪明。

> **简评**

卡耐基日后的成功首先得益于继母在他年少时的赞美,当一个人自身的价值得到别人的肯定和褒奖的时候,就会产生巨大的催人奋进的动力,这也就证明赞美具有强大的作用和无穷的力量。

二、肥皂水效应

美国前总统柯立芝有一位漂亮的女秘书,人虽长得很好看,但工作中却常因粗心而出错。一天早晨,柯立芝看见秘书走进办公室,便对她说:"今天你穿的这身衣服真漂亮,正适合你这样漂亮的小姐。"这句话出自柯立芝口中,简直让女秘书受宠若惊。

柯立芝接着说:"但也不要骄傲,我相信你同样能把公文处理得像你一样漂亮。"果然从那天起,女秘书在处理公文时很少出错了。一位朋友知道了这件事后,便问柯立芝:"这个方法很妙,你是怎么想出的?"柯立芝得意洋洋地说:"这很简单,你看见过理发师给人刮胡子吗?他要先给人涂些肥皂水,为什么呀,就是为了刮起来使人不觉得痛。"

> **简评**

这个故事后来被管理学界称为"肥皂水效应":就是将批评夹在赞美中。将对他人的批评夹裹在前后肯定的话语之中,减少批评的负面效应,从而使被批评者愉快地接受对自己的批评。

三、四块糖的故事

陶行知是我国近代著名的教育家。一天,时任育才小学校长的陶行知,在校园里看到一男生王友用泥块砸自己班上的同学,当即制止了他,并要他放学后到校长室去。放学了,陶行知回到办公室,王友已经等在门口准备挨训了。一见面陶行知掏出一块糖果给他,说:"这是奖给你的,因为你按时来到这里,而我却迟到了。"王友惊疑地接过了糖果。接着,陶行知又从口袋里掏出一块糖给王友,说:"这块糖也是奖给你的,因为当我不让你再打人时,你立即住手了,这说明你很尊重我,我应该奖你。"王友眼睛睁得大大的,迷惑不解地接过了糖。陶行知又掏出第三块糖,说:"我调查过了,你用泥块砸那些男生,是因为他们不守游戏规则,欺负女士。你砸他们,说明你很正直善良,有跟坏人斗争的勇气,应该奖励你啊!"听到这里,王友感动极了,他流着眼泪后悔地说:"陶校长,你打我两下吧!我错了,我砸的不是坏人,而是自己的同学呀。"陶行知满意地笑了,他随即掏出第四块糖,递给王友:"为你正确地认识错误,我再奖给你一块糖。"待王友接过糖,陶行知说:"我的糖完了,我看我们的谈话也应该结束了吧。"

>> **简评**

陶行知先生深谙批评的艺术,他用赞美和奖励替代了严肃的批评,让王友在经历惊疑、迷惑不解和流泪后悔中,认识到自己的错误。经历了这样的"批评",相信他日后一定会努力改正缺点,积极要求进步。

四、诺顿的烦恼

诺顿是英国剑桥大学的毕业生,相貌像法国影星阿兰·德龙,有漂亮的妻子和稳定的工作,但耿直的性格害苦了他。

他得罪的第一个人是他的办公室主任豪斯太太,他刚到杂志社不久,就发现豪斯太太写稿时爱脱鞋子,他很不耐烦地问其他同事,"难道你们不觉得气味难闻吗?"可以想象,谁都不肯得罪上司。但是诺顿觉得豪斯太太作为主任更应该以身作则,保持室内的空气清洁。于是他走到上司面前,不客气地说:"豪斯太太,你是否知道你在办公室脱掉鞋子对别人是一种伤害?请你穿上鞋子。"

豪斯太太吃了一惊,瞪大双眼看着诺顿。豪斯太太的尴尬自然不用说了,但是她对这位年轻人的器重,并未因此改变。为了缓和一下紧张的气氛,她顺手拿起一篇稿子递给诺顿,请他看一看有什么问题没有。诺顿过了一会,又返回到豪斯太太面前,用红笔在那篇稿子上一连标出12处错误。并且说:"错误太多了,简直没法读。"豪斯太太能高兴吗?不久,社长叫他去,告诉他。由于工作经验还比较欠缺,见习期延长半年。

在家里,每当他说妻子在牛排里放的盐多了,两人总大吵一架。他质问妻子:"为什么你不愿接受别人的批评呢?并没有冤枉你。"但是,妻子却不肯原谅丈夫,结果因为牛排有点咸就经常引来夫妻间的一场大冲突。为此,诺顿非常烦恼和痛苦。

简评

诺顿的烦恼主要原因在于他根本不懂批评的艺术,尽管讲真话、诚实是一种美德,但是绝大多数人还是难以接受不留情面的、直接的批评,因为这样的批评会使对方感觉失去了自尊,造成双方关系的隔阂,影响了良好的人际关系,甚至妨碍了事业的发展和家庭的和谐。

口语练习

一、同学之间相互赞美训练。

要求:(1)尽量指出对方的优点加以热情诚恳的赞美。

(2)猜测对方现时的心理期待予以赞美,请对方检验你是否猜对了。

(3)针对对方的"缺点"进行鼓励式赞美。

二、小胡把一份刚写完的报告交给科长,科长一看,皱眉道:"你的字怎么写成这个样子?蹩脚不说,还这么潦草,去,给我重抄一遍,一笔一画,端端正正地写。"小胡满脸通红,讪讪地走了,心里对科长充满怨恨。如果你是科长,你会怎样让小胡改正写字潦草的坏毛病?

三、你认为"避免批评和指责"和"忠言逆耳利于行"是否矛盾,为什么?

四、尝试给予你所遇到的每一个熟人以真诚的赞美,坚持一周,看看他们对你的态度有没有变化?

语文实践活动六　新词新语与流行文化

一、活动主题

我们的时代,经济快速发展,生活日新月异,新鲜事物层出不穷,"给力"、"神马"等新词让人眼花缭乱。开展此项活动,意在让学生关注现实生活,关注流行文化,提高综合素质。

二、活动目的和要求

1. 引导学生关注新文化,感知社会生活的变化,向生活学习语言。
2. 了解新词新语,能正确辨别、评价和运用新词新语,探讨新词新语产生的途径。
3. 学会查找、搜集资料的方式、方法,学会归纳分析,提高综合学习能力。
4. 加强口语练习,准确表情达意,提高表达能力。
5. 正确认识流行文化和语文学习的关系,提高对语言的感悟能力和判断能力。

三、活动内容及步骤

1. 活动导入

课上组织一次"我说新词新语"比赛,部分板书在黑板上,再由同学进行分类讨论。

示例:新词——给力、羊羔体、蒜你狠、拼爹、国考、裸购、鸭梨、围脖、下课、白色污染、玩家、驴友、蓝牙、割肉、强迫症、问责、反恐、达人秀、漫游、自主招生等。

新语——神马都是浮云。

我从不以强凌弱……我欺负他之前真不知道他比我弱。

舌头比牙齿更长寿,软件比硬件更长久。

股市猛于虎,房市猛于股。

乡总是要下的。

我爸是李刚。

理想很丰满,现实却很骨感。

小结:常见的流行语分类——社会生活、政治法律、科技、经济、旅游、环保、文化、体育、医药卫生等。

2. 布置任务

(1)将学生分成若干组,每组按类进行新词新语收集。

(2)明确新词新语的含义。

(3)探究新词新语产生的途径。

教师提示收集途径:深入现实生活、关注网络媒体、留意商业语言等。

3. 汇总交流

每个小组将收集的资料汇总上交,并进行交流。交流的方式可以多样化,建议:组员轮流发言、排演小品展示、多媒体播放解说等。

明确:示例——部分新词新语的含义

"菜鸟":就是"新手"的意思。

"886":表示"Bye-bye 喽"。

"给力":字面意思是"给予力量",引申指"酷"、"棒"、"爽"。

"围脖":"微博"的谐音,是"微型博客"的简称。

4. 讨论探究

(1)新词新语的特点。

明确:新词新语也就是流行语,是指在一定时间、一定范围内广为传播使用的语言。它的特点是内容新、概念新、形式新。

(2)新词新语产生的途径。

明确:

a.随着新事物、新现象、新观念的出现而产生的新词语。

如:卫视、解读、黑客、官二代、限购令、义工、网购、网管、新蚁连啵等。

b.旧词新用、仿拟而产生的新词语。

如:访问、菜单、枪手、偶像、漫游、晕、拍砖、养眼、杯具、油菜花、楼上楼下等。昨夜饮酒过度,误入校园深处。呕吐,呕吐,惊起鸳鸯无数。

大家要相互通融,共渡难关,我们的原则是:领导和团结各族人民共同致富!(考试作弊用语)

c.来自外语和汉语方言、数字的新词语。

如:作秀、克隆、HIGH、炒鱿鱼、哇噻、忽悠、886、VIP、3+X、雅思、披萨等。

d.词语衍生和缩略形成的新词语。

如:金领、粉领、灰领、东东、央行、可爱、GGMM、天使、央视、课改、严打、裸官等。

(3)你对新词新语的看法。

明确:新词新语是文化多元化的产物,反映了一定时期的社会文化现象。一方面,优秀的新词新语生动活泼,幽默风趣,丰富了汉语言的表现力;另一方面,一些新词新语不伦不类,晦涩难懂,阻碍着语意的表达和信息的交流,污染着汉语,降低了其表现力度。

提问:你认为对待新词新语应有什么态度呢?请各小组选出代表阐述一下自己的分析报告。

第七单元

关 爱 情 怀

单元导读

　　这是一组围绕"关爱情怀"这一主旨并以叙述和描写为主要表达方式的散文。

　　《好雪片片》中刻画了一位外表污秽、境况凄凉但心地善良的流浪老人的形象。从这个"大部分人都会投以厌恶与疑惑的眼光，小部分人则投以同情"的流浪老人的身上，作者"真正感觉到人明净的善意"，认识到"不管外表是怎样的污秽"，只要内心有"明净的善意"，那善意就会从内心深处涌现出来，从而揭示了无论境况如何都不能失掉一个人的善良本性，都要学会给他人以温暖的道理。

　　《一碗阳春面》叙写了逆境中的母子三人咬紧牙关，互相扶持，战胜困难度过艰难岁月，终于走向成功的动人故事。一碗阳春面，让我们看到一位母亲坚定的背影，两个孩子渴求的眼神，还看到面店老板和老板娘的两颗火热的善心。

　　《幼学纪事》中作者回忆了少年时期艰苦求学的经历。在叙事的过程中，对那不堪回首的黑暗年代作了深沉的思考，表达了作者对当时恶劣的政治制度的深恶痛绝和对良师益友的深挚怀念，字里行间，寄寓着对今天年轻一代的殷切希望，希望他们珍惜良时，好学上进。

　　《读碑》则给人另外一种感动，一种为建立共和国而献出生命的千百万烈士所带来的感动。作者从南泥湾九龙泉烈士纪念碑的碑刻中读懂了天安门前的人民英雄纪念碑，心中充满了悲壮感和使命感。行文跌宕起伏，语言富于感情，浪容易引起读者强烈的共鸣。

　　雷抒雁的《履痕》，不仅是一篇叙事美文，也是一篇富有哲理的文章。作者通过对妈妈为"我"做鞋的回忆,引发出对人生的诸多感悟。字里行间流淌着母爱的暖流,读来令人感动。

　　本单元还包括应用写作中的感谢信和证明信,以及口语交际——感谢与致歉。

　　感谢信和证明信都是专用书信。感谢信是得到某人或某单位的帮助、支持或关心后答谢别人的;而证明信是单位或个人出具的用来证明某人的身份、经历或某事物的真实情况的。

　　感谢与致歉是我们在日常生活中经常会使用到的口头表达的内容。感谢,是一个人在获得他人的帮助,接受他人给予的鼓励或提供的方便、恩惠、利益,使自己得到提高、进步、完善、成功之后,出于内心的感激之情,用言行向对方表达谢意的行为。而致歉则是为自己不适当或有危害的言行承认不是,承认使人受委屈或对人无礼,同时表示遗憾。而在现实生活中无论是感谢还是致歉,如何去说、去做,都是有点讲究的。

　　在本单元的语文实践活动中,我们采用问卷调查的方式对中职生上网情况进行调查,以便使学生初步掌握问卷调查的基本方式,并学会根据问卷调查的结果形成调查报告。

三十一　好雪片片①

林清玄

学习提示

　　一个卖奖券的流浪老人，房无一间，地无一垄，居无定所，食不果腹，却没有磨灭善良的本性。脏脏的外表，遮不住他明净的善意；油腻的双手，挡不住他温情的传递。循着那笨拙的双手，我们仿佛觉得那美艳的红色塑胶奖券封套，就是一簇跳跃着的火焰，烘烤着我们的心头。通读全文，想一想，留存在你记忆中的流浪老人是什么形象呢？
　　文中说"好雪片片，不落别处"，在作者看来，"好雪片片"会落何处呢？观照他人，对照自己，我们领悟到了什么？

　　在信义路②上，常常会看到一位流浪老人，即使热到摄氏三十八度的盛夏，他也着一件很厚的中山装，中山装里还有一件毛衣。那么厚的衣物使他肥胖笨重有如木桶。平常他就蹲坐在街角，歪着脖子，看来往的行人，也不说话，只是轻轻地摇动手里的奖券。
　　很少的时候，他会站起来走动。当他站起，才发现他的椅子绑在皮带上，走的时候，椅子摇过来，又摇过去。他脚上穿着一双老式的牛伯伯打游击的大皮鞋，摇摇晃晃像陆上的河马。
　　如果是中午过后，他就走到卖自助餐摊子的前面一站，想买一些东西来

---

①　选自 1994 年第 1 期《读者》。林清玄(1953～)，笔名秦情、林漓、林大悲等，台湾作家。
②　信义路：路名，位于台北市信义区。

吃,摊贩看到他,通常会盛一盒便当①送给他。他就把吊在臀②部的椅子对准臀部,然后坐下去。吃完饭,他就地睡午觉,仍是歪着脖子,嘴巴微张。

到夜晚,他会找一块干净挡风的走廊睡觉,把椅子解下来当枕头,和衣,甜甜地睡去了。

我观察老流浪汉很久了,他全部的家当③都带在身上,几乎终日不说一句话,可能他整年都不洗澡的。从他的相貌看来,应该是北方人,流落到这南方热带的街头,连最燠热④的夏天都穿着家乡的厚衣。

对于街头的这位老人,大部分人都会投以厌恶与疑惑的眼光,小部分人则投以同情。

我每次经过那里,总会向老人买两张奖券⑤,虽然我知道即使每天买两张奖券,对他也不能有什么帮助,但买奖券使我感到心安,并使同情找到站立的地方。

记得第一次向他买奖券那一幕,他的手、他的奖券、他的衣服同样的油腻污秽,他缓缓地把奖券撕下,然后在衣袋中摸索着,摸索半天掏出一个小小的红色塑胶套,这套子竟是崭新的,美艳得无法和他相配。

老人小心地把奖券装进红色塑胶套,由于手的笨拙,使这个简单动作也十分艰困。

"不用装套子了。"我说。

"不行的,讨个喜气,祝你中奖!"老人终于笑了,露出缺几颗牙的嘴,说出充满乡音的话。

他终于装好了,慎重地把红套子交给我,红套子上写着八个字:"一券在手,希望无穷。"

后来我才知道,不管是谁买奖券,他总会努力地把奖券装进红套子里。慢慢我理解到了,小红套原来是老人对买他奖券的人一种感激的表达。每次,我总是沉默耐心等待,看他把心情装进红封套,温暖四处流动着。

和老人逐渐认识后,有一年冬天黄昏,我向他买奖券,他还没有拿奖券给我,先看见我穿了单衣,最上面的两个扣子没有扣。老人说:"你这样会冷吧!"然后,他把奖券夹在腋下,伸出那双油污的手,要来帮我扣扣子,我迟疑一下,但没有退避。

---

① 便当:文中指"盒饭"之类的简易食品。
② 臀(tún):臀部,俗称屁股。
③ 家当(jiā dàng):家庭的全部财产。
④ 燠(yù)热:炎热、闷热。燠,暖、热。
⑤ 券:读 quàn。

老人花了很大的力气,才把我的扣子扣好,那时我真正感觉到人明净的善意,不管外表是怎么样的污秽,都会从心的深处涌出,在老人为我扣扣子的那一刻,我想起了自己的父亲,鼻子因而酸了。

老人依然是街头的流浪汉,把全部的家当带在身上,我依然是我,向他买着无关紧要的奖券。但在我们之间,有一些友谊,装在小红套里,装在眼睛里,装在不可测的心之角落。

我向老人买过很多很多奖券,多未中过奖,但每次接过小红套时,我觉得那一时刻已经中奖了,真的是"一券在手,希望无穷"。我的希望不是奖券,而是人的好本质,不会被任何境况所淹没。我想到伟大的禅师庞蕴①说的:"好雪片片,不落别处!"这是我们生活中的好雪,明净之雪也是如此,在某时某地当下即见,美丽地落下,落下的雪花不见了,但灌溉了我们的心田。

思考与练习

一、写错别字的原因有很多,最常见的是因读音或字形相似而导致的错误。仔细观察下列各组词语,把没有错别字的一组选出来。

1. 厌恶　　蹲坐　　便当　　燠热
2. 疑惑　　斩新　　笨拙　　油溺
3. 坚困　　慎重　　沉陌　　耐心
4. 迟疑　　退辟　　污秽　　灌概

二、按照提示和要求,完成下列各题。

1. "券"、"恶"、"禅"三个字是多音字。用音序查字法,看看下列各句中的"券"、"恶"、"禅"应该怎么读,并把查字典的具体步骤写出来。

①对于街头的这位老人,大部分人都会投以厌恶与疑惑的眼光,小部分人则投以同情。

②我觉得那一刻已经中奖了,真的是"一券在手,希望无穷"。

③我想到伟大的禅师庞蕴说的:"好雪片片,不落别外!"

2. "臀"这个字,有人读作"diàn",有人读为"tún"。若运用"部首查字法"查找它的正确读音,应该经过哪些步骤?

三、作者说:"我们生活中的好雪,明净之雪也是如此,在某时某地当下即见,美丽地落下,落下的雪花不见了,但灌溉了我们的心田。"请问"生活中的好雪,明净之雪"在文中象征着什么呢?这些"好雪"最终落在了什么地方?

四、阅读下面的文字,捕捉有关信息,回答后面的问题。

---

① 庞蕴:字道玄,世号庞居士,衡州衡阳(今湖南衡阳)人。

单纯是灵魂中的一种正直无私的品质。与真诚比起来,单纯显得更高尚、更纯洁。许多人真挚诚恳,但不单纯。他们怕遭人误解,唯恐自己的形象受到损害。他们时时关注自己,反躬自省,处处斟字酌句、谨慎小心。在待人接物上他们总担心过头,又怕有所不足。这些人真心诚恳,却不单纯。他们难以同人坦然相处,别人对他们也小心拘谨。他们的弱点在于不坦率、不随意、不自然。而我们则更宁愿同那些谈不上多么正直,多么完美,但没有虚情矫饰的人结交相处。这几乎已成为世人的一条准则,上天似乎也以此为标准对人做出判断。上天不希望我们如对镜整容一般,用太多的心思来审视自身。

1.在作者看来,怎么做才算是真正意义上的单纯呢?

2.文中与"上天不希望我们如对镜整容一般,用太多的心思来审视自身"一句意思大致相同的语句有哪些?

3.有人说"单纯就是一种幼稚",你认可这种说法吗?结合文中"单纯是灵魂中一种正直无私的品质"这句话,谈谈自己的看法。

五、课文中的流浪老人"明净的善意"深深地感动了"我",使"我想起了自己的父亲,鼻子因而酸了"。读过课文后,你有什么感触?把它写下来,以"别样的感动"为主题,办一期班级小报。

三十二　一碗阳春面①

栗良平

学习提示

《一碗阳春面》，原名《一碗清汤荞麦面》。这篇小说体现了亲情的美，人性的美：通过讲述母子三人在困难的处境中坚强奋斗、互相激励的故事，动人地表现了团结、向上、不屈、奋争的主题。这碗面里，让我们看到了面对逆境的生活勇气，让我们看到了自强不息、拼搏进取的精神，同时也让我们看到了浓浓的人情味。

同学们，在人生的道路上免不了有挫折、有磨难，只要我们有了这种自强不息、团结合作、奋发向上的精神，以赤诚热烈的心胸去拥抱生活、迎接生活的挑战，我们一定会赢得光明灿烂的未来！

对于面馆来说，最忙的时候，要算是大年夜②了。北海亭面馆的这一天，也是从早就忙得不亦乐乎。

平时直到深夜十二点还很热闹的大街，大年夜晚上一过十点，就很宁静了。北海亭面馆的顾客，此时也像是突然都失踪了似的。

就在最后一位顾客出了门，店主要说关门打烊③的时候，店门被咯吱咯吱地拉开了。一个女人带着两个孩子走了进来。六岁和十岁左右的两个男孩

---

① 栗良平，日本作家。本名伊藤贡，北海道砂州市人。在综合医院任职10年。高中时代曾翻译安徒生童话而引起对口述童话的创作兴趣。他利用业余时间，收集400多篇民间故事，以各地方言，亲自巡回讲述，并主办"栗子会"，以"大人对小孩说故事"为主题，展开全国性的说故事活动。主要发表的作品有《纺织公主》《又听到二号汽笛》《穿越战国时代的天空》等多种。以《一碗阳春面》而成为儿童类畅销作家。

② 日本的风俗，除夕夜一定要吃面。

③ 打烊(yàng)：商店晚上关门停止营业。

子,一身崭新的运动服,而女人却穿着不合时令的斜格子的短大衣。

"欢迎光临!"老板娘上前去招呼。

"呃……阳春面……一碗……可以吗?"女人怯生生地问。那两个小男孩躲在妈妈的身后,也怯生生地望着老板娘。

"行啊,请,请这边坐,"老板娘说着,领他们母子三人坐到靠近暖气的二号桌,一边向柜台里面喊着,"阳春面一碗!"

听到喊声的老板,抬头瞥了他们三人一眼,应声答道:"好——咧! 阳春面一碗——"

案板上早就准备好的,堆成一座座小山似的面条,一堆是一人份。老板抓了一堆面,继而又加了半堆,一起放进锅里。老板娘立刻领悟到,这是丈夫特意多给这母子三人的。

热腾腾、香喷喷的阳春面放到桌上,母子三人立即围着这碗面,头碰头地吃了起来。

"真好吃啊!"哥哥说。

"妈妈也吃呀!"弟弟挟了一筷面,送到妈妈口中。

不一会,面吃完了,付了150元钱。

"承蒙款待。"母子三人一起点头谢过,出了店门。

"谢谢,祝你们过个好年!"老板和老板娘应声答道。

过了新年的北海亭面馆,每天照样忙忙碌碌。一年很快过去了,转眼又是大年夜。

和以前的大年夜一样,忙得不亦乐乎的这一天就要结束了。过了晚上十点,正想关门打烊,店门又被拉开了,一个女人带着两个男孩走了进来。

老板娘看到那女人身上的那件不合时令的斜格子短大衣,就想起去年大年夜那三位最后的顾客。

"……呃……阳春面一碗……可以吗?"

"请,请里边坐,"老板娘将他们带到去年的那张二号桌,"阳春面一碗——""好咧,阳春面一碗——"老板应声回答着,并将已经熄灭的炉火重新点燃起来。

"喂,孩子他爹,给他们下三碗,好吗?"

老板娘在老板耳边轻声说道。

"不行,如果这样的话,他们也许会尴尬①的。"

老板说着,抓了一人半份的面下了锅。

---

① 尴尬(gān gà):处境困难,不好处理。

桌上放着一碗阳春面,母子三人边吃边谈着,柜台里的老板和老板娘也能听到他们的声音。

"真好吃……"

"今年又能吃到北海亭的阳春面了。"

"明年还能来吃就好了……"

吃完后,付了150元钱。老板娘看着他们的背影:"谢谢,祝你们过个好年!"

这一天,被这句说过几十遍乃至几百遍的祝福送走了。

随着北海亭面馆的生意兴隆,又迎来了第三年的大年夜。

从九点半开始,老板和老板娘虽然谁都没说什么,但都显得有点心神不定。十点刚过,雇工们下班走了,老板和老板娘立刻把墙上挂着的各种面的价格牌一一翻了过来,赶紧写好"阳春面150元",其实,从今年夏天起,随着物价的上涨,阳春面的价格已经是200元一碗了。

二号桌上,早在30分钟以前,老板娘就已经摆好了"预约席"的牌子。

到了十点半,店里已经没有客人了,但老板和老板娘还在等候着那母子三人的到来。他们来了。哥哥穿着中学生的制服,弟弟穿着去年哥哥穿的那件略有些大的旧衣服,兄弟二人都长大了,有点认不出来了。母亲还是穿着那件不合时令的有些褪色的短大衣。

"欢迎光临。"老板娘笑着迎上前去。

"……呃……阳春面两碗……可以吗?"母亲怯生生地问。

"行,请,请里边坐!"

老板娘把他们领到二号桌,一边若无其事的将桌上那块预约牌藏了起来,对柜台喊道:

"阳春面两碗!"

"好咧,阳春面两碗——"

老板应声答道,把三碗面的份量放进锅里。

母子三人吃着两碗阳春面,说着,笑着。

"大儿,淳儿,今天,我做母亲的想要向你们道谢。""道谢?向我们?……为什么?"

"实在是,因为你们的父亲死于交通事故,生前欠下了八个人的钱。我把抚恤金全部还了债,还不够的部分,就每月五万元分期偿还。"

"这些我们都知道呀。"

老板和老板娘在柜台里,一动不动地凝神听着。

"剩下的债,到明年三月还清,可实际上,今天就已经全部还清了。"

"啊,这是真的吗,妈妈?"

"是真的。大儿每天送报支持我,淳儿每天买菜烧饭帮我忙,所以我能够安心工作。因为我努力工作,得到了公司的特别津贴,所以现在能够全部还清债款。"

"好啊!妈妈,哥哥,从现在起,每天烧饭的事还是我包了!""我也继续送报。弟弟,我们一起努力吧!"

"谢谢,真是谢……谢……"

"我和弟弟也有一件事瞒着妈妈,今天可以说了。这是在十一月的星期天,我到弟弟学校去参加家长会。这时,弟弟已经藏了一封老师给妈妈的信……弟弟写的作文如果被选为北海道的代表,就能参加全国的作文比赛。正因为这样,家长会的那天,老师要弟弟自己朗读这篇作文。老师的信如果给妈妈看了,妈妈一定会向公司请假,去听弟弟朗读作文,于是,弟弟就没有把这封信交给妈妈。这事,我还是从弟弟的朋友那里听来的。所以,家长会那天,是我去了。"

"哦,原来是这样……那后来呢?"

"老师出的作文题目是,你'将来想成为怎样的人',全体学生都写了,弟弟的题目却是《一碗阳春面》,一听这题目,我就知道写的是北海亭面馆的事。弟弟这家伙,怎么把这种难为情的事写出来,当时我这么想着。"

"作文写的是,父亲死于交通事故,留下一大笔债。母亲每天从早到晚拼命工作,我去送早报和晚报……弟弟全写了出来。接着又写,十二月三十一日的晚上,母子三人吃一碗阳春面,非常好吃……三个人只买一碗阳春面,面馆的叔叔阿姨还是很热情地接待我们,谢谢我们,还祝福我们过个好年。听到这声音,弟弟的心中不由地喊着:不能失败,要努力,要好好活着!因此,弟弟长大成人后,想开一家日本第一的面馆,也要对顾客说,努力吧,祝你幸福,谢谢。弟弟大声地朗读着作文……"此刻,柜台里竖着耳朵,全神贯注听母子三人说话的老板和老板娘不见了。在柜台后面,只见他们两人面对面地蹲着,一条毛巾,各执一端,正在擦着夺眶而出的眼泪。

"作文朗读完后,老师说,'今天淳君的哥哥代替他母亲来参加我们的家长会,现在我们请他来说几句话……'"

"这时哥哥为什么……"弟弟疑惑地望着哥哥。

"因为突然被叫上去说话,一开始,我什么准备也说不出……诸君一直和我弟弟很要好,在此,我谢谢大家。弟弟每天做晚饭,放弃了俱乐部的活动,中途回家,我做哥哥的,感到很难为情。刚才,弟弟的《一碗阳春面》刚开始朗读的时候,我感到很丢脸,但是,当我看到弟弟激动地大声朗读时,我心里更感到羞愧,这时我想,绝不能忘记母亲买一碗阳春面的勇气,兄弟们,齐心合力,为保护我们的母亲而努力吧!从今以后,请大家更好地和我弟弟做朋友。我就说这些……"母子三人,静静地,互相握着手,良久。继而又欢快地笑了起来。和去年相比,像是完全变了模样。

作为年夜饭的阳春面吃完了,付了300元。

"承蒙款待。"母子三人深深地低头道谢,走出了店门。

"谢谢,祝你们过个好年!"

老板和老板娘大声向他们祝福,目送他们远去……

又是一年的大年夜降临了。北海亭面馆里,晚上九点一过,二号桌上又摆上了预约席的牌子,等待着母子三人的到来。可是,这一天始终没有看到他们三人的身影。

一年,又是一年,二号桌始终默默地等待着。可母子三人还是没有出现。

北海亭面馆因为生意越来越兴隆,店内重又进行了装修。桌子、椅子都换了新的,可二号桌却依然如故,老板夫妇不但没感到不协调,反而把二号桌安放在店堂的中央。"为什么把这张旧桌子放在店堂中央?"有的顾客感到奇怪。

于是,老板夫妇就把"一碗阳春面"的故事告诉他们。并说,看到这张桌子,就是对自己的激励。而且,说不定哪天那母子三人还会来,这个时候,还想用这张桌子来迎接他们。

就这样,关于二号桌的故事,使二号桌成了幸福的桌子。顾客们到处传颂着,有人特意从老远的地方赶来,有女学生,也有年轻的情侣,都要到二号桌吃一碗阳春面。二号桌也因此名声大振。

时光流逝,年复一年。这一年的大年夜又来到了。

这时,北海亭面馆已经是这条街商会的主要成员,大年夜这天,亲如家人的朋友、近邻、同行,结束了一天的工作后,都来到北海亭,在北海亭吃了过年面,听着除夕夜的钟声,然后亲朋好友聚集起来,一起到附近神社去烧香磕头,以求神明保佑。这种情形,已经有五六年了。今年的大年夜当然也不例外。九点半一过,以鱼店老板夫妇捧着装满生鱼片的大盘子进来为信号,平时的街坊好友三十多人,也都带着酒菜,陆陆续续地会集到北海亭。店里的气氛一下子热闹起来。

知道二号桌由来的朋友们,嘴里没说什么,可心里都在想着,今年二号桌也许又要空等了吧?那块预约席的牌子,早已悄悄地放在了二号桌上。

狭窄的座席之间,客人们一点一点地移动着身子坐下,有人还招呼着迟到的朋友。吃着面,喝着酒,互相挟着菜。有人到柜台里去帮忙,有人随意打开冰箱拿东西。什么廉价出售的生意啦,海水浴的艳闻趣事啦,什么添了孙子的事啦。十点半时,北海亭里的热闹气氛达到了顶点。就在这时,店门被"咯吱咯吱"地拉开了。人们都向门口望去,屋子里突然静了下来。

两位西装笔挺、手臂上搭着大衣的青年走了进来。这时,大伙才都松了口气,随着轻轻的叹息声,店里又恢复了刚才的热闹。

"真不凑巧,店里已经坐满了。"老板娘面带歉意地说。

就在拒绝两位青年的时候,一个身穿和服的女人,深深低着头走了进来,站在两位青年的中间。店里的人们,一下子都屏住了呼吸,耳朵也都竖了起来。

"呃……三碗阳春面,可以吗?"穿和服的女人平静地说。

听到这话,老板娘的脸色一下子变了。十几年前留在脑海中的母子三人的印象,和眼前这三人的形象重叠起来了。

老板娘指着三位来客,目光和正在柜台里忙碌的丈夫的目光撞到一处。

"啊,啊……孩子他爹……"

面对着不知所措的老板娘,青年中的一位开口了。

"我们就是十四年前的大年夜,母子三人共吃一碗阳春面的顾客。那时,就是这一碗阳春面的鼓励,使我们三人同心合力,度过了艰难的岁月。这以后,我们搬到母亲的亲家滋贺县去了。""我今年通过了医生的国家考试,现在京都的大学医院当实习医生。明年四月,我将到札幌的综合医院工作。还没有开面馆的弟弟,现在京都的银行里工作。我和弟弟商量,计划着生平第一次的奢侈行动①。就这样,今天我们母子三人,特意到札幌的北海亭来拜访,想要麻烦你们煮三碗阳春面。"

边听边点头的老板夫妇,泪珠一串串地掉下来。

坐在靠近门口的蔬菜店老板,嘴里含着一口面听着,直到这时,才把面咽了下去,站起身来。

"喂喂! 老板娘,你呆站在那里干什么? 这十几年的每一个大年夜,你不是都为等待他们的到来做好了准备吗? 快,快请他们入座,快!"被蔬菜店老板用肩头一撞,老板娘才清醒过来。

"欢……欢迎,请,请坐……孩子他爹,二号桌阳春面三碗——"

"好咧——阳春面三碗——"泪流满面的丈夫差点应不出声来。

店里,突然爆发出一阵不约而同的欢呼声和鼓掌声。

店外,刚才还在纷纷扬扬飘着的雪花,此刻也停了。皑皑白雪映着明净的窗子,那写着"北海亭"的布帘子,在正月的清风中,摇着,飘着……

---

① 札幌是面馆所在地。京都到札幌,路途遥远,车费昂贵,所以有"奢侈"的说法。

思考与练习

一、文章中四个吃面的场面是孤立的,还是有联系的?为什么这样安排?

二、对下面句子理解正确的选项是(　　)

热腾腾、香喷喷的阳春面放到桌上,母子三人立即围着这碗面,头碰头地吃起来。

A. 母子三人处于极度饥饿状态,所以吃起来格外香。

B. 母子三人又冷又饿,所以头碰头地吃。

C. 三人不愿把吃一碗面的窘相让别人看到,表现出一种强烈的自尊。

D. "头碰头"吃面,不仅显示了母子亲情,同时暗示出三人勇于面对困境,齐心协力同渡难关的精神。

三、试分析下面句中省略号的作用

①"……唔……阳春面……一碗……可以吗?"

②被蔬菜店老板用肩一撞,老板娘这才清醒过来。"欢……欢迎,请,请坐……孩子他爹,二号桌阳春面三碗——"

四、第三次吃面时,作者才安排了揭示主题的母子三人的对话情节。请问作者为什么不把这一情节安排在第一次吃面的时候?

三十三　幼学纪事[①]

于是之

学习提示

> 文章紧扣"幼学"二字，回忆了少年时期艰苦求学的经历。读了本文，你会感觉到过去的劳动人民所经历的苦难和执著的追求，你能领会到这些往事对今天的年轻一代仍有启迪意义。
>
> 文章的叙事很有特色。一是精心选材，突出重点。文章分为四个部分，每一部分侧重叙述一个方面的内容，有概括介绍，也有具体描述，以叙事为主，兼及写人，求学的艰苦如在眼前。二是顺序合理，脉络清楚。文章以"求学"为线索，以时间先后为顺序，把四个部分的内容紧紧联系在一起，条理分明。阅读时要理清课文的内容，弄清各部分之间的内在联系，注意文章的记叙顺序。
>
> 文章运用第一人称叙述，多用口语，通俗、亲切，在幽默的话语背后，流露出辛酸之情，使读者深受感染。阅读时要注意感悟这些有特色的语句，细细体会作者的思想感情。

一

我出生于一个完全没有文化的家庭，跟着寡居[②]的祖母和母亲过日子。她们都一字不识。那时形容人们无文化，常说他们连自己的名字也写不出来。

[①]　选自《中国青年》1983年第5期，经作者同意，作了删改。于是之，当代著名话剧表演艺术家。原籍天津，1927年出生于河北唐山。
[②]　寡居：指妇女丧夫独居。

我的祖母和母亲则更彻底,她们压根儿①就没有名字。

家里的藏书每年一换,但只有一册,就是被俗称为"皇历"的那本历书。她们只能从书里的图画中数出当年是"几龙治水",借以预测一年的天时。至于全年二十四个节气都发生在哪一天和什么时辰,编书人未能画成图像,她们自然也就辨认不出了。直到我上小学,家里上两代人的这个困惑才算解除,"皇历"也才得到了比较全面的利用。

真的,不要小看小学生。在我住过的那个杂院里,出个小学生,就算得上个知识分子。比如同院拉洋车的老郝叔,孩子多,拉了饥荒②要"请会"(一种穷人之间的经济上的互助活动,但要出利息),就找到了我,叫我帮他起草一个"请会"的"通知",其中包括本人遇到什么困难,为什么要发起这个活动,将要怎么办等内容。那时我顶多不到三年级,怎么写得了!但老郝叔鼓励我:"你照我说的写,他们都懂。"我于是拿了毛笔、墨盒伏在老郝叔的炕上(他家无桌),炕上只有一张席,硬而且平,伏在上面写字是极方便的。就这样,他说我写,不大会儿的工夫,居然写出来了。随后又抄了若干份分别送出。"凡著诸竹帛者皆为文学",讲起文学的定义来,是有这么一说的。那么,我替老郝叔起草的这篇"通知",无疑是一篇为人生的文学了,何况还分送出去,也算是发表了的呢!这篇出自老郝叔的心与口的好文章,我现在竟一句也记不起来了。老郝叔又早已作古③。他无碑、无墓,所有的辛劳都化为汗水,洒在马路和胡同的土地上,即刻也就化为乌有。但对老郝叔,我老是不能忘记,总觉得再能为他做些什么才可以安心似的。

二

一个人的读书习惯,依我看,总是靠熏陶渐染逐步养成的,这就需要一个稍微好些的文化环境。我的家庭和所住的杂院,教给了我许多学校里学不到的知识,但就培养读书习惯而言,那不能说是好的文化环境。我正经上学只念到初中,且功课不好。虽然读了《苦儿努力记》④,但也没收到立竿见影的效果。一道稍微繁难的算术题,我憋住了,能找谁去?杂院里是没有这样的老师的。我后来之所以还喜欢读点书,全靠我幸运地遇到了许多校内外的良师益友。

开始叫我接近了文艺的是孔德小学的老师们。

---

① 压根儿:根本,本来。
② 拉了饥荒:拖欠了债务。
③ 作古:去世。
④ 《苦儿努力记》:法国作家莫奈德的一部长篇小说,写的是苦孩子路美,遭遇了许多不幸,却百折不回,终于有所成就的故事。

有一次,一位眼睛近视得很厉害而又不戴眼镜的老师,把我们几个同学招呼到他的宿舍里去,给我们诵读《罪恶的黑手》①。他屋里哪儿都是书,光线显得很暗,所以他需要把诗集贴近鼻尖才能读得出。他的声音不洪亮,也无手势,读得很慢,却很动人。长大以后,我再没去读这首诗,然而它给我的印象,却始终留在脑海里。这位老师不久就不见了。当时,他为什么会有这样的兴致叫几个孩子去听这首诗呢?我至今也不明白。每当路过孔德旧址,我还常常想起他来,我总觉得他或者是一位诗人,或者是一位革命者,老幻想着有一天会碰上他。

还有一位美术老师,是卫天霖先生。他是一位大画家,可是那时我们却全然不懂他的价值。

孔德学校有一间美术教室,小学部、中学部共用,无论大小学生一律要站在画架子前上美术课。先是铅笔画,铅笔要"6B"的,还要带上橡皮。后是学用炭条作画,炭条消耗大,向家里要钱时,已从大人的脸上窥出几分难色;待知道了擦炭笔画不能用橡皮而必须用烤过的面包时,我便不敢再回家去说了。记不清是我个人没学着炭笔画,还是卫先生更换了教法,反正是这个阶段不长,后来就改学画水彩。不管我是否买得起炭条和面包,但卫先生这种在一两年内,多种画法都叫孩子们尝试一遍的做法,我是拥护的。

卫先生还有一种教法,我们当时也很喜欢。开始是静物写生,画小瓶小罐之类。过了一阵以后,又叫我们到户外去,先画校园里头,后来就去东华门外的筒子河。孩子们对跑出去画画快活无比。我们画,卫先生跟着看,他也好像很高兴。一次写生,我画的地方前边是许多槐树,后边是一排矮松,再往后则是满墙的爬山虎。当时只知道看见的都要画上,哪里懂虚、实、疏、密这许多深奥的道理!结果,我的画画满了绿树、绿蔓、绿叶、绿茎,简直是绿得不可开交,一塌糊涂。谁知这时候卫先生正站在我身后看,我扭头看见他,笑了。他看着我和我的那幅绿色作品,也笑了,而且还称赞了我。到底是称赞我的什么呢?是有几处画得好,还是勇气可嘉,什么都敢画,或者根本就不是称赞,只是一种对于失败者的无可奈何的安慰?当时我可没想这么多,反正是被老师夸了,就觉得了不起,就还要画。

此后,我对画画的兴趣越来越浓,差不多延续到上初中一年级的时候。

对于卫天霖先生,我并不是为写这篇文章才想起他来的。时间还要早十来年。那时,首都剧场附近有一阵颇贴了一些所谓"揭露"卫先生"罪状"的印

---

① 《罪恶的黑手》:诗人臧克家早期的代表作,写于1933年。这首诗以帝国主义在中国修建教堂为题材,揭露了他们在宗教外衣掩盖下的罪恶行径,表现了工人群众生活的苦难及其巨大的变革力量。

刷品。大家在那个动乱的年代里,都学会了一种本事,就是能够在通篇辱骂的文字里看出一个人的真价值来。我也正是从那些印刷品里才知道,原来第一个引导我接近了艺术的竟是这样一位大人物,我不禁骄傲了。

前两年,美术馆举办了先生的画展,我去看了。我在先生的自画像前,伫立了许久。他并没有把自己画得如何地色彩斑斓,还是他教我们时那样的平凡。我不知道美术界里对他是怎样评价,我只觉得他曾是一位默默的播种者,他曾在孩子们的心里播下了美的种子。而美育,我以为,对孩子们的健康成长是非常重要的。

三

从十五岁那年起,我就上不起学了。

我上学是由本家①供给的。那时祖母已殁②,只剩下母亲和我。本家们有的给我们些钱,贴补吃喝;有的给我们间房住;有的灵活些,告诉我们什么时候缺吃的了,到他家去,添两双筷子总还可以;而有一家就是专门供我一年两次的学费。十五岁以前,我受到的就是这么一种"集体培养"。但是,就在那年的冬天,这位本家来到母亲和我的屋里。

"干什么呢?"他问。

"温书,准备寒假考试。"我答。

"别考了。现在大伙都不富裕,你也不小了,出去找点事做吧。"

我沉默了,母亲也无言。吃人嘴短,还能说什么呢?于是我合上了笔记本和书,从此结束了我的学生生涯。

"找点事做",那时很难。先要买些"履历片③"回来填写,写好后再托本家、亲戚四面八方找门路,呈送上去。回音,大都是没有的,但是要等待。母子两个茫茫然地等着,等着一个谁也不愿多想的茫茫然的未来。

茫然中还是有事可做的。子承母业,去当当④。比每天上学稍晚的时间,便挟个包去当铺⑤,当了钱出来径直奔粮店买粮。家底单薄,当得的钱,只够一天的"嚼裹儿⑥",计:棒子面一斤,青菜若干,剩下的买些油盐。当得无可再当了,便去押"小押"。那是比当铺更低一等,因此也是更加苛酷的买卖。他们为

---

① 本家:指同一个宗族的人。
② 殁(mò):死。
③ 履历片:填写个人经历的卡片。
④ 当当(dàng dàng):到当铺当东西。
⑤ 当铺:专门收取抵押品而借款给人的店铺。借款多少,按抵押品的估价而定。到期不赎,抵押品就归当铺所有。
⑥ 嚼裹儿:北京方言,指生活费用。

"方便"穷人计,可以不收实物,拿了当铺的"当票①"就能押。押得无可再押了,仍旧有办法,就是找"打小鼓的"把"押票"再卖掉。卖,就更"方便"了。每天胡同里清脆的小鼓声不绝如缕,叫来就可以交易。一当二押三卖,手续虽不繁难,我和母亲的一间小屋里可就渐渐地显露出空旷来,与老郝叔的家日益接近。

四

或者我是个侥幸者,或者生活本来就是由许多的"偶然"所铸成的。辍学以后,在过着"一当二押三卖"的日子里,我居然进入了当时的最高学府——辅仁大学中文系,当了一阵子一文不花的大学生。那是由于有几位好友,和我们住得邻近,他们比我年纪大些,都是那所高等学府的学生。他们同情我的境遇,于是就夹带着我混进了辅仁大学。事是好事,但头一天我一进校门,就觉出浑身上下都不自在起来,眼睛只敢看地板,看楼梯。好像是走了一段很长的路,才进了教室。教室里学生们大部已经就座,只有我兀立②一旁,这就更增加了我的紧张。我真想掉头归去,回到我的家,回到我或当、或押、或卖的"自由"的生活中去。我热心的好友走去找他的几个同学,只见他们喊喊喳喳了一阵以后,就指着一个空位子告诉我:"你今天先坐这儿吧。"我于是坐下。心想,我明天坐哪儿呢?果然,第二天我就更换了一个地方。此后天天如是,先是我浑身不自在地进入教室,他们则照例要喊喊喳喳一阵,而后为我指出一个安身的所在。

尽管是这样,然而听课还是令我神往。现在记得起的是一位孙教授讲秦少游③,一位顾教授讲辛弃疾。从他们精到④的讲解里,我领略出这些大词人的妙处:他们能在婉约近人的文字中抒发出忧国、爱国的深情以至豪情来。多么美呀,多么精巧啊,我们祖国的语言!每一个字,每一个音节,都像是一个可爱的小精灵,只要你调度得当,它就能把你心里的最细微的情绪表达出来!

听课虽然有趣且令人神往,但内心的恐惧却不容易消除。日久天长,我才明白,高等学府里的教授们是不管点名的。学生们都有固定的位子,点名的人只能在窗外,看位子空着的便画"旷课",位子上只要坐着人,不管是谁,他便画"到"。我之所以能坐上位子,而位子又须每天更换,就是由于每天总免不了有

---

① 当票:当铺所开的单据,上面写明抵押品和抵押的钱数,到期凭当票赎取抵押品。
② 兀立:直立。
③ 秦少游:北宋词人,名观,字少游。他的文词为苏轼所赏识,是"苏门四学士"之一。
④ 精到:精细周到。

人旷课的缘故。但在当时,我于听课神往之余,心里总不免于忐忑①,谁知道那些花了钱的学子什么时候会突然闯进教室把我撵走呢?因此,我那时常生做贼之感,觉得自己是一个偷窃知识的人。

此后,靠朋友们的帮忙,我终于找到了一个职业。那时我只有十六岁,而我的同事们,比起我的年龄来,翻一番的寥寥可数,多数都是翻了两番以上的老头子们。他们同我无话可讲,我也只能报之以沉默。虽然有了职业,但并不足以糊口,前途依旧茫然。只是偶然在一根电线杆子上的招生广告里,我又为自己找到了生活的希望。

就在我做事的地方附近,有一家中法汉学研究所,广告上说那里要办一个法文研究班,每周晚上开两堂法语课。一个"汉学",一个"法语",再加上是个夜校,这对我简直是个天赐的机缘。于是我去报名了。经过口试,我说了我对"汉学"和"语言"的兴趣,很快便通知我被录取了。从此,我又进入了另一所特殊的高等学府。

这个夜校简直是一座法兰西文学的殿堂。头一年照例是从字母念起,学些简单的对话和短文。第二年选文里可就出现了莫里哀②和雨果。依次读下去,到了最后的一年,就读到了19世纪末的散文和诗。教授讲得津津有味,学生们也听得入神。以至于在上课时,我竟仿佛觉得自己已近"雅人"。但是,在课前和课后,我却不能不继续过我的"俗人"的生活。

我那时住在北京西单,每天需步行过北海大桥,才能到达近东四我上班的地方。平时只带一顿午饭,不过是窝头、小菜之类。赶到上夜校时,就需带上晚餐了。把窝头带进法兰西文学的殿堂,已经很不协调,更何况"殿堂"里是只烧暖气而不生炉火的。到了冬天,暖气烤不了窝头,冷餐总不舒服。幸好,"殿堂"之外的院子里有一间小厕所。为了使上下水道不至于受冻,那里面安着一个火炉。于是这厕所便成了我的餐厅。把窝头掰为几块,烤后吃下,热乎乎的,使我感到了棒子面原有的香甜。香甜过后,再去上课,听的偏是菩提树、夜莺鸟这样的诗情。下课以后,又需步行回家。天高夜冷,静得可以听见自己的足音。且走且诵,路成了我最好的温课的地方。早晨上班也一样,将生字写在小纸片上,看一眼就可以背一会子,也发生不了什么交通事故。据我那时的经验,从西单走到东四,少说可以背下四五个单词来。

"蓬生麻中,不扶而直;白沙在涅,与之俱黑③。"我衷心地喜欢这两句话,读

---

① 忐忑(tǎn tè):心神不定。
② 莫里哀(1622~1673):法国17世纪喜剧作家,代表作有《伪君子》、《唐璜》、《悭吝人》等。
③ 蓬生麻中,不扶而直;白沙在涅,与之俱黑:出自《荀子·劝学》,意思是蓬草生在麻中(麻茎最直),不待扶持就能长得很直;白色的沙砾落在泥里,就同泥一样黑了。涅,黑泥。

起来总感到亲切。我庆幸自己在那样恶劣的政治制度下竟遇上那么多好的老师和好的朋友,他们为我启蒙,教我知道书这种东西的宝贵,使我没有胡乱地生长。

思考与练习

一、课文围绕"幼年求学"这一中心安排材料,试用简洁的话概括每部分的内容。

二、结合上下文,体会下边句子中反映出来的作者的感情。

1. 每一个字,每一个章节,都像是一个可爱的小精灵,只要你调度得当,它就能把你心里的最细微的情绪表达出来!

2. "蓬生麻中,不扶而直;白沙在涅,与之俱黑。"我衷心地喜欢这两句话,读起来总感到亲切。

3. 我在先生的自画像前,伫立了许久。

三、比较下边三组句子,说说哪一句表情达意更好。

1. ⎰一道稍微繁难的算术题,我憋住了,能找谁去?杂院里是没有这样的老师的。
   ⎱杂院里没有数学老师,有时一道稍微繁难的算术题我不懂,也找不到可问的人。

2. ⎰我沉默了,母亲也无言。吃人嘴短,还能说什么呢?
   ⎱吃人嘴短,我和母亲都无话可说。

3. ⎰我和母亲的一间小屋里的东西不是当押就是出卖,显得空荡荡的,与老郝叔的家差不多了。
   ⎱一当二押三卖,手续虽不繁难,我和母亲的一间小屋里可就渐渐地显露出空旷来,与老郝叔的家日益接近。

四、课文用了大量篇幅回忆自己求学过程中遇到的两位老师。仔细阅读第二部分,结合全文说说作者为什么要详写这两位老师。

三十四 读碑[1]

刘成章

学习提示

作者刘成章的《读碑》，通过记叙自己解读人民英雄纪念碑的历程，体会到了纪念碑所承载的历史分量的沉重和中国人民为中国的胜利所付出的巨大代价。掀开中国革命历史的一角，让我们在极度的震撼中升腾起一股悲壮感和使命感，在灵魂的洗礼之后重新面对生活。作者解读纪念碑的过程实际上是经历了一个长期体验、认识、思考的过程，是从现实体验到理性认识的升华，这更是一个寻找生活意义及生命意义的过程。今天幸福的人们，特别是青少年，应用怎样的眼光去仰望这座历史的丰碑？用怎样的心情去解读这座不朽的丰碑？

我说的是人民英雄纪念碑[2]。

20余年前，我第一次看到它，印象十分深刻，它庄严、雄伟、壮观，像一个有着汉白玉肌肤的巨人，站立在天安门广场。

它正面的题词，我细细地读；它背面的碑文，我细细地读；它底座的浮雕，我一一细心地看了。题词和碑文沁入[3]我心，浮雕又夯实了我对它的记忆。

忘不了的还有，离开的时候，见石栏杆前，一位喜盈盈的少妇，抱着一个牙牙学语的孩子，少妇抬抬下巴指点，孩子伸出嫩藕般的小手，抚摸石栏上突起的圆柱。它使我怦然心动，刹那间，昨天，今天，明天，一齐在心头涌现。我不

---

[1] 选自1990年8月5日《光明日报》，略有改动。刘成章，当代作家。
[2] 人民英雄纪念碑：1958年5月1日在天安门广场正式落成。建碑的目的是"纪念死者，鼓舞生者"（周恩来语）。
[3] 沁(qìn)入：慢慢渗透进去。

由再次仰起头:彼苍者天^①,伟哉此碑! 丰碑千秋!

后来,我每次去北京,天安门广场都是少不了要去的地方,去了,自然要去瞻仰纪念碑。那碑上毛泽东的题词,那碑上毛泽东起草、周恩来手书的碑文,我不敢说倒背如流,起码是牢记在心里了。随着阅历的增长,我对它的体会更深。

但是,那年去了一趟南泥湾,我竟发觉,我并没有读懂!

南泥湾有个泉,叫做九龙泉,泉上小亭如开花的浓阴,掩映着一座烈士纪念碑。那是当年王震同志率领的三五九旅,在这里开展大生产运动时立下的。多年的风雨剥蚀^②,那碑身已经有些残破。

它的正面,像个储得满满当当的铅字架;它的背面,也像个储得满满当当的铅字架;整个碑上,是字的堆积,字的重叠,字的密密麻麻。什么字? 森林一样的烈士的名字!

我的呼吸急促起来。啊,一个旅历年就牺牲了这么多的战士!

泉水如泣如诉。

烈士的名字究竟有多少,我没有数,只是粗估了一下;然后,我将目光投向前边开阔的川道^③。我在想:要是把每一个名字都复活为一个血肉之躯,那么,他们足足可以把多半条川道站满! 要是他们又像开誓师会那样高呼,那么,这条川道将震响着一片多么恢弘^④的声音!

我于是想起了人民英雄纪念碑。我以前实在没有读懂它。那碑文中的"三年以来……""三十年以来……""由此上溯^⑤到一千八百四十年……",只从字面上读读就行了吗? 它的背面还有什么呢? 难道不是铭刻着的密密麻麻重重叠叠逶逶迤迤^⑥起起伏伏触目惊心比森林还要辽阔十倍百倍的烈士的名字么? 名字的数目,不是几十万,不是几百万,而是几千万! 他们的人数,是要比世界上绝大部分国家的公民数还要多的! 然而为了缔造我们的幸福生活,这么多,这么多的英雄儿女,竟都倒在血泊里了!

这一层,看起来浅显,但的确不易读出它的最基本的东西。

读书往往要读注释,才能读懂。读碑文也需要注释。南泥湾的九龙泉纪念碑,是人民英雄纪念碑的一条极好的注释。

---

① 彼苍者天:语出《诗经·秦风·黄鸟》,表达对上天的呼告,如同说:"苍天啊!"
② 剥蚀:物质表面因风化而逐渐损坏。
③ 川道:山间或河流两边的平坦处形成的道路。
④ 恢弘(hóng):广大、宽阔。这里形容气势很大的声音。
⑤ 上溯(sù):从现在往上推(过去的年代)。
⑥ 逶(wēi)迤(yí):逶迤的重叠式。逶迤,形容道路、山脉、河流等弯弯曲曲延续不绝的样子。这里形容烈士名字之多,如高山大河绵延不断。

现在完全读懂了吗？不敢说。但起码，每看见人民英雄纪念碑，心中便升腾起一股悲壮感和使命感。

思考与练习

一、作者对于人民英雄纪念碑的认识经历了三个阶段。读完全文，请你说说是哪三个阶段，全文表达的中心意思是什么？

二、品读下列文句，回答问题。

1. 但是，那年去了一趟南泥湾，我竟发觉，我并没有读懂！

——删去"竟"字，可以吗？

2. 它的正面，像个储得满满当当的铅字架；它的背面，也像个储得满满当当的铅字架；整个碑上，是字的堆积，字的重叠，字的密密麻麻。

——将这句改为"它的正面和背面，都像个储得满满当当的铅字架，整个碑上是字的堆积"好不好？为什么？

3. 泉水如泣如诉。

——这一句独立成段，起什么作用？

4. 难道不是铭刻着的密密麻麻重重叠叠逶逶迤迤起起伏伏触目惊心比森林还要辽阔十倍百倍的烈士的名字吗？

——将这句改为"难道不是铭刻着的密密麻麻的烈士的名字吗？"不是更简洁些吗？

三、为什么在参观了九龙泉烈士纪念碑以后，作者才真正读懂了人民英雄纪念碑？你怎样理解作者的悲壮感和使命感？

四、熟读全文，背诵喜爱的段落。

第七单元 关爱情怀

三十五　履痕①

雷抒雁

学习提示

> 这是一篇叙事美文，也是一篇富有哲理的文章。作者通过对妈妈为"我"做鞋的回忆，引发出对人生的诸多感悟。妈妈做的鞋给了我欢乐，给了我健康，给了我坚毅的品质，给了我前进的动力。

坐在妈妈身边，和老人家闲聊时，有一次，她望着我的脚说："唉，怎么会这么大。那时，才这么点点，一寸多长。粉红粉红的，肥嘟嘟②的，真叫人爱。我就用一块手帕剪开，缝了一双软鞋，套在你脚上。"

妈妈说的"那时"，其实，是五十多年以前，可你听听那口气，似乎就是在昨天。那一双用手帕做的鞋子，我当然是没法记住了。但是，后来当我的儿子出生时，老人仍做了一双。只是，这时的孩子已不同于先前，未"落草"③前一切都准备停当了，手帕软鞋也就没有穿过。

我记得穿鞋，已是遍地乱跑的年岁了。印象最深的是一双老虎鞋，黑布面的，红布贴了那嘴巴、那鼻子、那眼睛，又用黄线一针针缭④上。嘴边还有黄线绷的虎须，嘴里亦有白布卷的虎牙。远远一看，活灵灵的一个虎仔。我爱穿那鞋，每有邻人来逗玩，总会翘起虎鞋说："咬！咬！"邻人便故意装出怕了的样子，双手捂着脸，连说："好害怕呀！"然后，一通笑闹，当了序幕；正戏便是大家

---

① 选自《雷抒雁散文随笔》第一辑（作家出版社2002年版）。履痕，指鞋印或足迹。雷抒雁，当代诗人、作家。
② 肥嘟嘟：形容肥得可爱。
③ 落草：到山林当强盗，也指婴儿出生，这里为后者之意。
④ 缭（liáo）：缝纫方法，用针线斜着缝。

乐呵呵围在一起说些家长里短。

虎头鞋穿完,我的幼儿时期也就结束了。直到上小学、上中学,都是妈妈做鞋。我上小学每天来回要走四五里地;上初中,到了一座远在二十里开外的镇上去。周六下午跑二十里地回家,周日下午又跑二十里地上学。那时交通不便,来去都靠双腿。少年时代,最费的便是鞋,差不多两个月就得穿破一双。

妈妈说:"吃鞋一般,坏得这么快。"记忆中,妈妈手中总是拿着一双鞋底在纳①。有时,半夜睁开眼,一看,妈妈还在油灯下一针针纳鞋。麻绳在摇曳②的灯光下一闪一闪,随着鞋针,在鞋底两面穿来穿去,发出嗖嗖的声响;每纳三四道,妈妈就要在头发上擦一针。那时,我暗暗下了决心,要好好读书,将来挣钱买鞋,别让妈妈总点灯熬夜地受累。妈妈却常说:"儿啊,快长大,挣钱不挣钱事小,娶个媳妇给你做鞋,替妈也好。"所以,我打小就知道,娶媳妇干啥?做鞋!

妈妈不用量我的脚,做的鞋总合脚,走路不夹不挤,不伤脚。我至今脚上没鸡眼,没脚垫;当兵时,日行一百,夜行八十,一双脚不痛不酸,这都得感谢妈妈做的鞋。

穿妈妈做的最后一双鞋,是大学二年级了。妈妈做了一双"冲福尼"③面的新布鞋,到学校来送给我,且要我当着同学的面穿上试一试。我穿上走了几步,挺好。同学们都哈哈笑起来。我至今也没明白他们为什么要笑。妈妈看我的同学,有穿皮鞋的,有穿运动鞋的,一个个洋气得很。大约从那次以后,她手头再紧都要给钱让我买鞋穿。

一眨眼,几十年过去了,我老了,妈妈更不用说。有次我说:"妈妈,再做一双布鞋给我穿。"老人盯了我半响说:"你是说胡话吧!眼看不见针,手拉不动线,做鞋可是力气活儿呀!年轻时,不在乎。那时,夜夜做鞋供你们父子穿,为拉动线绳子,这手掌上勒下深深的槽,几十年都没长平。"

有时,我想,要是能把一个人打小到老穿旧的鞋子收集在一起,那该多有意思。不同尺寸、不同样式的鞋,真真切切地记着人一生的历史。正是穿了这些鞋,你一步一步走了过来。一双鞋,就是一段有头有尾的故事,就是一段有血有肉的记忆,其间渗透着动人心魄④的情感。人啊,和这个世界交往的过程,就是鞋底和地球摩擦的过程;履痕,就是人生的轨迹⑤。

----

① 纳:一种缝纫方法,在鞋底、袜底上面密密地缝,使它结实耐磨。
② 摇曳(yè):摇荡。
③ 冲福尼:一种比较厚实的棉质布料,适宜做鞋面。
④ 动人心魄(pò):非常动人;激动人心。
⑤ 轨迹:这里比喻人生经历的道路。

思考与练习

一、读完这篇写母爱的散文,给你印象最深的是哪些细节?通过对穿妈妈做的鞋的回忆,作者抒发了对人生的哪些感悟?

二、品读下列文句,回答问题。

1. 虎头鞋穿完,我的幼儿时期也就结束了。

——这句话的正常语序应该是:"我的幼儿时期结束了,虎头鞋也不穿了。"可原文为什么将"虎头鞋穿完"放在前面?

2. 那时,我暗暗下了决心,要好好读书,将来挣钱买鞋,别让妈妈总点灯熬夜地受累。

——把"挣钱买鞋"改为"让妈妈过幸福生活",好吗?为什么?

3. 有次我说:"妈妈,再做一双布鞋给我穿。"老人盯了我半晌说:"你是说胡话吧!眼看不见针,手拉不动线。做鞋可是力气活儿呀!……"

三、作者从穿鞋这件小事写出了感人的母爱。你能就某件小事,也说说你所感受到的母爱吗?

四、朗读全文,背诵最后一自然段。

应用写作四　感谢信　证明信

范例

【范例一】

感谢信

×××× 部队全体指战员:

我市的 ×× 引水工程由于资金匮乏,今年的施工进度受到了一定的影响,在这种情况下,你部全体指战员发扬了拥政爱民的光荣传统,积极为地方排忧解难,四千多官兵义务承担了工程输水管线的施工任务。

在四个月的时间里,指战员们不怕苦,不怕累,顶着酷暑烈日,日夜奋战在施工第一线,终于如期完成了施工任务,为早日结束我市用水紧张的状况赢得了宝贵的时间。为此,我们代表全市人民特向你们表示衷心的感谢!

我们决心在党中央的领导下,加大改革开放的力度,进一步搞好城市建设和工农业生产,以实际行动感谢你们对我们的关心和支持,为把我市建成现代化的文明城市而努力奋斗!

此致

敬礼!

×× 省 × 市人民政府(印)
× 年 × 月 × 日

> 简评

此信准确具体地表述了感谢理由,并直接表达了谢意。

【范例二】

证明信

××市商贸公司:

你公司××同志,2000年9月至2003年6月曾在我院工商管理系营销专业学习。在院期间,学习刻苦,工作积极,要求进步,连续三年被评为"三好学生"。

特此证明

××省职业学院(公章)
2004年5月30日

> 简评

此信证明某人在校表现的情况,交待在校学习时间、所学专业及表现。

写作指导

(一)感谢信

感谢信是指得到某人或某单位的帮助、支持或关心后答谢别人的书信。感谢信对于弘扬正气、树立良好的社会风尚、促进社会主义精神文明建设有着重要意义。根据寄送对象不同,感谢信可以分为三种:一种是直接寄送给感谢对象,一种是寄送对方所在单位有关部门或在其单位公开张贴,还有一种是寄送给广播电台、电视台、报社、杂志社等媒体公开播发。

感谢信依据不同的标准可以有不同的分类。

1. 按感谢对象的特点来分

(1)写给集体的感谢信

这类感谢信,一般是个人处于困境时,得到了集体的帮助,并在集体的关心和支持下,自己最终克服了困难,渡过了难关,摆脱了困境,所以要用感谢信的方式表达自己的感激之情。

(2)写给个人的感谢信

这类感谢信,可以是个人,可以是单位,也可以是集体为了感谢某个人曾经给予的帮助或照顾而写的。

2. 按感谢信的存在形式来分

(1)公开张贴的感谢信

这种感谢信包括可在报社登报、电台广播或电视台播报的感谢信,是一种可以公开张贴的感谢信。

（2）寄给单位、集体或个人的感谢信

这种感谢信直接寄给单位、集体或个人。

感谢信的结构一般由标题、称谓、正文、结语、署名与日期五部分构成。

1.标题。可只写"感谢信"三字；也可加上感谢对象，如"致张子鸣同学的感谢信"、"致平安物业公司的感谢信"；还可再加上感谢者，如"赵明康全家致××社区居委会的感谢信"。

2.称谓。写感谢对象的单位名称或个人姓名。如"××交警大队"、"刘自立同志"。

3.正文。主要写两层意思，一是写感谢对方的理由，即"为什么感谢"；二是直接表达感谢之意。

（1）感谢理由。首先准确、具体、生动地叙述对方的帮助，交代清楚人物、时间、地点、事迹、过程、结果等基本情况；然后在叙事基础上对对方的帮助作恰贴、诚恳的评价，以揭示其精神实质、肯定对方的行为。在叙述和评价的字里行间要自然渗透感激之情。

（2）表达谢意。在叙事和评论的基础上直接对对方表达感谢之意，根据情况也可在表达谢意之后表示以实际行动向对方学习的态度。

4.结语。一般用"此致敬礼"或"再次表示诚挚的感谢"之类的话，也可自然结束正文，不写结语。

5.署名与日期。写感谢者的单位名称或个人姓名和写信的时间。

写作要求及注意事项：

1.内容要真实，评誉要恰当。感谢信的内容必须真实，确有其事，不可夸大溢美。感谢信以感谢为主，兼有表扬，所以表达谢意时要真诚，说到做到。评誉对方时要恰当，不能过于拔高，以免给人一种失真的印象。

2.用语要适度，叙事要精练。感谢信的内容以主要事迹为主，详略得当，篇幅不能太长，所谓话不在多，点到为止。感谢信的用语要求是精练、简洁，遣词造句要把握好一个度，不可过分雕饰，否则会给人一种不真实、虚伪的感觉。

（二）证明信

证明信是单位或个人出具的用来证明某人的身份、经历或某事物的真实情况的专用书信。

证明信有两种：一种是被证明人因公外出办事用的，近似身份证明。另一种是其他单位、组织来了解本单位某人、某事的真实情况的材料证明。这种材料证明，有的是由单位直接出具的，有的是由某人出具的，单位组织核实并签署意见，盖章后生效。

证明信的内容及格式：

1.标题。标明专用书信的性质，如"证明信"，在文书首行的正中间书写。

2.收信单位名称。如果是外出办事只作身份证明，这一项目可以略去。如果是直接给某单位的证明材料，就必须标明单位名称，可根据具体情况而定。

3.正文。写清楚证明的事项。如证明某人的工作经历：就应写明姓名、时间、在本单位工作时担任的职务、工作能力、业绩等。如证明某件事情的真实与否，须写清参加者的姓名、身份、在事件中的地位、作用和事件本身的前因后果。

4. 结尾。写明习惯用语"特此证明"、"情况属实,特此证明"等。

5. 署名、日期。写明证明单位名称并加盖公章,日期。个人的证明材料应写明证明人姓名、身份,并签字盖章。

写作要求及注意事项:

(1)出具证明信要慎重,应本着实事求是、认真负责的原则,如实证明,措辞要明确,不能模棱两可,似是而非。

(2)由个人书写的证明信,证明的内容真伪完全由个人负责,应做到事实真实、准确,没有虚假出入。

1. 病文修改

感谢信

××中学:

我的孩子今年3月患了严重的心肌炎,不得不住院治疗。在住院期间,你校老师和学生多次来医院探望、慰问。校团委与学生会还发动全校师生为我的孩子捐款,帮助我们解决困难。你们的大恩大德,我们全家人永远不会忘记。

最后,祝你们工作顺利,学习进步,万事如意!

学生家长 赵××
×月×日

2. 李振东同志刚从××财贸学院调往××审计事务所,事务所希望原工作单位能够出具李振东同志工作经历及表现的证明。李振东,现年30岁,中共党员,在院会计系担任副主任职务,工作认真负责,业务能力强,多次被评为市级劳动模范、院先进工作者。根据以上材料,写一封证明信。

口语交际七 感谢与致歉

(一)感谢

"滴水之恩,当涌泉相报。"这是老祖宗教导我们做人的准则,也是我们民族的传统美德。当然,帮助别人并不是想得到回报,是出于做人的本能和德性。但是作为需要帮助又得到了帮助的人,千万不能忘恩负义。你没有能力涌泉相报不是你的错,但你必须要做到两点:一要铭记心间,作为你今后做人的准则,有能力的时候要主动地去帮助别人;二要做到感恩,最起码要在口头上去感谢别人,要让帮助过你的人觉得他是做了一件好事,值得。这也会更加激励他去做更多的好事。

当你在生活中遇到麻烦、困难或者不幸时,兴许很快能得到他人热心的帮助。得到他人帮助之后,你自然会想到感谢。对他人的帮助表示由衷的感谢,这是应该的,也是人之常情。但是,你得知道,如何感谢,这也是有点讲究的。

感谢的方法:

1. 要及时而主动地表示感谢,以显示真诚

尽管许多人帮助他人,并不指望着得到回报,但对于受帮助的人来说,一定要及时而主动地表示真诚的感谢。及时,是从时间上说的,待被帮助的事情有了结局后,要马上表示感谢,不能慢吞吞地一拖再拖;主动,是从态度上说的,要找上门去,到对方单位或家里去,不要在对方上你家或在路上偶然遇见时,才忽然想起要感谢一下,才临时抱佛脚地准备。及时主动,说明你对他人的帮助是非常重视的,说明你十分尊重他人的帮助,也说明你是一个性格爽直、懂得人情的人,它有助于进一步加深彼此的感情。

2. 要诚实守信,许下诺言绝不打半点折扣

有时,为了能尽快解除自己的麻烦或困难,有些人通过新闻媒介或其他形式公开寻求帮助,并许下诺言,一旦帮助成功,就会给予一定数量的酬谢。这也不失为一种行之有效的方法。但一定要恪守诺言,绝不能说话不算数。不管对方付出的劳动如何,不管对方是出于何种动机,只要确实给你提供了帮助,就应该不折不扣地兑现。有些人见对方品格高尚,决意不要酬谢,就暗自高兴,把原先许下的诺言心安理得地咽下了;有些人见对方完全是冲着酬谢来的,不但不给自己答应的酬谢,反而指责其动机不纯,没有乐于助人的品德。这两者都是错误的。对品德高尚的帮助者,即使他坚决不要,也可以改变方式,通过其他途径表示感谢;对完全是为酬谢而来的帮助者,其动机固然难说可贵,但如果被帮助者因此而违诺,不肯承担自己应该承担的责任,就应该受到严厉的指责。

3. 要根据不同对象,选择恰当途径和方法

感谢他人的途径和方法是多种多样的,除了物质上的表示外,还可以通过其他形式。要根据帮助者的身份、职业、性格、文化程度及经济状况等具体情况来选择最恰当的形式,不要以为送值钱的东西就是真诚的感谢,也不要以为无限的夸奖就是感谢。有些人,你送他一笔钱表示感谢,说不定他会很不高兴,甚至认为是对他的侮辱;对有些人,表示感谢的方式也许是你自己的努力学习和工作;对有些人的感谢,最好的方式也许是广为宣传。因此,感谢别人,不能一概而论,要因人而异。

4. 要掌握好感谢的度,力求做到合理恰当

和做其他事情一样,感谢别人也要掌握分寸,力求适度,过分和不足都有所不妥。过分,或许会让人难以接受,甚至产生怀疑;不足,又会让人觉得不尊重对方的劳动。合理适度,可根据这两方面来决定:一是对方付出的劳动的多少,二是对方的帮助给自己带来的益处(经济的、情感的、名誉的、身体的等),要综合这两个方面,再决定感谢的分量。光从别人付出的劳动或光从给自己带来的益处这一方面来决定都可能导致失度。因为这两者之间往往不相协调,有的帮助者付出的劳动很小而给被帮助者带来的益处很大,有的也许

正相反。

5. 表示谢意是感情行为,不能一次性处理

帮助与感谢是一种感情的交流行为,它不同于一般的货款交易。感情是一种值得反复品味的、耐久的特殊事物,不能用"一手交钱一手交货"的那种纯商业手段处理。对方帮助你,这本身就是一种情的表现,对情的回报,除了物质上的必要馈赠之外,最好还应该用同样的情来报答。这样,才能体现出人与人之间的温暖,才能建立更加密切的人际关系。不要以为他帮助了我,我已经酬谢过他了,从此咱们两清了,毫不相干了。假如这样,未免太缺少人情味了。因此,对有些人的帮助,如有必要和可能,可保持长久的联系,让人情之桥永远畅通。

(二)致歉

1. 表达歉意

最常见的说法是"对不起"。表达歉意是道歉的情感层面,向被冒犯者表达你因自己的行为深深地伤害了他而内疚、羞愧和痛苦。有趣的是,罗伯特·福尔格姆在他的《生命中不可错过的智慧》一书中,把"伤害别人时要说'对不起'"列为他学到的一条最重要的道理。因为,表达歉意是良好关系的基石。

2. 承认过错

成熟的成年人会学习为自己的行为承担责任,不成熟的人则继续那些幼稚的幻想,把自己的错误推卸给别人。

为自己的行为负责的核心是愿意承认"我错了"。美国成功激励公司的创始人保罗·J·麦尔曾说:"成功的最重要因素之一就是坦然承认自己错了。"我很赞同医学博士斯宾塞·约翰逊说过的话:"真正的强大在于,有足够的智慧和勇气知错就改。"学会说"我错了",这是成为负责而又成功的成年人的重要一步。

3. 弥补过失

为过错做出补偿的"弥补"观念深嵌在人类灵魂里,社会的法律体系和人际关系都深受这个基本观念的影响。人类的灵魂深处有个声音在说:"我要是被侵害了,就得有人付出代价。"父母会努力把这个道理教给子女。例如,当一位母亲看到4岁的儿子从他6岁的姐姐手里抢过玩具的时候,她不但让他向姐姐说"对不起",还会要求他把玩具还给姐姐。

安迪·斯坦利在他的《"好人"叩开天堂门》中写道:"真正的歉意体现在想要为自己给别人造成的痛苦做出赔偿的意愿之中。人们内心有个声音在说:'我应该做点什么事情,以补偿我的行为所造成的损失。'"

4. 真诚悔改

首先从表达改变的意愿开始,这是悔改的第一步。真正的悔改均发自内心。我们认识到自己做错了,伤害到了所爱的人。因为不想继续这种行为,所以决定做出改变,然后对被冒犯者说出这个决定。正是这种愿意做出改变的决定,表明我们不再为自己的过错找借口、狡辩,而是为自己的行为承担全部的责任。

5. 请求原谅

为什么请求原谅这么重要呢?首先请求原谅表明你希望与受伤害者的关系完全恢

复。其次,请求原谅说明你意识到自己做错了事情,表明你知道自己应该受到谴责或者惩罚。再次,请求原谅表明你愿意把你们的关系如何发展交给那个被冒犯的人来决定。

借鉴典例

一

情景:张勇兴冲冲地到宿舍来找大伟。

张勇:大伟,猜猜我给你带什么来了?

大伟:电影票。

张勇:不是,是音乐会的票。

大伟:(看票)北京音乐厅,纽约爱乐乐团……(对张勇)张勇,太谢谢你了。我最爱听的就是古典音乐,尤其是纽约爱乐乐团的演奏。

张勇:我早就知道,你家乡的乐团嘛。

大伟:你真是神通广大呀!我一个星期前就打电话订票,可他们说已经卖完了。你是怎么搞到的?

张勇:这个你就别问了,反正我有办法。

大伟:我不知道怎么感谢你才好。这样吧,今天晚上我请客,咱们上饭馆儿吃一顿,你看怎么样?

张勇:你别客气了。今天晚上我要去听一个讲座。

大伟:那改天吧。

>> 简评

在上面这个情景中,大伟向张勇的帮助及时而主动地表达了感谢之情并选择请客吃饭这一通用的方法来表示。同时为以后双方的交往做好了充足的铺垫。

二

奥普拉的道歉

2006年1月26日,主持人奥普拉·温弗雷以"我犯了个错误"这句话作为脱口秀节目的开场白。这令全美国的观众感到惊讶。温弗雷道歉的原因是,詹姆士·弗雷曾在回忆录《百万碎片》中多处进行虚构,当人们发现弗雷回忆录的失实和误导读者后,温弗雷却在"直播拉里·金"节目中为其辩护。这使她失去了很多支持者和书评家,书评家们认为在写实文学中夸大事实是不可原谅的。

温弗雷接着说:"为弗雷先生辩护让人感觉事实无关紧要。对此我深感抱歉,因为我并不是那样认为的。"

简评

温弗雷的道歉包含了表达歉意和承认过错的意思。温弗雷承担责任的行为,使她重新获得了很多被她得罪了的人的尊重。几位媒体专栏作家评论说,奥普拉·温弗雷积极回应观众的关心,这使她无论作为主持人还是做人,都赢得了极大的尊重和成功。TheSmokingGun 网站的编辑威廉·巴斯通(WilliamBastone)最早发现了弗雷书中的一些问题,他对于奥普拉·温弗雷的道歉是这样评价的:"作为她那样的人物,能这样承认自己犯的错误,的确值得称赞。你不会经常看到像她这样有地位的人承认自己犯了一个重大错误并因此向观众道歉。"

奥普拉·温弗雷的道歉提醒我们,即使是富翁和名人,也需要为自己的错误行为负责并公开道歉。

口语练习

一、根据下面的情景做对话练习:

1. 你跟朋友约好下午一起去国际展览中心看汽车展,没想到你的大学同学突然来找你,你给朋友打电话告诉他/她你去不了了并表示歉意。你的朋友答应周末再和你一起去看展览。

2. 考试以前,你病了一个星期。你的朋友不但每天照顾你,而且还帮你学习汉语,你考试得了 95 分。你向朋友表示感谢。

3. 你的包落在了出租汽车上,你给出租汽车公司打电话。出租汽车公司的工作人员向你询问车号、包的大小、颜色、里边的物品等问题。过了一会儿,他们告诉你包找到了,你向他们表示感谢。

二、认真阅读下面假设的情景,如果这样的事情恰好发生在你的生活中,你最有可能做出什么样的反应?

1. 你处于一场危机中并需要帮助,但你的朋友却无视你的需求。他(她)应该说:

2. 你刻薄地评论了你的同学,伤害了他(她)的感情。你应该说:

3. 虽然你没犯什么明显的错误,但是你的朋友还是愤怒地指责了你。他(她)应该说:

4. 你的同事无心之中开了你的玩笑,并且让你在其他同事面前感到难堪。他(她)应该说:

5. 你正在告诉朋友一件非常重要的事情,而他(她)表现出不感兴趣。他(她)应该说:

语文实践活动七　中职学生上网情况调查

一、活动主题

就中职学生上网情况在班级进行调查。

二、活动目的和要求

1. 进一步掌握利用问卷展开调查的方法；初步了解利用访谈展开调查的原则、方法，并加以运用；学会利用调查结果，撰写简单的调查报告。
2. 提高组织策划、沟通交流、归纳分析、书面表达等能力；强化合作意识，提高合作能力。
3. 深化对网络世界的认识，更好地处理上网与平时学习生活的关系。

三、活动内容和步骤

1. 活动内容及次序

本次活动分为"问卷调查"、"访谈（座谈）"、"撰写调查报告"、"课堂交流"四个环节。全班同学分为若干小组参与全部环节，每位同学都要积极参与活动各阶段、各方面的工作。组长要起到协调、管理整个小组的作用，负责与访谈对象、指导教师积极沟通，并对活动过程加以记录。

2. 问卷调查

在本次活动中，每位同学都可以编制自己的问卷，可以指定1~2名同学负责问卷的搜集，经过组内评选，整理出本小组的调查问卷。然后发放问卷进行调查，收集并分析数据。

在编制调查问卷的主体部分时，要注意遵循以下一些原则：

（1）问题的排列应该由易到难，由背景问题到专门问题，由能引起调查对象兴趣的问题到相对枯燥的问题。主题相对接近的问题可以放在一起，以方便受访者的回答。

（2）问题要简洁、明确、易懂，例如："你是否赞成中职学校加强对学生上网的管理"。不能一题多问，如"你和你的父母每天上多长时间网"这样的问题就不合适。尽量不要使用专业术语，像"你的家庭是否属于主干家庭"这样的问题容易使受访者不知所云。

（3）问题要回避个人隐私，不要设计有明显对错之分的问题，像"你平时是否浏览含有敏感内容的网站"这样的问题实际已无需回答。

（4）给出的选项要能穷尽所有可能的答案，一些开放度较大的问题应设置"其他"的选项，或给出受访者自由作答的空间。

3. 访谈（座谈）

在这一环节中，要初步了解访谈法，学会选择访谈对象，设计访谈问题并实施访谈。

每位同学都可以设计自己的访谈问题,汇总、评选、整理后,形成本小组的访谈提纲,并按此提纲实施访谈。

(1)访问调查,简称"访谈法",又称"访问法"。它是调查者通过口头交谈的方式了解有关情况的方法,是社会调查的常用方法之一。根据不同的标准,访谈可以分为直接访谈与间接访谈(如电话访谈、电子邮件访谈等),个别访谈和集体座谈等。在本次活动中,既可以进行个别访谈,也可以召开座谈会。

(2)访谈对象要尽量包括不同年级、专业、性别,不同学习水平和表现情况的同学。如果召开座谈会,人数一般以5~7人为宜,最多不超过10人。人选确定后,需要由专人保持与访谈对象的联系。

(3)设计访谈问题时应注意几点:不要设置过于浅显的问题,问题应有一定深度;问题的开放性要强,尽量不设置是非题,必要时可以提供一些背景材料;问题的指向要明确,语言表述要简明易懂;问题一般不超过5个,由易到难排列。访谈问题编制好后,可以提前2~3天提交给受访者。

(4)如果是个别访谈,一般应有2名组员参与,一名主要负责提问,一名主要负责记录。如果召开座谈会,调查小组事先应准备好座谈会的设备,可以由组长担任主持人,指定同学记录。访谈中的提问一般来说应遵循四个原则:第一,复杂敏感的问题,应谨慎提问;简单普遍的问题,则可直接提问。第二,对性格内向的受访者应委婉提问,对性格外向的受访者可以直接提问。第三,问话应当简短明了,尽量使问题具体化,避免抽象问题。第四,提问者应始终保持中立态度,注意倾听,不要随意插话,可以适度追问。访谈(座谈)结束应尽快整理材料。

4. 撰写调查报告

调查报告是调查成果的常见呈现形式之一,撰写本次活动的调查报告时要注意:

(1)一般情况下,调查报告的标题的基本形式是"关于×××的调查报告"、"××××调查"等。此外,还可以使用正题陈述调查报告主要观点(问题),副题标明调查对象、范围的标题形式。

(2)调查报告的正文一般包括前言、主体、结尾三部分。前言需要写明调查的起因、目的、时间、地点、对象、经过与方法,以及调查人员情况等,也可以写出中心问题或基本结论。主体部分应根据调查所得的数据、资料,详细分析调查研究得出的各种具体观点、判断和结论。结尾部分可以提出方法、对策,或总结主要观点,发出号召。

(3)调查报告首先要真实可靠,还应有较强的针对性,反映的问题要集中且有一定深度。调查报告需要有较强的逻辑性,其资料数据与观点结论之间不能矛盾或者脱节。调查报告最后应该附有调查问卷、访谈提纲等调查工具,必要时还可以附上相关参考文献。

5. 课堂交流

以小组为单位,交流调查报告,并简略展示、介绍本组同学的调查工具和调查过程。教师和其他小组的同学可以对其成果与活动过程进行评价。课堂交流活动结束后,可以选择较好的调查报告提交给学校领导,帮助学校改进管理工作。

第八单元

世间百态

单元导读

这是一组以议论为主要表达方式的散文。虽然议论的都是有关人生的大话题,但读起来并不觉得枯燥,因为作者运用了精彩的语言。

"我为何而生"的疑问是永恒的,"我为何而生"的答案是多样的。英国著名思想家罗素在他朴素而精辟的散文《我为何而生》里向我们表白了自己活着的三大理由,展示了一位智者博大而深沉的胸怀,让我们近距离接触到了一位具有崇高思想和伟大人格的时代巨人。

"人的一生,都在选择和被选择着",马德的选择从多个角度对人生的这一重大话题作出了深刻的阐释,读来让人耳目一新。文章层层递进的结构方式和饱含哲理的精彩语言,值得我们品味、学习。

汪国真是当代著名作家,他充满哲思而又风格独特的语言在《我喜欢出发》和《平凡的魅力》两则随想中得到了充分的体现。我们欣赏他韵味无穷的语言,更欣赏他对人与事的独特感悟。

《纪念傅雷》是悼念性的文章,以"怒"为焦点,正面记叙了傅雷生平中的三个片段,塑造了一个坚持真理、刚直不阿的中国知识分子形象,同时也从侧面述说了作者与傅雷几十年交往的友谊。

王蒙的《善良》,说的虽然是一个古老的话题,其见解却是独到的。这位经历过人生起伏的智者,对善良与凶恶的感悟也特别深刻,相信你仔细阅读以后,一定会得到许多启发。

学习这一组散文,我们将从中获取智慧,增添生活的营养;记住文中的精彩语言,我们的生活会变得更精彩。

本单元还包括应用写作——"报告"和口语交际——"解说"。

报告是下级机关向上级机关汇报工作、反映情况、答复上级机关询问时所使用的一种陈述性公文。报告属上行公文,应用相当广泛。它可以用于定期或不定期地向上级机关汇报工作、反映情况;也可以用来向上级机关陈述意见、提出建议;还可以用于答复上级机关的询问。

解说就是口头上解释说明。它通过对事物的准确的描叙、生动的渲染,来感染观众或听众,使其了解事物的来龙去脉、特征和意义等,从而达到宣传的效果。表达指导的主要内容包括解说的要求以及注意事项。

在本单元的语文实践活动中,我们采用学生分组讨论,班级课堂交流的方式举办"优秀图书推介会",以使学生初步学会如何选择适合自己的书,掌握基本的读书方法,学会与他人交流读书心得,从而激发读书兴趣,提升阅读素养,在班级中营造较为浓厚的读书氛围。

三十六　我为何而生①

罗　素

学习提示

　　"我为何而生？"这应该是每一个人都无法回避的人生命题。伟大的思想家罗素对此作出了真诚而明确的回答。这个回答，不但包含了巨大的情感容量，更让我们看到了一个伟人坦诚而高尚的内心世界，看到了一位长者在我们的人生路上给予的亲切而温馨的指点。

　　对爱情的渴望，对知识的追求，对人类苦难不可遏制②的同情，是支配我一生的单纯而强烈的三种感情。这些感情如阵阵飓风，吹拂在我动荡不定的生涯中，有时甚至吹过深沉痛苦的海洋，直抵绝望的边缘。

　　我所以追求爱情，有三方面的原因。首先，爱情有时给我带来狂喜，这种狂喜竟如此有力，以致使我常常会为了体验爱的喜悦，而宁愿牺牲生命中的其他。其次，爱情可以使人摆脱孤寂——身历那种可怕孤寂的人的战栗③意识，有时会由世界的边缘，观察到冷酷无情的无底深渊。最后，在爱中，我看到了古今圣贤以及诗人们所梦想的天堂的缩影，这正是我所追寻的人生境界。虽然它对一般的人类生活来说也许太美好了，但这正是我透过爱情所得到的最终发现。

　　我曾以同样的感情追求知识，我渴望去了解人类。也渴望知道星星为什

---

①　选自《罗素自传》第一卷（商务印书馆2002年版，赵慧琪译），略有改动。伯兰特·罗素（1872～1970），英国哲学家、数学家、文学家、社会活动家。1920年至1921年曾任北京大学客座教授，1950年曾获诺贝尔文学奖。这篇文章是作者为其自传写的前言。

②　遏（è）制：制止；控制。

③　战栗：战抖，也写作"颤栗"。

么会发光,同时我还想理解毕达哥拉斯①的力量。

爱情与知识的可能领域,总是引领着我到达天堂的境界,可对人类苦难的同情又经常把我带回现实的世界中。那些痛苦的呼唤经常引起我内心深处的回响。饥饿中的孩子,被压迫被折磨者,给子女造成沉重负担的孤苦无依的老人,以及全球性的孤独、贫穷和痛苦的存在。所有这些,都是对人类生活理想的无视和讽刺。我常常希望能尽自己的微薄之力去减轻这不必要的痛苦,但发现了自己的完全失败,我的痛苦因此倍增。

这就是我的一生,我发现人是值得活的。如果有谁再给我一次生活的机会,我将欣然接受这难得的赐予。

思考与练习

一、这篇散文可以说是罗素的生活宣言书。读完全文,你了解到作者活着的三大理由是什么?从这坦诚而鲜明的表白中,你又体察到作者怎样的思想和人格?

二、品读下列文句,回答问题。

1. 对爱情的渴望,对知识的追求,对人类苦难不可遏制的同情,是支配我一生的单纯而强烈的三种感情。

——删去"不可遏制"和"单纯而强烈"两个修饰语后,句子的基本意思没有改变。删去好不好?为什么?

2. 爱情与知识的可能领域,总是引领我到天堂的境界,可对人类苦难的同情经常把我带回现实世界。

——①这句话在全文中起什么作用?
——②将"引领"改为"带"会与下句一致,这样改好吗?

3. 我常常希望能尽自己的微薄之力去减轻这不必要的痛苦,但我发现我完全失败了,因此我自己也感到很痛苦。

——句中两次用"痛苦"一词,其含意是否一样?将后一个"痛苦"改为"失望"好不好?为什么?

三、有人认为,作者只是"同情"人类的苦难,境界还不够高,要是去"拯救"人类的苦难,那才算人格伟大。你的意见呢?

四、熟读全文,背诵第1、4自然段。

---

① 毕达哥拉斯(约前580～约前500):古希腊哲学家、数学家。他认为万物中皆含有数,造物主要通过数的力量控制宇宙。

三十七 选择①

马 德

学习提示

　　本文论述了选择和被选择的人生意义,启迪人们应该如何选择,选择以后又该怎样去做。这无疑对于每一个人都有借鉴意义。
　　本文在结构上采用层层递进的写法:先从一般意义上的选择与被选择说起,接着说人们会有不同的选择,再说什么是正确的选择,如何达到选择的目的,最后说要为国家民族做出大选择。
　　本文语言质朴无华,却给人以震撼,是充满智慧、包含哲思的。这些语句中蕴含的人生哲理值得我们认真思考和细细品味。

　　人的一生都在选择和被选择着。
　　选择,是对生活的主动出击;被选择,是对生活的自然适应。既敢于选择又不怕被选择,首先证明你有实力,其次证明你有信心;而只想选择却不愿被选择,首先证明你没信心,其次证明你没实力。
　　勇敢的人,选择激流勇进②;孱弱③的人,选择知难而退;奋进的人,选择不断进取;卑俗的人,选择随遇而安。什么样的人就会对生活作出什么样的选择,让一个奋进的人随遇而安,难;同样,让一个孱弱的人急流勇进,难上加难。
　　瞻前顾后④的人,难做出新选择;小肚鸡肠的人,难做出大选择。选择,往

---

① 马德,当代作家。
② 激流勇进:在湍急的水流中奋勇前进,形容不怕困难勇往直前。
③ 孱(chán)弱:软弱无能。
④ 瞻前顾后:形容顾虑过多,犹豫不决。

往可以表现一个人的魄力,有大魄力的人,绝对不会做出无气势的选择。

不选择去做事,可能会因为轻率和鲁莽①做错事,但选择了,却欠谨慎,同样会因为选择的失误而做错事。因此,一个成熟的选择,只有经过深思熟虑后,方可做出。

选择了高山,也就选择了坎坷;选择了宁静,也就选择了孤单;选择了机遇,也就选择了风险;选择了求索,也就选择了磨难……几乎每一个选择的背后,都有一段阴影相伴相随着。对于杯弓蛇影②的人,这段阴影可能会成为前进的绊索;而对于有大胸襟大气魄的人来说,这段阴影只是一个美丽的注脚,丰富着整篇文章的气蕴③。

由于选择了,于是逼着自己做某事,是选择的无奈;为了达到某种目的,然后逼着自己去选择,是无奈的选择。事实上,许多选择都是不如意的,不是陷入选择的痛苦,就是被迫痛苦地选择。

选择了,不为自己的选择去努力,是形式上的选择,显得简单而又肤浅;选择了,又为自己未达到目的而垂头丧气,是经不起挫败的选择,同样肤浅而又简单。真正的选择,是义无反顾④的,成功了,可喜可贺;失败了,无怨无悔。

要达到选择的目的,就必须付诸一个追求的过程,这是选择要付出的劳动;即使有了追求的过程,也未必达到选择的目的,这是选择要承担的风险。其实每一个选择的成功背后,都有让人品味不尽的滋味。

选择了金钱而不成为利欲的奴仆,选择了权势而不成为卑鄙的侍从,这样的选择,虽不可赞但可敬;选择了高尚却怕与清贫为伍,选择了奉献却又不想默默无闻,这样的选择,虽可赞但不可敬。

为个人的名利得失做出的选择,是小选择;为国家民族荣辱兴衰做出的选择,是大选择。无论是屈原以死相呼唤的投江自沉,还是陶渊明以离任作反抗的归田自隐,都是大选择,但比较起来,似乎屈原的选择更有力度,更让人惊心动魄。

选择,可以丰富我们的人生内涵;被选择,可以扩大我们的精神世界。一生少选择,是可怜的,一生无选择,是可悲的。

---

① 鲁莽(mǎng):做事说话不经过考虑;轻率。
② 杯弓蛇影:有人请客吃饭,挂在墙上的弓映在酒杯里,客人以为酒杯里有蛇,回去疑心中了蛇毒,就生病了(见于《风俗通义·怪神》)。比喻疑神疑鬼,妄自惊慌。
③ 气蕴(yùn):蓄积的气势。
④ 义无反顾:在道义上只有勇往直前,绝对不能退缩回头。

思考与练习

一、围绕"选择"这个话题,作者发表了哪些见解?请归纳出作者的几个观点。

二、品读下列文句,回答问题。

1.瞻前顾后的人,难做出新选择;小肚鸡肠的人,难做出大选择。选择,往往可以表现一个人的魄力,有大魄力的人,绝对不会做出无气势的选择。

①"新选择"和"大选择"能否互换?

②删去"往往"和"绝对",语句也通顺。可以删去吗?

2.由于选择了,而逼着自己做某事,是选择的无奈;为了达到某种目的,而逼着自己去选择,是无奈的选择。

"选择的无奈"和"无奈的选择"的位置可以互换吗?

三、文章说:"几乎在每一个选择背后,都有一段阴影相伴相随着。"你能用自己的体验或见闻来证明这个论断吗?

四、熟读全文,背诵喜爱的段落。

三十八　随想二则

汪国真

学习提示

面对茫茫人生路，我国古代诗人屈原慷慨激昂："路漫漫其修远兮，吾将上下而求索。"其坚忍与执著令天地动容。当代诗人汪国真的《我喜欢出发》，则是对屈夫子誓言的精彩诠释。人们常常羡慕成功的结果，却很少去关注成功的起点——出发。在《我喜欢出发》中，作者就把目光投向了走向成功的最初阶段——出发，视角独特，立意新颖。

一个平凡的人，只是茫茫人海中的普通一员，但只要拥有健康积极的心态，一样会散发出无穷的魅力。这就是汪国真在《平凡的魅力》一文中所要告诉我们的生活哲理。

我喜欢出发①

我喜欢出发。

凡是到达了的地方，都属于昨天。哪怕那山再清，那水再秀，那风再温柔。太深的流连便成了一种羁绊②，绊住的不仅有双脚，还有未来。

怎么能不喜欢出发？没见过大山的巍峨，真是遗憾；见了大山的巍峨没见过大海的浩瀚，仍然遗憾；见了大海的浩瀚③没见过大漠的广袤④，依然遗憾；见

---

① 选自《汪国真经典诗文》（中国画报出版社2008年版），有改动。汪国真，当代作家。
② 羁绊(jī bàn)：缠住了不能脱身；束缚。
③ 浩瀚(hàn)：此处形容水势盛大。
④ 广袤(mào)：广阔、宽广。

了大漠的广袤没见过森林的神秘,还是遗憾。世界上没有不绝的风景,我有不老的心情。

我自然知道,大山有坎坷,大海有浪涛,大漠有风沙,森林有猛兽。即便这样,我依然喜欢。

打破生活的平静便是另一番景致,一种属于年轻的景致。真庆幸,我还没有老。即便真老了又怎么样,不是有句话叫老当益壮①吗?

于是,我还想从大山那里学习深刻,我还想从大海那里学习勇敢,我还想从大漠那里学习沉着,我还想从森林那里学习机敏。我想学着品味一种缤纷的人生。

人能走多远?这话不是要问两脚而是要问志向;人能攀多高,这事不是要问双手而是要问意志。于是我想用青春的热血给自己树起一个高远的目标。不仅是为了争取一种光荣,更是为了追求一种境界。目标实现了,便是光荣;目标实现不了,人生也会因这一路风雨跋涉变得丰富而充实;在我看来,这就是不虚此生。

是的,我喜欢出发,愿你也喜欢。

平凡的魅力②

我不会蔑视平凡,因为我是平凡中的一员。我的心上印着普通人的愿望,眼里印着普通人的悲欢,我所探求的也是人们都在探求着的答案。

是的,我平凡,但却无需以你的深沉俯视我,即便我仰视什么,要看的也不是你尊贵的容颜,而是山的雄奇天的高远;是的,我平凡,但却无需以你的深刻轻视我,即便我聆听什么,要听的也不是你空洞的大话,而是林涛的喧响海洋的呼喊;是的,我平凡,但却无需以你的崇高揶揄③我,即使我向往什么,也永不会是你的空中楼阁,而是泥土的芬芳晨曦的灿烂。当然,当那些真挚的熟悉或陌生的朋友提醒或勉励我,不论是说对了还是说错了我都会感到温暖。

孤芳自赏并不能代表美丽,也不能说明绚烂,自以为不凡更不能象征英雄气概立地顶天。

我承认,我的确很平凡。平凡得像风、像水、像雪……然而,平凡并非没有自豪的理由,并非没有魅力可言。

风很平凡,如果吹在夏天;水很平凡,如果是沙漠中的一泓④清泉;雪很平

---

① 老当(dàng)益壮:年纪虽老,志向更高,劲头儿更大。
② 选自《汪国真经典诗文》(中国画报出版社2008年版),有改动。
③ 揶揄(yé yú):嘲笑。
④ 一泓(hóng):一片或一道(清水)。

凡，如果飘落在冬日与春日之间……

我欣赏这样的平凡，我喜欢这样的平凡，我也努力想成为这样的平凡。

思考与练习

一、诵读全文，说说这两则随想的主要意思。

二、品读下列文句，回答问题。

1. 太深的流连便成了一种羁绊，绊住的不仅有双脚，还有未来。

——双脚是有形的，可以被"绊住"；"未来"是无形的，也可以被"绊住"吗？

2. 没见过大山的巍峨，真是遗憾……还是遗憾。

——这几个句子中，删去"见了大山的巍峨"、"见了大海的浩瀚"、"见了大漠的广袤"，不是更简洁些吗？对比着读一读，说说你的看法。

3. 风很平凡，如果吹在夏天……

——联系上下文说说这句话的意思。为什么不把这个意思直接说出来？

三、作者在《平凡的魅力》中肯定了平凡，是否意味着他主张无所作为？何以见得？

四、背诵《我喜欢出发》的倒数第二自然段和《平凡的魅力》的第二自然段。

三十九　纪念傅雷①

施蛰存②

学习提示

　　这是一篇悼念友人的散文。文章开篇睹物思人，以倒叙的方式追忆傅雷一生的几个片段，侧重描写了傅雷的三次发"怒"：一怒从昆明回到上海；二怒为探讨翻译方法和争论绘画；三怒因不堪凌辱，以死抗争。从而展现了傅雷认真、直率、坚持真理和刚直不屈的独特个性。

　　全文先叙后议，最后两个自然段是作者由傅雷之死引发的关于"刚者"的议论，表达了作者对傅雷崇高品格的深深敬意，这样写既画龙点睛，又深化了作品的主题。

　　文章以"怒"为线索，按照时间的顺序，叙述了作者和傅雷几十年情谊的片段，条理清楚，层次井然。平和的语气、质朴的语言，直接或间接地诉说着深沉的哀思。反复阅读，体会隐含在朴素描写背后的哀伤之情。

　　1966年9月3日，这是傅雷和夫人朱梅馥离开这个世界的日子。今年今天，正是二十周年纪念。这二十年过得好快，我还没有时间写一篇文章纪念他

---

① 傅雷（1908~1966），上海人，我国著名的文学艺术翻译家，从30年代起，就致力于法国文学的翻译介绍工作，毕生翻译各类作品30余部，如《约翰·克利斯朵夫》《高老头》《艺术哲学》等，他艺术造诣极为深厚。"文革"中遭迫害，与妻子朱梅馥于1966年9月3日凌晨含恨离世。

② 施蛰存（1905~2003），原名施德普，字蛰存，生于浙江杭州。中国现代著名作家、文学翻译家、学者，华东师范大学中文系教授。1932年主编大型文学月刊《现代》，并从事小说创作，成为中国"新感觉派"的主要作家之一。他博学多才，兼通古今中外，在古典文学研究、碑帖研究、外国文学翻译等方面均有很大成绩。著有《施蛰存文集》。曾被授予"上海市文学艺术杰出贡献奖"和"亚洲华文作家文艺基金会敬慰奖"。本文选自施蛰存的散文集《沙上的足迹》。

们。俗话说:"秀才人情纸半张。"我连这半张纸也没有献在老朋友灵前,人情之薄,可想而知。不过,真要纪念傅雷夫妇,半张纸毕竟不够,而洋洋大文却也写不出,于是拖延到今天。

现在,我书架上有15卷的《傅雷译文集》和两个版本的《傅雷家书》,都是傅敏寄赠的①。还有几本旧版的《高老头》和《欧也妮·葛朗台》②,是傅雷送给我的,有他的亲笔题字。我的照相册中有一张我的照片,是1979年4月16日在傅雷追悼会上,在赵超构③送的花圈底下,沈仲章给我照的,衣襟上还有一朵黄花。这几年来,我就是默对这些东西,悼念傅雷。

1939年,我在昆明④。在江小鹣⑤的新居中,遇到了滕固⑥和傅雷。这是我和傅雷定交的开始。可是我和他见面聊天的机会,只有两次,不知怎么一回事,他和滕固吵翻了,一怒之下,回上海去了。这是我第一次领略到傅雷的"怒"。后来知道他的别号就叫"怒庵",也就不以为奇。从此,和他谈话时,不能不提高警惕。

1943年,我从福建回沪省亲⑦,在上海住了五个月,曾和周煦良⑧一同到吕班路(今重庆南路)巴黎新村去看过傅雷,知道他息影孤岛⑨,专心于翻译罗曼·罗兰⑩。这一次认识了朱梅馥。也看见客堂里有一架钢琴,他的儿子傅聪⑪坐在高凳上练琴。

我和傅雷的友谊,只能说开始于解放以后,那时他已迁居江苏路安定坊,住的是宋春舫家的屋子⑫。我住在邻近,转一个弯就到他家。五十年代初,他在译巴尔扎克,我在译伐佐夫、显克微支和尼克索⑬。这样,我们就成为翻译外国文学的同道,因此,在这几年中,我常去他家里聊天,有时也借用他的各种辞典查几个字。

可是,我不敢同他谈翻译技术,因为我们两人的翻译方法不很相同。一则

---

① 傅敏:傅雷的次子。《傅雷家书》是他所编。
② 《高老头》和《欧也妮·葛朗台》:法国作家巴尔扎克的著名长篇小说,由傅雷译成中文。
③ 赵超构:笔名林放,我国著名杂文家,解放后担任上海《新民晚报》社社长多年。
④ 我在昆明:1937年9月,作者应云南大学校长熊庆来聘请,作者曾到该校中文系任教。
⑤ 江小鹣(jiān):中国现代画家,30年代曾任上海新华艺术学校雕塑系主任。
⑥ 滕固:中国现代小说家,文学研究会成员。
⑦ 我从福建回沪省亲:1940年3月作者到福建,在厦门大学中文系任教。
⑧ 周煦良:翻译家,生前任上海华东师大外文系主任,曾译过英国作家毛姆的《刀锋》等。
⑨ 孤岛:指二次大战中太平洋战争爆发前的上海租界。
⑩ 罗曼·罗兰:法国现代作家、社会活动家,著名长篇小说《约翰克里斯朵夫》等。
⑪ 傅聪:旅英钢琴家,傅雷的长子。
⑫ 宋春舫:中国现代戏剧家,著有喜剧《五里雾中》等。
⑬ 伐佐夫:保加利亚近代作家,其代表作长篇小说《轭下》由施蛰存译成中文。显克微支:波兰近代作家,施蛰存与人合译过《显克微支短篇小说集》。尼克索:丹麦近代作家,施蛰存译过他的长篇小说《征服者贝莱》,与人合译《尼克索短篇小说》。

因为他译的是法文著作,从原文译;我译的都是英文转译本,使用的译法根本不同。二则我主张翻译只要达意,我从英文本译,只能做到达英译本的意。英译本对原文本负责,我对英译本负责。傅雷则主张非但要达意,还要求传神。他屡次举过一个例。他说:莎士比亚的《哈姆雷特》第一场有一句"静得连一个老鼠的声音都没有"①。但纪德的法文译本②,这一句却是"静得连一只猫的声音都没有"。他说"这不是译错。这是达意,这也就是传神。"我说,依照你的观念,中文译本就应该译作"鸦雀无声"。他说"对"。我说:"不行,因为莎士比亚时代的英国话中不用猫或鸦雀来形容静。"

傅雷有一本《国语大辞典》,书中有许多北方的成语。傅雷译到法文成语或俗话的时候,常常向这本辞典中去找合适的中国成语俗话。有时我去看他,他也会举出一句法文成语,问我有没有相当的中国成语。他这个办法,我也不以为然。我主张照原文原意译,宁可加个注,说明这个成语的意义相当于中国的某一句成语。当然,他也不以为然。

1958年,我们都成为第五类分子③,不便来往,彼此就不相闻问。不过,有一段时候,朱梅馥和我老伴都被居委会动员出去办托儿所,她们俩倒是每天在一起,我因此便间接知道一些傅雷的情况。

1961年,大家都蒙恩摘除了"帽子",可以有较多的行动自由,于是我又常去看他。他还在译书,而我已不干这一行了,那几年,我在热衷于碑版文物,到他那里去,就谈字画古董。他给我看许多黄宾虹④的画,极其赞赏,而我却又有不同的意见。我以为黄宾虹晚年的画越来越像个"墨猪"⑤了。这句话又使他"怒"起来,他批评我不懂中国画里的水墨笔法。

1966年8月下旬,我已经在里弄里被"示众"⑥过了。想到傅雷,不知他这一次如何"怒"法,就在一个傍晚,踱到他门口去看看。只见他家门口贴满了大字报,门窗紧闭,真是"鸦雀无声"。我就踱了回家。大约在9月10日左右,才知道他们两夫妇已撒手西归,这是怒庵的最后一"怒"。

我知道傅雷的性情刚直,如一团干柴烈火,他因不堪凌辱,一怒而死,这是可以理解的,我和他虽然几乎处处不同,但我还是尊敬他。在那一年,朋友中像傅雷那样的毅然决然不自惜其生命的,还有好几个,我也都一律尊敬。不

---

① 《哈姆雷特》:英国剧作家莎士比亚的著名悲剧。
② 纪德:法国近代作家。二次大战时沦为亲法西斯分子。
③ 第五类分子:在"以阶级斗争为纲"的时代,把"地主、富农、反革命分子、坏分子、右派分子"五类人列为无产阶级专政的对象。第五类分子即指右派分子。施蛰存在1957年反右运动中被错划为右派。
④ 黄宾虹:中国现代画家。
⑤ 墨猪:比喻书画的点划痴肥而无骨力。
⑥ 示众:指"文革"初期的当众批斗与羞辱。

过,朱梅馥的能同归于尽,这却是我想象不到的,伉俪①之情,深到如此,恐怕是傅雷的感应。

傅雷逝世,其实我还没有了解傅雷。直到他的家书集出版,我才能更深一步地了解傅雷。他的家教如此之严,望子成龙的心情如此之热烈。他要把他的儿子塑造成符合于他的理想的人物。这种家庭教育是相当危险的,没有几个人能成功,然而傅雷成功了。

傅雷的性格,最突出的是他的刚直。在青年时候,他的刚直还近于狂妄。所以孔子说:"好刚不好学,其蔽也狂②。"傅雷从昆明回来以后,在艺术的涵养、知识学问的累积之后,他才成为具有浩然之气③的儒家之刚者,这种刚直的品德,在任何社会中,都是难得见到的,连孔子也说过:"吾未见刚者④。"

傅雷之死,完成了他的崇高品德,今天我也不必说"愿你安息吧"。只愿他的刚劲,永远弥漫于知识分子中间。

思考与练习

一、查阅相关资料,结合课文学习,你认为傅雷是个什么样的人?文中提出"傅雷的性格,最突出的是刚直"如何理解?

二、本文在结尾说"只愿他的刚劲,永远弥漫于知识分子中间",作者这样写有什么样的良苦用心和深刻含义?

三、本文是按什么顺序来进行回忆的?开头用了什么叙述方法?这样写有什么好处?

四、阅读课文第六自然段,回答下列问题:

1. 我为什么不敢和他谈翻译技术?
2. 傅雷对译文的要求是什么?
3. 傅雷认为"静得连一只猫的声音都没有"翻译得怎么样?

---

① 伉俪(kàng lì):夫妻。
② 好刚二句:出自《论语·阳货》。
③ 浩然之气:见《孟子·公孙丑上》,指一种至大至刚、充塞天地的正气。
④ 吾未见刚者:出自《论语·公冶长》。

四十 善 良[①]

王 蒙

> 善良，虽说是一个古老的话题，但作家王蒙在经历了社会风雨和人生沉浮之后，却对"善良"的内涵有了更新、更深的认识。
>
> 文章从人们熟悉的寓言故事入手，将善良与凶恶对比，否定凶恶，肯定、歌颂善良；进而将善良者与凶恶者对比，否定恶人，肯定和赞扬善良者；最后作者明确表态："我喜欢善良，我不喜欢凶恶。"

　　善良似乎是一个早就过了时的字眼。在生存竞争中，在阶级斗争中，在各种各样的人际关系中，利益原则与实力原则似乎早已代替了道德原则。

　　我们当然也知道某些情况下一味善良的不足恃[②]。我们听过不少关于善良即愚蠢的寓言故事。农夫与蛇，东郭先生，善良的农夫与东郭先生是多么可笑呀。故事告诉我们，如果你的对象是狼或者蛇，善良就是自取灭亡，善良就是死了活该，善良就是帮助恶狼或是毒蛇，善良就是白痴。

　　但我们也不妨想一想，那些需要帮助的人当中，那些等待着向他们伸出善良的援助之手的冻僵者或是重伤者当中，有多大比例是毒蛇或者恶狼？我们还要问，宇宙万物中，有多大比例是毒蛇和恶狼？为了有限的毒蛇和恶狼而不惜将一切视为毒蛇和恶狼，不惜以对付毒蛇与恶狼的法则为自己的圭臬[③]，请问这是一种什么疾病？

---

　① 选自《王蒙文存》第15卷（人民文学出版社2003年版）。王蒙，当代作家。
　② 不足恃（shì）：不可以依赖。恃，依赖、倚仗。
　③ 圭臬（guī niè）：指圭表（我国古代一种天文仪器），比喻准则或法度。

我们还可以问一下,我们以对待毒蛇和恶狼的态度对待过的那些倒霉蛋当中又有多少人是经得住时间考验的当真的毒蛇和恶狼?如果说,面对毒蛇和恶狼而一味善良便是糊涂的农夫或东郭先生,那么面对并非毒蛇或恶狼的人却坚决以对待毒蛇或恶狼的态度对待之,我们成了什么呢?是不是我们自己有点向蛇或狼靠拢呢?

　　善良与凶恶相对的时候,前者显得是多么稚弱而后者显得是多么强大呀。凶恶会毫不犹豫地向善良伸出毒手,而善良却处于不设防乃至不抵抗的地位。凶恶是无所不为的,凶恶因而拥有各种各样的武器。而善良是有所不为的,善良的武器比凶恶少得多。善良常常败在凶恶手下。

　　然而人们还是喜欢善良、欢迎善良、向往善良。善良才有幸福,善良才能和平愉快地彼此相处,善良才能把精力集中在具有建设性的有意义的事情上,善良才能摆脱没完没了的恶斗与自我消耗,善良才能实现健康的起码是正常的局面,善良才能天下太平。

　　这就是善良的力量。善良的力量就在于它是人的。它属于人,它属于历史属于文明属于理性属于科学。它属于更文明更高尚更发展的良好的人。它属于更文明更民主更发展更富强的社会。凶恶每"战胜"一次善良就把自己压缩了一次,因为它宣告了自己的丑恶。善良每败于凶恶一次,就把自己弘扬了一次,因为它宣扬了自己的光明。

　　善良也是一种智慧,是一种远见,是一种自信,是一种精神力量,是一种精神的平安,是一种以逸待劳①的沉稳,是一种文化,是一种快乐,是一种乐观。

　　善良可以与天真也可以与成熟的超拔②联系在一起。多数情况下善良之不敌恶非不能也,是不为也。善良的人不是不会自卫和抗争,只是不滥用这种"正当防卫"的权利罢了。往往是这样,小孩子是善良的,真正参透③了人生与世界的强大的人也是善良的,而一瓶子不满半瓶子晃荡的人最不善良。

　　君子坦荡荡,小人常戚戚④。恶人更是常常四面楚歌⑤,如临大敌,其鸣也凄厉,其行也荒唐,其和也寡⑥,其心也惶惶⑦。而善良者微笑着面对现实,永远不丧失对世界和人类、祖国、友人、理想的信心。

　　我喜欢善良。我不喜欢凶恶。我认为即使自以为是百分之百地代表着真

---

① 以逸待劳:指作战时先采取守势,养精蓄锐,等待来攻的敌人疲劳之后再出击。逸,安乐,安闲;劳,疲劳。
② 超拔:高出一般;出众。
③ 参透:看透;透彻领会。
④ 君子坦荡荡,小人常戚戚:语出《论语·述而》,意思是说,君子总是胸怀宽广,小人则是经常忧愁哀戚。
⑤ 四面楚歌:比喻孤立无援、四面受敌、走投无路的困境。
⑥ 其和(hè)也寡:他的响应者、唱和者也很少。其,指恶人;和,跟着唱和、响应。
⑦ 惶(huáng)惶:恐惧不安。

理和正义也不应该滥恶①。滥恶本身就不是正义了。我相信,国人终归会愈来愈善良而不是相反。例如在"文化大革命"中,凶恶不是已经出尽风头了吗?凶恶不是披尽了"迷彩服"②了吗?后来又怎么样了呢?

思考与练习

一、这篇文章对"善良"作了多角度的阐述。除首尾两段外,全文可分为三部分:一是就两个寓言发出议论,二是把善良与凶恶作对比,三是把善良者与恶人作对比。阅读全文,具体说说上述三部分各包括哪些段落。全文表达的中心意思是什么?

二、品读下列文句,回答问题。

1. 善良似乎是一个早就过了时的字眼。在生存竞争中,在阶级斗争中,在各种各样的人际关系中,利益原则与实力原则似乎早已代替了道德原则。

——删去句中的两个"似乎",可以吗?为什么?

2. 那么面对并非毒蛇或恶狼的人却坚决以对待毒蛇或恶狼的态度对待之,我们成了什么呢?是不是我们自己有点向蛇或狼靠拢呢?

——①将加点的话改为"我们便成了毒蛇或恶狼",岂不是更明白一些?

——②将问句"是不是我们自己有点向蛇或狼靠拢呢?"改为判断句"这证明我们自己已经向蛇或狼靠拢了"是不是更准确些呢?

3. 凶恶每"战胜"一次善良就把自己压缩了一次,因为它宣告了自己的丑恶。

——将"战胜"的引号去掉可以吗?为什么?

4. 凶恶不是已经披尽了"迷彩服"了吗?

——这一句的另一种表述方式可以是:"凶恶不是曾经披着革命的外衣迷惑过许多人吗?"比较一下,哪种表述更好?

三、现实生活中,凶恶的人往往得势,善良的人往往吃亏。学了本文后,你如何看待上述社会现象?

四、熟读全文,背诵喜爱的段落。

---

① 滥恶:过度地凶恶,滥用凶恶。
② 迷彩服:原指军人所穿的带有隐藏、迷惑作用的服装,此处代指骗人的伪装。

应用写作五　报　告

>> **范例**

××县人民政府文件

×政发〔2004〕28　　签发人:吴××

关于治理水质污染问题的报告

××市人民政府:

　　前接×政发〔2004〕106号函,询问我县水质污染原因及治理问题,现将有关情况报告如下:

　　我县水质现污染较严重,其主要原因:一是公众环境保护意识差,一些居民随意向河道坑塘倾倒垃圾;二是我县市政基础设施薄弱,无污水处理厂,居民生活污水直接排入大环境;三是近几年,我县"三业"发展较快,其废水杂物直接排入护城河及坑塘,造成水质严重污染;四是县纸厂停产治理后,做不到不间断达标排放。

　　解决水质污染问题的根本途径:第一,是建设污水处理厂,目前,县政府正在积极筹备之中;第二,加大宣传力度,提高全民环保意识,减少污水无序排放;第三,加大环保监督检查力度,确保排污企业治污设施正常运行,达标排放,促进水质好转;第四,环保部门依法行政,严格执法,从源头把关,减少各种污染。

　　专此报告。

二〇〇四年四月二十九日(印章)

>> **简评**

　　眉首:由发文机关标识+发文字号+签发人组成。注意:上行文应注明签发人。

　　标题:省略发文机关。

　　主送机关:为"××市人民政府"。

　　正文:

　　报告缘由:引述上级机关来函文号及询问问题并以之作依据,然后用"现将有关情况报告如下"过渡到下文。

　　报告事项:对上级的询问作具体的回答。主要从两方面进行答复,一是水质污染的途径,二是解决污染的途径。写得有针对性。

　　结束语:"专此报告",选用准确。

　　结尾:成文日期、印章。

第八单元 世间百态

写作指导

一、报告的适用范围和特点

报告是下级机关向上级机关汇报工作、反映情况,答复上级机关询问时所使用的一种陈述性公文。

报告属上行公文,应用相当广泛。它可以用于定期或不定期地向上级机关汇报工作,反映本部门、本单位贯彻执行各项方针、政策的状况,或者为作出决策、发出指示提供依据;也可以用来向上级机关陈述意见,提出建议,如针对本地区、本单位、本部门带有普遍意义或倾向性的问题,提出解决的途径,为上级机关当好参谋;还可以用于答复上级机关的询问,使上级机关在全面掌握情况的基础上,准确、有效地指导工作。

报告的主要特点是实践性、单向性、陈述性。实践性这一特点鲜明地表现在工作报告上,它以实践为依据,对本单位所做过的工作进行回顾和总结,只有做过的工作,才能写进报告。单向性是指报告是单方向上行文,不需要上级机关给予批复。陈述性是指报告在汇报工作、反映情况时,所表达的内容和使用的语言都是陈述性的。本单位做了什么工作、怎样做的、取得了哪些成绩、存在哪些不足,需要一一向上级陈述。反映情况时,要把时间、地点、人物、事件、原因、结果叙述清楚,向上级机关提供准确的现实性信息。即使是提出建议的报告,也要在陈述情况的基础上,才能提出更多的建议来。报告按其内容,通常分为工作报告、情况报告、答复报告。

二、报告写作的基本格式

(1)标题

报告标题大多采用公文的常规写法,即可以由发文机关＋主要内容＋文种构成的完整标题,如《××学院关于招生情况的报告》;也可以由主要内容＋文种构成,如《关于粮食政策性财务挂账停息的报告》。

(2)正文

1.缘由。报告缘由,交待报告的起因、缘由或说明报告的目的、主旨、意义。缘由要能概括说明全文主旨,开门见山,起名立意。一般用"现将有关情况报告如下"承启下文。答复报告开头要先引述来函文号及询问的问题,然后过渡到下文,答复上级的询问。

2.报告事项。报告事项,是正文的核心。应将工作的主要情况、措施与结果、成效与存在的问题等分段加以表述,要以数据和材料说话,内容力求既翔实又概括。

不同类型的报告,内容上各有不同的侧重点。

工作报告一般以成绩、做法、经验、体会、打算、安排为主,在叙述基本情况的同时,有所分析、归纳,找出规律性认识。这类报告篇幅相对较长,一般可标出序数,分条分项陈述。

情况报告一般以"情况——原因——教训——措施"的结构来写。先将情况叙述清楚,然后分析情况产生的原因,接着总结经验教训,最后提出下一步的行动措施。

答复报告一般写答复的意见或处理结果,是依据上级要求回答的问题进行写作,所以要写得周全而有针对性。这种报告内容针对性最强,上级询问什么,就答复什么,不能答非所问。

3.结束语。报告的结束语应另起一行,空两个字来写。根据报告种类的不同,一般都有不同的程式化用语,工作报告和情况报告的结束语常用"特此报告"、"请审阅"、"以上报告,请审查";答复报告多用"专此报告"。因报告是单向性公文,所以类似"以上报告当否,请批示"的结束语是不妥当的。

三、报告写作的注意事项

(一)要正确使用文种

对于报告,受文机关不用答复,因此,报告与请示不能混用。报告事项不得夹带请示事项,否则会因报告不需要批复而影响请示事项的处理和解决。

(二)要重点突出

报告的内容要根据主题的要求来安排,分清主次轻重,不要面面俱到。要注意处理好点和面的关系,既要有典型的事例,又要有面上的综合性的情况,条理清楚,逻辑严密。

(三)材料要真实

向上级机关汇报工作应该本着实事求是的态度,如实汇报,不能夸大虚构成绩或情况,欺骗上级。所以,起草报告的人员,应该在调查研究、全面掌握本单位情况的基础上撰写。

 写作练习

1.请你代你们学校团委向学校党委写一份关于开展××××活动的报告。要求说明为什么要开展这次活动?是怎样开展活动的?有什么收获?

2.根据下提供的材料,请以××市商务局的名义向××省商务厅起草一份报告。

(1)××××年2月20日上午9点20分,××市××百货大楼发生重大火灾事故。

(2)事故后果:未造成人员伤亡,但烧毁三层楼房一幢及大部分商品,直接经济损失792万元。

(3)施救情况:事故发生后,市消防队出动15辆消防车,经4个小时扑救,大火才被扑灭。

(4)事故原因:直接原因是电焊工××违章作业,电焊火花溅到易燃货品上引起火灾,但也与××百货公司领导及员工安全思想淡薄,公司安全制度没有落实,许多安全隐患长期得不到解决有关。

(5)善后处理:市商务局副局长带领有关人员赶到现场调查处理;市人民政府召开紧急防火电话会议;市委、市政府对有关人员视情节轻重,作了相应处理。

口语交际八　解 说

表达指导

（一）什么是解说

解说就是口头上解释说明。它通过对事物的准确的描叙、生动的渲染，来感染观众或听众，使其了解事物的来龙去脉、特征和意义等，从而达到宣传的效果。解说的范围是比较广泛的，如影视剧的解说，文物、古迹的解说，专题展览的解说，商品知识的解说，对某个问题或事件的解说，等等。

（二）解说的基本要求

1. 深入了解解说对象的有关知识。比如，要解说一个工业展览会，那就必须对展品的生产工艺、实用价值、有关数据、使用方法、注意事项、优点缺点等，有详尽的了解，只有掌握了这方面的丰富知识，才能进行贴切和准确的解说。

2. 抓住被解说对象的特征和本质。对被解说的事物，应认真地进行分析研究，准确地抓住它的特征、本质和意义。在解说中，应恰当地运用对比联想、点面结合、由此及彼、由表及里等多种方法，来突出事物的特征，揭示事物的本质，说明事物的意义。这是保证解说质量的一个关键。在学习课文时应仔细体会。

3. 注入真挚的感情。对所解说的事物，或褒或贬，爱憎分明。对赞扬的事物，要充满爱的感情；对否定的事物，要有切肤之恨的感情。这样的解说才能感染听众，收到预期的宣传教育效果。

4. 运用准确、生动的语言。解说的概念、判断要准确；解说的用语，力求将抽象的事理形象化、高深的知识通俗化、复杂的程序简单化、静止的事物动态化、枯燥的东西趣味化等；解说中还可以采用一些修辞方法，以增强语言的生动性和感染力。

（三）解说的注意事项

1. 对于实物和艺术形象的解说，是帮助观众在观看实物和艺术形象的过程中，由此及彼、由表及里地加深感受，让其在补充视觉作用的同时，也发挥听觉的作用。

2. 对实体事物和艺术形象的解说，应以解说的对象为依据、作联系，不必苛求解说整体的严谨和部分之间的紧扣。

3. 对于比较复杂的解说对象，可以拟写解说提纲或写成解说词，以防遗漏、差误，更充分地发挥解说的宣传教育作用。

借鉴实例

历史的抉择——电影政论纪录片解说词（节选）

历史永远是一部教科书。

在这幅源远流长的中华五千年文明长卷面前，我们感悟到了什么呢？

昨天已经逝去,辉煌已成陈迹,民族要振兴,中华要腾飞——每一个中国人的肩上都会感受到沉甸甸的压力啊!

深圳人民,全国人民也许永远记住了这个细节:邓小平缓缓地朝码头走了几步,突然又蓦转身,意味深长地对深圳市委书记李灏说:"你们要搞快一点!"

是啊,我们一定要搞快一点——告别过去,开辟未来;中华民族在近代被欺辱了几百年,是彻底改变她贫穷落后面貌的时候了。

唯有生机勃勃、开拓奋进、敢于撞响命运晨钟的民族,才具有这样的大气魄和大胆略——上下几千年,纵横八万里,凡人类文明发展史上的一切先进成果,皆可任我取舍为我所用。

卡尔·马克思曾有过一段著名论述:"任何一种解放都是把人的世界和人的关系还给人自己。"中国人民奋起于忧患,经历了成功与挫折的考验,必将紧紧扭住经济建设这个中心不放,坚持党的基本路线一百年不动摇,在推进祖国现代化建设的伟业中,以高山一般的毅力和大海一般的情怀,展示无与伦比的雄伟身姿……

大海无垠,水也滔滔,浪也滔滔。

人类社会的进步与发展,永远是迎着风浪前进的。

一个国家、一个民族的思想和情感张力,在于追求。

一位大师说过:历史不是发动的,而是到来的。

一位哲人说过:机会,永远钟情于有着特殊准备的民族。

每一次历史的抉择,都将拓展一片新天地。

中国,正拥抱着一个明天的太阳。

人民共和国这艘朦胧巨舰,正继续沿着改革开放的航道,劈波斩浪驶向新世纪的黎明……

》》简评

这篇解说词选自《历史的抉择——电影政论纪录片解说词》中的第九部分,即结尾部分。本篇解说词以深挚激昂的感情、高屋建瓴的气势、鲜明生动的语言,对电影中的图像进行画龙点睛的解说。解说中有景观的提示,有细节的描写,有信念的表达,有名言、哲理的引证,随机而出,催人奋进。它让观众理解和感受到中国改革开放总设计师邓小平作出"你们要搞快一点"的历史抉择,关系到我们国家的前途和民族的命运,有着重大的现实意义和深远的历史影响。

口语练习

解说在实际运用中,必须把文字转换为有声语言。作为有声的口头语言,要讲究语音、声调,讲究抑扬顿挫、高低快慢、轻重缓急、喜怒哀乐,有时还要辅以态势语言,才能表达出预期的思想感情。

1.朗读下面一段文字,细致处理停顿、连接,并加以体会。

说也奇怪,和新朋友会谈文学、谈哲学、谈人生道理等等,和老朋友却只话家常,柴米油盐,细细碎碎,种种琐事。很多时候,心灵的契合已经不需要太多的言语来表达。

2.读出下列句子中词语的语法重音。

东风来了,春天的脚步近了。

一切都像刚刚睡醒的样子,欣欣然张开了眼。

手势之类,距离大了看不清,声音的有效距离大得多。

3.综合训练。

《历史的抉择》这篇解说词,由历史介绍到现实,又由现实讲述到未来。从总体上看,感情发展由抑到扬,但中间又有所变化。通过朗读体会文中运用语音、语调、语气、语速、停顿、重音等语言技巧,准确、鲜明地表达解说词的思想感情。

语文实践活动八　好书伴随我成长

一、活动主题

优秀图书推介会。

二、活动目的和要求

1.初步学会如何选择适合自己的书,掌握基本的读书方法,学会与他人交流读书心得。

2.提高信息搜集、阅读思考、书面表达能力,强化沟通交流能力与合作能力。

3.激发读书兴趣,提升阅读素养,在班级中营造较为浓厚的读书氛围。

三、活动内容和步骤

1.活动内容及次序。本次活动分为"找到好书"、"读书得法"、"好书评荐"和"课堂交流"四个环节,全班同学分若干小组参与全部环节,在整个活动过程中,要努力做到全体参与、人人受益,组长要做好协调、管理工作,与指导教师积极沟通,并对活动过程加以记录。

2."找到好书"。小组可以在语文教师或其他专业课教师指导下展开"除了课本,中职生需要读什么书"的讨论,通过教师推荐、学生自荐、民主讨论,从而达成共识(或者寻找到不同意见中的共同点)。在小组讨论过程中,应有一名同学负责记录并整理材料。小组成员可以分头通过网络、图书馆、书店、社区图书室、家庭藏书等渠道借阅(也可购买)符合要求的书籍2~3本,列出书单,并写好每本书的简要介绍,交指定的同学汇总整理。小组成员可以再次集中讨论,对各自找到的好书分门别类,求同存异,去粗存精,最终保留下5～7本不同类型的好书作为本组的精读书,其他的可以作为泛读、推荐书,每位同学可以从精读书中挑选2本阅读(可以互相传阅)。

3."读书得法"。语文教师可以集中对全班学生进行读书方法的培训;各小组也可以在教师的指导下自主学习常见的读书方法,由一位同学加以整理。还可以就其中的某个或某几个方法详细展开阐述、说明,加上小组成员的意见,形成"我们组的读书法"。在活动中,可以尝试着将学来的读书方法运用到对精读书的阅读中。

4."好书评荐"。每位同学都要在精读书籍的过程中选择其中一本书写出"读书心得",三四百字即可,文体不限。此外,每位同学都要对自己所读的每本书写一个包括作者简介以及图书的内容、特点、价值等方面在内的"好书推荐"。本组同学可以在组长组织下传阅、评选出优秀的"读书心得"和"好书推荐",并形成小组作品。

5."课堂交流"。以小组为单位展示"读书心得"和"好书推荐",并向全班发布本组的"推荐书目",语文教师与其他小组可以对展示内容进行评价。最终可以综合各种意见,在语文教师的帮助下,形成"×××班十大推荐书"等创意"榜单",向全校老师和同学发布。

第九单元

诗 海 泛 舟

单元导读

诗歌是以极少数的文字来表达极其丰富的内容,以简括体现丰富,诗人通过诗歌来表现喜怒哀乐,在精神上创造出一个更为理想的境界。

我国是一个诗歌创作极其繁荣的国家。两千多年前的《诗经》以现实主义的创作方法,广泛地反映了当时的社会生活,为现实主义文学奠定了基础。

两汉乐府诗对中国古代诗歌样式的嬗革起到了积极的推动作用,实现了由四言诗向杂言诗和五言诗的过渡。曹操今存20余首诗,全部都是乐府体。"建安七子"和曹丕、曹植兄弟也有大量乐府诗。文人写作乐府诗,从此成为传统,沿袭不衰。

唐代诗人既继承了"汉魏风骨",把五言、七言古体诗变得更为完善,又创造了律诗和绝句这两种形式,使得诗歌创造空前繁荣,名家辈出,流派众多。其中以李白、杜甫、白居易成就最大。

词是随着隋唐宴乐的兴盛而流行,由诗歌与音乐结合而生成的一种新型格律诗,盛行于两宋。词的最初功能是充当乐曲歌辞,用以歌唱,大都为配合乐曲而作,因而唐五代时多称为"曲子"、"曲子词",入宋以后才习称为"词",又称"乐章"、"乐府"、"长短句"、"诗余"等。宋词分为两大流派——婉约派和豪放派。婉约派以柳永、李清照为代表人物;豪放派扩大了词的领域,代表人物是苏轼、辛弃疾。

中国新诗诞生于"五四"新文学运动时期。它在不断吸收外国文学营养的基础上,又融合了本民族的风格。这一阶段涌现了大批的诗人、作品和流派。

外国诗歌涉及面广，各个国家、各个民族都有自己杰出的作者和作品。本单元选取了两位诗人的作品以供鉴赏。

本单元鉴赏的重点是初步了解诗歌的发展、流派及作家，同时理解意象意义和象征作用，把握诗歌的思想感情和表现手法。

本单元的应用写作安排了通知，通过学习、训练，旨在帮助学生了解这种应用文体的基本格式及写法。本单元还安排了"诗歌朗诵"的口语交际训练，通过理论学习和实际训练，让同学们懂得朗诵的方式方法，培养和提高自身的素养。语文实践活动配合口语交际，安排了"诗歌朗诵会"的实训活动，在模拟语境中锻炼学生的朗诵和表演能力。

四十一　古诗两首

学习提示

　　《卫风·氓》选自《诗经》，是一首叙事诗。它展现了女主人公从恋爱、结婚到被遗弃的生活经历和怨恨感情，塑造了一个勤劳、温柔、坚强的妇女形象，表达了古代妇女追求自主婚姻和幸福生活的强烈愿望。
　　《短歌行》是一首古乐府诗。诗歌的主旨是表达作者求贤若渴的心情和任用人才、实现一统天下的宏伟抱负。曹操深得《诗经》和汉乐府民歌之精髓，将慷慨悲凉之情，贯于纯正质朴的语言之中。或借古以讽，化而用之；或托物遣兴，古为今用。该诗意境深远而优美，风格别致而多姿，成为脍炙人口的千古名篇。

卫风·氓①

　　氓之蚩蚩，抱布贸丝②。匪来贸丝，来即我谋③。送子涉淇，至于顿丘④。匪

---

① 《诗经》是我国最早的诗歌总集。原来只称《诗》，儒家列为经典之一，故称《诗经》。编成于公元前6世纪的春秋时期，共305篇，分为"风""雅""颂"三大类。"风"有十五国风，大都是民间歌谣；"雅"分大雅、小雅，是宫廷乐曲歌词；"颂"分为周颂、鲁颂、商颂，是宗庙祭祀的乐歌。
② 氓之蚩蚩，抱布贸丝：那个人老实忠厚，拿布来换丝。氓，百姓，这里指"那个人"。蚩蚩，忠厚的样子。
③ 匪来贸丝，来即我谋：并不是真的来换丝，到我这里来就是商量婚事的。匪，非，不是。即，就。
④ 送子涉淇，至于顿丘：送你渡过淇水，一直送到顿丘。子，你。上文"氓"，这里"子"，下文"士"，都指"那个人"。淇，淇水，在现在河南境内。顿丘，在现在河南清丰境内。

我愆期,子无良媒①。将子无怒,秋以为期②。

乘彼垝垣,以望复关③。不见复关,泣涕涟涟④。既见复关,载笑载言⑤。尔卜尔筮,体无咎言⑥。以尔车来,以我贿迁⑦。

桑之未落,其叶沃若⑧。于嗟鸠兮,无食桑葚⑨!于嗟女兮,无与士耽⑩!士之耽兮,犹可说也⑪。女之耽兮,不可说也⑫!

桑之落矣,其黄而陨⑬。自我徂尔,三岁食贫⑭。淇水汤汤,渐车帷裳⑮。女也不爽,士贰其行⑯。士也罔极,二三其德⑰。

三岁为妇,靡室劳矣⑱,夙兴夜寐,靡有朝矣⑲。言既遂矣,至于暴矣⑳。兄弟不知,咥其笑矣㉑。静言思之,躬自悼矣㉒。

及尔偕老,老使我怨㉓。淇则有岸,隰则有泮㉔。总角之宴,言笑晏晏㉕。信

---

① 匪我愆期,子无良媒:不是我故意拖延时间,而是你没有好媒人啊。愆,拖延。
② 将子无怒,秋以为期:请你不要生气,把秋天定为婚期吧。将,愿、请。
③ 乘彼垝垣,以望复关:登上那倒塌的墙,遥望那复关(来的人)。垝,毁坏、倒塌。一说,通"危",高。复关,卫国的一个地方。
④ 不见复关,泣涕涟涟:没有看见复关,眼泪簌簌地掉下来。这里的"复关"指代住在复关的那个人。涕,泪。涟涟,泪流不断的样子。
⑤ 既见复关,载笑载言:终于看到了你,就又说又笑。载……载……,一边……一边……。
⑥ 尔卜尔筮,体无咎言:你用龟板、蓍草占卦,没有不吉利的预兆。尔,你。卜,用火烧龟板,看龟板上的裂纹,推断祸福。筮,用蓍草的茎占卦。咎,灾祸。
⑦ 以尔车来,以我贿迁:你用车来接我,我带上财物嫁给你。贿,财物。
⑧ 桑之未落,其叶沃若:桑树还没落叶的时候,它的叶子新鲜润泽。沃若,润泽的样子。
⑨ 于嗟鸠兮,无食桑葚:唉,斑鸠啊,不要贪吃桑葚!于嗟,叹息。于,通"吁"。鸠,斑鸠。兮,相当于现代汉语的"啊"。
⑩ 于嗟女兮,无与士耽:唉,姑娘呀,不要同男子迷恋爱情。士,男子的通称。耽,沉溺。
⑪ 士之耽兮,犹可说也:男子沉溺在爱情里,还可以脱身。说,通"脱"。
⑫ 女之耽兮,不可说也:姑娘沉溺在爱情里,就无法摆脱了。
⑬ 桑之落矣,其黄而陨:桑树落叶的时候,它的叶子枯黄,纷纷掉落了。陨,落。
⑭ 自我徂尔,三岁食贫:自从我嫁到你家,多年来忍受贫苦的生活。徂,往。三岁,指多年。
⑮ 淇水汤汤,渐车帷裳:淇水波涛滚滚,水花打湿了车上的布幔。汤汤,水势很大的样子。渐,溅湿、浸湿。帷裳,车两旁的围布。
⑯ 女也不爽,士贰其行:女子没有什么差错,男子行为却前后不一致了。爽,这里是差错的意思。贰,不专一,有二心,跟"壹"相对。行,行为。
⑰ 士也罔极,二三其德:男人的爱情没有定准,他的感情一变再变。罔,无。极,标准。二三,有时二,有时三。意思是经常改变。德,这里指心意、情意。
⑱ 三岁为妇,靡室劳矣:多年来做你的妻子,家里的劳苦活儿没有不干的。靡,无、没有。室劳,家里的劳苦活儿。
⑲ 夙兴夜寐,靡有朝矣:早起晚睡,没有一天不是这样。夙兴,早起。夜寐,晚睡。朝,一朝(一日)。
⑳ 言既遂矣,至于暴矣:(你的心愿)已经满足了,就对我逐渐虐待了。言,助词。遂,顺心、满足。暴,虐待。
㉑ 兄弟不知,咥其笑矣:我的兄弟不了解(我的处境),都讥笑我啊!咥,讥笑的样子。
㉒ 静言思之,躬自悼矣:静下来想想,只能自己伤心。言,这里为音节助词,没有实义。躬,自身。悼,伤心。
㉓ 及尔偕老,老使我怨:(原想)同你白头到老,但相伴到老将会使我怨恨。及,同。老,指上句"及尔偕老"。
㉔ 淇则有岸,隰则有泮:淇水(再宽)总有个岸,低湿的洼地(再大)也有个边。意思是什么事物都有一定的限制,反衬男子的变化无常。隰,低湿的地方。泮,通"畔",边岸。
㉕ 总角之宴,言笑晏晏:少年时一起愉快的玩耍、尽情的说笑。古代少年男女把头发扎成丫髻,叫"总角",后来用"总角"指代少年时代。宴,欢聚,或指小孩子的游戏。晏晏,欢乐的样子。

誓旦旦,不思其反①。反是不思,亦已焉哉②!

短歌行③

曹 操

对酒当歌,人生几何?譬如朝露,去日苦多。
慨当以慷,忧思难忘。何以④解忧,唯有杜康⑤。
青青子衿⑥,悠悠⑦我心。但为君故,沉吟至今。
呦呦⑧鹿鸣,食野之苹⑨。我有嘉宾,鼓瑟吹笙。
明明如月,何时可掇⑩。忧从中来,不可断绝。
越陌度阡⑪,枉用相存⑫。契阔⑬谈䜩,心念旧恩⑭。
月明星稀,乌鹊南飞。绕树三匝⑮,何枝可依⑯?
山不厌高,海不厌深。周公吐哺⑰,天下归心。

思考与练习

一、阅读《氓》这首诗,回答后面的问题。

1. 从《氓》中找出两个现在还常用的成语,并作解释。

---

① 信誓旦旦,不思其反:誓言是真挚诚恳的,没想到你竟会变心。旦旦,诚恳的样子。反,违反,指违背誓言。
② 反是不思,亦已焉哉:你违背誓言,不念旧情,那就算了吧!是,这,指誓言。已,止,了结。焉哉,相当于"了吧"。
③ 选自《中国历代诗歌选》(人民文学出版社1964年版)。曹操(155〜220),沛国谯县(今安徽省亳州市)人。三国时期的政治家、军事家、文学家。这一篇似乎是用于宴会的歌辞,属怀念朋友、叹息时光消逝和希望得贤才帮助他建立功业的意思。曹操诗都用乐府古题,但内容清新洒脱,风格苍劲雄浑。被鲁迅誉为"文章改革的祖师"。
④ 何以:以何。
⑤ 杜康:人名。相传他是开始造酒的人。一说这里用为酒的代称。
⑥ 衿(jīn):衣领。青衿是周代学子的服装。
⑦ 悠悠:长貌,形容思念之情。
⑧ 呦呦:鹿鸣声。以下四句指来表示招纳贤才的意思。
⑨ 苹:艾蒿。
⑩ 掇(duō):采拾。一作"辍",停止。明月是永不能拿掉的,它的运行也是永不能停止的,"不可掇"或"不可辍"都是比喻忧思不可断绝。
⑪ 陌、阡:田间的道路。古谚有"越陌度阡,更为客主"的话,这里用成语,言客人远道来访。
⑫ 存:省视。
⑬ 契阔:契是投合,阔是疏远,这里是偏义复词,偏用契字的意义。"契阔谈䜩"就是说两情契合,在一处谈心宴饮。
⑭ 旧恩:往日的情谊。
⑮ 匝:周围。乌鹊无依,似喻人民流亡。
⑯ 以上二句比喻贤才多多益善。
⑰ 吐哺:周公曾自谓:"一沐三捉发,一饭三吐哺,起以待士,犹恐失天下之贤人。"表明求贤建业的心愿。

2."总角之宴,言笑晏晏。""不见复关,泣涕涟涟。既见复关,载笑载言。"表现了女主人公婚前_____的性格。

3."于嗟女兮,无与士耽。""士之耽兮,犹可说也;"从痛苦的生活经验中女主人公认识到在恋爱、婚姻生活中_____,流露出来的感情_____,决绝而不留恋。

4."反是不思,亦已焉哉!"表现出她_____的性格特点。

二、阅读《短歌行》,回答后面的问题。

1.说明诗中所用比喻的含义。

用"朝露"来比喻_____。

用"月明星稀,乌鹊南飞"比喻_____。

用"山不厌高,水不厌深"比喻_____。

2.说明诗中所用典故的含义。

四十二　唐诗三首

学习提示

《蜀道难》描写了大自然动人心魄的奇险与壮伟,给人以回肠荡气之感。诸多的画面此隐彼现,无论是山之高、水之急、河山之改观、林木之荒寂、连峰绝壁之险,皆有逼人之势,其气象之宏伟、其境界之阔大,确非他人可及。再从总体来看,其变化极速,愈变愈奇,又往往出人意料,使人目不暇接。

《蜀相》虽然说的是古代的事,但却抒发了杜甫内心的情感。前四句表达的主要是对诸葛亮的敬仰和对诸葛精神被人遗忘的忧伤之情。后四句表达的主要是对诸葛亮业绩的歌颂和对诸葛精神无限追怀的感情。全诗通过对武侯祠的景物描写和对诸葛亮一生业绩的概括,不仅表现了诗人对诸葛亮的敬仰和惋惜,而且寄托了诗人对社会现实和自身遭遇的感慨。

《琵琶行》(并序)通过写琵琶女生活的不幸,结合诗人自己在宦途所受到的打击,唱出了"同是天涯沦落人,相逢何必曾相识"的心声。社会的动荡、世态的炎凉,对不幸者命运的同情、对自身失意的感慨,这些本来积蓄在心中的沉痛感受,都一起倾于诗中。它在艺术上的成功还在于运用了优美鲜明的、有音乐感的语言,用视觉的形象来表现听觉所得来的感受;萧瑟秋风的自然景色和离情别绪,使作品更加感人。

蜀道难①

李 白

噫吁嚱②,危乎高哉!蜀道之难,难于上青天!
蚕丛及鱼凫③,开国何茫然!
尔来④四万八千岁,不与秦塞⑤通人烟。
西当⑥太白有鸟道,可以横绝峨眉巅。
地崩山摧壮士死,然后天梯石栈相钩连⑦。
上有六龙回日之高标⑧,下有冲波逆折之回川⑨。
黄鹤之飞尚不得过,猿猱⑩欲度愁攀援。
青泥何盘盘,百步九折萦岩峦⑪。
扪参历井仰胁息⑫,以手抚膺坐长叹⑬。

---

① 选自《李白集校注》(上海古籍出版社1980年版)。李白(701~762),唐代大诗人,字太白,号青莲居士。祖籍陇西成纪(今甘肃秦安)。年轻时饱学诗书,好剑术、善交游、有抱负。仕途坎坷,一生失意。其诗歌豪放飘逸,想象丰富,语言流畅自然,音律和谐多变。李白是屈原以后浪漫主义诗歌的代表人物。《蜀道难》:乐府旧题,属"相和歌辞·瑟调曲"中的调名,内容多写蜀道的艰险。今存《蜀道难》诗除此之外,尚有梁简文帝二首,刘孝威二首,阴铿一首,唐张文琮一首。李白此诗大约是在长安送友人入蜀而作,有阴铿《蜀道难》"蜀道难如此,功名讵可要"之意。

② 噫吁嚱(yī xū xī):蜀方言。宋庠《宋景文公笔记》卷上:"蜀人见物惊异,辄曰'噫吁嚱'。"表示惊叹声。

③ 蚕丛及鱼凫(fú):传说古蜀国两位国王的名字。《文选》卷四《三都赋》刘逵注:"扬雄《蜀王本纪》曰:'蜀王之先,名蚕丛、柏濩、鱼凫、蒲泽、开明。从开明上到蚕丛,积三万四千岁。'"《华阳国志·蜀志》:"蜀侯蚕丛,其目纵,始称王,死作石棺,石椁,国人从之。故俗以石棺椁为纵目人冢也。次王曰柏灌,次王曰鱼凫。鱼凫王田于湔山,忽得仙道,蜀人思之为立祠。"

④ 尔来:从那时以来。四万八千岁,夸张而大约言之。尔,那,指开国之初。

⑤ 秦塞(sài):秦地。秦国自古称为四塞之国。塞,山川险要的地方。

⑥ 西当:西对。当,阻挡。太白:太白山,又名太乙山,在长安西(今陕西眉县、太白县一带)。鸟道:只有鸟能飞过的小路。

⑦ "地崩"句:《华阳国志·蜀志》:"秦惠王知蜀王好色,许嫁五女于蜀。蜀遣五丁迎之。还到梓潼,见一大蛇入穴中。一人揽其尾掣之,不禁,至五人相助,大呼拽蛇,山崩时压杀五人及秦五女并将从,而山分为五岭。"天梯石栈(zhàn):天梯,指高险的山路。石栈:俗称"栈道"。在山崖上凿石架木而建成的通道。

⑧ 六龙回日:《初学记》卷一天部三:《淮南子》云:"爰止羲和,爰息六螭,是谓悬车。"原注曰:"日乘车,驾以六龙。羲和御之。日至此面而薄于虞渊,羲和至此而回六螭。"螭即龙。高标:指蜀山中可作一方之标识的最高峰。一说高标山又名高望山,乃嘉定府之主山。

⑨ 冲波:水流冲击腾起的波浪,这里指激流。逆折:水流回旋。回:回转。

⑩ 猱(náo):猿的一种,善攀援。

⑪ 青泥:青泥岭,在今陕西略阳县西北五十三里。《元和郡县志》卷二十二山南道貌岸然兴州长举县:"青泥岭,在县(略阳县)西北五十三里,接溪山东,即今通路也。悬崖万仞,山多云雨,行者屡逢泥淖,故号青泥岭。"萦(yíng)岩峦:绕着山崖转。

⑫ 扪(mén)参(shēn)历井:山高入天,人在山上,可以用手触摸星星,甚至能从它们中间穿过。参、井是二星宿名。古人把天上的星宿分别配属于地上的州国,叫做"分野",以便通过观察天象来卜占地上所配州国的吉凶。参星为蜀之分野,井星为秦之分野。扪:用手摸。历:经过。胁(xié)息:屏住呼吸。

⑬ 膺(yīng):胸口。坐:空,徒。

问君西游何时还？畏途巉岩不可攀①。

但见悲鸟号古木，雄飞雌从绕林间。

又闻子规啼夜月②，愁空山。

蜀道之难，难于上青天，使人听此凋朱颜！

连峰去天不盈尺，枯松倒挂倚绝壁。

飞湍瀑流争喧豗，砯崖转石万壑雷③。

其险也如此，嗟尔远道之人胡为乎来哉④？

剑阁峥嵘而崔嵬，一夫当关，万夫莫开⑤。

所守或匪亲⑥，化为狼与豺。

朝避猛虎，夕避长蛇，

磨牙吮血⑦，杀人如麻。

锦城虽云乐⑧，不如早还家。

蜀道之难，难于上青天，侧身西望长咨嗟⑨。

---

① 巉（chán）岩：高而险的山岩。
② 子规：即杜鹃鸟，蜀地最多，鸣声悲哀。《文选》卷四左思《蜀都赋》："鸟生杜宇之魄。"刘渊林注引《蜀记》曰："昔有人姓杜名宇，王蜀，号曰望帝。宇死，俗说云宇化为子规。子规，鸟名也。蜀人闻子规鸣，皆曰望帝也。"王注："按子规即杜鹃也，蜀中最多，南方亦有之，状如雀鹞，而色惨黑，赤口，有小冠，春暮即鸣，夜啼达旦，至夏尤甚，昼夜不止，鸣必向北，若云'不如归去'，声甚哀切。"
③ 喧豗（huī）：水流轰响声。砯（pīng）崖：水撞石之声。转（zhuàn）：使转动，使滚动。
④ 嗟（jiē）尔远道之人胡为（wéi）乎来哉：唉，你这远方的人为什么到这里来呢？这是用蜀人的口气劝说"西游"的人不要来蜀地。嗟，叹惋之辞。胡：为什么。乎，语气助词，无义。
⑤ 剑阁：又名剑门关，在四川剑阁县北，是大、小剑山之间的一条栈道，长约三十余里。《华阳国志》、《水经注》卷二十、《元和郡县志》卷三十三均有记载。所守：指把守关口的人。崔嵬（wéi）：高大。"一夫"句：《文选》卷四左思《蜀都赋》，"一人守隘，万夫莫向。"《文选》卷五十六张载《剑阁铭》："一人荷戟，万夫趑趄。形胜之地，匪亲勿居。"一夫当关：一人守关。莫开：不能打开。
⑥ "所守"一句：守关的将领倘若不是自己的亲信，就会变成叛乱者。或：倘若。匪（fēi）：通"非"。狼与豺：比喻叛乱的人。
⑦ 吮（shǔn）血（xuè）：吸人血。
⑧ 锦城：《元和郡县志》卷三十一剑南道成都府成都县，"锦城在县南十里，故锦官城也。"今四川成都市。
⑨ 咨（zī）嗟（jiē）：叹息。

蜀 相①

杜 甫

丞相祠堂何处寻,锦官城②外柏森森③。
映阶碧草自春色,隔叶黄鹂空好音④。
三顾频烦天下计⑤,两朝⑥开济⑦老臣心。
出师未捷身先死⑧,长使英雄泪满襟。

琵琶行(并序)⑨

白居易

元和十年⑩,予左迁⑪九江郡⑫司马⑬。明年秋,送客湓浦口⑭,闻舟中夜弹琵琶者。听其音,铮铮然有京都声⑮。问其人,本长安倡女⑯,尝学琵琶于穆、曹二善才⑰。年长色衰,委身⑱为贾人⑲妇。遂命酒⑳,使快㉑弹数曲。曲罢悯然㉒,

---

① 选自《唐诗鉴赏辞典》(上海辞书出版社1983年版)。杜甫(712~770),唐代诗人,字子美,河南巩县(今河南巩义)人。后人誉之为"诗史"。蜀相:指三国时蜀国丞相诸葛亮。公元221年,刘备即帝位,以诸葛亮为丞相,故称"蜀相"。
② 锦官城:古代成都的别称,或简称"锦城"。
③ 柏森森:柏树长得高大而茂密。
④ 黄鹂:黄莺。
⑤ 三顾:指刘备三顾茅庐见诸葛亮事。
⑥ 两朝:指刘备、刘禅父子两朝。
⑦ 开济:开创基业,匡济艰危。
⑧ 出师未捷:诸葛亮曾五次出兵攻魏,建兴十二年(234),与魏司马懿在渭南相拒百余日,病死于五丈原军中。
⑨ 选自《白氏长庆集》。白居易(772~846),唐代诗人,字乐天,号香山居士。贞元进士。在文学上积极倡导新乐府运动。早期的不少讽喻诗较广泛地揭示了时政弊端、社会矛盾和民生疾苦。遭贬后逐渐沉沦,写了不少闲适诗。行,古诗的一种体裁。
⑩ 元和十年:公元815年。元和,唐宪宗的年号。
⑪ 左迁:贬官,降职。白居易任谏官时,因为屡次上书批评朝政,触怒了皇帝,被贬为江州司马。
⑫ 九江郡:隋置,唐代叫江州或浔阳郡,治所在今江西省九江市。
⑬ 司马:州刺史的佐贰官,实际上是闲职。
⑭ 湓(pén)浦口:湓江流入长江的地方,在今九江市。湓浦,又叫湓江,源出江西省瑞昌县清湓山。
⑮ 京都声:指唐代京城长安流行的乐曲声调。
⑯ 倡(chāng)女:歌女。
⑰ 善才:唐代对乐师的通称,是"能手"的意思。
⑱ 委身:托身。这里是嫁人的意思。
⑲ 贾(gǔ)人:商人。
⑳ 命酒:叫(手下人)摆酒。
㉑ 快:畅快。
㉒ 悯然:忧郁的样子。

自叙少小时欢乐事,今漂沦①憔悴,转徙于江湖间。予出官②二年,恬然③自安,感斯人言,是夕始觉有迁谪意。因为长句④,歌⑤以赠之,凡六百一十六言⑥。命⑦曰《琵琶行》。

　　浔阳江头⑧夜送客,枫叶荻⑨花秋瑟瑟⑩。主人⑪下马客在船,举酒欲饮无管弦⑫。醉不成欢惨⑬将别,别时茫茫江浸月。忽闻水上琵琶声,主人忘归客不发。寻声暗⑭问弹者谁?琵琶声停欲语迟⑮。移船相近邀相见,添酒回灯⑯重开宴。千呼万唤始出来,犹抱琵琶半遮面。转轴拨弦⑰三两声,未成曲调先有情。弦弦掩抑⑱声声思⑲,似诉平生不得志。低眉信手⑳续续㉑弹,说尽心中无限事。轻拢慢捻抹复挑㉒,初为《霓裳》㉓后《六幺》㉔。大弦㉕嘈嘈㉖如急雨,小弦㉗切切㉘如私语。嘈嘈切切错杂弹,大珠小珠落玉盘㉙。间关莺语花底滑㉚,幽咽㉛泉流

---

① 漂沦:漂泊沦落。
② 出官:(京官)外调。
③ 恬然:安然的样子。
④ 长句:指七言诗。唐人的习惯说法。
⑤ 歌:作歌。
⑥ 言:字。
⑦ 命:命名,题名。
⑧ 江头:江边。
⑨ 荻:多年生草本植物,形状像芦苇,生长在水边。
⑩ 瑟瑟:形容秋意,如萧瑟。
⑪ 主人:白居易自指。
⑫ 管弦:指音乐。管,箫、笛之类的管乐。弦,琴、瑟、琵琶之类的弦乐。
⑬ 惨:悲伤。
⑭ 暗:这里是轻声的意思。
⑮ 欲语迟:要回答,(又有些)迟疑。
⑯ 回灯:把撤了的灯烛又拿回来。
⑰ 转轴拨弦:这里是调弦校音的动作。
⑱ 掩抑:低沉抑郁(的乐声)。
⑲ 思:思绪,名词,这里指愁思。
⑳ 信手:随手。
㉑ 续续:连续。
㉒ 轻拢慢捻抹复挑:轻轻地拢,慢慢地捻,一会儿抹,一会儿挑。拢,叩弦。捻,揉弦。抹,顺手下拨。挑,反手回拨。四者都是弹琵琶的指法。前二者用左手,后二者用右手。
㉓ 霓裳:就是《霓裳羽衣曲》,唐代乐曲名,相传为唐玄宗所作。
㉔ 六幺:也是当时有名的曲子。
㉕ 大弦:指琵琶四根弦中最粗的弦。
㉖ 嘈嘈:形容声音的粗重。
㉗ 小弦:指琵琶上最细的弦。
㉘ 切切:形容声音的轻细。
㉙ 大珠小珠落玉盘:这里比喻乐声的清脆圆润。
㉚ 间关莺语花底滑:像黄莺在花下啼叫一样婉转流利。间关,形容鸟声宛转。
㉛ 幽咽:低泣声,这里形容遏塞不畅的水流声。

冰下难①。冰泉冷涩弦凝绝②,凝绝不通声暂歇。别有幽愁暗恨生,此时无声胜有声。

银瓶乍破水浆迸,铁骑突出刀枪鸣③。曲终收拨当心画④,四弦一声⑤如裂帛。东船西舫悄无言,唯见江心秋月白。

沉吟⑥放拨插弦中,整顿衣裳起敛容⑦。

自言本是京城女,家在虾蟆陵⑧下住。十三学得琵琶成,名属教坊⑨第一部。

曲罢曾教善才服,妆成每被秋娘⑩妒。五陵年少⑪争缠头⑫,一曲红绡不知数⑬。

钿头银篦⑭击节碎⑮,血色罗裙翻酒污⑯。今年欢笑复明年,秋月春风等闲度。

弟走从军阿姨死,暮去朝来颜色故⑰。门前冷落鞍马稀,老大⑱嫁作商人妇。商人重利轻别离,前月浮梁⑲买茶去。去来⑳江口守空船,绕船月明江水寒。夜深忽梦少年事,梦啼妆泪红阑干㉑。

我闻琵琶已叹息,又闻此语重唧唧㉒。

同是天涯沦落人,相逢何必曾相识!我从去年辞帝京,谪居卧病浔阳城。

---

① 冰下难:用泉水冰下阻塞难通来形容乐声由流畅变为冷涩。冰下难,一作"水下滩"。
② 弦凝绝:像泉水又冷又涩不能畅流,弦似乎凝结不动了。这是形容弦声愈来愈低沉,以致停顿。
③ 银瓶乍破水浆迸,铁骑突出刀枪鸣:这是形容琵琶声在沉咽、暂歇后,忽然又爆发出激越、雄壮的乐音。银瓶,汲水器。乍,突然。迸,溅射。铁骑,带甲的骑兵。
④ 曲终收拨当心画:乐曲终了,用拨子对着琵琶中心划一下。这是弹琵琶到一曲结束时的常用手法,拨,拨子,弹奏弦乐所用的工具。
⑤ 四弦一声:四根弦同时发出声音。
⑥ 沉吟:要说话又有些迟疑的样子。
⑦ 敛容:正容,显出庄肃的脸色。
⑧ 虾蟆陵:在长安城东南。
⑨ 教坊:唐代官办管理音乐杂技、教练歌舞的机关。
⑩ 秋娘:唐代歌伎常用的名字,这里用为善歌貌美的歌伎的通称。
⑪ 五陵年少:指京城豪贵人家的子弟。五陵,长安附近汉代五个皇帝的陵墓,富豪人家多聚居在这一带。
⑫ 缠头:古代送给歌伎舞女的锦帛叫"缠头"。
⑬ 一曲红绡不知数:(弹完)一个曲子,(所得的)红绡不计其数。绡,一种丝织品。
⑭ 钿头银篦:上端镶着金花的银钗。钿(diàn),金花。篦(bì),一种有密齿的梳发用具,古时妇女戴在发髻上的一种装饰品。
⑮ 击节碎:(给音乐)打拍子敲碎了。节,节拍。
⑯ 翻酒污:泼翻了酒被玷污。
⑰ 颜色故:这里是容颜衰老的意思。
⑱ 老大:年纪大了。
⑲ 浮梁:旧县名,故城在现在江西省景德镇市北。
⑳ 去来:走了以后。来,助词,无义。
㉑ 梦啼妆泪红阑干:梦中啼哭,擦了脂粉的脸上流满了一道道红色的(泪痕)。妆,这里指脸上的脂粉。阑干,纵横错乱的样子。
㉒ 唧唧:叹息声。

其间旦暮闻何物？杜鹃啼血①猿哀鸣。春江花朝秋月夜，往往取酒还独倾②。

岂无山歌与村笛，呕哑③嘲哳④难为听⑤。今夜闻君琵琶语⑥，如听仙乐耳暂⑦明。

莫辞更坐弹一曲，为君翻作⑧《琵琶行》。

感我此言良久立，却坐⑨促弦⑩弦转⑪急。

凄凄不似向前声，满座重闻皆掩泣⑫。座中泣下谁最多？江州司马青衫湿⑬。

思考与练习

一、阅读《蜀道难》，回答下列问题。

1.诗歌夸张地说自蜀开国四万八千年以来，一直"不与秦塞通人烟"，后来五丁力士拽蛇导致地崩山摧身死才促成了蜀道的修建。这个悲壮的神话故事有什么作用？

2.文中以"六龙回日"的神话，用黄鹤飞不过、猿猱愁攀援来衬托什么？

3.剑阁位置险要，易守难攻，历史上不乏据险作乱的先例。写蜀道人事之难，主要表现诗人怎样的思想感情？

二、选择题。

1.对《蜀相》词句的解释，不恰当的一项是：（　　）

A."蜀相"是蜀汉丞相诸葛亮。"锦官城"是成都的别称。"柏森森"即柏树茂盛的地方。

B."映阶"二句是说祠堂内碧草空有春色，黄鹂徒有好音，却没有多少人去欣赏。

C."频烦"即频繁，连续。"天下计"指统一中国、兴复汉室。"两朝"指东汉和蜀汉。"开"指开创基业，"济"是渡过难关。

D."出师"指诸葛亮出兵伐魏。"英雄"指诸葛亮和千古以来为国为民的仁人志士，也包括诗人自己。

---

① 杜鹃啼血：传说中杜鹃鸟啼鸣时，嘴里会流出血来，这是形容杜鹃啼声的悲切。
② 独倾：独酌。
③ 呕哑：拟声词，形容乐声的单调，少变化。
④ 嘲哳（zhāo zhā）：也做"啁哳"，拟声词，形容声音的细碎。
⑤ 难为听：难听，听不下去。
⑥ 琵琶语：指琵琶上弹出的曲调。
⑦ 暂：忽然，一下子。
⑧ 翻作：写作。翻，按曲编写歌辞。
⑨ 却坐：退回（原处）坐下。
⑩ 促弦：把弦拧紧。促，紧，迫。
⑪ 转：更加。
⑫ 掩泣：掩面哭泣。下面"泣下"的"泣"，是"眼泪"的意思。
⑬ 青衫湿：眼泪多，青衫都湿了。青，唐代官职低的服色。

2.对《蜀相》这首诗的赏析,不恰当的一项是:(　　)

A.首联以设问引起,开门见山。一个"寻"字表达了诗人对诸葛亮的仰慕之情向往之意。

B.颔联由远及近,以草绿莺啼的美景衬托诸葛亮人格的清高。

C.颈联高度概括了诸葛亮一生的行事。"天下计"见匡时雄略,"老臣心"、"身先死"显报国忠诚。

D.诗的前四句写祠堂之景,后四句写丞相之事。全诗通过对历史人物的缅怀和赞颂,寄托了诗人忧心忧国、痛感济世无人的哀伤。

三、阅读《琵琶行》,回答下列问题。

1.下列对白居易《琵琶行》描绘的形象的分析中,不当的一项是(　　)

A.琵琶女是演奏技艺精湛卓绝、悲凉身世令人心酸的被污辱和被损害者的形象。

B.作者写自己的遭遇,是为了衬托琵琶女形象。

C.诗中琵琶女和作者这两个形象感情上的共鸣之处是"同是天涯沦落人"。

D.诗中对琵琶女身世的描述,主要是通过琵琶女的倾诉表现的。

阅读下面的文字,完成2—4题:

写琵琶女自诉身世,详昔而略今;写自己的遭遇,则压根儿不提被贬以前的事。这也许是意味着以彼之详,补此之略吧!比如,琵琶女昔日在京城里"甲"的情况和作者被贬以前的情况是不是有某些相通之处呢?同样,他被贬以后的处境和琵琶女"乙"以后的处境是不是也有某些类似之处呢?看来是有的,要不然,怎么会发出"丙"的感慨?

2.甲处最恰当的引文是:(　　)

A.曲罢曾教善才服,妆成每被秋娘妒

B.五陵年少争缠头,一曲红绡不知数

C.细头云篦击节碎,血色罗裙翻酒污

D.今年欢笑复明年,秋月春色等闲度

3.乙处最恰当的引文是:(　　)

A.弟走从军阿姨死　　　　C.老大嫁作商人妇

B.梦啼妆泪红阑干　　　　D.秋月春风等闲度

4.丙处最恰当的引文是:

A.江州司马青衫湿　　　　C.同是天涯沦落人

B.如听仙乐耳暂明　　　　D.杜鹃啼血猿哀鸣

四十三　宋词四首

　　《赤壁怀古》是苏轼在宋神宗元丰五年(1082年)贬居黄州时游黄州城外的赤壁矶时所作。这首词感慨古今,雄浑苍凉,大气磅礴,昂扬郁勃,把人们带入江山如画、奇伟雄壮的景色和深邃无比的历史沉思中,唤起读者对人生的无限感慨和思索,融景物、人事感叹、哲理于一体,给人以撼魂荡魄的艺术力量。此词对于一度盛行缠绵悱恻之风的北宋词坛,具有振聋发聩的作用。

　　《京口北固亭怀古》是南宋豪放派词人辛弃疾的代表作,也是最优秀的爱国词作之一。这首词写得沉痛悲壮,语言精练深刻,虽然用典较多,但都关合时事,用得十分贴切,艺术感染力很强。词的结构严密,层次井然,既有写景、叙事,又有议论、抒情,纵横开阖,一气贯注,思想性和艺术性达到了高度的统一。

　　《雨霖铃》这首词描写了作者要离开汴京(开封)去外地漂泊时和他心爱的人难舍难分的痛苦心情。通过这种描写,十分真实地反映出封建社会中离别给青年男女的爱情以多么沉重的打击。这首词正是爱恋歌妓和悲叹羁旅的思想感情交织着的作品,是柳永的代表作品之一,是宋元时期流行的"宋金十大曲"之一。

　　《扬州慢》这首词写于宋孝宗淳熙三年(1176)冬至日,词前的小序对写作时间、地点及写作动因均作了交待。姜夔因路过扬州,目睹了战争洗劫后扬州的萧条景象,抚今追昔,悲叹今日的荒凉,追忆昔日的繁华,发为吟咏,以祭托对扬州昔日繁华的怀念和对今日山河破碎的哀思。

念奴娇·赤壁怀古①

苏 轼

大江东去②,浪淘尽,千古风流人物③。故垒④西边,人道是:三国周郎赤壁⑤。乱石穿空⑥,惊涛拍岸,卷起千堆雪⑦。江山如画,一时多少豪杰。

遥想公瑾当年,小乔⑧初嫁了,雄姿英发⑨。羽扇纶巾⑩,谈笑间⑪,樯橹⑫灰飞烟灭。故国神游⑬,多情应笑我,早生华发⑭。人生如梦,一尊⑮还酹江月⑯。

永遇乐·京口北固亭怀古⑰

辛弃疾

千古江山,英雄无觅孙仲谋处⑱。舞榭歌台,风流⑲总被雨打风吹去。斜阳

---

① 选自《东坡乐府》。苏轼(1036~1101),字子瞻,号东坡居士,四川眉山人,宋代著名文学家。这首词是苏轼贬官为黄州(今湖北省黄冈县)团练副使时游赤壁所作。赤壁,苏轼所游地赤壁,在黄冈城外的赤鼻矶;而三国古战场的赤壁,一般认为在现在湖北省嘉鱼县东北。
② 大江:长江。这里指长江的流水。
③ 风流人物:杰出的英雄人物。
④ 故垒:黄州古老的城堡,作者推测,可能是古战场的陈迹。
⑤ 人道是:三国周郎赤壁:人们说(那)是三国时周瑜(作战时的)赤壁。周郎,周瑜,字公瑾,开始为吴将时年仅24岁,吴中人称他为"周郎"。
⑥ 乱石穿空:陡峭不平的石壁插入天空。"穿空",一作"崩云"。
⑦ 雪:这里比喻浪花。
⑧ 小乔:乔玄的小女儿,嫁给周瑜。
⑨ 英发:英俊奋发,形容周瑜气概俊伟。
⑩ 羽扇纶巾:(手握)羽扇,(头戴)纶巾。这是古代儒将的装束,形容周瑜态度从容娴雅。纶巾,青丝帛的头巾。
⑪ 谈笑间:谈笑之间。形同轻而易举。
⑫ 樯橹:这里指曹操的水军。"强虏",又作"狂虏"。
⑬ 故国神游:神游于故国。这是想象当年周瑜破曹的情景。故国,旧国,这里指旧地,三国古战场。
⑭ 多情应笑我,早生华发:应笑自己多愁善感,头发早早的都变白了。华发,花白的头发。
⑮ 尊:通"樽",酒杯。
⑯ 酹(lèi):(古人祭奠时)把酒洒在地上。这里指洒酒酹月,寄托自己的感情。
⑰ 选自《稼轩长短句》。辛弃疾(1140~1207),字幼安,号稼轩,山东济南人。北固亭,在京口(现在江苏省镇江市)东北的北固山上,隔江可望见扬州。
⑱ 英雄无觅,孙仲谋处:无处寻找英雄的孙仲谋(那样的人物)了。仲谋,孙权的字,他曾在京口建立吴都。
⑲ 风流:指英雄事业的流风余韵。

草树,寻常巷陌^①,人道寄奴^②曾住。想当年^③,金戈铁马^④,气吞万里如虎。

元嘉草草,封狼居胥,赢得仓皇北顾^⑤。四十三年^⑥,望中犹记,烽火^⑦扬州路。可堪回首,佛狸祠下,一片神鸦社鼓^⑧!凭谁问:廉颇老矣,尚能饭否^⑨?

雨霖铃^⑩

柳 永

寒蝉凄切,对长亭^⑪晚,骤雨初歇。都门帐饮^⑫无绪,留恋处,兰舟^⑬催发。执手相看泪眼,竟无语凝噎^⑭。念去去千里烟波,暮霭^⑮沉沉楚天阔。

多情自古伤离别,更那堪冷落清秋节。今宵酒醒何处?杨柳岸,晓风残月。此去经年^⑯,应是良辰好景虚设。便纵有千种风情,更与何人说!

---

① 寻常巷陌:普通的街巷。
② 寄奴:南北朝时南朝宋武帝刘裕的小名。刘裕的祖先由北方移居京口,刘裕在这里起事,最后建立政权。
③ 当年:指当年刘裕为了恢复中原大举北伐的时候。
④ 金戈铁马:金戈,用金属制成的长枪。铁马,披着铁甲的战马。两者都是当时精良的武器装备,这里指代精锐的部队。
⑤ 元嘉草草,封狼居胥,赢得仓皇北顾:宋文帝刘义隆(刘裕的儿子)在元嘉二十七年(450)草率出师北伐,想要建立像古代封狼居胥(xū)山那样的功绩,只落得自己北望而仓皇失措。封狼居胥,汉朝霍去病追击匈奴至狼居胥山(现在内蒙古自治区西北部),封山(筑土为坛以祭山神,纪念胜利)而还。作者借此事咏当时南宋近事,指宋孝宗隆兴元年(1163)张浚北伐,在符离(今安徽省宿县符离集)兵败的事。
⑥ 四十三年:作者于1162年(宋高宗赵构绍兴三十二年)从北方抗金南归,至任镇江知府写这首词时,前后共43年。
⑦ 烽火:指金兵南下的战火。
⑧ 佛狸祠下,一片神鸦社鼓:(瓜步山上的)佛狸祠下(充满)一片神鸦叫声和社日的鼓声!佛狸,后魏太武帝拓跋焘的小字。他击败宋文帝,率兵追到瓜步山(现江苏六合县东南),在山上建立行宫,即后来的佛狸祠。神鸦,这里指在庙里吃祭品的乌鸦。社鼓,社日祭地神的鼓声。
⑨ 凭谁问:廉颇老矣,尚能饭否:(现在)凭谁去问:廉颇老了,饭量还好吗? 这是作者以廉颇自比,说自己虽然老了,还不忘为国效力,恢复中原,可是朝廷屈膝媚敌,早没有启用他的意思。《史记·廉颇蔺相如列传》记载,廉颇免职后,跑到魏国。赵王想再用他,派人去看他的身体情况,"廉颇之仇郭开多与使者金,令毁之。赵使者既见廉颇,廉颇为之一饭斗米,肉十斤,被(披)甲上马,以示尚可用。赵使还报王曰:'廉将军虽老,尚善饭;然与臣坐,顷之三遗矢(屎)矣。'赵王以为老,遂不召。"
⑩ 选自《中国历代文学作品选》(上海古籍出版社,1980年版)。《雨霖铃》,词牌名。柳永(约987~约1083)字耆卿,原名三变,崇安(今福建省崇安县)人,官至屯田员外郎,世称柳屯田,北宋著名词人,有《乐章集》。
⑪ 长亭:古时驿路上十里一长亭,五里一短亭,供行人歇息,也是送别的地方。
⑫ 都门帐饮:在京城郊外设帐幕宴饮送行。
⑬ 兰舟:木兰舟,船的美称。
⑭ 凝噎:因为激动,声音梗塞,说不出话来。
⑮ 暮霭(ǎi):傍晚的云气。
⑯ 经年:是说将经几年才能会见。

扬州慢①

姜 夔

淳熙丙申至日②,予过维扬③。夜雪初霁④,荠麦弥望⑤。入其城,则四顾萧条,寒水自碧,暮色渐起,戍角⑥悲吟。予怀怆然,感慨今昔,因自度此曲,千岩老人⑦以为有《黍离》⑧之悲也。

淮左⑨名都,竹西佳处⑩,解鞍少驻初程⑪。过春风十里⑫,尽荠麦青青。自胡马窥江去后⑬,废池乔木,犹厌言兵⑭。渐黄昏,清角吹寒⑮,都在空城。

杜郎俊赏⑯,算而今、重到须惊⑰。纵⑱豆蔻⑲词工,青楼⑳梦好,难赋深情。二十四桥㉑仍在,波心荡、冷月无声。念桥边红药㉒,年年知为谁生!

---

① 选自《全宋词》。姜夔(约1155～约1221),字尧章,号白石道人,鄱阳(今江西省波阳县)人,南宋著名词人。他精通音乐,有的词调是自己创制的。《扬州慢》就是其中之一。
② 丙申至日:丙申年冬至日。这一年是南宋孝宗淳熙三年。(1176)。
③ 维扬:扬州。《尚书·禹贡》:"淮海维扬州。"后来截取"维扬"两字代表扬州。
④ 霁:雨、雪停止,天晴。
⑤ 荠麦弥望:满眼是荠菜和麦子。
⑥ 戍角:驻军的号角。
⑦ 千岩老人:诗人萧德藻的号,姜夔曾向他学诗。
⑧ 《黍离》:《诗·王风》中的篇名,首句是"彼黍离离"。旧说周平王东迁以后,周大夫经过西周故都,悲叹宫室宗庙毁坏,长满禾黍,就作了这首诗。因此,后来常用"禾黍"来表示对国家昔盛今衰的痛惜伤感之情。
⑨ 淮左:淮水东面。扬州在淮东。宋设淮南东路,治所在扬州。左,方位上以东为左。
⑩ 竹西佳处:指扬州。杜牧《题扬州禅智寺》诗:"谁知竹西路,歌吹是扬州?"(谁想到竹林西边的路就是热闹的扬州呢?)开头八个字点名昔日扬州繁盛。
⑪ 初程:开头的一段路程。
⑫ 春风十里:指先前扬州繁华的街道。杜牧《赠别》诗有"春风十里扬州路"的句子。下文"尽荠麦青青",长满了青青的荠麦,是说现在扬州已经非常荒凉了。
⑬ 自胡马窥江去后:自从胡人的军队窥伺长江离去以后,指南宋时,金兵南侵长江流域。距离作者写此词的最近的一次在孝宗隆兴二年(1164)。胡,我国古代对北方和西方各民族的泛称,这里指北方的金国。
⑭ 废池乔木,犹厌言兵:此处用了拟人的手法,表面意思是说连废池、乔木都讨厌战争,实际是指(人们看见因金兵南侵而遭)毁坏的城池和古老的大树,至今仍厌谈到(那种破坏正常生活的)战争。
⑮ 清角吹寒:凄清的戍角在寒气中吹奏。吹寒,在寒气中吹。当时扬州有宋兵戍守。
⑯ 杜郎俊赏:杜牧善于游赏。从这句开始,下文直到"难赋深情"是作者由现景而引起的想象。俊赏,卓越的鉴赏力。
⑰ 算而今、重到须惊:就算杜牧今天重到扬州,也定会感到吃惊。
⑱ 纵:即使。纵,领着下文,在"难"字前应有"也"字。构成"即使……也"的句式。
⑲ 豆蔻:杜牧《赠别》诗用"豆蔻梢头二月初"形容少女的美丽。
⑳ 青楼:妓院。杜牧在扬州,和名妓常有来往,写有《遣怀》诗,其中"十年一觉扬州梦,赢得青楼薄倖名"诗句。"豆蔻词工"、"青楼梦好",这里指杜牧作诗的技巧和才情。
㉑ 二十四桥:唐朝时扬州繁盛,有二十四桥。杜牧《寄扬州韩绰判官》:"二十四桥明月夜,玉人何处教吹箫?"
㉒ 红药:红色芍药。扬州芍药在宋朝时很有名。二十四桥附近盛产芍药。

思考与练习

一、阅读《念奴娇·赤壁怀古》,问答下列问题。

1. "千古江山……风流总被雨打风吹去",试分析这里运用孙权典故的表现力。

2. 试分析"多情应笑我"。

3. 试分析《念奴娇》的意境、感情。

二、《永遇乐·京口北固亭怀古》中用了几处典故,分别是哪几个?抒发了词人什么样的感情?

三、《雨霖铃》上阕描写了送别的典型环境。试按要求摘引原文词语作答:

①送别的季节是＿＿＿＿＿＿＿＿＿＿＿＿＿＿＿＿＿＿＿＿＿＿＿＿＿＿＿＿

②送别的时间是＿＿＿＿＿＿＿＿＿＿＿＿＿＿＿＿＿＿＿＿＿＿＿＿＿＿＿＿

③送别的地点是＿＿＿＿＿＿＿＿＿＿＿＿＿＿＿＿＿＿＿＿＿＿＿＿＿＿＿＿

④送别时的天气是＿＿＿＿＿＿＿＿＿＿＿＿＿＿＿＿＿＿＿＿＿＿＿＿＿＿

⑤送别的心绪是＿＿＿＿＿＿＿＿＿＿＿＿＿＿＿＿＿＿＿＿＿＿＿＿＿＿＿＿

⑥送别的表情是＿＿＿＿＿＿＿＿＿＿＿＿＿＿＿＿＿＿＿＿＿＿＿＿＿＿＿＿

四、阅读《扬州慢》,回答下列问题。

1. "淮左名都,竹西佳处",写了昔日＿＿＿＿＿＿＿＿＿＿＿＿＿＿＿；而"过春风十里,尽荠麦青青",则写出＿＿＿＿＿＿＿＿＿＿＿＿＿＿＿,这是运用了＿＿＿＿＿＿＿＿＿＿手法,抒发了词人＿＿＿＿＿＿＿＿＿＿＿＿＿＿＿＿＿＿＿＿＿＿＿＿之情。

2. "废池乔木,犹厌言兵"一句运用了什么艺术手法?有什么表达效果?

3. "杜郎俊赏,算而今重到须惊"在词中起什么作用?

4. 《扬州慢》写了哪些景象?

5. 在这首词中,姜夔大量化用杜牧的词句,这是为什么?

四十四　中国现当代诗歌

学习提示

《再别康桥》是徐志摩最著名的诗篇之一。在诗中他以缠绵的笔调，表达了对康桥的无限留念之情，并通过"金柳"、"青荇"、"榆荫下的一潭"等等寻常意象，展现了康桥的秀丽风光。

《就是那一只蟋蟀》写于1982年。诗中小序中的"Y先生"指的是常与作者有新作往来的台湾著名诗人余光中，他给作者信中的几句话，却引发出作者的创作灵感。于是，用诗作答，以蟋蟀的鸣叫为主旋律，谱写出一首思乡曲。段段均以"就是那一只蟋蟀"开头，反复咏唱，极力渲染和强调了念乡主题。诗由古及今，层次井然，脉络清晰，纵情铺写，叠用排比，韵味浓郁。故土山水在作者的笔底交织，绵绵乡情从作者心中悠悠淌出，表达着海峡两岸同胞共同的心声。

《致橡树》是当代女诗人舒婷的代表作之一。诗人以橡树为对象表达了爱情的热烈、诚挚和坚贞。诗中的橡树不是一个具体的对象，而是诗人理想中的情人象征。因此，这首诗一定程度上不是单纯倾诉自己的热烈爱情，而是要表达一种爱情的理想和信念，通过亲切具体的形象来发挥，颇有古人托物言志的意味。

《面朝大海，春暖花开》是海子的抒情名篇。语言平易、朴实；意象单纯、明净；内涵也比较丰富。但思想却是矛盾的、复杂的。既有对世俗幸福的向往，又有不愿与众人混同的清高。海子其实就是一个矛盾的混合体。许许多多的矛盾纠缠着他，毒蛇似地咬噬着他，使他难以摆脱。写此诗时，他内心积极的一面正好占着上风，使他写出了一首最具代表性的诗作。

再别康桥①

徐志摩

轻轻的我走了,
　正如我轻轻的来;
我轻轻的招手,
　作别西天的云彩。

那河畔的金柳,
　是夕阳中的新娘;
波光里的艳影,
　在我的心头荡漾。

软泥上的青荇②,
　油油的在水底招摇;
在康河的柔波里,
　我甘心做一条水草。

那榆荫下的一潭,
　不是清泉,是天上虹;
揉碎在浮藻间,
　沉淀着彩虹似的梦③。

寻梦?撑一支长篙,
　向青草更青处漫溯;
满载一船星辉,
　在星辉斑斓里放歌。

但我不能放歌,
　悄悄是别离的笙箫;
夏虫也为我沉默,
　沉默是今晚的康桥!

悄悄的我走了,
　正如我悄悄的来;

---

① 选自《徐志摩诗全编》,浙江文艺出版社 1987 年版,略有改动。徐志摩(1896~1931),浙江海宁人,新月诗派的代表人物。康桥,今通译剑桥,英国学术、文化中心,风景胜地。
② 青荇(xìng):绿色的水草。
③ 彩虹似的梦:暗指作者昔日的愿望和理想。

我挥一挥衣袖，
不带走一片云彩。

就是那一只蟋蟀①

流沙河

台湾诗人Y先生②说："在海外，夜间听到蟋蟀叫，就会以为那是在四川乡下听到的那一只。"③

就是那一只蟋蟀
钢翅响拍着金风④
一跳跳过了海峡
从台北上空悄悄降落
落在你的院子里
夜夜唱歌
就是那一只蟋蟀
在《豳风·七月》⑤里唱过
在《唐风·蟋蟀》⑥里唱过
在《古诗十九首》⑦里唱过
在花木兰的织机旁唱过⑧
在姜夔的词里唱过⑨
劳人听过
思妇听过
就是那一只蟋蟀

---

① 选自诗集《故园别》。流沙河，原名余勋坦，1931年生，四川省金堂县人。当代诗人。
② Y先生：即台湾著名诗人余光中，1928年生于南京，曾任高雄中山大学文学院院长。
③ 余光中诗《蟋蟀吟》："就是童年逃逸的那一只吗？一去四十年又回头来叫我？"
④ 金风：秋风。
⑤ 豳(bīn)风·七月：《诗经·国风》中的诗篇。其中有"七月在野，八月在宇，九月在户，十月蟋蟀，入我床下"的诗句。豳，古地名，今陕西省彬县、旬邑县一带。
⑥ 《唐风·蟋蟀》：《诗经·国风》中的诗篇。其中有"蟋蟀在堂，岁聿其莫。今我不乐，日月其除"的诗句。唐，古地名，今河北省唐县一带。
⑦ 《古诗十九首》：初载于南朝梁文学家昭明太子(萧统)《文选》，创作时间大概在东汉后期。其中有"明月皎夜光，促织鸣东壁"的诗句。
⑧ 《木兰辞》：中有"唧唧复唧唧，木兰当户织"的诗句。
⑨ 指姜夔的词《齐天乐·蟋蟀》。

在深山的驿道边唱过
在长城的烽台上唱过
在旅馆的天井中唱过
在战场的野草间唱过
孤客听过
伤兵听过
就是那一只蟋蟀
在你的记忆里唱歌
在我的记忆里唱歌
唱童年的惊喜
唱中年的寂寞
想起雕竹做笼
想起呼灯篱落①
想起月饼②
想起桂花
想起满腹珍珠的石榴果
想起故园飞黄叶
想起野塘剩残荷
想起雁南飞
想起田间一堆堆的草垛
想起妈妈唤我们回去加衣裳
想起岁月偷偷流去许多许多
就是那一只蟋蟀
在海峡这边唱歌
在海峡那边唱歌
在台北的一条巷子里唱歌③
在四川的一个乡村里唱歌
在每个中国人脚迹所到之处
处处唱歌
比最单调的乐曲更单调

---

① 呼灯篱落：语出自姜夔的词《齐天乐·蟋蟀》："笑篱落呼灯，时间儿女。"
② 中秋夜祭月，民俗以石榴与月饼为祭品。
③ 余光中家住台北厦门街，小巷独院。

比最谐和的音响更谐和
凝成水
是露珠
燃成光
是萤火
变成鸟
是鹧鸪
啼叫在乡愁者的心窝
就是那一只蟋蟀
在你的窗外唱歌
在我的窗外唱歌
你在倾听
你在想念
我在倾听
我在吟哦
你该猜到我在吟些什么
我会猜到你在想些什么
中国人有中国人的心态
中国人有中国人的耳朵

1982年7月10日在成都

致橡树①

舒 婷

我如果爱你——
绝不像攀援的凌霄花②
借你的高枝炫耀自己；
我如果爱你——
绝不学痴情的鸟儿

---

① 选自《诗经》（1979年第四期）。舒婷(1952～)，原名龚佩瑜，福建泉州人，当代女诗人，主要著作有诗集《双桅船》、《会唱歌的鸢尾花》、《始祖鸟》，散文集《心烟》等。
② 凌霄花：又名"紫葳"，木本蔓生，茎攀援他物而高升，高可数丈，夏秋开花，橘红色。

为绿荫重复单调的歌曲；
也不止像泉源
常年送来清凉的慰藉；
也不止像险峰
增加你的高度，衬托你的威仪。
甚至日光。
甚至春雨。
不，这些都还不够！
我必须是你近旁的一株木棉①，
作为树的形象和你站在一起。
根，紧握在地下
叶，相触在云里。
每一阵风吹过
我们都互相致意，
但没有人
听懂我们的言语。
你有你的铜枝铁干
像刀、像剑，
也像戟；
我有我红硕的花朵
像沉重的叹息，
又像英勇的火炬。
我们分担寒潮、风雷、霹雳；
我们共享雾霭、流岚②、虹霓③。
仿佛永远分离，
却又终身相依。
这才是伟大的爱情，
坚贞就在这里：
爱——
不仅爱你伟岸的身躯，

---

① 木棉：常绿乔木，产于热带，高可数丈。
② 岚：山中的水蒸气。
③ 虹霓：虹，彩虹。霓，副虹。雾霭：是雾气。这里是跟前面的"寒潮、风雷、霹雳"相对的，应指生活中的欢乐，相当于鲜花、笑脸和掌声。

也爱你坚持的位置,足下的土地。

面朝大海,春暖花开①
海　子

　　从明天起,做一个幸福的人

　　喂马、劈柴,周游世界

　　从明天起,关心粮食和蔬菜

　　我有一所房子,面朝大海,春暖花开

　　从明天起,和每一个亲人通信

　　告诉他们我的幸福

　　那幸福的闪电告诉我的

　　我将告诉每一个人

　　给每一条河每一座山取一个温暖的名字

　　陌生人,我也为你祝福

　　愿你有一个灿烂的前程

　　愿你有情人终成眷属

　　愿你在尘世获得幸福

　　我只愿面朝大海,春暖花开

思考与练习

　　一、阅读《再别康桥》,回答下列问题。

　　1.诗人在诗中选取了几个意象来渲染和表现对康桥的眷恋?

　　2.在最后一节,诗人说"悄悄地我走了",为什么要"悄悄地"?

　　二、阅读《就是那一只蟋蟀》,回答下列问题。

　　1.这两节诗都以"就是那一只蟋蟀"开头,这样的反复有什么效果?

　　2.第一节多侧面、多角度地回忆了天真烂漫的童年生活,贯穿始终的一条感情线索是什么?

---

　　① 选自《海子的诗》,人民文学出版社1995年4月版。海子(1964~1989),原名查海生,1964年3月24日生于安徽省怀宁县高河查湾,在农村长大,1979年15岁时考入北京大学法律系,大学期间开始诗歌创作,1983年自北大毕业后分配至北京中国政法大学哲学教研室工作,已出版作品有长诗《土地》(春风文艺出版社,1990年)和短诗选集《海子、骆一禾作品集》(南京大学出版社,1991年)。这首《面朝大海,春暖花开》是诗人的绝笔。

3.请说说第二节诗抒写的内容及抒发的感情。
4.诗中的"月饼"、"桂花"这些词有什么深刻含义?
三、阅读《致橡树》第一节部分,完成1—2题。
1."泉源"和"险峰"的爱的局限性是什么?"日光"和"春雨"的爱还不够的原因是什么?
2.诗句中的"你"是指橡树,它象征着什么?
四、阅读《面朝大海,春暖花开》,完成1~3题。
1.诗中的四个"幸福"怎样理解?"幸福"起什么作用?
2."幸福的闪电"有什么含义?
3."面朝大海,春暖花开"有两层含义,试解释。

四十五　外国诗两首

　　《我愿意是急流》是一首向自己的爱人表白爱情的诗。裴多菲袒露自己坦诚热烈的胸怀，表明自己无私奉献的心愿，不管这种奉献需要付出什么样的代价，作出什么样的牺牲，他都欣然接受，无怨无悔。这首诗以激越的情感动人，热情奔放、酣畅淋漓地抒发感情，同时循环往复，具有民歌反复咏唱的特点。

　　《孤独的收割人》是华兹华斯游历苏格兰时写下的。全诗的内容很单一——一位年轻姑娘边收割边歌唱的情景。但读者在阅读时并不感到单调，这是因为诗中有跳跃的意象和丰富的想象，也因为这在平时人人都曾遇到过的情景让读者产生了强烈的共鸣：偶然的相逢——与诗人主体相交、相感——永久地失落。这就是人生。

我愿意是急流①

裴多菲

　　我愿意是急流，
　　　山里的小河，

---

①　选自《裴多菲诗选》（人民文学出版社，1979年版），孙用译。裴多菲（1823～1849），19世纪匈牙利诗人，资产阶级民主主义革命家。所写的革命诗歌《爱国者之歌》《反对国王》，政治诗《给贵族老爷们》《民族之歌》等影响很大。1849年在反抗沙俄军队的战斗中牺牲。

在崎岖的路上、
岩石上经过……
只要我的爱人
是一条小鱼，
在我的浪花中
快乐地游来游去。
我愿意是荒林，
在河流的两岸，
对一阵阵的狂风，
勇敢地作战……
只要我的爱人
是一只小鸟，
在我的稠密的
树枝间做窠，鸣叫。
我愿意是废墟，
在峻峭的山岩上，
这静默的毁灭
并不使我懊丧……
只要我的爱人
是青青的常春藤，
沿着我的荒凉的额，
亲密地攀援上升。
我愿意是草屋，
在深深的山谷底，
草屋的顶上
饱受风雨的打击……
只要我的爱人
是可爱的火焰，
在我的炉子里，
愉快地缓缓闪现。
我愿意是云朵，
是灰色是破旗，
在广漠的空中，
懒懒地飘来荡去，

只要我的爱人
是珊瑚似的夕阳,
傍着我苍白的脸,
显出鲜艳的辉煌。

孤独的收割人①

华兹华斯

你看!那高原上年轻的姑娘,
独自一人正在田野上。
一边收割,一边在歌唱。
请你站住,或者悄悄走过!
她独自在那里又割又捆,
她唱的音调好不凄凉;
你听!你听她的歌声,
在深邃的峡谷久久回荡。
在荒凉的阿拉伯沙漠里,
疲惫的旅人憩息在绿荫旁,
夜莺在这时嘀呖啼啭,
也不如这歌声暖人心房;
在最遥远的赫伯利群岛②,
杜鹃声声唤醒了春光,
啼破了海上辽阔的沉寂,
也不如这歌声动人心肠。
谁能告诉我她在唱些什么?
也许她在为过去哀伤,
唱的是渺远的不幸的往事,
和那很久以前的战场?
也许她唱的是普通的曲子,

---

① 选自《世界抒情诗选》(春风文艺出版社,1983年版)。华兹华斯(1770~1850),英国诗人。他的小诗清新,长诗深刻,一反古典主义平板、典雅的风格,开创了新鲜活泼的浪漫主义诗风。
② 赫伯利群岛:在苏格兰西北方的大西洋中。

第九单元　诗海泛舟

当今的生活习以为常？
她唱生活中的忧伤和痛苦，
从前发生过，今后也这样？
不论姑娘在唱些什么吧，
歌声好像永无尽头一样；
我见她举着镰刀弯下腰去，
我见她边干活儿边歌唱。
我凝神屏息地听着，听着，
直到我登上高高的山冈，
那乐声虽早已在耳边消失，
却仍长久地留在我的心上。

思考与练习

一、《我愿意是急流》和《致橡树》这两首诗都写爱情，请同学们谈谈这两首诗在思想感情的表达和艺术技巧的运用上有何不同。

二、《孤独的收割人》中诗人对收割女的歌唱内容做了哪些猜想？表达了诗人怎样的思想？

应用写作六　通知

范例

【范例一】

关于刘裕同志的任免通知

东南市文化局：

　　经东南市人民政府研究决定：任命刘裕同志为东南市文化局局长，同时免去其旅游局副局长的职务。

东南市人民政府
2009 年 5 月 8 日

简评

　　这是一则任免通知，写作格式规范，语言简洁，表意周密。

【范例二】

关于召开全体师生 2010 年新春联欢会的通知

全体师生:

  我校定于 2010 年元月 18 日召开全体师生 2010 年新春联欢会,具体通知如下:

  时间:2010 年元月 18 日下午两点半

  地点:校礼堂

  望全体师生准时参加。

经济管理学校办公室

2010 年元月 5 日

» 简评

  这是一篇会议通知,标题事由概括清楚,让人一看便知通知的主要事项。通知的内容具体、明确、周到。

【范例三】

关于做好《餐饮服务许可证》启用及发放工作的通知

国食药监许〔2009〕257 号

各省、自治区、直辖市卫生厅(局)、食品药品监督管理局:

  依据《食品安全法》,自 2009 年 6 月 1 日起启用《餐饮服务许可证》。现就许可证的启用及发放事项通知如下:

  一、自 2009 年 6 月 1 日起,对餐饮服务经营者申请新发、变更、延续、补发许可证的,各级餐饮服务监管部门应当严格按照《食品安全法》的要求,核发《餐饮服务许可证》。餐饮服务经营者在 2009 年 6 月 1 日前已经取得《食品卫生许可证》的,该许可证在有效期内继续有效,有效期届满,按有关规定换发《餐饮服务许可证》。

  二、国家食品药品监督管理局目前正在抓紧制定《餐饮服务许可管理办法》及其相关配套规定,在该办法出台之前,请各级餐饮服务监管部门严格依照《食品安全法》、国务院有关行政法规及卫生部关于餐饮业食品卫生监管条件和程序的规定,实施餐饮服务许可工作。

  三、餐饮服务许可按餐饮服务经营者的业态和规模实施分类管理。分类方式如下:

  (一)餐馆(含酒家、酒楼、酒店、饭庄等):是指以饭菜(包括中餐、西餐、日餐、韩餐等)为主要经营项目的单位,包括火锅店、烧烤店等。

  1.特大型餐馆:是指经营场所使用面积在 3000m^2 以上(不含 3000m^2),或者就餐座位数在 1000 座以上(不含 1000 座)的餐馆。

2.大型餐馆:是指经营场所使用面积在500－3000m²(不含500m²,含3000m²),或者就餐座位数在250－1000座(不含250座,含1000座)的餐馆。

3.中型餐馆:是指经营场所使用面积在150－500m²(不含150m²,含500m²),或者就餐座位数在75－250座(不含75座,含250座)的餐馆。

4.小型餐馆:是指经营场所使用面积在150m²以下(含150m²),或者就餐座位数在75人以下(含75座)以下的餐馆。

如面积与就餐座位数分属两类的,餐馆类别以其中规模较大者计。

(二)快餐店:是指以集中加工配送、当场分餐食用并快速提供就餐服务为主要加工供应形式的单位。

(三)小吃店:是指以点心、小吃为主要经营项目的单位。

(四)饮品店:是指以供应酒类、咖啡、茶水或者饮料为主的单位。

(五)食堂:是指设于机关、学校、企事业单位、工地等地点(场所),供内部职工、学生等就餐的单位。

四、《餐饮服务许可证》应当载明单位名称、地址、法定代表人(负责人或业主)、类别、许可证号、发证机关(加盖公章)、发证日期、有效期限及备注等内容。《餐饮服务许可证》式样有关问题的说明和填写指南见附件1、2。

五、各级餐饮服务监管部门要依照《食品安全法》要求和本省(区、市)餐饮服务监管部门的有关规定,依法加强本辖区餐饮服务许可工作,严格按本通知要求的式样、内容印制和核发《餐饮服务许可证》,做到餐饮服务许可工作有序开展、依法公正。

六、食品摊贩从事餐饮服务经营活动,按照《食品安全法》有关规定执行。

附件:1.《餐饮服务许可证》式样有关问题的说明
　　　2.《餐饮服务许可证》填写指南

简评

这是一篇指示性通知,开头点明发文目的,主体部分分六条来阐述指示意见。此通知条理清楚,语言简明,表意周密。

写作指导

通知的写作总的要求是准确、清楚、具体,便于理解和执行。具体地说,不同种类的通知,其写作要求又有不同。

1.一般性通知要求写清事项、时间、地点,如何办理及具体要求等。结尾通常用"特此通知"。

2.会议通知其正文部分一般包括下述内容:第一,召开会议的依据或原因;第二,会议的时间地点;第三,会议内容;第四,参加会议的人数、条件;第五,参加会议的准备工作,如发言材料、送交会议的资料、样品等;第六,其他有关事项,如会务费、食宿费、会外及会后的其他活动等。有些会议通知可略去第一、第五、第六项内容。会议通知的写作关键是具体、清楚,只有这样,才能使与会者心中有数,在会议前做好充分准备,按时参加会议,以保证会议顺利进行。

3.批示性通知其正文部分主要包括三方面的内容:(1)对所发布、印发、转发或批转文件的意见、评价及作出的决定;(2)说明通知事项的意义;(3)提出要求和希望。批示性通知的正文部分属批示性文字,尤其要斟字酌句,做到准确简练,既能体现领导意图,又符合原文实际。

4.指示性通知其正文部分一般包括两方面内容:(1)说明发此通知的缘由;(2)提出措施和要求。缘由要写得简明扼要,措施和要求具体明确,针对性强,切实可行。结束语经常用"希立即贯彻执行"、"希认真研究执行"、"以下通知,自下发之日起执行"等。

5.任免、聘用通知其正文部分一般包括以下内容:(1)任免或聘用的根据或程序;(2)任命或聘用何人为何职,或免去何人何职。如果在任命某人某职时同时免去他的另一职务,应先写任命的职务,再写免去的职务。(3)任免或聘用的期限、待遇等。有些任免、聘用通知也可以不写这一条。

任免、聘用通知一般应抄送上级机关。

1.批示性通知的主要内容有那些?
2.今年是某校机电专业学生毕业二十周年,请你拟写一份举办同学毕业纪念会的通知。

口语交际九　诗歌朗诵

朗诵,是一面旗帜,宣传真理和正义,张扬真情和正气,召唤人们为人类的理想和美好的生活勇往直前,感化人们提高生命的质量和珍惜生存的权利。朗诵,是一股春风,带给人们温暖的气息,送给人们温馨的感觉,它拂面而来,体贴柔顺;它绿岸而过,风光旖旎,融化了人们心中的块垒,展现了人间的多彩生活。朗诵,是一把匕首,可以剖析悲欢离合的历史,可以揭露假冒伪劣的丑行,它铁面无私,如日月经天;它锋芒毕露,似光天化日,昭示世界和人心都变得坦荡敞亮。朗诵,是一座殿堂,艺术的高雅和华贵仰首可见,经典的厚重和深邃引人入胜,它的精美隽永令人赏心悦目,它的黄钟大吕振聋发聩。有声语言在这里并不比文字语言逊色,这里的再创作比创作本身还更加受到喝彩。朗诵既有文本的文化传承血脉,又有当代人文精神的关怀:"口耳之学"在朗诵中得到了具体说明;"脍炙人口"在朗诵中显出了形象内涵。凡是进入朗诵领域的文字作品,便增添了有声语言的魅力;凡是获得朗诵美感的在场观众,就领略了语言艺术的真谛。

学习诗歌,朗诵是必不可少的环节。要朗诵好一首诗,就必须掌握朗诵技巧,如音调的高低、音量的大小、声音的强弱、速度的快慢,有对比、有起伏、有变化,使整个朗诵犹如一曲优美的乐章。朗诵诗歌时,要注意节奏鲜明,并根据作品的基本节奏采取相应的速度。该轻快的要朗诵得轻快些,该沉重的要朗诵得沉稳、稍慢些。就一首诗来说,朗诵速度也不是固定不变的,而是要根据表现作品内容的需要来决定,并具有一定的变化。

一、什么是朗诵

朗,即声音的清晰、响亮;诵,即背诵。朗诵,就是用清晰、响亮的声音,结合各种语言手段来完善地表达作品思想感情的一种语言艺术。

朗诵是口语交际的一种重要形式。朗诵不仅可以提高阅读能力,增强艺术鉴赏,更为重要的是,通过朗诵,大者可以陶冶性情,开阔胸怀,文明言行,增强理解;小者可以有效地培养对语言词汇细致入微的体味能力,以及确立口语表述最佳形式的自我鉴别能力。因此,要想成为口语表述与交际的高手,就不能漠视朗诵。

二、朗诵前的准备

朗诵是朗诵者的一种再创作活动。这种再创作,不是脱离朗诵的材料去另行一套,也不是照字读音的简单活动,而是要求朗诵者通过原作的字句,用有声语言传达出原作的主要精神和艺术美感。不仅要让听众领会朗诵的内容,而且要使其在感情上受到感染。为了达到这个目的,朗诵者在朗诵前就必须做好一系列的准备工作。

(一)把握作品的内容

准确地把握作品内容,透彻地理解其内在含义,是朗诵作品的重要的前提和基础。固然,朗诵中各种艺术手段的运用十分重要,但是,如果离开了准确、透彻地把握内容这个前提,那么,艺术技巧成了无源之水、无本之木,成了一种纯粹的形式主义,也就无法做到传情,无法让听众动情了。要准确透彻地把握作品内容,应注意以下几点:

1. 正确、深入的理解

朗诵者要把作品的思想感情准确地表现出来,需要透过字里行间,理解作品的内在含义。首先,要清除障碍,搞清楚文中生字、生词、成语典故、语句等的含义,不要囫囵吞枣、望文生义。其次,要把握作品创作的背景,作品的主题和情感的基调,这样才会准确地理解作品,才不会把作品念得支离破碎,甚至歪曲原作的思想内容。以高尔基的《海燕》为例,扫除文字障碍后,就要对作品进行综合分析。这篇作品以象征手法,通过暴风雨来临之前、暴风雨逼近和即将来临三个画面的描绘,塑造了一只不怕电闪雷鸣,敢于搏风击浪,勇于呼风唤雨的海燕——这一"胜利的预言家"的形象。而这部作品诞生之后就不胫而走,被广大工人和革命群众在革命小组活动时朗诵,被视作传播革命信息、坚定革命理想的战歌。综合分析之后,朗诵时就不难把握其主题是:满怀激情地呼唤革命高潮的到来。进而,我们就不难把握这部作品的基调应是对革命高潮的向往、企盼。

2. 深刻、细致的感受

有的朗诵,听起来也有着抑扬顿挫的语调,可就是打动不了听众。如果不是作品本身有缺陷,那就是朗诵者对作品的感受还太浅薄,没有真正走进作品,而是在那里"挤"情、"造"性。听众是敏锐的,他们不会被虚情所动。朗诵者要唤起听众的感情,使听众与自己同喜、同悲、同呼吸,必须仔细体味作品,进入角色,进入情境。

　　3.丰富、逼真的想象

　　在理解感受作品的同时,往往伴随着丰富的想象,这样才能使作品的内容在自己的心中、眼前活动起来,就好象亲眼看到、亲身经历一样。以陈然《我的自白书》为例,在对作品进行综合分析的同时,可以设想自己就是陈然(重庆《挺进报》的特支书记),当时正处在这样的情境中:我被国民党逮捕,在狱中饱受折磨,但信仰毫不动摇。最后,敌人把一张白纸放在我面前,让我写自白书,我满怀对敌人的愤恨和藐视,满怀革命必胜的坚定信念,自豪地写下了"怒斥敌酋"式的《我的自白书》。这样通过深入地理解、真诚地感受和丰富的想象,使己动情,从而也使人动情。

　　(二)用普通话语音朗诵

　　要使自己的朗诵优美动听,必须使用标准的普通话进行朗诵,因为朗诵作品一般都是运用现代汉民族共同语(即普通话)写成的,所以,只有用普通话语音朗诵,才能更好地、更准确地表达作品的思想内容;同时,普通话是汉民族共同语,用普通话朗诵,便于不同方言区的人理解、接受。因而,在朗诵之前,首先要咬准字音,掌握语流、音变等普通话知识。

　　三、朗诵的基本表达手段

　　朗诵时,一方面要深刻透彻地把握作品的内容。另一方面,要合理地运用各种艺术手段,准确地表达作品的内在含义。常用的基本表达手段有:停顿、重音、语速、句调。

　　(一)停顿

　　停顿指语句或词语之间声音上的间歇。停顿一方面是由于朗诵者在朗诵时生理上的需要;另一方面是句子结构上的需要;再一方面是为了充分表达思想感情的需要。同时,也可给听者一个领略和思考、理解和接受的余地,帮助听者理解文章含义,加深印象。停顿包括生理停顿、语法停顿、强调停顿。

　　1.生理停顿

　　生理停顿即朗诵者根据气息需要,在不影响语义完整的地方作一个短暂的停歇。要注意,生理停顿,不要妨碍语意表达,不割裂语法结构。

　　2.语法停顿

　　语法停顿是反映一句话里面的语法关系的,在书面语言里就反映为标点。一般来说,语法停顿时间的长短同标点大致相关。例如句号、问号、叹号后的停顿比分号、冒号长;分号、冒号后的停顿比逗号长;逗号后的停顿比顿号长;段落之间的停顿则长于句子停顿的时间。

　　3.强调停顿

　　为了强调某一事物,突出某个语意或某种感情,而在书面上没有标点、在生理上也可不作停顿的地方作了停顿,或者在书面上有标点的地方作了较大的停顿,这样的停顿我们称为"强调停顿"。强调停顿主要是靠仔细揣摩作品,深刻体会其内在含义来安排的。

　　如果不仔细揣度作品而任意作强调停顿,容易产生错误的理解。例如贺敬之《雷锋之歌》中的一句:"来呵!让我们紧紧挽住雷锋的这三条刀伤的手臂吧!"有人在"三条"之后略作停顿,就会给听众造成"三条手臂"的错觉,影响理解的正确性。

(二)重音

重音是指朗诵、说话时句子里某些词语念得比较重的现象。一般用增加声音的强度来体现。重音有语法重音和强调重音两种。

1.语法重音

在不表示什么特殊的思想和感情的情况下,根据语法结构的特点,而把句子的某些部分重读的,叫"语法重音"。语法重音的强度并不十分强,只是同语句的其他部分相比较,读得比较重一些罢了。

2.强调重音

强调重音指的是为了表示某种特殊的感情和强调某种特殊意义而故意说得重一些的音,目的在于引起听者注意自己所要强调的某个部分。语句在什么地方该用强调重音并没有固定的规律,而是受说话的环境、内容和感情支配。同一句话,强调重音不同,表达的意思也往往不同。因而,在朗诵时,首先要认真钻研作品,正确理解作者意图,才能较快、较准地找到强调重音之所在。强调重音与语法重音的区别是:

①从音量上看,语法重音给人的感觉只是与一般的轻重有所区别,而强调重音则给人鲜明突出的印象。强调重音的音量大于语法重音的音量。

②从出现的位置看,强调重音可能与语法重音重叠,这时语法重音服从于强调重音,只要把音量再加强一些就行了。有时,两种重音出现在不同的位置上,此时,强调重音的音量要盖过语法重音的音量。

③从确定重音的难易上看,语法重音较容易找到,在一句话的范围内,根据语法结构的特点就可以确定。而强调重音的确定却与朗诵者对作品的钻研程度、理解程度紧密相连。

(三)语速

语速是指说话或朗诵时每个音节的长短及音节之间连接的紧松。说话的速度是由说话人的感情决定的,朗诵的速度则与文章的思想内容相联系。一般说来,热烈、欢快、兴奋、紧张的内容,速度快一些;平静、庄重、悲伤、沉重、追忆的内容,速度慢一些。

(四)句调

在汉语中,字有字调,句有句调。我们通常称字调为声调,是指音节的高低升降。而句调我们则称为语调,是指语句的高低升降。句调是贯穿整个句子的,只是在句子音节上表现得特别明显。句调根据表示的语气和感情态度的不同,可分为四种:升调、降调、平调、曲调。

1.升调(↑),前低后高,语势上升。一般用来表示疑问、反问、惊异等语气。

2.降调(↓),前高后低,语势渐降。一般用于陈述句、感叹句、祈使句,表示肯定、坚决、赞美、祝福等感情。

3.平调,这种调子,语势平稳舒缓,没有明显的升降变化,用于不带特殊感情的陈述和说明,还可表示庄严、悲痛、冷淡等感情。

4.曲调,全句语调弯曲,或先升后降,或先降后升,往往把句中需要突出的词语拖长着念,这种句调常用来表示讽刺、厌恶、反语、意在言外等语气。

除了以上这些基本表达手段外,要使朗诵有声有色,还得借助一些特殊的表达手段,例如:笑语、颤音、泣诉、重音轻读等,这里我们就不详细介绍了。

四、朗诵不同于朗读,也不同于演戏

朗诵不同于朗读。朗读是用清晰、响亮的声音把诗歌读出来,以传达诗歌的思想内容。朗诵则是用清晰、响亮的声音把诗歌背出来,以传达诗歌的思想内容。可见,朗诵的要求比朗读要高,它要求不看作品,面对观众,除运用声音外,还要借助眼神、手势等体态语帮助表达作品感情,引起听众共鸣。

演戏常常伴随有手势、姿态等体态语,但朗诵时的姿态或手势不能过多、过火。毕竟,朗诵不同于演戏。演戏时,演员不直接和观众交流,他扮演剧中人物,模仿剧中人物的语言、动作,他只和同台的演员进行交流。而朗诵者直接交流的对象是听众,他主要是通过声音把感情传达给听众,引起听众共鸣,手势、姿态等只不过是帮助表达感情的辅助性工具,不宜过多、过火。

借鉴实例

沁园春·长沙

独立/寒秋,湘江/北去,橘子洲/头。看/万山红遍,层林/尽染;漫江/碧透,百舸/争流。鹰击/长空,鱼翔/浅底,万类/霜天/竞自由。怅/寥廓,问/苍茫大地,谁主/沉浮?

携来/百侣/曾游,忆/往昔,峥嵘/岁月稠。恰/同学少年,风华/正茂;书生/意气,挥斥/方遒。指点/江山,激扬/文字,粪土当年/万户侯。曾/记否,到/中流击水,浪遏/飞舟?

简评

这首词通过对长沙深秋景色的描绘和往昔革命斗争的回忆,表现了毛泽东同志及其战友对国家命运、革命前途的关切和激流勇进的革命斗争精神。景物形象生动,情感热烈激荡,词风刚劲热烈。

上阕,描绘一幅鲜艳明丽、生机勃勃的深秋美景图,从而提出"谁主沉浮"的问题。分三层。第一层,"独立寒秋,湘江北去,橘子洲头"点明了时间、地点、和游人。朗诵时,语调庄重平稳,树立起诗人卓然而立的高大形象。第二层,从"看万山红遍"至"万类霜天竞自由",描绘出南国绚丽多彩的深秋景色。"看"字总领七句,分别为山上景、水面景、天空景、水中景。朗诵时,"看"字后面要有一个较长的停顿,以显示其领属关系。下面两两一组。"万山红遍,层林尽染",语速慢,语调舒展,"遍"字要上扬、拖长,"漫江碧透"以下逐渐加快加强,语势上扬,以增强动感,显示活力。注意:"万类霜天竞自由"的断句,这是主谓句,"万类"是主语,以下是谓语,要在主谓之间断句,绝不能按上四下三,把"万类霜天"连读。第三层,"怅寥廓,问苍茫大地,谁主沉浮。"是对社会现状的严重不满和要改变现状的决心,语速是一快一慢,声调是由低到高,顶峰在"谁"字上,语气凝重有力。

下阕,回忆青少年时期参加革命活动,激励同志们继续发扬激流勇进的精神,夺取革命的胜利。分三层:第一层,"携来百侣曾游,忆往昔峥嵘岁月稠"概写往事,语气舒展平和。第二层,从"恰同学少年"到"粪土当年万户侯"写同学们的精神风貌、革命活动和志趣。"恰"字统领前面四句,在它后面停一下,其所属四句要读得连贯流畅、干脆有力。后面三句更加有力,速度比前四句还要加快,到"粪土"之后要放慢。整个这一层,要一层贯通,铿锵有力。注意:"粪土"后面要断句,把"当年万户侯"组合成一个整体,千万不要把"粪土"和"当年"组合。第三层,"曾记否,到中流击水,浪遏飞舟",借回忆游泳的情况,表现同学们的精神和力量,要读得既亲切热情又坚强有力,起句要轻而慢,二句加快上扬,到"水"字又放慢,最后一句慢、高、强,"遏"字要通过音高、音强、音长和停顿等手段,突出加以强调。

口语练习

(1)朗诵叶挺同志的《囚歌》,注意句调的处理:
为人进出的门紧锁着,(→平调)(冷眼相看)
为狗爬出的洞敞开着(→平调)
一个声音高叫着:(↗曲调)(嘲讽)
——爬出来吧,给你自由!(↘)曲调(诱惑)
我渴望自由,(→)(庄严)
但我深深地知道——(→平调)
人的身躯怎能从狗洞子里爬出!(↑升调)(蔑视、愤慨、反击)
我希望有一天(→平调)
地下的烈火,(稍向上扬)(语意未完)
将我连这活棺材一齐烧掉(↓降调)(毫不犹豫)
我应该在烈火与热血中得到永生!(↓降调)(沉着、坚毅、充满自信)
(2)朗读郭小川《团泊洼的秋天》这首诗的最后三段,注意语法停顿和强调停顿。
请听听吧,这是战士/一句句从心中‖掏出的话。
团泊洼,团泊洼,你真是那样/静静的吗?
是的,团泊洼是静静的,但那里/时刻都会‖轰轰爆炸!
不,团泊洼是喧腾的,这首诗篇里/就充满着‖嘈杂。
不管怎样,且把这矛盾重重的诗篇/埋在坎下,
它也许不合你秋天的季节,但到明春准会生根发芽。……

语文实践活动九 班级诗歌朗诵会

一、活动主题

"热爱安徽,爱我家乡"诗歌朗诵会。

二、活动目的和要求

1.学会根据活动的主题搜集和选择合适的诗歌进行自主性阅读。
2.把握诗歌情感,并运用恰当的诗歌朗诵技巧进行朗诵。
3.了解家乡,了解家乡文化,增强对家乡的热爱。
4.培养口语及书面表达能力,提高自身文学修养。

三、活动内容和步骤

1.朗诵要求:所选诗歌,必须紧扣主题,思想内容积极向上;运用普通话,声音洪亮;语气、语调适当,重音、节奏适当;表达感情准确、自然。
2.奖项设置:评出一、二、三等奖若干名,优胜奖若干名。
3.活动步骤:
(1)将班上学生分成几个组,以小组为单位参赛,通过小组合作方式完成。
(2)组织五六个表达能力较强的学生组成"诗歌朗诵会"评委会。
(3)各小组分头行动,寻找适合表现安徽风貌的诗歌,鼓励学生自己创作诗歌,并利用课余时间练习朗诵。
4.举办班级"热爱安徽,爱我家乡"诗歌朗诵会:
(1)布置教室:黑板上用美术字写好主题,教室布置成一个小舞台,适合选手朗诵和表演。
(2)各小组抽签决定上台顺序,主持人宣布开始。
(3)各小组上台展示各自风采,评委当场打分。
(4)现场评出各级奖项,主持人宣布活动结束。

第十单元

人生社会

单元导读

　　人生，就是人从出生到死亡的一生。社会，是人类生活的共同体。马克思主义认为，社会在本质上是生产关系的总和，只有具体的社会，没有抽象的社会。具体的社会是指处于特定区域和时期、享有共同文化并以物质生产活动为基础，按照一定的行为规范相互联系而结成的有机总体。

　　一般大家谈人生和社会，意思是指对自己本身的看法、对外部世界的看法和反应，对自己有什么样的希望，也就是一个人的价值观。价值观是指导一个人的各种行为的准则，不同的人价值观也会有所不同。积极与消极、友善与狡诈都可以代表不同的人。

　　如何度过一生呢？人是追求目的与意义的一种生物，中外大家，尤其是各大宗教对此均有解释。事实上，人类至今不知为何而生，也不知为何而死，然而人终究不能困顿于生与死的争执，宗教与智慧就是人类思索的结果。对中国人来说，崇尚祖先、重视家庭、光宗耀祖、养育后代都是重要的人生课题，这是中国人的生活哲学和人生的意义，进则儒家、出则佛家、养则道家是典型中国人生活的写照。

　　人生的关键就在于，未来是未知的，人是渺小的，人如何平衡理想与现实，如何平衡自身与环境，积极进取而不是消极懈怠，如何实现美好而不是作恶。人要活着、要生存，有压力、有追求、有期望。人总有对自己的要求，或圆滑或世故，或奸诈或善良。对于一个人来说，什么是最重要的呢？财富是保障生活的，美德与智慧是滋润人生的，概莫如此。而世事总是难如人愿，人生总是多坎坷。必须要承认，这个世界有善良的人也有奸诈的人。道家说，人生七分为"命"，三分为"运"。也就是说，有些东西我们是不能改变的，但有些我们是可以通过积极努力改变的。

　　本单元精选了五篇文章。从不同的角度切入人生与社会的本质，都传达出一种积极向上、乐观豁达的人生态度，体现了对生命意义和价值的不息的追求。《清塘荷韵》的作者从几粒投入湖中的莲子迟至三年才"长出几片圆圆的叶子"，之后又满地绿油一片，感悟自然万物"极其惊人的求生的力量和极其惊人的扩展蔓延的力量"。《〈宽容〉序言》以寓言的形式，形象地概括了人类进步的过程中，守旧与革新两种势力的斗争，表达出希望思想自由，以"宽容"的精神促进人类文明发展的心愿。《过万重山漫想》讴歌知难而进、敢为天下先的首创精神，期望人们创造出让后人崇敬的人生信念。《快乐每一天》则用朴实无华的语气揭示"生命因思想而丰富，生命终将因思想而快乐"的道理。《师说》论述了教师的作用和从师学习的重要性，阐明了能者为师的道理，抨击了时俗轻视师道的不良风气，为开展古文运动扫除了思想障碍。韩愈关于教师的职能的提法，具有精辟独到之处，以前从未有人提得这么明确。

　　本单元的应用写作安排了商品说明书，通过学习、训练，旨在帮助学生了解这种应用文体的基本格式及写法。本单元还安排了自我介绍的口语交际训练，通过理论学习和实际训练，让同学们利用这种最简单的、最行之有效的方法，达到交际的目的。语文实践活动配合口语交际，安排了自我展示的实训活动，在模拟语境中锻炼学生的实际交注能力。

四十六　清塘荷韵①

季羡林

> **学习提示**
>
> 　　很多植物都有着顽强的生命力,从古至今,很多文人都不断歌咏着这种生命力:春天的小草、岩缝里的种子、漫天飘舞的飞絮……本文从叹息宅前荷塘空荡荡写起,由此引出投莲子入塘以及漫长的期待。这以后,日复一日,年复一年,作者每天多了一件工作,心里多了一线希望。几棵弱小的莲子,就在这关注、期盼中慢慢生叶、开花,最后蔓延成片,被朋友喜称为"季荷",这不正是生命的象征吗?
> 　　莲子于淤泥中孕育新生,由纤弱转成茁壮,这是人所共见;寒冬将至,鲜荷不见,而荷花在冰下做着春天的梦,这则是作者的独到之思。细读本文,我们难道不会从这独到之思中感悟到某种哲理吗?

　　楼前有清塘数亩,记得三十多年前初搬来时,池塘里好像是有荷花的,我的记忆里还残留着一些绿叶红花的碎影。后来时移事迁,岁月流逝,池塘里却变得"半亩方塘一鉴开,天光云影共徘徊"②,再也不见什么荷花了。我脑袋里保留的旧的思想意识颇多,每一次望到空荡荡的池塘,总觉得好像缺点什么。这不符合我的审美观念。有池塘就应当有点绿的东西,哪怕是芦苇呢,也比什么都没有强。最好的最理想的当然是荷花。中国旧的诗文中,描写荷花的简

---

① 选自散文集《清塘荷韵》。季羡林(1911～2010),山东临清人,当代作家,著名学者,教授,长期从事大学教育及印度文化的研究和译介工作。主要著作有《朗润集》《天竺心集》。
② 出自南宋哲学家朱熹的诗《观书有感》。鉴,镜子。

直是太多太多了。周敦颐的《爱莲说》读书人不知道的恐怕是绝无仅有的。他那一句有名的"香远益清"是脍炙人口①的。几乎可以说，中国没有人不爱荷花的。可我们楼前池塘中独独缺少荷花。每次看到或想到，总觉得是一块心病。

有人从湖北来，带来了洪湖的几颗莲子，外壳呈黑色，极硬。据说，如果埋在淤泥中，能够千年不烂。因此，我用铁锤在莲子上砸开了一条缝，让莲芽能够破壳而出，不至永远埋在泥中。这都是一些主观的愿望，莲芽能不能够出，都是极大的未知数。反正我总算是尽了人事，把五六颗敲破的莲子投入池塘中，下面就是听天命了。

这样一来，我每天就多了一件工作：到池塘边上去看上几次。心里总是希望，忽然有一天，"小荷才露尖尖角"②，有翠绿的莲叶长出水面。可是，事与愿违，投下去的第一年，一直到秋凉落叶，水面上也没有出现什么东西。经过了寂寞的冬天，到了第二年，春水盈塘、绿柳垂丝，一片旖旎③的风光。可是，我翘盼的水面上却仍然没有露出什么荷叶。此时我已经完全灰了心，以为那几颗湖北带来的硬壳莲子，由于人力无法解释的原因，大概不会再有长出荷花的希望了。我的目光无法把荷叶从淤泥中吸出。

但是，到了第三年，却忽然出了奇迹。有一天，我忽然发现，在我投莲子的地方长出了几个圆圆的绿叶，虽然颜色极惹人喜爱，但是却细弱单薄，可怜兮兮地平卧在水面上，像水浮莲的叶子一样。而且最初只长出了五六个叶片。我总嫌这有点太少，总希望多长出几片来。于是，我盼星星、盼月亮，天天到池塘边上去观望。有校外的农民来捞水草，我总请求他们手下留情，不要碰断叶片。但是经过了漫漫的长夏，凄清的秋天又降临人间，池塘里浮动的仍然只是孤零零的那五六个叶片。对我来说，这又是一个虽微有希望但究竟仍是令人灰心的一年。

真正的奇迹出现在第四年上。严冬一过，池塘里又溢满了春水。到了一般荷花长叶的时候，在去年飘浮着五六个叶片的地方，一夜之间，突然长出了一大片绿叶，而且看来荷花在严冬的冰下并没有停止运动，因为在离开原有五六个叶片的那块基地比较远的池塘中心，也长出了叶片。叶片扩张的速度，扩张范围的广大，都是惊人地快。几天之内，池塘内不小一部分，已经全为绿叶所覆盖。而且原来平卧在水面上的像是水浮莲一样的叶片，不知道是从哪里聚集来了力量，有一些竟然跃出了水面，长成了亭亭④的荷叶。原来我心中还

---

① 脍炙(kuài zhì)人口：美味人人爱吃，比喻好的诗文或事物被人赞美和传颂。脍，切得很细的肉；炙，烤肉。
② 出自南宋诗人杨万里的诗《小池》。
③ 旖旎(yǐ nǐ)：柔和美好。
④ 亭亭：细长挺拔，形容姿态美好的样子。

迟迟疑疑,怕池中长的是水浮莲,而不是真正的荷花。这样一来,我心中的疑云一扫而光:池塘中生长的真正是洪湖莲花的子孙了。我心中狂喜,这几年总算是没有白等。

天地萌生万物,对包括人在内的动、植物等有生命的东西,总是赋予一种极其惊人的求生存的力量和极其惊人的扩展蔓延的力量,这种力量大到无法抗御。只要你肯费力来观察一下,就必然会承认这一点。现在摆在我面前的就是我楼前池塘里的荷花。自从几个勇敢的叶片跃出水面以后,许多叶片接踵而至①。一夜之间,就出来了几十枝,而且迅速地扩散、蔓延。不到十几天的工夫,荷叶已经蔓延得遮蔽了整个池塘。从我撒种的地方出发,向东西南北四面扩展。我无法知道,荷花是怎样在深水中淤泥里走动。反正从露出水面的荷叶来看,每天至少要走半尺的距离,才能形成眼前这个局面。

光长荷叶,当然是不能满足的。荷花接踵而至,而且据了解荷花的行家说,我门前池塘里的荷花,同燕园②其他池塘里的,都不一样。其他地方的荷花,颜色浅红;而我这里的荷花,不但红色浓,而且花瓣多,每一朵花能开出十六个莲瓣,看上去当然就与众不同了。这些红艳耀目的荷花,高高地凌驾于莲叶之上,迎风弄姿,似乎在睥睨一切。幼时读旧诗:"毕竟西湖六月中,风光不与四时同。接天莲叶无穷碧,映日荷花别样红。"③爱其诗句之美,深恨没有能亲自到杭州西湖去欣赏一番。现在我门前池塘中呈现的就是那一派西湖景象。是我把西湖从杭州搬到燕园里来了。岂不大快人意也哉!前几年才搬到朗润园来的周一良先生赐名为"季荷"。我觉得很有趣,又非常感激。难道我这个人将以荷而传吗?

前年和去年,每当夏月塘荷盛开时,我每天至少有几次徘徊在塘边,坐在石头上,静静地吸吮④荷花和荷叶的清香。"蝉噪林愈静,鸟鸣山更幽。"⑤我确实觉得四周静得很。我在一片寂静中,默默地坐在那里,水面上看到的是荷花的绿肥、红肥。倒影映入水中,风乍起,一片莲瓣堕入水中,它从上面向下落,水中的倒影却是从下边向上落,最后一接触到水面,二者合为一,像小船似地漂在那里。我曾在某一本诗话上读到两句诗:"池花对影落,沙鸟带声飞。"⑥作者深惜第二句对仗不工。这也难怪,像"池花对影落"这样的境界究竟有几个

---

① 接踵(zhǒng)而至:前脚跟着后脚,形容来的人接连不断。
② 燕园:泛指北京大学校园。
③ 出自南宋诗人杨万里的诗《晓出净慈寺送林子方》。
④ 吮(shǔn):聚拢嘴唇来吸。
⑤ 出自南朝诗人王籍的诗《入若耶溪》。
⑥ 唐朝诗人李群玉的诗《湖寺清明夜遣怀》。

人能参悟透呢？

晚上，我们一家人也常常坐在塘边石头上纳凉。有一夜，天空中的月亮又明又亮，把一片银光洒在荷花上。我忽听"扑通"一声，是我的小白波斯猫毛毛扑入水中，她大概是认为水中有白玉盘，想扑上去抓住。她一入水，大概就觉得不对头，连忙矫捷地回到岸上，把月亮的倒影打得支离破碎，好久才恢复了原形。

今年夏天，天气异常闷热，而荷花则开得特欢。绿盖擎天，红花映日，把一个不算小的池塘塞得满而又满，几乎连水面都看不到了。一个喜爱荷花的邻居，天天兴致勃勃地数荷花的朵数。今天告诉我，有四五百朵；明天又告诉我，有六七百朵。但是，我虽然知道他为人细致，却不相信他真能数出确实的朵数。在荷叶底下，石头缝里，旮旮旯旯①，不知还隐藏着多少骨朵，都是在岸边难以看到的。粗略估计，今年大概开了将近一千朵。真可以算是洋洋大观了。

连日来，天气突然变寒，好像是一下子从夏天转入秋天。池塘里的荷叶虽然仍然是绿油油一片，但是看来变成残荷之日也不会太远了。再过一两个月，池水一结冰，连残荷也将消逝得无影无踪。那时荷花大概会在冰下冬眠，做着春天的梦。它们的梦一定能够圆的。"既然冬天到了，春天还会远吗？"

我为我的"季荷"祝福。

思考与练习

一、解释下列词语。

1. 睥睨：

2. 旖旎：

二、作者所赞美的是荷花怎样的品质？

三、在作者的心目中，荷花是什么？

四、请概括说明作者为何种荷花。

五、文章是怎样表现荷花顽强的生命力的？作者感悟到了什么？

六、文章最后一段表达了作者怎样的感情？

---

① 旮旮旯旯（gā gā lá lá）：方言，指所有的角落。

四十七 《宽容》序言

房 龙

> 这篇文章是荷裔美国作家房龙为他的著作《宽容》一书所写的序言。序言一般说明写书的经过,但是本文却独出心裁,虚构一个预言故事,将人类文明发展史上的无数事实典型化,形象地概括了在人类进步的旅程中,守旧和革新两种思想、两种势力的激烈交锋。通读全文之后,你对本文的总体感觉是什么?能否复述文中的寓言故事?想一想作者假托寓言故事表达了怎样的思想观点?宽容精神,对社会、对个人都有怎样的意义?

在宁静的无知山谷里,人们过着幸福的生活。

永恒的山脉向东西南北各个方向蜿蜒绵亘。

知识的小溪沿着深邃破败的谷溪缓缓地流着。

它发源于昔日的荒山。

它消失在未来的沼泽。

这条小溪并不像江河那样波澜滚滚,但对于需求浅薄的村民来说,已经绰有余裕。

晚上,村民们饮毕牲口,灌满木桶,便心满意足地坐下来,尽享天伦之乐。

---

① 选自《宽容》,生活·读书·新知三联书店1985年版。亨德里克·房龙(1882~1946),荷裔美国人,著名学者。《宽容》初次出版于1925年。在这本著作中,房龙缕述人类思想发展的历史,倡言思想的解放,主张对异见宽容,谴责反动势力镇压新思想的罪恶。

守旧的老人们被搀扶出来,他们在阴凉角落里度过了整个白天,对着一本神秘莫测的古书苦思冥想。

他们向儿孙们唠叨着古怪的字眼,可是孩子们却惦记着玩耍从远方捎来的漂亮石子。

这些字眼的含意往往模糊不清。

不过,它们是一千年前由一个已不为人知的部族写下的,因此神圣而不可亵渎。

在无知山谷里,古老的东西总是受到尊敬。

谁否认祖先的智慧,谁就会遭到正人君子的冷落。

所以,大家都和睦相处。

恐惧总是陪伴着人们。谁要是得不到园中果实应得的份额,又该怎么办呢?

深夜,在小镇的狭窄街巷里,人们低声讲述着情节模糊的往事,讲述那些敢于提出问题的男男女女。

这些男男女女后来走了,再也没有回来。

另一些人曾试图攀登挡住太阳的岩石高墙。

但它们陈尸石崖脚下,白骨累累。

日月流逝,年复一年。

在宁静的无知山谷里,人们过着幸福的生活。

外面是一片漆黑,一个人正在爬行。

他手上的指甲已经磨破。

他的脚上缠着破布,布上浸透着长途跋涉留下的鲜血。

他跌跌撞撞来到附近一间草房,敲了敲门。

接着他昏了过去。接着颤动的烛光,他被抬上了一张吊床。

到了早晨,全村都已知道:"他回来了。"

邻居们站在他的周围,摇着头。他们明白,这样的结局是注定的。

对于敢于离开山脚的人,等待他的是屈服和失败。

在村子的一角,守旧老人们摇着头,低声倾吐着恶狠狠的词句。

他们并不是天性残忍,但律法毕竟是律法。

他违背了守旧老人的意愿,犯了弥天大罪。

他的伤一旦治愈,就必须接受审判。

守旧老人本想宽大为怀。

他们没有忘记他母亲的那双奇异闪亮的眸子,也回忆起他父亲30年前在沙漠里失踪的悲剧。

不过，律法毕竟是律法，必须遵守。

守旧老人是它的执行者。

守旧老人把漫游者抬到集市区，人们毕恭毕敬地站在周围，鸦雀无声。

漫游者由于饥渴，身体还很衰弱。老者让他坐下。

他拒绝了。

他们命令他闭嘴。

但他偏要说话。

他把脊背转向老者，两眼搜寻着不久以前还与他志同道合的人。

"听我说吧，"他恳求道，"听我说，大家都高兴起来吧！我刚从山的那边来，我的脚踏上了新鲜的土地，我的手感觉到了其他民族的抚摸，我的眼睛看到了奇妙的景象。"

"小时候，我的世界只是父亲的花园。"

"早在创世的时候，花园东面、南面、西面和背面的疆界就定下来了。"

"只要我问疆界那边藏着什么，大家就不住地摇头，一片嘘声。可我偏要刨根问底，于是他们把我带到这块岩石上，让我看那些敢于蔑视上帝的人的累累白骨。"

"'骗人！上帝喜欢勇敢的人！'我喊着。于是，守旧老人走过来，对我读起他们的圣书。他们说，上帝的旨意已经决定了天上人间万物的命运。山谷是我们的，由我们掌管，野兽和花朵，果实和鱼虾，都是我们的，按我们的旨意行事。但山是上帝的。对山那边的事物我们应该一无所知，直到世界的末日。"

"他们是在撒谎。他们欺骗了我，就像欺骗了你们一样。"

"那边的山上有牧场，牧草同样肥沃，男男女女有同样的血肉，城市是经过一千年能工巧匠细心雕琢的，光彩夺目。"

"我已经找到一条通往更美好家园的大道，我已经看到幸福生活的曙光。跟我来吧，我带领你们奔向那里。上帝的笑容不只是在这儿，也在其他地方。"

他停住了，人群里发出一声恐怖的吼叫。

"亵渎，这是对神圣的亵渎。"守旧老人叫喊着，"给他的罪行以应有的惩罚吧！他已经丧失理智，胆敢嘲弄一千年定下的律法。他死有余辜！"

人们举起了沉重的石块。

人们杀死了这个漫游者。

人们把他的尸体扔到山崖脚下，借以警告敢于怀疑祖先智慧的人，杀一儆百。

没过多久，发生了一场特大干旱。潺潺的知识小溪枯竭了，牲畜因干渴而死去，庄稼在田野里枯萎，无知山谷里饿殍遍野。

不过,守旧老人们并没有灰心。他们预言说,一切都会转危为安,至少那些最神圣的篇章是这样写的。

况且,他们已经很老了,只要一点食物就足够了。

冬天降临了。

村庄里空荡荡的,人烟稀少。

半数以上的人由于饥寒交迫已经离开人世。

活着的人把唯一希望寄托在山脉那边。

但是律法却说:"不行!"

律法必须遵守。

一天夜里,爆发了叛乱。

失望把勇气赋予那些由于恐惧而逆来顺受的人们。

守旧老人们无力地抗争着。

他们被推倒一旁,嘴里还抱怨自己的命运不济,诅咒孩子们的忘恩负义。不过,最后一辆马车驶出村子时,他们叫住了车夫,强迫他把他们带走。这样,投奔陌生世界的旅程开始了。

离那个漫游者回来的时间,已经过了很多年,所以要找到开辟的道路并非易事。

成千上万人死了,人们踏着他们的尸骨,才找到第一座用石子堆起的路标。

此后,旅程中的磨难少了一些。

那个细心的先驱者已经在丛林和无际的荒野乱石中用火烧出了一条宽敞大道。

它一步一步把人们引到新世界的绿色牧场。

大家相视无言。

"归根到底他是对了,"人们说道,"他对了,守旧老人错了……"

"他讲的是实话,守旧老人撒了谎……"

"他的尸首还在山崖下腐烂,可是守旧老人却坐在我们的车里,唱那些老掉牙的歌子。"

"他救了我们,我们反倒杀死了他。"

"对这件事我们的确很内疚,不过,假如当时我们知道的话,当然就……"

随后,人们解下马和牛的套具,把牛羊赶进牧场,建造起自己的房屋,规划着自己的土地。从这以后很长时间,人们又过着幸福的生活。

几年以后,人们建起了一座新大厦,作为智慧老人的住宅,并准备把勇敢的先驱者的遗骨埋在里面。

一支肃穆的队伍回到了早已荒无人烟的山谷。但是,山脚下空空如也,先驱者的尸骨荡然无存。

一只饥饿的豺狗早已把尸首拖入自己的洞穴。

人们把一块小石头放在先驱者足迹的尽头(现在那已是一条大道),石头上刻着先驱者的名字,他把人们引向了新的自由。

石上还写明,它是由前来感恩朝礼的后代所建。

这样的事情发生在过去,也发生在现在,不过将来(我们希望)这样的事不再发生了。

思考与练习

1. 下列加点的字,读音全部正确的一项是(　　)
A. 精髓(suǐ)　　蜿(wǎn)蜒　　深邃(suì)　　弥(mí)天大罪
B. 亵(xiè)渎　　颤(zhàn)动　　禁锢(gù)　　坐以待毙(bì)
C. 眸(móu)子　　诅(zǔ)咒　　潺潺(chán)　　饿莩(fú)遍野
D. 扼(è)杀　　内疚(jiù)　　绵亘(gèn)　　娓娓(wěi)动听

2. 下列词语的书写,全部正确的一项是(　　)
A. 波澜　余裕　唠叨　荒芜人烟　　B. 枯竭　雕琢　肃穆　荡然无存
C. 疆界　掂记　恐怖　能工巧匠　　D. 牲蓄　纠缠　浅薄　毕恭毕敬

3. 下列成语的运用,正确的一项是(　　)
A. 今天是圣诞之夜,无法回家的同学聚在一起,又唱又跳,享受天伦之乐。
B. 今天,张敏迟到了,被班主任批评了一顿,她想辩解又不敢,只好逆来顺受。
C. 各处主仆等多半都因日长神倦,宝玉背着手,到一处,一处鸦雀无声。
D. 碰见刘祥,我好不尴尬,这时吴明走过来向我借书,我趁机走开,这才转危为安。

4. 填在横线上的词语,准确的一项是(　　)
①他们在阴凉角落里度过了整个白天,对着一本神秘莫测的古书_____。
②他已经丧失理智,胆敢嘲弄一千年前定下的律法,他_____。
③守旧老人把漫游者抬到集市区,人们_____地站在守旧老人的周围,鸦雀无声。
④只要我问疆界那边藏着什么,大家就不住地摇头,一片嘘声,可我偏要_____。
A. 苦思冥想　胆大妄为　毕恭毕敬　纠缠不休
B. 想入非非　胆大妄为　默默无闻　刨根问底
C. 苦思冥想　死有余辜　毕恭毕敬　刨根问底
D. 想入非非　死有余辜　默默无闻　纠缠不休

四十八　过万重山漫想[①]

刘　征

　　作者穿越神往已久的三峡，豪情激荡。从对大自然的热爱转入对历史的严肃思考，从第一个穿过三峡的人想到远古许许多多"第一个"开拓者，思古谈今，浮想联翩，酣畅淋漓。

　　阅读课文，首先要顺着作者意识流动的过程理清文章的思路，理解作者的写作意图；还要通过朗诵课文，感受三峡奇景之美和先民们穿越三峡之艰险，思考如何创建令后人崇敬的辉煌业绩，对"人生"多一点领悟。

　　我在小时候就读过一些古人今人描述三峡的文字，对三峡的景物一向是神往的。可是，直到今年——五十多岁了，才有机会第一次穿过三峡。

　　船出了夔门[②]，忽然落进另一个天地。空间变得狭小了，江流变得狂暴了。那夹在江两岸连绵起伏的高山，有的耸峙云霄；有的横枕江面；有的像虎豹迎面扑来，似已躲闪不及；有的像天女腾空飞起，仿佛转瞬即逝。太阳隐去，只偶然透过青蒙蒙的薄雾，从高山的缺口伸出几道光束，如同仙人伸出发光的手臂，给江峡涂上神奇的色彩。我们的船开向哪里？是回到往古还是驶向未来？是堕入地府还是飞上仙界？我不知道。

[①]　选自《刘征十年集》卷二，文心出版社1990年版，有改动。刘征，本名刘国正，当代著名语文教育家、杂文家、诗人。

[②]　夔（kuí）门：重庆奉节县境内，扼瞿塘峡口，是三峡的门户。两岸高山壁立对峙，像一道大门，江水夺路争流，激起汹涌的浪涛，发出雷鸣似的怒吼，素有"夔门天下雄"的说法。

面对这奇景,语言中的一切华丽词藻都黯然失色,积存在我记忆里的那些古人今人的文字,竟如同临阵脱逃的怯弱者,都躲藏起来,无影无踪了。至于我的这支惯于唠叨的笔,为了免于留下以敝帚画西施①的笑柄,也知趣地变成了哑子。头脑里一无所有。就在这原始状态的空白中,一个古怪的念头跳了出来:

——第一个穿过三峡的是谁?

第一个,是的,总有第一个吧。没有第一个,就不会有后来的无数个,包括我在内。于是,我的思绪,如同被疾风牵引着,无边无际地延展开去。

既然有第一个,那么,他穿过三峡是在什么时候呢?三峡是大禹开凿的,那是古代神话,不是事实。考诸文献,《禹贡》②里已有四川某些山川的记载,这篇最早的地理志③,多数学者认为成于战国时期。巴郡和蜀郡也是战国时的秦开始设置的。似乎可以说,打开四川和内地的通路(包括北边翻越秦岭的蜀道和东边的三峡),大约不晚于春秋战国时期,第一个人穿过三峡自然还要早一些。

那个时候,穿过三峡使用什么交通工具呢?记得我年轻的时候,见过南宋北派山水画家夏圭④画的一个手卷《巴船下峡图》,画的虽是木船,却大得很,船舱是两层楼,篙⑤工舵师有十几个。那长篙短篙拄在礁石上,巨浪狂扑,船舷欹侧⑥,生死在毫发间⑦的情景,至今想来还感到惊心动魄。夏圭画的是宋朝的船,由南宋上溯两千年左右的周秦时代,那时的船自然要简陋得多,也许只有原始的独木船了。用独木船穿过三峡,简直难以想象,可是那第一个人就是毫不含糊地这么做的。

再想下去。第一个穿过三峡的人,决然不是第一个。在他之前必定已有许多个,只是或者半路折回,或者中途遇险,没有走完三峡的全程而已。折回的和遇险的都为探明三峡的航道尽了力,但也给后来者增加了精神负担。折回的要说:"我试过了,是通不过的。"遇险的自己不会说,别人却要说:"还想冒险,不要命了吗?"也还会有一些旁观的、嘲笑的、反对的喊喊嚓嚓地发议论,甚至上前拉一把。然而,第一个穿过三峡的人微微一笑,还是登上了独木船。

---

① 以敝帚画西施:用破旧的扫帚为西施画像,比喻承担难以完成的任务。西施,我国春秋时期越国的美女。
② 《禹贡》:《尚书·夏书》篇名,篇中记述了当时我国各区域的山川、交通、物产以及贡赋等,保存了我国古代重要的地理资料。
③ 志:文字记录。
④ 圭:读 guī。
⑤ 篙(gāo):用竹竿或杉木等做成的撑船的工具。
⑥ 欹(qī)侧:倾斜。
⑦ 毫发间:比喻极小的距离,相差一点儿。豪,毫毛。发,头发。

那时候,人们对自然的认识还是极有限的。他站立在独木船上,拿起竹篙的时候会想些什么呢?前面的路有多长?这峡道会不会有几千几万里,会不会直通到海底甚至通到地狱?他不知道,也没有想。前面的路有多险?那高崖会不会劈头盖顶崩落下来?那礁石会不会狼牙一样遍布江底?那江水会不会中途变成直下千仞的飞瀑?他不知道,也没有想。前面的路上会遇到些什么?会不会遇到百丈的蛟、九头的蛇?会不会遇到双睛似电、头颅如山的妖魔鬼怪?他不知道,也没有想。他自己会不会中途遇险?如果遇险,他会像一个水泡那样顷刻消散,还是会给人们留下永远的记忆?他不知道,也没有想。他只是想走出去,去扩大生活的世界。于是,他用竹篙一点,独木船开动了……

我凭舷眺望,望着茫茫的江水。据科学家说,在洪荒①时代,四川盆地本来是个内陆海。海水东注②,撞击、啃噬着东边的大山,年深日久,终于"凿开"一条通道,就是"三峡"。这江水是在什么时候凿开三峡的呢?它的源头为什么总是无穷无尽,它的流动为什么总是无止无休,它的去处为什么总是不盈不溢③呢?当它以摧山坼地④之力凿开三峡洋洋东去之时,可曾想到后来竟变成那渺小的生物——人的胯下坐骑么?我的思想向着更遥远的空间和时间飞去。"水击三千里,抟扶摇而上者九万里"⑤,也许还要高远。人类的历史,对于我本来如同远在云天之上、不可端倪⑥的飞鸟,此时忽如栖落在手指上,简直可以数一数它的翎毛⑦。

能使用工具的人类的出现,据说距今已有两三百万年。不要小看第一个使用石器的人,第一个燧⑧木取火的人,第一个弯弓射箭的人,第一个跨上马背的人,他们越过了人类儿童时代一座又一座真正的"三峡"——不,他们的步履更为艰难,他们的业绩更为伟大。人类在漫漫的行程中,每一分钟都在向着难以数计的未知的领域进军,都有难以数计的第一个穿过"三峡"的人开拓道路。于是,历史昂然向前。

行程是艰险的。历史在前进中,不免有挫折,有迂回,有后退,有失败。自然也就不免有清谈者,有酣睡者,有摇头者,有叹气者,有彷徨者,有哭泣者。

---

① 洪荒:混沌蒙昧的状态,借指远古时代。
② 注:灌注。
③ 不盈不溢:不多出来,不往外淌。盈,多余出来。溢,充满而流出来。
④ 摧山坼(chè)地:摧塌山脉,裂开大地。坼,裂开。
⑤ 水击三千里,抟(tuán)扶摇而上者九万里:语出《庄子·逍遥游》。意思是,在水面上拍水三千里,又盘旋向天空飞翔了九万里。作者借来形容自己的思想活动,氛围极为高远。水击,在水面上振翼拍水。抟,盘旋。扶摇,自下而上的旋风。
⑥ 端倪(ní):事情的眉目。
⑦ 翎(líng)毛:鸟翅上和尾上的长羽毛。
⑧ 燧(suì):古时取火的器具,这里指用这种器具取火。

但是他们不是历史的脊梁,他们像蛛丝一般无力,绊不住历史的脚步。

千百年后,假如三峡无恙,也还会有人从此穿过。从千百年后看今天,也如同今天看第一个穿过三峡的人一样。在那时的人看来,完成我们今天从事的业绩,会跟玩积木一样轻而易举了。但是,他们不会嘲笑我们,他们会崇敬我们的精神。至于我这篇平凡的文字,那时是早已泯灭的了。然而,如果他们从考古的废墟上发现了它,我敢断定,他们会说:"这个人,没有说谎。"

我凭舷眺望,江水滔滔,一泻千里,向东流去。天渐渐开阔,地渐渐平旷,忽然飘来几只沙鸥,雪片一样白,闪电一样快,在船头画了个圈儿,不见了。

船已经穿过三峡,我感到了第一个穿过三峡的人曾经感到和未曾感到的喜悦。

思考与练习

一、基础知识检测

1. 下列词语中加点字注音全正确的一项是(　　)
A. 耸峙(zhì)　　光束(sù)　　竹篙(gāo)　　千仞(rèn)
B. 怯弱(qiè)　　唠叨(dāo)　　疾风(jí)　　眺望(tiào)
C. 词藻(zǎo)　　啃噬(shì)　　混饨(hún)　　翎毛(líng)
D. 燧木(suì)　　脊梁(jí)　　追溯(sù)　　蜀(shǔ)

2. 有两个错别字的一组是(　　)
A. 嘘唏　　斑烂　　廖廖可数　　万刃之颠
B. 欧歌　　镣铐　　耸恃　　摧山拆地
C. 隧木取火　　绚丽　　走投无路　　眼花缘乱
D. 叱咤　　缀学　　娇健多姿　　凝神遐思

3. 下列各组词语中有错别字的一组是(　　)
A. 连绵起伏　　耸峙云霄　　暗然失色　　华丽词藻
B. 惊心动魄　　毫不含糊　　劈头盖顶　　不可端睨
C. 不盈不溢　　燧木取火　　筚路蓝缕　　凭舷眺望
D. 江水滔滔　　摧山拆地　　步履维艰　　三峡无恙

4. 填在横线上的词语,恰当的一项是(　　)
(1)我凭舷眺望,江水_____,一泻千里,向东流去。
(2)我的思路被_____的爆破声打断。
(3)人类在_____的行程中,每一分钟都在向着难以数计的未知领域进军。
A. 茫茫　隆隆　滔滔　　　　B. 茫茫　隆隆　漫漫
C. 滔滔　茫茫　漫漫　　　　D. 滔滔　隆隆　漫漫

5.依次填入下列各句横线处的词语,恰当的一组是(　　)

a.那长篙短篙拄在礁石上,巨浪狂扑,船舷敧侧,生死在____间的情景,至今想来还感到惊心动魄。

b.如果遇险,他会像一个水泡那样____消散,还是会给人留下永远的记忆?

c.只偶然透过青蒙蒙的薄雾,从高山的缺口伸出几道光束,如同仙人伸出发光的手臂,给江峡____神奇的色彩。

d.面对这奇景,语言中的一切华丽词藻都黯然失色,____在我记忆里的那些古人今人的文字,竟如同临阵脱逃的怯弱者,都躲藏起来,无影无踪了。

A.毫毛　瞬间　涂上　积存　　　B.毫发　顷刻　抹上　积淀
C.毫发　即刻　染上　贮存　　　D.毫发　顷刻　涂上　积存

6.下面句中加点词语意义不同于其他三句的一句是(　　)

A.至于我这篇平凡的文字,那时是早已泯灭的了。

B.积存在我记忆里的那些古人今人的文字,竟如同临阵脱逃的怯弱者,都躲藏起来,无影无踪了。

C.甲骨文是我们今天所能见到的最早的文字,距今已有三千多年的历史。

D.我在小时候就读过一些古人今人描述三峡的文字。

二、课文阅读训练

阅读《过万重山漫想》第12～14段,按要求回答问题。

1.结合文意解释下列词语的意思:

人类的儿童时代:_____

"三峡":_____

2.本文作者认为"历史昂然前进"的根本原因是什么?

答:_____

3.用一句话概括第2段中所说的"清淡者、酣睡者、摇头者、叹气者、彷徨者、哭泣者"的共同点(不超过25个字)

答:_____

4.从内容上看,第3段与前两段有什么联系?读了这三段文字,你对原文题目中的"漫想"是怎样理解的?

答:_____

四十九　快乐每一天[①]

谢　冕

　　生活到底快乐不快乐？这是个共有的话题，但是谁也没有说清楚。因为对于这个话题，不同的人有不同的解读，甚至有人认为有权有钱就是快乐。那么人生到底是快乐的，还是痛苦的呢？作者运用非常诗意的语言，巧妙地激发我们去思考，并最终得出"生命因思想而丰富，生命终将因思想而欢乐"这个充满哲理的论断。文章的主旨也在这个论断中浮现出来。生命可以辉煌，也可以平淡，但不可以不快乐，文中说的"快乐"，体现了生命的意义和价值。

　　这是作家专门为我们中学生写的一篇话题作文，具有很强的针对性。其散文诗的笔调、隐喻的手法、思辨的艺术、广阔的思路、活泼的思想以及恰如其分的旁征博引和多姿多彩的句式，为我们的话题作文写作提供了很好的范例。阅读时要注意理清文章的思路脉络，提炼文章的主题；阅读后可对这个话题展开讨论，各抒己见。必要时也可以和写作结合起来，现学现用，以读促写，以写助读。

　　我们居住的地球是快乐的，因为地球上有生命，温暖的太阳，皎洁的月亮，茂密的森林，清澈的流水。花在这里开放，鸟在这里飞翔，人在这里劳动。劳动创造了一切，人因而得以温饱，获得温饱的人是快乐的。由人而反观世间万象：鱼游水中，水是流动的，鱼在这里感受到了生命的活力，因此鱼是快乐的。

[①]　选自《作文大革命》。谢冕，北京大学教授、博士生导师。

诗人说,"万物静观皆自得,四时佳兴与人同①"。因为万物都沐浴着地球的恩惠,春花,秋月,夏天的阳光,冬日的冰雪,这地球上的一切,都被地球上的万类万物享受着,因此它们是快乐的。

但人是有思想的生命,因此对于人来说,他的快乐不是无限的和无边的,诸多的生命中,只有人知道所有的生命都不是永存的,人知道死亡的必然性。因此,人对于生命的感受不仅是快乐的,而且也是悲哀的。他知道,生命存在,生命也消亡。因此,人不快乐,与地球上的所有生命相比,一切都"坏"在人会思想上。的确,人因思想而丰富,也因思想而充满智慧。人的智慧是绵延②的,它不仅在亲历中获得,而且还从书本上得到前人的承传,人在精神上因此变得富有了。但是,正是由于这种富有,人并不快乐。

因为思想,人由此得知世界的不可尽知和不圆满。它知道人间有不平,世上有苦难,为争取平等和消除苦难,人为此而产生理想。在通往理想的过程中,在愿望与目的之间,始终是一种未能到达的状态。因为生命太短暂了,一件事,特别是一件大事,需要一代又一代的人接着做。而从其事者往往不能亲见成效,这就是"前人种树,后人乘凉"的意思。人为这种永远的不能到达而无奈。再说,知识多了,对于世界的理解也多了,这当然是好事,但也不全然。常说"人生识字忧患始",指的就是这种思想的承担所带来的痛苦。的确,书读得越多,便越是感到知识的不足:生有涯而知无涯。这是怎样旷古③的悲哀啊!思想是痛苦的。

钱多了就一定快乐吗?的确,没有钱是不快乐的。我年纪小的时候家境贫寒,常常朝不虑夕,每个学期都为交不起学费而发愁。那时候我是不快乐的,因为没有钱。在那时,我想要是有钱的话,可以不愁吃穿,可以有钱交学费,我就会很快乐。但是,那些有钱人真的很快乐吗?金钱、财富、地位、权利,毕竟都是身外之物,当生命终结之后,剩下的会是什么?再说,物质再丰富,毕竟不能代替精神的充实。人生而无知,这不是最大的悲哀吗?

生命因思想而丰富,生命终将因思想而欢乐。生命对于所有的人来说,都是一个过程,过程的美丽就是生命的美丽。鱼游水中,在水面画出了一道又一道的波纹;鸟飞空中,在天上画出了一道又一道的弧线。那是它们的生命在展示,这一切都是快乐的,也都是美丽的。那么人呢?人行走在大地上,他把坚实的脚印打在坚实的大地上,一步接着一步,这些脚印连成了一道又一道的粗

---

① 万物静观皆自得,四时佳兴与人同:出自程颢的《偶成》。仔细地观察宇宙万物,无不生机勃勃、自由自在,四季风光,与人触景生情、因事寄兴一样变化无穷。程颢是宋代著名理学家,此诗通过文学语言来表达他的理学宗旨。

② 绵延:连绵不断,延伸。绵,连续不断。

③ 旷古:自古以来(都没有)。

的或细的、笔直的或弯曲的线，这些线证明生命的存在，也证明生命的价值。过程是美丽的。

真正聪明的人懂得：花开不是为了花落，而是为了灿烂。那么，他快乐吗？哲人这样向我们发问。花吸收大地给予的阳光雨露，它用灿烂来回报大地的恩惠，花的生命过程是美丽的，它应当是快乐的。人活着，从襁褓①到牙牙学语，从蹒跚学步到学得知识，他用平凡的工作来回报大地，他展示了生命的价值，他也应当是快乐的。

古人讲"立德、立功、立言"②，这是对辉煌生命的期待，这未必人人都能做到，即使是做到其中的一项也极难。但是，珍惜生命，让生命的每一分每一秒都不虚度，却是人人都能做到的。行走过，尽力过，以诚实的态度对待人生，在平凡的或是不平凡的位置上，为国家、为社会、为人群做着自己力所能及的事，这就是美丽的人生。美丽给人带来快乐。工作每一天，快乐每一天，美丽每一天。可以辉煌，也可以平淡，让生命证实一切。这既非高不可攀，也非碌碌无为③，原是众生都能做到的。

花开时节是灿烂的，它给时节带来了美丽，花是快乐的。它不应当为繁华的瞬间即逝而悲哀。人也如此，人在活着的时候，努力地画着人生的轨迹，认真地、诚实地、勤勉地，不愧对苍生，也不愧对父母。让后来者在这些弯曲的或笔直的、粗的或细的线条上，看到一个生命曾经这样地存在过，这就是最平常意义上的人生。当然，要是我们在有限的生命中创造出无限的价值，当生命不再的时候，让后来者记起曾经有过这样的人，做过这样的事、说过这样的话，那就是一种至高的境界了！

让我们始终记住，活着是快乐的，活着应当是快乐的。

思考与练习

一、文章是如何体现生命的价值和意义的？

二、细读课文，体会作者如何阐述什么是"快乐"的。

三、古人说的"立德、立功、立言"具体指什么？

四、文章中说："过程的美丽就是生命的美丽"，你是如何理解的？

五、找出文中你认为最优美的句子，体会句式特点并加以仿写。

---

① 襁褓：包裹婴儿的被子和带子。襁，背小孩用的宽带子；褓，包婴儿的被子。
② 立德、立功、立言：《左传·昭公元年》语："太上有立德，其次有立功，其次有立言。"即古人所说的三不朽。立德，成就道德典范；立功，建立盖世功业；立言，阐发精深言论。
③ 碌碌无为：没有能力，无所作为。碌碌，平庸。

五十　师　说①

韩　愈

> **学习提示**
>
> 本文是韩愈论说性散文的代表作。作者针对当时士大夫阶层耻于从师、轻视学习的社会风气,以敢于向流俗挑战的胆魄写作此文,精辟地论述了从师的必要、择师的标准。他提出的许多见解至今仍值得我们借鉴。文章论点鲜明,气势宏大,正反对比,破立结合,结构严谨周密,语言挥洒自如,具有很强的说服力和感染力。以上特点要通过反复诵读,细细体味。
>
> 本文句式丰富多变,用词准确凝练。学习中注意比较各种句式的特点,把握实词的意义,注意意动的用法。

古之学者②必有师。师者,所以传道受业解惑也③。人非生而知之者④,孰能无惑?惑而不从师,其为惑也⑤,终不解矣。生乎吾前⑥,其闻⑦道也固先乎

---

① 选自《昌黎先生集》。韩愈(768～824),字退之,河阳(现在河南孟县)人,祖籍河北昌黎,世称"韩昌黎",25岁中进士。他是"唐代古文运动"的倡导者,宋代苏轼称他为"文起八代之衰",明人列他为"唐宋八大家"之首。这篇文章是韩愈写给他的学生李蟠的。"说"是古文中的一种文体,属议论文范围,一般为陈述自己对某种事物的见解。
② 学者:求学的人。
③ 师者,所以传道受业解惑也:老师,(是)靠(他)来传授道理、教授学业、解释疑难问题的。受,通"授"。
④ 生而知之:生下来就懂得道理。之,指知识和道理。
⑤ 其为惑也:那些成为疑难问题的。
⑥ 生乎吾前:后面略去"者"(……的人)。
⑦ 闻:知道、懂得的意思。

吾，吾从而师之①；生乎吾后，其闻道也亦先乎吾，吾从而师之。吾师道也②，夫庸知其年之先后生于吾乎③？是故无④贵无贱，无长无少，道之所存，师之所存也⑤。

嗟乎！师道⑥之不传也久矣！欲人之无惑也难矣！古之圣人，其出人⑦也远矣，犹且⑧从师而问焉；今之众人⑨，其下⑩圣人也亦远矣，而耻学于⑪师。是故圣益圣，愚益愚⑫；圣人之所以为圣，愚人之所以为愚，其皆出于此乎！

爱其子，择师而教之，于其身⑬也，则耻师焉⑭，惑矣⑮！彼童子之师，授之书而习其句读者⑯，非吾所谓传其道解其惑者也。句读之不知，惑之不解，或师焉，或不焉⑰，小学而大遗⑱，吾未见其明也。巫医⑲乐师⑳百工㉑之人，不耻相师㉒；士大夫之族㉓，曰师曰弟子云者㉔，则群聚而笑之。问之，则曰："彼与彼年相若㉕也，道相似也。位卑则足羞，官盛则近谀㉖。"呜呼！师道之不复㉗可知矣。

---

① 从而师之：跟从（他），拜他为老师。师之，就是"以之为师"。
② 吾师道也：我（是向他）学习道理。师，学习。
③ 庸知其年之先后生于吾乎：哪管他的年龄比我大（先生于吾）还是比我小（后生于吾）呢？庸，岂、哪。年，这里指年龄。
④ 无：无论，不分。
⑤ 道之所存，师之所存也：道存在的（地方），就是老师在的（地方），意思是谁懂得道理，谁就是自己的老师。
⑥ 师道：从师的风尚。道，这里有"风尚"的意思。
⑦ 出人：超出（一般）人。
⑧ 犹且：尚且，还。
⑨ 众人：一般人。
⑩ 下：低于。
⑪ 于：向。
⑫ 圣益圣，愚益愚：圣人更加圣明，愚人更加愚昧。益，更加、越发。
⑬ 于其身：对于他自己。身，自己。
⑭ 耻师：以从师为耻。
⑮ 惑矣：（真）糊涂啊！
⑯ 授之书而习其句读：教给他书，（帮助他）学习其中的文句。句读，古人指文辞休止和停顿处，文辞语意已尽处为句，未尽而需停顿的地方为读。
⑰ 或师焉，或不焉：有的从师，有的不从师，意思是不知句读的倒要从师，不能解惑的却不从师。不，通"否"。
⑱ 小学而大遗：小的方面倒要学习，大的方面（却）放弃了。遗，丢弃。
⑲ 巫医：古代巫和医不分，巫的职业为祝寿、占卜等迷信活动，也用药物等为人治病。
⑳ 乐师：以演奏乐器为职业的人。
㉑ 百工：各种工匠。
㉒ 相师：互相学习。
㉓ 族：类。
㉔ 曰师曰弟子云者：称"老师"称"弟子"等等。云者，有"如此如此"的意味。
㉕ 年相若：年龄差不多。相若，相似。
㉖ 位卑则足羞，官盛则近谀（yú）：（以）地位低（的人为师），就可羞；（以）官职高（的人为师），就近乎谄（chǎn）媚。谀，阿谀，奉承。
㉗ 复：恢复。

巫医乐师百工之人,君子不齿①。今其智乃②反不能及,其可怪也欤③!

圣人无常师④。孔子师郯子⑤、苌弘⑥、师襄⑦、老聃。郯子之徒,其贤不及孔子。孔子曰:"三人行,则必有我师⑧。"是故弟子不必不如师,师不必贤于弟子。闻道有先后,术业有专攻⑨,如是而已。

李氏子蟠⑩,年十七,好古文,六艺经传⑪,皆通⑫习之,不拘于时⑬,学于余。余嘉⑭其能行古道⑮,作《师说》以贻⑯之。

思考与练习

1.韩愈,字_____,世称_____,卒谥"_____",作品集有《_____》。他是唐代"_____"的倡导者,后人称之为"文起八代之衰",位列"唐宋八大家"之首,其余七家为_____、_____、_____、_____、_____、_____、_____。

2.用课文原文回答下列问题:
(1)老师的职能是什么?_____;
(2)择师的标准是什么?_____;
(3)作者引述孔子的言行得出了什么结论?_____,_____,_____,_____。

3.生字注音

谀(　)　欤(　)　郯(　)　苌(　)

襄(　)　聃(　)　蟠(　)　贻(　)

4.指出下列句子中通假字并解释
(1)师者,所以传道受业解惑也

---

① 不齿:不屑一提,意思是看不起。
② 乃:竟。
③ 欤:语气助词,这里表感叹语气,相当于"啊"。
④ 常师:固定的老师。
⑤ 郯(tán)子:春秋时郯国(现在山东郯城一带)的国君,孔子曾向他请教官职的名称。
⑥ 苌弘:周敬王时的大夫,孔子向他请教过音乐的事。
⑦ 师襄:春秋时鲁国的乐官,孔子向他问礼。
⑧ 三人行,则必有我师:三个人同行,里面必定有可以做我老师的人。这句话出自《论语·述而》。原句是:"三人行,必有我师焉。"
⑨ 术业有专攻:学问和技艺上(各)有(各)的专门研究。攻,学习,研究。
⑩ 李氏子蟠:李家的孩子叫蟠的。
⑪ 六艺经传(zhuàn):六经的经文和传文。六艺,指《诗》、《书》、《礼》、《乐》、《易》、《春秋》六种经书。《乐》久已失传,这是沿用古代的说法。传,古代解释经书的著作。
⑫ 通:普遍。
⑬ 不拘于时:不受时俗的限制。时,时俗,指当时士大夫中耻于从师的不良习气。
⑭ 嘉:赞许。
⑮ 古道:指古人从师之道。
⑯ 贻(yí):赠送。

(2)或师焉,或不焉
5.指出下列古今异义词并解释
(1)古之学者必有师　　　　古义:　　　　　　　今义:
(2)句读之不知　　　　　　古义:　　　　　　　今义:
(3)小学而大遗　　　　　　古义:　　　　　　　今义:
(4)吾从而师之　　　　　　古义:　　　　　　　今义:
(5)今之众人　　　　　　　古义:　　　　　　　今义:
(6)是故弟子不必不如师　　古义:　　　　　　　今义:

应用写作七　商品说明书

范例

【范例一】

苏泊尔压力锅的使用方法

1.食物和配料不得超过锅内容量的五分之四。

2.合盖前要检查阀座孔是否畅通。然后按锅上箭头所示"关"的方向(即顺时针方向)转动,直到两手柄全部重合才算盖好。

3.当限压阀因放气抬起时,应减火,保持限压阀在似起非起的状态,直到食物熟了为止;但如烹调易熟食物,此时可将锅移出火外,保温到所需时间。

4.开盖前,锅内如有气压时,应进行冷却降压。可以自然冷却,也可用冷水强制冷却,也可取下限压阀放气降压(做稀饭只能采取强制冷却)。

5.取下限压阀后,确认阀座不再放气时,再按锅上箭头所示"开"的方向(即逆时针方向)转动手柄,打开锅盖。

简评

上述说明书非常准确地说明了压力锅的使用方法,而且分条逐项地交代使用过程中的每一个步骤和要求,特别强调了使用时要注意密封、限压的特点和安全措施,这正是压力锅使用过程中的关键。这份说明书用词准确,突出了压力锅的本质特征,具有较强的科学性。

【范例二】

浓维生素E胶丸(说明书)

维生素E是一种与人体生长、发育、促进健康与预防衰老有关的营养要素。早在1922年Evens等已发现它的功能:可调节生育机能,防治流产和不育。半个世纪以来,就生理和机理作用,近代生物学学者作了详尽研究,在营养及医疗上有了重要发现。

1. 本品能促进人体能量代谢,增强人的体质和活力。

2. 本品能预防因不饱和脂肪酸(PVFA)异常氧化所致的有害物质积累而损伤正常组织引起的早衰,即有延缓衰老的作用。

3. 本品能改善血液循环,促进溃疡愈合。

4. 本品具有防止胆固醇沉积、预防和治疗动脉硬化的作用。

5. 本品能调整性机能,缓解更年期综合症。

6. 本品能保护肝脏。

〔适用范围〕

动脉硬化、脑血管硬化、冠心病、间歇性跛行、胃肠溃疡、皮肤溃疡、血栓性静脉炎、静脉曲张、肝功能障碍、肌肉萎缩、不孕、习惯性流产、性机能衰退、烧伤、冻伤、贫血以及预防衰老。

〔用法与用量〕

日服量:每次50mg～100mg,每日三次或遵医嘱。

〔规格〕50mg,100mg.

〔贮藏〕密闭、遮光、凉处保存。

京卫药健字(03)第 26 号
北京制药厂

简评

首先总体说明该药品对人体的功用,接着分六条列举对人体健康的具体作用。以上部分是说明书的重点。下面接着分项介绍"适用范围"、"用法与用量"、"规格"、"贮藏"等。这种先总后分,概括式与条款式互相渗透的写法,给人以完整、清晰、重点突出的印象。

写作指导

一、商品说明书的含义

商品说明书是运用通俗易懂的语言、简洁凝练的文字、说明的表达方式,客观地对各种商品所做的书面介绍和说明。

商品说明书对于生产者、经营者和消费者,都有着重要的作用。它对于生产者和经营者打开商品的销路,特别是对于新产品的推销,起着举足轻重的作用。而对消费者来说,它尤其能起到指导消费的作用。当今现代化生活用品已大量地进入人们的家庭之中,如电饭煲、电压力锅、微波炉、电视机、电冰箱、洗衣机等生活用品,人们都要依靠说明书的帮助,因此商品说明书的地位也愈来愈高。

二、商品说明书的特点

一般来说,商品说明书有三个特点:

1.实用性。商品说明书随着商品经济的发展,越来越广泛地被各行各业使用,有很强的实用性。所以写作重点应放在商品的实用价值方面,对于商品性能、特点、功用、使用方法、注意事项、维修保养等都应作清楚具体的说明,否则,将降低商品的使用价值。如电视机、洗衣机、电冰箱等生活用品在购买之初,人们比较关心和注意的是它们的性能和使用方法,在说明书中应作为重点加以介绍,这样必然会受到广大消费者的欢迎。

2.科学性。商品说明书的目的,是为了让广大消费者科学地认识和使用商品,它能起到传播知识、传导有关技能的作用。因此,在写作时必须实事求是,只有实事求是的态度,才能进行科学地说明,才能在介绍和说明商品的知识中,做到不夸大、不缩小、力求准确无误。如对电压力锅、燃气灶等的使用方法和程序步骤的说明,要十分准确;对于各种各样的药品说明,更不能有丝毫误差或疏漏,否则,将会直接危及人们生命财产的安全。因此商品说明书的科学性特点,与消费者的切身利益息息相关。

3.条理性。商品说明书起着直接指导消费的作用。人们往往在使用过程中逐字逐句地研读,并且一一参照着进行实践。所以写作时应选择最佳的表达顺序,努力做到条理清楚,次序分明。比如对于一种药品,人们通常先看药名,主治什么病,然后才去注意它的用法和用量,以及用时应注意的事项,如何保存等。按照人们对药品的认识规律,因此药名说明书的编排顺序为:组织成分——功能、主治——用法、用量——注意事项、贮存方法。这样逐项进行说明,即可表现清晰的条理性。

三、商品说明书的写作要求

1.内容客观真实,对用户高度负责。

撰写商品说明书时,应坚持对用户高度负责的精神,必须实事求是,客观地介绍商品的优点和应注意的事项。不能为达到盈利目的而夸大其作用和性能。失实的宣传,一旦使用户受损,对生产者和经营者都是极其不利的,将失去广大消费者的信任。

2.抓住商品特征说明,便于广大用户接受。

商品说明书以说明为主要的表达方式,为了便于广大用户接受,应该运用通俗易懂的语言,抓住商品的特征进行介绍,这样才能把性质相近的商品区别开来,才能使消费者对商品有清楚的认识,从而正确的使用。

3.语言简练准确,对用户做正确的指导。

商品说明书的语言,必须做到简练准确,多用清楚明白的短句,不用冗长复杂的句子和文言词句。其中,引用的数字必须翔实,使用的图表必须准确无误,使人一目了然,这样才能对用户做正确的指导。

写作练习

1.到图书馆查询有关材料,拟写一份"黄山毛峰"的商品说明书。

2.根据下面提供的内容,拟写一份商品说明书。

广州白云山制药厂生产的藿香正气丸,由 15.8% 藿香、5.3% 紫苏叶、5.3% 大腹皮、10.5% 白术、10.5% 陈皮、10.5% 半夏、10.5% 厚朴、10.5% 桔梗等原料精制而成,有祛暑解热、化湿和中的作用,可以用于治疗暑湿感冒,过食生冷,腹胀痛,呕吐泄泻等症状;每天口服 2 次,每次 1~2 片;药品证号:粤卫准字(02)第 A11—130 号。

口语交际十　自我介绍

　　人要生存、发展,就要和社会、和周围的人进行各种各样的交换和交流,以获得所需要的物质和信息。交流的第一步是相互认识和了解,这就需要介绍。介绍是人际交往中与他人进行沟通、增进了解、建立感情的一种最基本、最常用的方式,是人与人相互交流的基本出发点。介绍包括人物介绍和事物介绍,人物介绍一般分为介绍他人和自我介绍两种,本模块我们将专门针对"自我介绍"进行学习和训练。

　　在社交场合,如能恰当地利用介绍,不仅可以扩大自己的交际圈,拓宽人际脉络,而且有助于自我展示、自我宣传,在交往中消除误会,避免麻烦。好的介绍可以给别人留下深刻的印象,不仅能够得到别人的认可,同时也可以增强社会交往能力,培养自信心。所以,做好自我介绍对于每个人来说,都非常重要。

　　所谓自我介绍,就是在必要的社交场合,由自己担任主角,将自己介绍给他人,以使对方认识并初步了解自己。自我介绍在日常生活中应用十分广泛。如新生入学,班上同学之间就常采用自我介绍的方式彼此认识、了解;又如将来毕业就职,到一个新单位,为了以后更好地与领导、同事交流,也需要自我介绍。一般而言,自我介绍分为主动型自我介绍和被动型自我介绍。主动型自我介绍是指在社交活动中,想认识某人或某些人,且无人引荐,自己主动充当介绍人,将自己介绍给对方的一种介绍方式;也有一些情况是应他人要求,将本人某方面的具体情况进行介绍,这即为被动型自我介绍。这两种自我介绍方式在日常生活和工作中经常被采用。

　　自我介绍最基本的要求是使别人认识自己,同时对自己喜好、性格、专长等方面有初步了解。为了收到更好的效果,自我介绍时一定要注意介绍的时机、介绍的内容、介绍的方法及态度等一些方面的问题。

　　一、自我介绍的时机

　　应当何时进行自我介绍?此问题很复杂,也很难把握,它涉及时间、地点、当事人、旁观者、现场气氛等诸多因素。合适地选取时机进行自我介绍,不仅可以满足别人的认识需要,也可以体现介绍者本人的智慧涵养。切忌强行介绍自己,这样会给别人留下一个不好的印象,有时甚至会使介绍者本人处于尴尬的境地。这都是针对于主动型自我介绍而言的,被动型自我介绍就不需要注意这些,只要选取合适内容即可。

　　一般主动型自我介绍常出现在以下场合:在社交场合,与不相识者相处或有不相识者表现出对自己感兴趣时;在公共聚会上,想介入陌生人组成的交际圈时;有求于人,而对方对自己不甚了解或一无所知时;交往对象因健忘而记不清自己,或担心这种情况发生时;出差、旅行途中,与他人不期而遇,并且有必要与之建立临时接触时;初次前往他人居所、办公室拜访时;拜访熟人遇到不相识者挡驾或者对方不在,需要不相识者代为转告时;前往陌生单位,进行业务联系时;应聘求职或应试求学时等,这些场合都需要主动型自我介绍。

二、自我介绍的内容

自我介绍的内容是自我介绍时所要表达的主题部分,具体内容兼顾实际需要和所处场景,并应具有鲜明的针对性,依据不同的场合、不同的形式而采用不同的内容。

1. 应酬式。应酬式自我介绍用于某些公共场合和一般性的社交场合,如宴会、舞场、旅行途中等。对于介绍者而言,对方属泛泛之交,或早已熟悉,自我介绍只是为了确认身份而已,故此自我介绍内容简而精。

例如:

"您好!我是张韶涵。"

"我叫余则成。"

2. 工作式。工作式自我介绍主要适用于工作中,也叫公务式自我介绍,一般包括本人姓名、供职单位、担任职务或从事具体工作等。此方式比较正式,姓名和单位应该全部报出,不可有名无姓或者有姓无名。

例如:

"各位好!我叫张宝义,是省职教中心学生会生活部的部长。"

3. 交流式。交流式自我介绍主要用于社交场合,是一种刻意寻求与交往对象进一步交流与沟通,并希望建立联系的自我介绍,也叫社交式或沟通式自我介绍。介绍内容大体包括姓名、工作、学历、籍贯、兴趣等。不一定要面面俱到,而应根据具体情况而定。

例如:

"我叫陈玉会,现在是安徽省职教中心的学生,我是六安人,听你口音,咱俩应该是老乡吧?"

4. 礼仪式。礼仪式自我介绍适用于讲座、演出、庆典、报告等正规而隆重的场合。此形式为一种意在表示对交往对象友好、敬意的自我介绍。介绍内容应包含姓名、单位、职务等。有时也加入一些适宜的谦辞和敬语,以示友好、礼貌。

例如:

"各位老师,大家好!我叫慕容雪,是公路与桥梁一(2)班的班长。现在由我代表公路与桥梁一(2)班向各位老师汇报我班十月份的学习和纪律方面的情况。"

5. 问答式。问答式自我介绍适用于应试、应聘和公务交往场合。介绍内容讲究问什么,答什么,有问必答。

例如:

主考官:"你好,请简单做一下自我介绍。"

应试者:"各位老师好!我叫谭秀丽,原就读于合肥市滨湖中学,今年刚毕业。由于对公路与桥梁专业感兴趣,所以想上贵校的公路与桥梁专业。假期在家中看了很多相关书籍,兴趣就更浓厚了,故而想进一步学习深造。"

三、自我介绍的方法

自我介绍要恰到好处,需要注意介绍的方式、方法及介绍的语气和态度等。

首先,自我介绍要把握好时间,不能太长,也不能太短。若太长,则听着会厌烦而无兴趣听下去;太短则显得介绍者不太热情,会让对方误解介绍者不想与自己认识或交往。

其次,介绍时要抓住重点,有条理地介绍,语言表达要准确。力求得体、力求真实,这样,才会让对方容易掌握介绍的重点,给介绍者留下深刻的印象。得体、真实会使对方对介绍者的人格有很好的评价,产生进一步交流的欲望。有时,运用一些幽默性的自谦或自怜,会收到意想不到的效果。

再次,介绍人的态度也很重要。自我介绍时要尽量自然、友善、亲切、随和,要表现得落落大方、笑容可掬,既不要小里小气、畏首畏尾,也不要轻浮夸张、矫揉造作。介绍时,一定要正视对方眼睛,充满信心,显得胸有成竹。这样,不仅有助于自我放松,也会使对方产生好感。

介绍时语速要正常,发音要清晰,切忌语气生硬,语速过快或过慢,语音含糊不清楚等现象。必要时,可以加一些动作语言,但是不能太多。

自我介绍在不同的场合,介绍内容和方式有很大的区别,同学们一定要注意多听取著名人士的演讲或其他出色的自我介绍,向他们学习,积累经验。

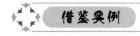 借鉴实例

自我介绍(一)

大家好,我叫凌芝,与名贵药材——灵芝同音,来自于石刻之乡——重庆大足。朴实、自然是我的一贯的作风。我的爱好有看书、写作、运动、交际、做手工,擅长唱歌。这些广泛的兴趣爱好造就了一个开朗、热情、健康向上的我。我确信世上没有无缘无故的成功,成功的人更需要不断地学习,给自己不断地"充电",才能不断地提高、不断地创新。刘墉曾写过一本书,叫《悠悠生死一念间》。我认为,有的时候成败亦在一念之间。因此,对成功,对理想的追求,我从来不放弃。"没有最好,只有更好"是我的座右铭。

▶▶ 简评

这篇自我介绍的目的在于同学间的相互交流和了解。把最能代表自己的特点介绍给大家,如爱好、特长、愿望等,给人留下了鲜明而深刻的印象。在类似的交际环境中,值得借鉴。

自我介绍（二）

我叫王景愚，表演《吃鸡》的那个王景愚。人称我是多愁善感的喜剧家，实在是不敢当。只不过是个"走火入魔的哑剧迷"罢了。你看我这40多公斤的瘦小身躯，却经常负荷许多忧虑和烦恼，而这些忧虑与烦恼，又多半是自找的。我不善于向自己敬爱的人表达敬与爱，却善于向憎恶的人表达憎与恶，然而胆子并不大。我虽然很执拗，却又常常否定自己。否定自己既痛苦又快乐，我就生活在痛苦与欢乐的交织网里，总也冲不出去。在事业上人家说我是敢于拼搏的强者，而在复杂的人际关系面前，我又是一个心无灵犀、半点不通的弱者，因此在生活中，我是交替扮演强者和弱者的角色。

简评

本篇自我介绍短小精悍，层次清楚，内容丰富，语言幽默，很值得一读。

口语练习

1. 和其他班级开展联谊活动。活动中，同学们相互进行自我介绍。
2. 模拟一同乡聚会场景，相互进行自我介绍。

语文实践活动十　自我展示

一、活动主题

多才多艺的"你、我、他"。

二、活动目的和活动要求

1. 通过自我展示活动，培养学生广泛的兴趣爱好，发展个性特长。
2. 人人参与，个个展示，互相启发，取长补短。

三、活动内容和步骤

1. 提前3～5天布置给学生，各自准备好自己的"得意之作"或"拿手好戏"或"绝招"，只待"登台亮相"。
2. 活动形式：采用"综艺大观"节目形式，灵活机动。
3. 活动步骤：
（1）谈话情趣，明确目的
同学们，你们在学校和生活中，都有各种不同的兴趣和爱好，你能说说自己都有哪些兴趣爱好吗？这节课，就是让大家把自己的兴趣爱好展示出来，大家互相学习，取长补短，共同进步，希望大家踊跃参与。然后推选两名主持人，上台主持综艺节目。

(2)各显神通，异彩纷呈

整个活动可以分为书法类、绘画类、制作类、唱歌类、舞蹈类、朗诵类……能现场表演的就现场表演，每个节目的时间最好控制在三分钟之内，不能现场表演的就将课前准备好的"作品"当众展示，并作简要介绍或说明。

(3)评选"明星"，激励全体

从刚才的展示中，大家评一评，哪些同学的"节目"或"作品"最好，全班评5～10名同学为"展示明星"，并请"明星"上台交流自己的"成才之道"以及以后的打算，并对其他同学提点希望和建议，激励和带动大家共同进步。

(4)成立"自我展示角"

在教室里成立"自我展示角"，将展示自己兴趣爱好甚至特长的实物分类列出来，并贴好标签。"展示角"由专人负责，定期评比，定期更换，推陈出新。并将班上选出的最佳作品送到学校的"明星屋"，以进行全校交流。

第十一单元

自信自立

单元导读

　　中国人常讲"万事如意",其实,这只不过是人们的美好愿望而已。生活并不是宁静的湖水,世间的事真正如意的不多,但坎坷却不少。那么,怎样应对坎坷,追求如意呢? 自信自立,天道酬勤。据说犹太人教育子女的方式很特别,他们在孩子面前挖一个坑,然后让孩子往前跑,如果孩子乖乖地掉进坑里,一定会遭到严厉的责备:"在这个世界上,不要相信任何人,只能相信你自己。"因此在日常生活中,如果孩子摔倒了,犹太人的孩子大都会自己爬起来。犹太人的"狠心"父母是足够聪明的,他们教育孩子的经验是值得我们借鉴的,也应该引发我们思考。要想成就大事,从心底里充实生活,就必须靠自己。自信动人,自立正人。可以说,一味地依赖他人,绝不会读懂人生,他们无非是在转移自己的懒惰,而利用别人的汗水来帮助自己,不仅是给别人增添了麻烦,拖累别人,同时也养坏了自己,恐怕最终对人无益,对己也无济于事。实际上,任何人的成功靠的都是自己的努力和机遇。只要自己积极进取,执著拼搏,生活一定会实现"芝麻开花——节节高"的。总之,无论是育人还是律己,中国人"自力更生,丰衣足食"的传统不能丢!

　　如今的社会,最受人重视的是能力的培养。所谓能力的培养,就是指要培养青年学生的独立性。青年学生不仅要成绩优异,还要学会自立,如果说人的一生中,连这一条原则都没有的话,那就等于白活了。就好像说一棵树,如果它连雨水和阳光都不能自己吸收,还谈得上生根发芽吗? 自信笃行,自立自成。只有自立才能自强,自立是成功的先决条件,自立能锻炼人的毅力和能力,自立能赢得他人的尊重,自立是自信的表现,自立是一种积极向上的精神,自立是对现代人的基本要求之一,自立并不排除与他人合作,只有在经济上自立,才能不受制于人,国家和民族也需要自信、自立。

围绕话题,本单元精选了5篇文章。《邂逅霍金》思路清晰,文短而意深,表达了对霍金深深的敬意。《尊严》以满腔的激情叙述了一个动人心魄的故事。《假如给我三天光明》描绘了假定获得三天视力后的所闻所感。《培养独立工作和独立思考的人》则高屋建瓴地对学校教育发表了精辟的见解。《民族自信力断想》围绕民族自信力的问题从各方面展开论述,观点鲜明。

本单元的应用写作安排了"计划",通过学习、训练,旨在帮助大家了解这种文体的特点及基本格式。本单元还安排了"主持"的口语交际训练,通过理论学习和实践训练,让同学们懂得此项技能是未来工作和生活中必备的基本能力和职业素质。语文实践活动配合口语交际,安排了"模拟主持"的实训活动,在模拟语境中让同学们学会和掌握此项技能的基本要领,锻炼同学们的口头表达能力和组织活动能力。

第十一单元 自信自立

五十一 邂逅霍金[①]

葛剑雄

学习提示

本文记叙了作者邂逅霍金的一次经历。全文分三个部分：第一部分表达"我"在邂逅霍金前，对霍金充满着深深的敬意；第二部分叙述邂逅霍金的经过；第三部分抒发作者的感慨。文章思路清晰，文短而意深。学习本文，可以借助网络资源，查阅相关信息，了解霍金的生平、著作和贡献，了解霍金取得成就的深层次的原因。

自从《时间简史》[②]在中国翻译出版后，知道霍金的人越来越多。青年人争相阅读《时间简史》，一时颇有洛阳纸贵[③]之势。我没有看过这本书，但我对霍金以高度残疾之身写出如此经典著作的精神和业绩，却充满了深深的敬意。

我知道霍金是剑桥大学的，想不到在来剑桥的第二周就见到了他。

那天下午，当我们经过剑桥河边的时候，忽然我见到前面缓缓驶来一辆轮椅车，上面坐的正是霍金——和以前在照片上见到的完全一样。

车驶近了，我却呆滞了。是敬仰？是震惊？是凝视？是沉思？都是，或许

[①] 选自1998年8月26日《文汇报》。葛剑雄(1945～)，复旦大学中国历史地理研究所所长。霍金(1942～)，英国理论物理学家，主要致力于黑洞量子力学的研究。23岁获博士学位。自1962年21岁起就患有肌萎缩性侧索硬化症，这种罕见的疾病使他长期被禁锢在轮椅上，不能写字，只能讲出一些仅仅有几个亲友才能听得懂的难以理解的话语。但他凭着超人的意志和智慧探索宇宙的奥秘，成为继爱因斯坦之后当代最具创造力、最著名的理论物理学家之一。邂逅(xiè hòu)：偶然遇见。

[②] 《时间简史》：霍金著，是探索时间本质和宇宙最前沿的天文科普小说。本书在全世界的销量已高达2500万册，被译成近40种语言，自1988年出版以来一直雄踞畅销书榜，创下了畅销书的一个世界纪录。

[③] 洛阳纸贵：东晋左思《三都赋》写成以后，轰动一时，抄写的人非常多，洛阳纸都因此涨价了(见《晋书·文苑传》)。后来比喻著作广泛流传，风行一时。

都不是。在他经过我身边的那段时间,我什么也没有做,只是目送他静静地过去。

这是一个弱小的身躯,稍向右侧倾斜地靠在——或者说是被安放在——轮椅车背上。除了他的目光,似乎见不到他有其他动作。他的目光显得异乎寻常,显示着超常的魅力:我想走上前去,又下意识地摸着照相机。但我既没有移步,也没有拍照,连拍一下他的背影的念头也很快被自己否定了。

或许是霍金独特的形象震撼了我。对于这样一位随时面对逼近的死神却依然像超人那样奋斗的人,对他的任何干扰都是一种罪恶,更不用说任何好奇的举动或过分热情的表现。

或许是周围的人感染了我。当霍金经过时,一切都是那么平静,认识他的和不认识他的人都毫无异样,就连照料他的老护士也不靠近他的轮椅,只是默默地跟着,人家都尊重他作为一个正常人的生存权利。

霍金的轮椅渐渐消失了,就像路上无数过往的行人一样。

霍金是不幸的,在风华正茂时遭遇了罕见的疾病。他要用很大的努力才能举起头来;他不能写字;看书必须依赖一种翻书页的机器,读文献时必须让人将每一页摊平在一张大办公桌上,然后他驱动轮椅如蚕吃桑叶般地逐页阅读。

然而,就是这样一位被疾病固定在轮椅上三十多年的人,却坚持说自己是个快乐的人。他的思维穿越时间和空间,追寻着宇宙的尽头、黑洞的隐秘。他凭着敏锐的直觉和严密的推理,直接挑战被人广泛认同的传统量子力学、大爆炸理论甚至爱因斯坦的相对论。

霍金是幸运的。他生活在一个人的价值得到充分尊重的时代,他也生活在一个科学技术高度发达的时代。要不,他如何能完成他的著作,如何能继续他的生命和工作?他的轮椅上装满了大大小小的机械和电脑,他的身前就有显示屏和特殊的键盘,这是IBM公司专为他设计制造的,所以他才能自如地操纵轮椅,才能传达自己的思维,才能延续他的生命。

我更庆幸霍金生活在剑桥,他完全可以像常人一样生活,不必随时面对镜头、鲜花、握手和掌声,不用应付集会、宴请、报告和表彰,因为大家都懂得个人的价值和时间的宝贵。

愿霍金在平静中度过他不平凡的一生。

思考与练习

一、解释下列词语。

1. 呆滞：

2. 敬仰：

3. 震惊：

4. 凝视：

二、本文作者除了表达对霍金的敬意和高度赞扬之外，还表达了什么情感？

三、利用课余时间，阅读霍金的著作《时间简史》。

五十二　尊严[①]

沙叶新

学习提示

> 这是一首"正气歌",作者以满腔的激情叙述了一个动人心魄的故事。曲小雪——一个弱不禁风又无依无靠的留美女学生,凭借着自己的一身正气和顽强的毅力,告倒了一个拥有巨大财富和势力的美国银行家,捍卫了正义和尊严,展现了中国人的骨气。它让我们每一个读者心潮难平。想一想,这篇文章在政治上、思想上、道德上给予我们哪些启示。
>
> 本文的语言凝重深沉,潇洒的行文中透出一种理性的严峻。阅读时要特别注意人物的对话,细细揣摩课文中的语言特色。

在我没见到她之前,我完全不能想象一个无依无靠、弱不禁风的中国留美女学生,何以能够连续四年状告一个拥有巨大财富和势力,而且正在竞选市议员的美国银行家,直至在美国的法庭上取得最后的胜利?

无辜受辱

她叫曲小雪,出生于知识分子家庭。她从小喜欢文艺,在部队文工团演过话剧跳过舞,扮演过朱丽叶和白天鹅这些舞台上最美的形象。几年前她来到美国自费留学,一个教会里的朋友介绍她到一个美国老太太露易丝家里去打工。第一次见面,露易丝太太问曲小雪:

[①] 选自1996年11月8日《文汇报》,有改动。沙叶新(1931~),江苏南京人,回族。国家一级编剧,上海戏剧家协会副主席。

"你叫什么名字?"

"Angel。这是我的英文名字。"

"Angel 是天使,是守护神,是安琪儿。可这是美国人的名字,你们中国人不能叫!"

"我……我有中国名字,我的中国名字叫曲小雪。"

"Cheshire? 这是英国的地名。"

"不,不是 Cheshire,是曲小雪。"

"你们中国人的名字太难叫了,我可不打算为了雇用你而去学中文。这样吧,我叫你的时候,就摇铃。"露易丝说着就摇了摇手上的铃。

"我……"曲小雪深感委屈,低声的说:"我……不是狗,我有名字。"

"狗? 狗从来不会跟主人顶嘴!"露易丝瞪了曲小雪一眼。

曲小雪简直不相信在一个信奉民主的文明国家会有这样一个不尊重别人的老太太! 曲小雪想申辩,但最终还是忍住了,她不想丢掉这次工作机会。

就这样她在露易丝家住下了,上午去学校上课,下午及晚间她照顾露易丝太太的生活。露易丝付给曲小雪每月工资300美元,另外还提供两顿伙食。但这两顿伙食都是露易丝吃剩下的,如果曲小雪吃不完,露易丝还叫她用粉碎机打碎,搅拌成糊状的东西,放在冰箱里,下顿再吃。这哪是人吃的东西? 连猫食都不如! 有一天中午露易丝又让她吃这种"糊",她实在咽不下了,就没吃;晚上露易丝还让她吃"糊",她真的是无法忍受了,就像露易丝太太提出:

"露易丝太太,我想去买快餐吃。"

"谁付钱?"

"我。"

"可合同上是由我负责提供你伙食的,我不愿意让人以为我毁约。这样吧,我付给你 20 块钱,你去买。钱等发工资的时候我一起给你。"

当曲小雪把快餐买回来之后,露易丝堵在门口。

"什么? 你买了炸鸡腿?"

"有什么不对吗!"

"你是想用炸鸡腿和我提供的伙食作个对比,来羞辱我,是吗? 你不配吃炸鸡腿!"露易丝夺过鸡腿扔进厨房的垃圾箱。

曲小雪吓坏了,委屈得想哭,但又不敢哭,她只好跑到门外,跑得远远的,跑到一座山坡的林子里,眼泪哭干了她才去了一个女朋友家过夜。她怎么能睡的着? 她想了一夜,决意辞工。

如此荼毒

第二天曲小雪回来了,露易丝太太以从未有过的笑脸来迎接她:

"Angel,你昨天晚上到哪里去了？我真为你担心,一直等你回来。上帝,总算又见到你了。你再也不要离开我了,好吗？"

"露易丝太太,很抱歉,我要走。"

"小姐,你不能走！"突然一个男子粗重的声音从楼梯口传来。

原来是露易丝的儿子银行家爱德华从华盛顿回来了。他身材魁梧,身高1米85,他站在瘦弱的曲小雪面前,感觉像是巨人。

"先生,对不起,我不适合露易丝太太。"曲小雪说。

"不,我母亲不知用过多少女管家,她最满意的就是你。她对我说过,她很喜欢你。"

"先生,她是喜欢我的逆来顺受……"

"小姐,我和我的母亲都不希望你走。"

"谢谢你们的挽留,我已拿定了主意。"

"小姐,我想提醒你,我母亲之所以要挽留你,完全是可怜你。"

"要说可怜,一个体弱多病、风烛残年的老太太也许比我更可怜吧。"

"什么？"银行家终于失去了耐心,"你有什么资格来可怜我们？今天我之所以不厌其烦地和你说这么多废话,完全是为了我的母亲。要是在平时,你连跟我说话的资格都没有！我这一辈子最看不起黑人,你们中国人连黑人都不如！"

"请不要侮辱我们中国人！"事关中国人的尊严,曲小雪有些激动,"我可以告诉你一个我身边的例子。在我所在的大学里,我们全班有50个读硕士学位的,可47个都是我们黄皮肤、黑头发的中国人,而遗憾的是你的同胞只有3个,并且还是倒数最后三名,但我没有看不起他们。"

"你！"爱德华恼羞成怒,"你给我滚,滚出美国！"

"很遗憾,你刚刚的绅士风度一点都没有了！"

曲小雪不想再跟这一对母子说什么了,她跑进自己的房间,拎着箱子,准备尽快离开这里。

"等等！把箱子打开！"银行家拦住了她。

"这是我的东西！"

"我们要检查！"

"你当我是贼？"

"这可是你说的,我们在没有获得证据之前是从来不轻易说这话的。打开!"

"打开!"露易丝也大声叫嚷。

曲小雪强忍着,打开箱子。爱德华将她的衣物一样一样地抖落出来,扔了一地。此时曲小雪被羞辱得就像当众被扒光衣服一样。

"快滚,滚!"爱德华用脚狠狠踢着曲小雪的箱子。

"请把三个星期的工资给我。"

"你还想要工资?我母亲已经付了!"

"没有!"

"我付了,爱德华可以证明!"露易斯也在一旁帮腔。

"是的,我看见我母亲付给你了!"

"你……"曲小雪简直不敢相信自己的耳朵,"一个堂堂的银行家,竟然会蒙骗我一个留学生的钱!"

"你敢说我蒙骗?你再说一遍!"

"不值得了,我蔑视你!"

爱德华突然狠狠地打了曲小雪一记耳光,打得曲小雪两眼冒金星。

"你敢打人?"曲小雪捂着流血的嘴角,大声抗议,"我要控告你!"

"我先告你非法打工,让你解递出境,滚出美国!"

已完全失去理智的爱德华抓住抓住曲小雪的头发,狠命地往墙上撞,又把曲小雪踢倒在地,猛踢猛打。曲小雪全身血污,满地爬滚。她呼天抢地的哀号声惊动了邻居。邻居打了911报警电话。警察赶来时,曲小雪已被打得遍体鳞伤,不成人形,昏倒在地上。警察先录了爱德华的口供。爱德华说:

"我是露易丝太太的儿子爱德华。这位小姐是我母亲的管家。我母亲要辞退她,但她不肯离开,还咬伤了我的手,所以就发生了冲突。我要控告她。"

警察将曲小雪带到警察局。当曲小雪得知银行家反咬她一口,反而要告她咬人时,曲小雪大声哭喊着:

"天呀,你们美国还有正义吗?他这是恶人先告状!他把我打成这样,押上审判台的应该是他,我要告他!我要告他!我要告他!"

说完曲小雪又昏死过去。等她再度醒来,警察对她说:

"你告他,他告你,你们当然可以相互控告。可我要提醒小姐,爱德华先生有律师,你告他,律师可以保他出去。他告你,你有律师吗?如果没有律师担保,我们怎么能放你出去呢?"

"你要把我关在警察局?"

"当然,如果你愿意在这张不对爱德华先生起诉的保证书上签个字,爱德华先生说,他也保证不会控告你,你马上就可以回家了。"

"不,我要对他起诉!"

当曲小雪的女友闻讯赶到警察局来,看到她伤成这样,就抱着她失声痛哭。女友要她马上在不起诉的保证书上签字,先赶快出来再说。曲小雪万般无奈,签字后便忍着剧痛随女友离开警察局。

女友要送她去医院。曲小雪是个穷学生,哪有钱去医院治疗?后来女友的丈夫——一个极富同情心的美国人,找到了一个愿意为曲小雪免费治疗的美国医生。医生诊断的结果让所有的人都大吃一惊:髌软骨永久性挫伤,脊椎骨错位弯曲,严重脑震荡!

"太残忍了!"医生愤慨不已,"怎么把你打成这样!一定要告这个畜牲!"

对,一定要告,一个中国的穷留学生要状告一个美国银行家!于是曲小雪拖着伤痛的身子,开始了留学生史上从未有过的诉讼,开始了在美国也极少见的诉讼。

……

严辞痛斥

在地方法庭上,爱德华的三个律师极力说服法官,并且在庭内和庭外向童律师施加压力,要他再度劝说曲小雪同意庭外和解。法庭最后也裁决为庭外和解,不进行诉讼判决。

曲小雪不服,于是上诉;再次开庭,结果又是劝说曲小雪庭外和解;曲小雪仍然不服,继续上诉。结果这场官司打了4年,而曲小雪始终威武不屈,坚如磐石,始终坚持一个"不"字,最后使得这场官司一直由地方法庭打到了最高巡回法庭!在最高巡回法庭开庭的前几天晚上,曲小雪怎么也睡不着,她知道,这次最高巡回法庭开庭,被告爱德华是一定要出庭的;经过这4年坚韧不拔的上诉,她终于将这个打人凶手告上了法庭,她确实很兴奋。

开庭了。她穿了一身白色套装,胸前别了一朵小小的浅红色的胸花。她不卑不亢,严肃而又得体。当爱德华在他的三个律师陪同下走进来时,曲小雪目光如剑,使他不敢与曲小雪对视,但又不得不故作矜持,有意表现出对曲小雪不屑一顾的样子。

法官到庭,全体起立。爱德华和他的三个律师向法官点头致意,大声问好,有说有笑。这显然是心理战术,为的是让曲小雪精神瓦解,不击自溃。

"法官先生!"曲小雪出其不意,站起来大声地说,"由于刚才表现出的被告及其律师和本庭法官不同寻常的亲密关系,我对本庭法官能否公正地审理本案表示怀疑,我请求本庭法官回避!"这如一声惊雷,使全场大为震惊。本庭法官、爱德华以及他的三个律师张口结舌,他们万万没想到他们搬起的石头砸到了自己的脚。

事实俱在,陪审团和所有旁听者都看到了刚才的那场表演,当庭法官只得回避,宣告休庭。何时开庭,由下任法官另行通知。

又盼到了第二次开庭。这次换了个黑人法官。

在原、被告双方宣誓之后,黑人法官宣布由原告陈述案情。

曲小雪此时此刻终于站在了原告席上!她面对着这个严肃而陌生的美国法庭,面对着这位尚不知对这起案件持何态度的黑人法官,面对着使她4年以来历经悲苦、痛不欲生的被告——她的仇敌,面对着她坚信一定会同情她、支持她的陪审团和旁听者,不由得感慨万千,悲从中来,还没说话,就已泪流满面,泣不成声了。

黑人法官用木锤敲了敲桌子:"我要提醒原告,这里是庄严的法庭,请不要用这种戏剧性的表演来获取陪审团和听众的同情!"曲小雪委屈极了,这怎么是表演?不,我的眼泪是从心上流淌出来的;流的不光是泪,也有血!"法官先生,你错了!"曲小雪愤慨地说,"我不知道你有没有女儿,假如你也有个女儿,也和我一般大的年龄,也在异国他乡打工求学,也被人打伤了,打得也像我一样的惨不忍睹:髌软骨永久性挫伤、脊椎骨错位弯曲、严重脑振荡。只因为她是外国人,她的肤色和她所在国的人的肤色不一样,她就无处申冤,状告无门,叫天不应,叫地不灵。在漫长的4年之后,历经艰难,才有一个法庭愿意为她主持正义。你想想,那个时候,你的女儿会是什么样的心情?她4年的泪水能不倾盆而出吗?难道她连哭的权利都没有了吗?(曲小雪撩起衣袖和衣襟,露出手臂和背部的累累伤痕)请法官先生看一看,这是表演吗?"曲小雪的伤痕历历在目,全场震惊。

"对不起!"黑人法官不得不道歉,"我收回我刚才的话。"

曲小雪开始了陈述,法庭上鸦雀无声。

当陈述完毕时,曲小雪终于由于过分悲伤而昏倒。此时整个法庭的人就像接到指令一般,呼啦一下全都站了起来!法官不得不宣布暂时休庭,让曲小雪稍事休息。

曲小雪苏醒后,继续开庭。

华盛顿三位大律师在法庭上全力以赴,轮番上阵,他们运用了丰富的法学知识,发挥了最高的论辩技巧,有时委婉动听,有时又咄咄逼人,仅以专业水准而论,不得不令人叹服。他们承认他们的当事人爱德华在与曲小雪发生口角时,对对方有过伤害,但这是无意伤害,并非有意伤害,所以解决这类民事纠纷最适合的办法是庭外和解。三位大律师还一再表示他们的当事人对庭外和解的诚意,也愿意给对方当事人一定的赔偿,凡此种种,也说得无懈可击。黑人法官最后宣布裁决结果:庭外和解。

曲小雪愣住了,停了半晌,才大声地说:"不!"黑人法官说,这是最高巡回法庭的终审裁定,不能上诉。

华盛顿的大律师马上表示,他们的当事人愿意赔偿5000美元。

曲小雪还是坚决地说:"不!"华盛顿大律师又提出增加赔偿:5250美元。

"不!"曲小雪仍不屈服,"我的价码不是钱,是要凶手爱德华向我道歉!"

"曲小姐",三位大律师连忙异口同声地说,"只要你同意庭外和解,可以道歉。"

"我要他在法庭上,当着法官,当着陪审团,当着旁听席上的女士和先生们,公开地向我道歉!""既然同意庭外和解,一切都应在庭外执行。在法庭上公开道歉没有法律依据。"黑人法官说。

"如果不公开在法庭上道歉,我就不同意庭外和解!"曲小雪毫不退让。"原告的无理要求已经超越正常的法律程序,本律师有权提出本案流审!"华盛顿的大律师钻到了一个空子。

"请原告注意被告律师的意见!"黑人法官提醒曲小雪。

"我注意到了。"曲小雪义正辞严,"请注意:为什么这么一个小小的民事案件,居然能引起加州民众和传媒如此大的关注。人们关注的是:为什么为了这么一个小小的案件,竟然请来了三个华盛顿的大律师,而对手居然是一个毫无任何背景的、极为弱小的中国女孩。他们想知道美国法律在多大程度上能够做到公正?权势在多大程度上能够做到公正?权势在多大程度上影响着法官先生的判决?在本案中既然被告已经承认了对原告的蓄意伤害,可被告的律师又强迫原告庭外和解,法官也竟然同意,那么被告是否也强迫了法官呢?我想只要本案流审,明天的报纸和电台一定会很热闹。"

旁听席上交头接耳,议论大哗。

最后,黑人法官不得不重新裁定:"现在我宣布,被告爱德华先生无故伤害原告曲小雪小姐,被告赔偿原告5250美元,并当场向原告道歉。"

全场鸦雀无声,所有人的目光都投向爱德华。

爱德华不得不站起来,小声地说:"我无故伤害曲小雪小姐,我表示道歉。""我听不见!"曲小雪说。

"请爱德华先生大声一点!"黑人法官提醒爱德华。

"我无故伤害曲小雪小姐,我表示道歉。"爱德华又用稍大一点的声音重复了一遍。

"我要被告看着我说!"曲小雪仍不满意。

"你既然已经听见了道歉,就不要再提出过分的要求了!"黑人法官说。

"这不过分,看着人说话是起码的礼貌,更何况是道歉!"曲小雪据理力争。

"这……""爱德华先生,请你抬起头来,把你当初打我的勇气拿出来,看着我的眼睛,大声地向我道歉!"曲小雪愤怒地命令爱德华。

爱德华完全被曲小雪震慑住了,他抬起头,不得不看着曲小雪,大声地说:"我向你道歉!"整个法庭一片欢腾。

华盛顿律师连忙给曲小雪递上一张5250美元的支票。

曲小雪接过支票,捏在手上,向全场抖了抖:"华盛顿的大律师,你们真不愧是法学界的权威,刚才被告不得不向我公开道歉之后,你们又非常及时地给我递上了这张支票,并且也是在法庭上公开地递给我。你们这样做,是想造成这样一种印象:这个中国姑娘之所以旷日持久地坚持要打这场官司,无非就是为了这张支票,就是为了这几千块钱;让人觉得钱是这场官司的目的,也只有钱才能为这场官司画上句号。你们以为给我5250美元,我就可以心满意足了,我就一定会感激涕零了!我想请问三位大律师先生,要是一个白人被打成像我这样,你们就能用5250美元打发掉吗?前不久,一个白人老太太在麦当劳被烫伤一点嘴皮,索赔60万美元!在你们眼里,中国人就这么不值钱!可你们错了,至少我这个中国人,当然还有许许多多中国人就绝不会在你们的美元面前低下自己高贵的头!我打这场官司,是为了讨回做人的尊严!尊严!我们来美国,大部分美国人是友好的,对我们平等相待,也给了我很多支持和帮助;就是在我打这场官司的4年里,也有不少美国朋友给过我帮助,我非常非常感激;但也有一些人,以为有钱就可拥有一切,有钱就可以歧视别的民族,有钱就可以为非作歹,有钱就可以伤害无辜,有钱就可以打赢官司。可我要告诉他们,有钱决不能收买我一个小小的中国女子的尊严!我打这场官司,还想告诉这些歧视我们的先生们,别以为我们中国留学生漂洋过海到这里来,是来乞求施舍的,是来抢你们饭碗、赚你们钱的,是低你们一等,是没有人格尊严的。不,我们留学生带到这块土地上来的是青春和智慧,带来的是奉献,我们并不比任何人差!我还在极为艰苦的条件下,带着难以忍受的心灵和肉体的创伤,攻读了社会学硕士和电脑管理学博士的双学位。我完全可以自豪地说,我干的一点也不差!美元在我的尊严面前一分不值,见鬼去吧,美元!"曲小雪将5250美元的支票一点一点地撕碎,抛向法庭的上空。

思考与练习

一、解释下列词语。

1. 遍体鳞伤：

2. 风烛残年：

3. 如芒在背：

4. 咄咄逼人：

二、阅读本文后,你最大的收获是什么?

三、利用网络,了解美国的司法制度。

五十三　假如给我三天光明①

海伦·凯勒

学习提示

> 《假如给我三天光明》的作者是一位盲、聋、哑人，她只能凭触觉来认识身边的世界，可是她凭借着广博的知识和丰富的想象，描绘了假定获得三天视力后的所见、所感，表现了她坚强乐观、积极进取的生活态度，求知的渴望和真挚的爱心。
>
> 幻想能有三天视力的海伦·凯勒，给我们描绘了一个丰富而美妙的世界：这里有千姿百态的黎明，也有辉煌壮观的落日；有浓缩了人类艰难曲折之路的历史回顾，也有历史长河中各种艺术表现形式的展示；有对现实世界的描写，也有对亲人师友的描摹……她让我们在与她共同度过的三天中，看到了天天看到却熟视无睹的事物，看到了世界的真善美。
>
> 阅读本文要注意欣赏文章细腻、生动的心理描写和语言表达。想一想，我们该如何热爱生活，珍惜时间，勇敢地面对和战胜困难。

如果，由于某种奇迹，我可以睁眼看三天，紧跟着回到黑暗中去，我将会把这段时间分成三个部分。

我要看人，他们的善良、温厚与友谊使我的生活值得一过。首先，我希望

---

① 选自《我生活的故事》（广播出版社，北京盲文出版社 1981 年版）。王海珍译，有改动。海伦·凯勒（1880～1968），美国著名女作家、社会活动家。自幼因病致残，成为盲、聋、哑人。在安妮·莎莉文老师的帮助下，她学会了盲文，还学会了说话，学完了从小学到大学的全部课程，通晓五国文字，写出了十几部著作，显示出惊人的毅力和渊博的学识。同时，她致力于救助伤残儿童、保护妇女权益和争取种族平等的社会活动，1964 年获总统自由勋章。

长久地凝视我亲爱的老师,安妮·莎莉文·梅西太太的面庞,当我还是个孩子的时候,她就来到了我面前,为我打开了外面的世界。我将不仅要看到她面庞的轮廓,以便我能够将它珍藏在我的记忆中,而且还要研究她的容貌,发现她出自同情心的温柔和耐心的生动迹象,她正是以此来完成教育我的艰巨任务的。我希望从她的眼睛里看到能使她在困难面前站得稳的坚强性格,并且看到她那经常向我流露的、对于全人类的同情。

　　我不知道什么是透过"灵魂之窗",即从眼睛看到朋友的内心。我只能用手指尖来"看"一个脸的轮廓。我能够发觉欢笑、悲哀和其他许多明显的情感。我是从感觉朋友的脸来认识他们的。但是,我不能靠触摸来真正描绘他们的个性。当然,通过其他方法,通过他们向我表达的思想,通过他们向我显示出的任何动作,我对他们的个性也有所了解。但是我却不能对他们有较深的理解,而那种理解,我相信,通过看见他们,通过观看他们对种种被表达的思想和境况的反应,通过注意他们的眼神和脸色的反应,是可以获得的。

　　我身旁的朋友,我了解得很清楚,因为经过长年累月,他们已经将自己的各个方面揭示给了我;然而,对于偶然的朋友,我只有一个不完全的印象。这个印象还是从一次握手中,从我通过手指尖理解他们的嘴唇发出的字句中,或从他们在我手掌的轻轻划写中获得来的。

　　你们有视觉的人,可以通过观察对方微妙的面部表情,肌肉的颤动,手势的摇摆,迅速领悟对方所表达的意思的实质,这该是多么容易,多么令人心满意足啊!但是,你们可曾想到用你们的视觉,抓住一个人面部的外表特征,来透视一个朋友或者熟人的内心吗?

　　我还想问你们:能准确地描绘出五位好朋友的面容吗?你们有些人能够,但是很多人不能够。有过一次实验,我询问那些丈夫们,关于他们妻子眼睛的颜色,他们常常显得困窘,供认他们不知道。顺便说一下,妻子们还总是经常抱怨丈夫不注意自己的新服装、新帽子的颜色,以及家内摆设的变化。

　　有视觉的人,他们的眼睛不久便习惯了周围事物的常规,他们实际上仅仅注意令人惊奇的和壮观的事物。然而,即使他们观看最壮丽的奇观,眼睛都是懒洋洋的。法庭的记录每天都透露出"目击者"看得多么不准确。某一事件会被几个见证人以几种不同的方式"看见"。有的人比别人看得更多,但没有几个人看见他们视线以内的一切事物。

　　啊,如果给我三天光明,我会看见多少东西啊!

第一天

　　第一天,将会是忙碌的一天。我将把我所有亲爱的朋友都叫来,长久地望着他们的脸,把他们内在美的外部迹象铭刻在我的心中。我也将会把目光停留在一个婴儿的脸上,以便能够捕捉到在生活冲突所致的个人意识尚未建立之前的那种渴望的、天真无邪的美。

我还将看看我的小狗们忠实信赖的眼睛——庄重、宁静的小司格梯、达吉,还有健壮而又懂事的大德恩,以及黑尔格,它们的热情、幼稚而顽皮的友谊,使我获得了很大的安慰。

在忙碌的第一天,我还将观察一下我的房间里简单的小东西,我要看看我脚下的小地毯的温暖颜色,墙壁上的画,将房子变成一个家的那些亲切的小玩意。我的目光将会崇敬地落在我读过的盲文书籍上,然而那些能看的人们所读的印刷字体的书籍,会使我更加感兴趣。在我一生漫长的黑夜里,我读过的和人们读给我听的那些书,已经成为一座辉煌的巨大灯塔,为我指出了人生及心灵的最深的航道。

在能看见的第一天下午,我将到森林里进行一次远足,让我的眼睛陶醉在自然界的美丽之中,在几小时内,拼命吸取那经常展现在正常视力人面前的光辉灿烂的广阔奇观。自森林郊游返回的途中,我要走在农庄附近的小路上,以便看看在田野耕作的马(也许我只能看到一台拖拉机),看看紧靠着土地过活的悠然自得的人们,我将为光艳动人的落日奇景而祈祷。

当黄昏降临,我将由于凭借人为的光明看见外物而感到喜悦,当大自然宣告黑暗到来时,人类天才地创造了灯光,来延伸他们的视力。在第一个有视觉的夜晚,我将睡不着,心中充满对于这一天的回忆。

第二天

有视觉的第二天,我要在黎明起身,去看黑夜变为白昼的动人奇迹。我将怀着敬畏之心,仰望壮丽的曙光全景,与此同时,太阳唤醒了沉睡的大地。

这一天,我将向世界,向过去和现在的世界匆忙瞥一眼。我想看看人类进步的奇观,那变化无穷的万古千年。这么多的年代,怎么能被压缩成一天呢?当然是通过博物馆。我常常参观纽约自然史博物馆,用手摸一摸那里展出的许多展品,但我曾经渴望亲眼看看地球的简史和陈列在那里的地球上的居民——按照自然环境描画的动物和人类,巨大的恐龙和剑齿象的化石,早在人类出现并以他短小的身材和有力的头脑征服动物王国以前,它们就漫游在地球上了;博物馆还逼真地介绍了动物、人类,以及劳动工具的发展经过,人类使用这些工具,在这个行星上为自己创造了安全牢固的家;博物馆还介绍了自然史的其他无数方面。

我不知道,有多少本文的读者看到过那个吸引人的博物馆里所描绘的活着的动物的形形色色的样子。当然,许多人没有这个机会,但是,我相信许多有机会的人却没有利用它。在那里确实是使用你眼睛的好地方。有视觉的你可以在那里度过许多受益不浅的日子,然而我,借助于想象中的能看见的三天,仅能匆匆一瞥而过。

我的下一站将是首都艺术博物馆,因为它正像自然史博物馆显示了世界的物质外观那样,首都艺术博物馆显示了人类精神的无数个小侧面。在整个人类历史阶段,人类对于艺术表现的强烈欲望几乎像对待食物、藏身处,以及生育繁殖一样迫切。在这里,在首都艺术博物馆巨大的展览厅里,埃及、希腊、罗马的精神在它们的艺术中表现出来,展现在我面前。

我通过手清楚地知道了古代尼罗河国度的诸神。我抚摸了巴台农神庙中的复制品,感到了雅典冲锋战士有韵律的美。阿波罗①、维纳斯②、以及双翼胜利之神莎莫瑞丝都使我爱不释手。荷马③的那副多瘤有须的面容对我来说是极其珍贵的,因为他也懂得什么叫失明。我的手依依不舍地留恋罗马及后期的逼真的大理石雕刻,我的手抚摸遍了米开朗基罗④感人的英勇的摩西⑤石雕像,我感知到罗丹⑥的力量,我敬畏哥特人对于木刻的虔诚。这些能够触摸的艺术品对我来讲,是极有意义的。然而,与其说它们是供人触摸的,毋宁说它们是供人观赏的,而我只能猜测那种我看不见的美。我能欣赏希腊花瓶的简朴的线条,但它的那些图案装饰我却看不到。

因此,这一天,给我光明的第二天,我将通过艺术来搜寻人类的灵魂。我会看见那些我凭借触摸所知道的东西。更妙的是,整个壮丽的绘画世界将向我打开,从富有宁静的宗教色彩的意大利早期艺术及至带有狂想风格的现代派艺术。我将细心地观察拉斐尔⑦、达·芬奇⑧、提香⑨、伦勃朗⑩的油画。我要饱览维洛内萨⑪的温暖色彩,研究艾尔·格列科⑫的奥秘,从科罗⑬的绘画中重新观察大自然。啊,你们有眼睛的人们竟能欣赏到历代艺术中这么丰富的意

---

① 阿波罗,希腊宗教中掌管音乐、弓箭、预言、医药、畜牧的神。还有神话说他是太阳神和光明之神。
② 维纳斯,罗马宗教中的爱神和美神。
③ 荷马,相传为古希腊两部著名史诗《伊利亚特》和《奥德赛》的作者。
④ 米开朗基罗(1475~1546),意大利文艺复兴时期雕塑家、画家、建筑师。
⑤ 摩西,以色列人的先知、解放者。
⑥ 罗丹(1840~1917),法国雕塑家。
⑦ 拉斐尔(1483~1520),意大利文艺复兴时期画家。
⑧ 达·芬奇(1452~1519),意大利画家。
⑨ 提香(约1490~1576),意大利画家。
⑩ 伦勃朗(1606~1669),荷兰画家。
⑪ 维洛内萨(1528~1588),意大利画家。
⑫ 艾尔·格列科(约1541~1614),意大利画家。
⑬ 科罗(1796~1875),法国画家。

味和美!在我对这个艺术神殿的短暂的游览中,我一点儿也不能评论展开在我面前的那个伟大的艺术世界,我将只能得到一个肤浅的印象。艺术家们告诉我,为了达到深刻而真正的艺术鉴赏,一个人必须训练眼睛。一个人必须通过经验学习判断线条、构图、形式和颜色的品质优劣。假如我有视觉从事这么使人着迷的研究,该是多么幸福啊!但是,我听说,对于你们有眼睛的许多人,艺术世界仍是个有待进一步探索的世界。

我十分勉强地离开了首都艺术博物馆,它装纳着美的钥匙。但是,看得见的人们往往并不需要到首都艺术博物馆去寻找这把美的钥匙。同样的钥匙还在较小的博物馆中甚或在小图书馆书架上等待着。但是,在我假想的有视觉的有限时间里,我应当挑选一把钥匙,能在最短的时间内去开启藏有最大宝藏的地方。

我重见光明的第二晚,我要在剧院或电影院里度过。即使现在我也常常出席剧场的各种各样的演出,但是,剧情必须由一位同伴拼写在我手上。然而,我多么想亲眼看看哈姆雷特①的迷人的风采,或者穿着伊丽莎白时代鲜艳服饰的生气勃勃的弗尔斯塔夫②!我多么想注视哈姆雷特的每一个优雅的动作,注视精神饱满的弗尔斯塔夫的大摇大摆!因为我只能看一场戏,这就使我感到非常为难,因为还有数十幕我想要看的戏剧。

你们有视觉,能看到你们喜爱的任何一幕戏。当你们观看一幕戏剧、一部电影或者任何一个场面时,我不知道,究竟有多少人对于使你们享受它的色彩、优美和动作的视觉的奇迹有所认识,并怀有感激之情呢?由于我生活在一个限于手触的范围里,我不能享受到有节奏的动作美。但我只能模糊地想像一下巴芙洛娃③的优美,虽然我知道一点律动的快感,因为我常常能在音乐震动地板时感觉到它的节拍。我能充分想像那有韵律的动作,一定是世界上最令人悦目的一种景象。我用手指抚摸大理石雕像的线条,就能够推断出几分。如果这种静态美都能那么可爱,看到的动态美一定更加令人激动。我最珍贵的回忆之一就是,约瑟·杰佛逊让我在他又说又做地表演他所爱的里卜·万·温克④时去摸他的脸庞和双手。

我多少能体会到一点戏剧世界,我永远不会忘记那一瞬间的快乐。但是,我多么渴望观看和倾听戏剧表演进行中对白和动作的相互作用啊!而你们看得见的人该能从中得到多少快乐啊!如果我能看到仅仅一场戏,我就会知道

---

① 哈姆雷特,莎士比亚名剧《哈姆雷特》(又译《王子复仇记》)中的丹麦王子。
② 弗尔斯塔夫,莎士比亚历史剧《亨利四世》中的一个喜剧角色。
③ 巴芙洛娃(1881~1931),俄国著名女芭蕾舞演员,以表演《吉赛尔》和《天鹅湖》著称。
④ 里卜·万·温克,美国作家华盛顿·欧文的小说主角。这里指的是根据小说改编的戏剧中的该主角。

怎样在心中描绘出我用盲文字母读到或了解到的近百部戏剧的情节。所以，在我虚构的重见光明的第二晚，我没有睡成，整晚都在欣赏戏剧文学。

第 三 天

下一天清晨，我将再一次迎接黎明，急于寻找新的喜悦，因为我相信，对于那些真正看得见的人，每天的黎明一定是一个永远重复的新的美景。依据我虚构的奇迹的期限，这将是我有视觉的第三天，也是最后一天。我将没有时间花费在遗憾和热望中，因为有太多的东西要去看。第一天，我奉献给了我有生命和无生命的朋友。第二天，向我显示了人与自然的历史。今天，我将在当前的日常世界中度过，到为生活奔忙的人们经常去的地方去，而哪儿能像纽约一样找得到人们那么多的活动和那么多的状况呢？所以城市成了我的目的地。

我从我的家，长岛的佛拉斯特小而安静的郊区出发。这里，环绕着绿色草地，树木和鲜花，有着整洁的小房子，到处是妇女儿童快乐的声音和活动，非常幸福，是城里劳动人民安谧的憩息地。我驱车驶过跨越伊斯特河上的钢制带状桥梁，对人脑的力量和独创性有了一个崭新的印象。忙碌的船只在河中嘎嘎急驶——高速飞驶的小艇，慢悠悠、喷着鼻息的拖船。如果我今后还有看得见的日子，我要用许多时光来眺望这河中令人欢快的景象。我向前眺望，我的前面耸立着纽约——一个仿佛从神话的书页中搬下来的城市的奇异高楼。多么令人敬畏的建筑啊！这些灿烂的教堂塔尖，这些辽阔的石砌钢筑的河堤坡岸——真像诸神为他们自己修建的一般。这幅生动的画面是几百万人民每天生活的一部分。我不知道，有多少人会对它回头投去一瞥？只怕寥寥无几。对这个壮丽的景色，他们视而不见，因为这一切对他们是太熟悉了。

我匆匆赶到那些庞大建筑物之帝国大厦的顶端，因为不久以前，我在那里凭借我秘书的眼睛"俯视"过这座城市，我渴望把我的想象同现实作一比较。我相信，展现在我面前的全部景色一定不会令我失望，因为它对我将是另一个世界的景色。此时，我开始周游这座城市。首先，我站在繁华的街角，只看看人，试图凭借对他们的观察去了解一下他们的生活。看到他们的笑颜，我感到快乐；看到他们严肃的决定，我感到骄傲；看到他们的痛苦，我不禁充满同情。

我沿着第五大街散步。我漫然四顾，眼光并不投向某一特殊目标，而只看看万花筒般五光十色的景象。我确信，那些活动在人群中的妇女的服装色彩一定是一幅绝不会令我厌烦的华丽景色。然而如果我有视觉的话，我也许会像其他大多数妇女一样——对个别服装的时髦式样感到兴趣，而对大量的灿烂色彩不怎么注意。而且，我还确信，我将成为一位习惯难改的橱窗顾客，因为，观赏这些无数精美的陈列品一定是一种眼福。

从第五大街起，我作一番环城游览——到公园大道去，到贫民窟去，到工厂去，到孩子们玩耍的公园去，我还将参观外国人居住区，进行一次不出门的海外旅行。我始终睁大眼睛注视幸福和悲惨的全部景象，以便能够深入调查，进一步了解人们是怎样工作和生活的。

　　我的心充满了人和物的形象。我的眼睛绝不轻易放过一件小事，它争取密切关注它所看到的每一件事物。有些景象令人愉快，使人陶醉；但有些则是极其凄惨，令人伤感。对于后者，我绝不闭上我的双眼，因为它们也是生活的一部分。在它们面前闭上眼睛，就等于关闭了心房，关闭了思想。

　　我有视觉的第三天即将结束了。也许有很多重要而严肃的事情，需要我利用这剩下的几个小时去看，去做。但是，我担心在最后一个夜晚，我还会再次跑到剧院去，看一场热闹而有趣的戏剧，好领略一下人类心灵中的谐音。

　　到了午夜，我摆脱盲人苦境的短暂时刻就要结束了，永久的黑夜将再次向我迫近。在那短短的三天，我自然不能看到我想要看到的一切。只有在黑暗再次向我袭来之时，我才感到我丢下了多少东西没有见到。然而，我的内心充满了甜蜜的回忆，使我很少有时间来懊悔。此后，我摸到每一件物品，我的记忆都将鲜明地反映出那件物品是个什么样子。

　　我的这一番如何度过重见光明的三天的简述，也许与你假设知道自己即将失明而为自己所做的安排不相一致。可是，我相信，假如你真的面临那种厄运，你的目光将会尽量投向以前从未曾见过的事物，并将它们储存在记忆中，为今后漫长的黑夜所用。你将比以往更好地利用自己的眼睛。你所看到的每一件东西，对你都是那么珍贵，你的目光将饱览那出现在你视线之内的每一件物品。然后，你将真正看到，一个美的世界在你面前展开。

　　失明的我可以给那些看得见的人们一个提示——对那些能够充分利用天赋视觉的人们一个忠告：善用你的眼睛吧，犹如明天你将遭到失明的灾难。同样的方法也可以应用于其他感官。聆听乐曲的妙音，鸟儿的歌唱，管弦乐队的雄浑而铿锵有力的曲调吧，犹如明天你将遭到耳聋的厄运。抚摸每一件你想要抚摸的物品吧，犹如明天你的触觉将会衰退。嗅闻所有鲜花的芳香，品尝每一口佳肴吧，犹如明天你再不能嗅闻品尝。充分利用每一个感官，通过自然给予你的几种接触手段，为世界向你显示的所有愉快而美好的细节而自豪吧！不过，在所有感官中，我相信，视觉一定是最令人赏心悦目的。

思考与练习

一、根据文章,具体说说作者想象中的三天先后看了什么。

二、从课文中看,海伦具有哪些可贵的思想品质?她的高贵品质从何而来?源泉是什么?

三、阅读这篇散文,你最欣赏的是哪一点或哪几点?为什么?试具体阐发一下。

五十四　培养独立工作和独立思考的人[①]

爱因斯坦

今天，整个教育界乃至整个社会，都在思考着怎样变应试教育为素质教育的问题。重读爱因斯坦的这篇闪烁着素质教育思想光芒的文章，令人不禁感慨：爱因斯坦不仅是伟大的科学家，而且也可以说是具有真知灼见的教育家。

爱因斯坦对学校教育的见解非常精辟。阅读文章，想一想：作者认为学校的培养目标是什么？通过什么途径来实现这个目标？学校和教师应该怎样引导青年人去追求人生的最高财富——知识和艺术技能？怎样的教师才能担负起这样的职责？在给予学生精神教导与传授知识技能之间，在使学生具有健全人格与成为专家之间，学校应将哪一种放在首位？为什么？

本文语言准确、严密而又充满热情，这与科学大师严谨的科学态度和不懈的求索精神是一脉相通的。阅读时要注意体会。

　　在纪念的日子里，通常需要回顾一下过去，尤其是要怀念一下那些由于发展文化生活而得到特殊荣誉的人们。这种对于我们先辈的纪念仪式确实是不可少的，尤其是因为这种对过去最美好事物的纪念，必定会鼓励今天善良的人们去勇敢奋斗。但这种怀念应当由从小生长在这个国家并熟悉它的过去的人来做，而不应当把这种任务交给一个像吉卜赛人那样到处流浪并且从各式各

[①] 选自《散文选刊》1999年第2期。爱因斯坦(1879～1955)，物理学家。因理论物理学方面的贡献，获1921年诺贝尔物理学奖。

样的国家里收集了他的经验的人。

这样,剩下来我能讲的就只能是超乎空间和时间条件的、但同教育事业的过去和将来都始终有关的一些问题。进行这一尝试时,我不能以权威自居,特别是因为各时代的有才智的善良的人们都已讨论过教育这一问题,并且无疑已清楚地反复讲明他们对于这个问题的见解。在教育学领域中,我是个半外行,除了个人经验和个人信念以外,我的意见就没有别的基础。那么我究竟是凭着什么而有胆量来发表这些意见呢?如果这真是一个科学的问题,人们也许就因为这样一些考虑而不想讲话了。

但是对于能动的人类的事务而言,情况就不同了,在这里,单靠真理的知识是不够的;相反,如果要不失掉这种知识,就必须以不断的努力来使它经常更新。它像一座矗立①在沙漠上的大理石像,随时都有被流沙掩埋的危险。为了使它永远照耀在阳光之下,必须不断地勤加拂拭②和维护。我就愿意为这工作而努力。

学校向来是把传统的财富从一代传到一代的最重要机构。同过去相比,在今天就更是这样。由于现代经济生活的发展,家庭作为传统和教育的承担者,已经削弱了。因此比起以前来,人类社会的延续和健全要在更高程度上依靠学校。

有时,人们把学校简单地看作一种工具,靠它来把最大量的知识传授给成长中的一代。但这种看法是不正确的。知识是死的,而学校却要为活人服务。它应当在青年人中发展那些有益于公共福利的品质和才能。但这并不意味着应当消灭个性,使个人变成仅仅是社会的工具,像一只蜜蜂或蚂蚁那样。因为由没有个人独创性和个人志愿的统一规格的人所组成的社会,将是一个没有发展可能的不幸的社会。相反,学校的目标应当是培养独立工作和独立思考的人,这些人把为社会服务看作自己最高的人生问题。就我所能作判断的范围来说,英国学校制度最接近于这种理想的实现。

但是人们应当怎样努力来达到这种理想呢?是不是要用讲道理来实现这个目标呢?完全不是。言辞永远是空的,而且通向毁灭的道路总是和多谈理想联系在一起的。但是人格绝不是靠所听到的和所说出来的言语而是靠劳动和行动来形成的。

因此,最重要的教育方法总是鼓励学生去实际行动。初入学的儿童第一次学写字便是如此,大学毕业写博士论文也是如此,简单地默记一首诗,写一

---

① 矗立:高耸地立着。
② 拂拭:掸掉或擦掉(尘土)。

篇作文,解释和翻译一段课文,解一道数学题目,或在体育运动的实践中,也都是如此。

但在每项成绩背后都有一种推动力,它是成绩的基础,而反过来,计划的实现也使它增长和加强。这里有极大的差别,对学校的教育价值关系极大。同样工作的动力,可以是恐怖和强制,追求威信荣誉的好胜心也可以是对于对象的诚挚兴趣,和追求真理与理解的愿望,因而也可以是每个健康儿童都具有的天赋和好奇心,只是这种好奇心很早就衰退了。同一工作的完成,对于学生教育影响可以有很大差别,这要看推动工作的主因究竟是对苦痛的恐惧,是自私的欲望,还是快乐和满足的追求。没有人会认为学校的管理和教师的态度对塑造学生的心理基础没有影响。

我以为对学校来说最坏的事,是主要靠恐吓、暴力和人为的权威这些办法来进行工作。这种做法伤害了学生的健康的感情、诚实的自信;它制造出的是顺从的人。这样的学校在德国和俄国成为常例;在瑞士,以及差不多在一切民主管理的国家也都如此。要使学校不受到这种一切祸害中最坏的祸害的侵袭,那是比较简单的。只允许教师使用尽可能少的强制手段,这样教师的德和才就将成为学生对教师的尊敬的唯一源泉。

第二项动机是好胜心,或者说得婉转些,是期望得到表扬和尊重,它根深蒂固地存在于人的本性之中。没有这种精神刺激,人类合作就完全不可能;一个人希望得到他同类赞许的愿望,肯定是社会对他的最大约束力之一。但在这种复杂感情中,建设性同破坏性的力量密切地交织在一起。要求得到表扬和赞许的愿望,本来是一种健康的动机;但如果要求别人承认自己比同学、伙伴们更高明、更强有力或更有才智,那就容易产生极端自私的心理状态,而这对个人和社会都有害。因此,学校和教师必须注意防止为了引导学生努力工作而使用那种会造成个人好胜心的简单化的方法。

达尔文①的生存竞争以及同它有关的选择理论,被很多人引证来作为鼓励竞争精神的根据。有些人还以这样的办法试图伪科学地证明个人之间的这种破坏性经济竞争的必然性。但这是错误的。因为人在生存竞争中的力量全在于他是一个过着社会生活的动物,正像一个蚁垤里蚂蚁之间的交战说不上什么是为生存竞争所必需的,人类社会中成员之间的情况也是这样。

因此,人们必须防止把习惯意义上的成功作为人生目标向青年人宣传。因为一个获得成功的人从他人那里所取得的,总是无可比拟地超过他对他们

---

① 达尔文(1809~1882),英国生物学家,进化论的奠基人。1859年出版的《物种起源》是一部划时代的著作。恩格斯将"进化论"列为19世纪自然科学的三大发现之一。

的贡献。然而看一个人的价值应当是从他的贡献来看,而不应当看他所能取得的多少。

在学校里和生活中,工作的最重要的动机是在工作和工作的结果中的乐趣,以及对这些结果的社会价值的认识。启发并且加强青年人的这些心理力量,我看这该是学校的最重要的任务。只有这样的心理基础,才能引导出一种愉快的愿望,去追求人的最高财富——知识和艺术技能。

要启发这种创造性的心理才能,当然不像使用强力或者唤起个人好胜心那样容易,但也正因为如此,所以才更有价值。关键在于发展孩子们对游戏的天真爱好和获得他人赞许的天真愿望,引导他们为了社会的需要参与到重要的领域中去。这种教育的主要基础是这样一种愿望,即希望得到有效的活动能力和人们的谢意。如果学校从这样的观点出发胜利完成了任务,它就会受到成长中的一代的高度尊敬,学校规定的课业就会被他们当作礼物来领受。我知道有些儿童就对在学时间比对假期还要喜爱。

这样一种学校要求教师在他的本行成为一个艺术家。为了能在学校中养成这种精神,我们能够做些什么呢?对于这一点,正像没有什么方法可以使一个人永远健康一样,万应灵丹是不存在的。但是还有某些必要的条件是可以满足的。首先,教师应当在这样的学校成长起来。其次,在选择教材和教学方法上,应当给教师很大的自由。因为强制和外界压力无疑也会扼杀他在安排他的工作时所感到的乐趣。

如果你们一直在专心听我的想法,那么有件事或许你们会觉得奇怪。我详细讲到的是,我认为应当以什么精神教导青少年。但我既未讲到课程设置,也未讲到教学方法。譬如说究竟应当以语文为主,还是以科学的专业教育为主?

对这个问题,我的回答是:照我看来,这都是次要的。如果青年人通过体操和远足活动训练了肌肉和体力的耐劳性,以后他就会适合任何体力劳动。脑力上的训练,以及智力和手艺方面技能的锻炼也类似这样。因此,那个诙谐的人确实讲得很对,他这样来定义教育:"如果人们忘掉了他们在学校里所学到的每一样东西,那么留下来的就是教育。"就是这个原因,我对于遵守古典,文史教育制度的人同那些着重自然科学教育的人之间的争论,一点也不急于想偏袒哪一方。

另一方面,我也要反对把学校看作应当直接传授专门知识和在以后的生活中直接用到的技能的那种观点。生活的要求太多种多样了,不大可能允许学校采用这样专门的训练。除开这一点,我还认为应当反对把个人作为死的工具。学校的目标始终应当是使青年人在离开它时具有一个和谐的人格,而不是使他成为一个专家。照我的见解,这在某种意义上,即使对技术学校也是正确的,尽管它的学生所要从事的是完全确定的专业。学校始终应当把发展独立思考和独立判断的一般能力放在首位,而不应当把取得专门知识放在首位。如果一个人掌握了他的学科的基础,并且学会了独立思考和独立工作,就必定会找到自己的道路,而且比起那种主要训练在于获得细节知识的人来,他会更好地适应进步和变化。

最后,我要再一次强调一下,这里所讲的,虽然多少带有点绝对肯定的口气,其实,我并没有想要求它比个人的意见具有更多的意义。而提出这些意见的人,除了在他做学生和教师时积累起来的个人的经验以外,再没有别的什么东西来做他的根据。

思考与练习

一、根据课文内容回答:学校的培养目标应当是什么?

二、推动学生进步的动力有哪些?这些动力孰优孰劣?请具体分析。

三、结合课文中爱因斯坦的观点和自己课前准备的材料,准备一篇文章或发言提纲,具体说说自己的看法。

五十五 民族自信力断想[①]

司空奇

 学习提示

> 每一个正直的中国人都应该具有民族自尊心和自信力,立志自力更生、艰苦奋斗,实现中华民族的伟大复兴。本文作者针对对外开放以后社会上某些错误的思想倾向和崇洋媚外的不健康现象,作了有力批判,提出要提高民族自尊心与自信力,把中国的各项工作搞好。
>
> 本文围绕民族自信力问题,从多方面展开论述,作者的观点十分明确,褒贬之情流露于字里行间。文章列举了许多具体事例,有亲眼所见,也有报章所载,有陈年旧事,也有当今现实,正反对举,充分而有力地阐明了观点。
>
> 学习本文,要体会作者是怎样从切身感受中确立论点,展开论述的。想一想,课文选用了哪些材料作论据,这些论据各证明了什么,它们与民族自信力有什么关系。

日前,在报纸上先后读到两则消息,令人感慨万端。一则消息说:一位参加南极考察的艺术家在澳大利亚屡屡被当作日本人,十分生气,当即用笔在衬衫上写了"中国北京"几个字。另一则是个历史小故事,说的是1931年吉鸿昌在美国考察受到轻蔑,陪同他的参赞出了个馊主意,让他冒充日本人,说这样便可得到礼遇。他怒不可遏,做了个"我是中国人"的小牌子戴在胸前,昂首挺胸地出入于美国人之中。两件事相隔半个多世纪,却都能使读者的血为之一

---

① 选自《求是》1990年第8期,有改动。

热。有血性的中国人,都把民族自尊心和自信心看得极重。

我不由得想起了与之相反的一些令人赧颜①的现象。家用电器、日用百货,无论独资、合资还是国营工厂,挖空心思给产品起个洋名字,满身印上洋文使用法,然后再卖给国人,却不管国人是否方便。于是出现了因看不懂"洋文炮仗"放法而把手崩坏了的事情。连理发店也都"咸与维新"②,摇身一变而为"迷你发廊"或"梦思达美发厅"了,而且"发"要繁化为"髮","厅"也要回归到"廳",才见功夫。甚至连《孙子兵法》③也要在日本和欧洲一些国家热起来之后,才转为内销,引起了人们的重新注意。不容否认,在某些人的心目中,民族自信力确实有点淡薄了。

我倒是觉得,无论对外国的东西还是自己的东西都应该有个清醒的、实事求是的估计。洋人的玩意儿好,我们就老老实实地承认人家好,这也算不得崇洋媚外,就像美国人夸咱们的《周易》④、气功、长城和秦兵马俑,咱也不必笑话他崇华媚外一样。关键在于,完全用不着见了人家的长处便妄自菲薄,膝盖软软的,站不直了。

中国还比较落后,这不假。旧中国底子薄,解放后也出现了不少失误,许多事情未能尽如人意。但是,凡是公道的人都不能不承认,咱们这些年也干出了许多好东西。当然,现在我们的许多产品离国际先进水平还差一大截。缩短这个差距,就得想辙⑤。这个辙就是咬紧牙关,硬碰硬的干上去,而不是在起洋名字之类的雕虫小技⑥上下功夫蒙⑦人。中国国力强大了,汉语、汉字也就吃香了。现在不是不少国家都逐渐出现了"中文热"么?茅台酒的瓶子够古朴、憨⑧笨了吧?由于酒好,瓶子也成了难寻的阿物⑨了。理儿都是一个,就是你有没有好酒。

对改变落后的现状,许多人士高招迭出。有的"精英"也亮出了一些大刀

---

① 赧(nǎn)颜:因害羞而脸红。赧,羞愧脸红。
② 咸与维新:意思是都来参加革新。这里是讽刺某些人借改革开放之名,行崇洋媚外之实。这句话出自《尚书·胤征》。咸,都。与,参与、参加。维,语助词。新,革新。
③ 《孙子兵法》:也称《孙子》、《吴孙子兵法》、《孙武兵法》。中国古代最著名的、现存最早的兵书。春秋末孙武作。该书总结了春秋末期及其以前的战争经验,揭示了一些重要规律,如"知己知彼,百战不殆"、"攻其不备,出其不意"等,包含着朴素的唯物论和辩证法。
④ 《周易》:也称《易经》,简称《易》。儒家重要经典之一,相传是周代人所作。《周易》通过八卦(象征天、地、雷、风、水、火、山、泽八种自然现象),推测自然和社会的变化,认为阴阳两种势力的相互作用是产生万物的根源,提出"刚柔相推,变在其中"等富有朴素辩证法的观点。
⑤ 辙(zhé):方言,办法的意思。
⑥ 雕虫小技:比喻微不足道的技能。
⑦ 蒙(mēng):欺骗。
⑧ 憨(hān):傻,痴呆。
⑨ 阿(ē)物:意思是"东西"。

阔斧的方略①：一是把中国重新变成洋鬼子的殖民地,而且要搞它三百年才有希望;第二个主意就更彻底了,要把中国人种淘汰掉,引进新种。这些主意痛快倒是痛快,只是中国人都不大响应。大家赞成的意见,还是江泽民同志近来强调的:关键是要提高我们自己的本领,把我们的经济搞上去,把国内的各项工作搞好。

搞好工作,就要有一种精神,就要加强爱国主义和民族气节的教育,提高民族自尊心和自信力。一位老作家曾说,他在汉城呆了七八天,只见到两辆外国汽车。我们这些年如果少进点外国车,多进点汽车技术、设备,民族汽车工业肯定又是另一番景象。如果有了爱国主义精神,有了民族自信力,有了长远的战略思想,就会进有用的,堵没用的,或者我们穷人目前还可以不用的,譬如洋烟、洋酒、洋饮料,少进或不进行不行?

就千千万万的中国老百姓和他们的优秀公仆来说,他们从来就没有对自己的民族自信力发生过怀疑,他们默默无闻地奋战在自己的岗位上,用自己的血和汗浇铸着中华民族新的长城。我们完全不必特意去翻检资料,随手举出近来报纸上的几个人物,就足以令人心热眼湿。有的人不是以权谋私么?铁木尔身为一省之长,当官一辈子,农村的亲属一个也没有照顾。沙漠不是为害日甚一日么?王康富、蒋瑾一对老科学家硬是用毕生的心血浇透了沙漠,找到了治沙的办法。碳纤维不是我国科技上的空白么?普通农民孙致明不惜倾家荡产,硬是攻占了这块高地⋯⋯

早在1934年,鲁迅先生就针对当时报纸上"民族的自信心和自信力既已荡焉无存"的论调,发出了"中国人失掉自信力了吗"②的怒吼,并指出判断的方法,"状元宰相的文章是不足为据的,要自己去看地底下",看中国的"筋骨和脊梁"。

如果我们都有志于做中国的筋骨和脊梁,中国就大有希望。

思考与练习

一、注出下列加点的字的读音,并用前两个词语造句。

赧颜 妄自菲薄 轻蔑 憨笨 阿物

二、联系上下文,指出下面句子中加点词语的含义,体会它们的表达作用。

1.有的"精英"也亮出了一些大刀阔斧的方略。

---

① 方略:全盘的计划和策略。
② "中国人失掉自信力了吗":见《且介亭杂文·中国人失掉自信力了吗》(《鲁迅全集》第6卷)。

2. 一是把中国重新变成洋鬼子的殖民地,而且要搞它三百年才有希望。

3. 第二个主意就更彻底了,要把中国人种淘汰掉,引进新种。

4. 我们完全不必特意去翻检资料,随手举出近来报纸上的几个人物,就足以令人心热眼湿。

5. 王康富、蒋瑾一对老科学家硬是用毕生的心血浇透了沙漠,找到了治沙的办法。

三、仔细阅读课文第4段,把下面的句子补充完整。

中国国力强大了,＿＿＿＿＿＿＿＿＿＿＿＿＿＿也就吃香了。

茅台＿＿＿＿＿＿＿＿＿＿＿＿＿＿＿＿＿＿＿＿,瓶子也成了难寻的阿物了。

上述两个论据证明的论点是:＿＿＿＿＿＿＿＿＿＿＿＿＿＿＿＿＿＿＿。

应用写作八 计 划

▶▶ 范例

××厂20××年工作计划

一、工作方针和经济指标

我厂20××年的工作方针是"厉兵秣马、挺进市场、严格管理、减耗增效"。基本策略是通过外抓市场、内抓管理来提高素质,增加效益。本年度经济指标如下:

1. 合并销售总额×亿元;

2. 合并销售收入×亿元;

3. 合并实现利税×千万元,其中实现利润×千万元,力争合并实现利税×千万元,其中合并利润×千万元;

4. 在岗职工人均收入×万元;

5. 经营性国有净资产增值6%,非国有净资产报值率100%。

二、生产措施和工作方法

为了保质保量完成上述各项指标,全体员工必须振奋精神、统一思想、服从大局,必须群策群力、精心组织、密切配合,必须抓住机遇、知难而进、乘势而上。从以下几个方面努力:

1. 积极开拓市场,争取更多订单。(略)

2. 依靠科技进步,加快新产品开发。

要继续做好第六代大中型成套空分设备的开发,对已承接的合同项目,有关领导要亲自挂帅,组织力量精心设计、精心制造、精心调制,确保一次成功。要加快大型液体设备的开发……

3. 加强质量管理,打好质量翻身仗。(略)

4. 以人为本,提高素质,合理配置劳动力。

20××年我们将继续开展合格员工达标活动,加强检查考核力度,不搞形

式,不走过场,把员工达标活动落到实处。(略)

5.加强财务管理,提高资金使用效益。(略)

6.健全规章制度,严肃纪律,严格管理。(略)

7.盘活存量资产,优化组织结构。(略)

"人讲称职、事争一流,艰苦奋斗、不息追求",这是争取20××年成功的精神所在。让我们在新的一年里,坚持以邓小平建设中国特色的社会主义理论为指导,抓住时机,深化改革,拼抢市场,苦练内功,努力开创我厂生产经营工作的新局面,夺取新的胜利。

××厂
20××年×月×日

简评

这是一篇工厂的工作计划,属计划中较明确的一类。全文分两个层次,分别写明了工作的方针、经济指标、生产措施和必须做好的几项工作,各层次又包括了若干要点,写作手法概括,又不乏具体要求,值得借鉴学习。

写作指导

一、概述

计划是机关单位(或个人)对将要进行的某项任务,或某一阶段的工作,根据上级指示精神以及本部门、本单位的实际情况,作出的设想与打算。其中包括提出预定的目标和要求,制定出相应的措施,写明进行的步骤与方法,明确完成的时间等。目标、措施、步骤被称为计划的三要素。

二、结构与写法

计划没有固定的格式,一般常用的格式有三种:条文式、表格式、文件式。

文件式的计划,其结构由标题、正文、结尾三部分组成。

1.标题:标题也就是计划的名称。标题要把制定计划的单位名称、计划内容、计划的期限和计划的种类准确地概括出来,例如《安徽省2005年国民经济和社会发展计划》这个标题,其中"安徽省"是单位名称,"2005年"是计划期限,"国民经济和社会发展"是计划内容。有的计划标题,也可省略制定计划的单位名称,而将单位名称写在正文之后、计划的日期之前。

标题要写在第一行正中,字体要稍大些。

2.正文:正文是计划的主体,包括做什么,怎么做,要求达到目的的时间和完成任务的时间。一般可分三部分:

(1)简短的序言。写明制定计划的主观目的、客观依据、指导思想和基本情况等。

(2)任务和要求(做什么)。这部分是计划的主要内容,写明计划要达到的目标和达到这个目标的要求,要明确规定"做什么"、"什么时候完成"。要写清楚完成任务的数量、质量、工作步骤和时间进程。内容比较复杂的可按主次顺序分条叙述,并可在每个问题前加上一个小标题,以示醒目。

(3)具体措施(怎么做)。这部分要写实施计划的具体办法和力量部署,措施要有科学性,要实事求是,切实可行。如措施的内容较多,也可分条分项来写。

3.结尾:结尾要写制定计划的单位名称和日期,要写在正文的右下方。

写作练习

训练目标:能正确掌握"计划"的写法。

训练时间:45分钟

训练要求:

一、掌握文件式计划标题的写法。

二、熟练掌握计划正文三部分写作要求。

三、正确使用计划的结尾。

训练设计:

一、下面两份计划,在组成要素及结构方面存在哪些问题?

1.四季度工作计划

今年工作十分繁忙,尤其是四季度的工作,如何在本季度把工作搞好,作下列计划。

(1)抽出时间认真学习十六届三中、四中全会有关基建改革的文件。

(2)深入单位了解完成工作量的情况和资金使用情况,为审查好年终决算打基础。

(3)了解建设单位明年的计划安排和完成情况,以便做好明年的信贷计划工作。

(4)认真与建设单位对清基建计划,避免超计划支出。

2.××汽车修配厂2005年财务收支计划

2004年就要过去了,今年在全厂职工的努力下,财务收支情况良好,各项计划得到全面完成。完成产值1197.7万元,收入1141.6万元,利润219.7万元。

取得以上成绩是和广大干部职工的努力分不开的。今年我们主抓质量、加强管理,降低了消耗。使产品成本比去年降低8.1%。

2005年的产值计划1318万元,收入1260万元,利润252万元。

要完成以上计划,困难是很多的,我们计划仍在管理上下功夫,向管理要利润。

几项具体措施是:

(1)减少干部人数,提高办公效率。

(2)加强定额管理,提高工时利用率。

(3)切实搞好第三产业。

(4)堵塞开支中的漏网。

各部门要结合本部门的实际工作,围绕全厂的收支计划,制定出本部门切实可行的工作计划。并且加强各部门之间的衔接,保证2005年收支计划的完成。

二、拟写一份新学期学习计划。

口语交际十一 主 持

一、主持前的准备

1. 准备内容和过程

主持人在接受主持任务后,应该对交办的内容和过程及时了解,并按照要求进行主持设计。对内容的准备主要包括:确定议程;怎样突出会议或活动的要点;场面出现不利情况时的处理办法;怎样启发和引导所主持事项的顺利开展等。对过程的准备主要包括:时间和节奏的把握;停止和转移话题;在两个具体内容之间的串接和铺垫;开场和收尾等。

2. 准备开场和串接

设计好的开场语言对于主持人来说非常重要,"好的开始是成功的一半"。设计开场白要针对主持的内容和预期目的,要兼顾参与对象的具体情况,有时还可以考虑结合场景、环境、季节等外部因素。主持人的开场白一般要做到:简明扼要地介绍会议或活动的主题、目的、准备情况;用启发性和诱导性的语言引导参与者尽快进入角色,保证所主持的会议或活动顺利进入下一环节;营造有益于会议或活动效果的场面气氛;调动参与者的参与情绪和注意力等。

串接是指主持人在会议或活动进行的过程中,用机智巧妙的语言,紧扣主题,将一项项议程通过"穿针引线"的方式,连接成一个有机的整体。通过串接,主持人能够有效控制和调动现场气氛,并努力获得最佳效果。需要指出的是,串接的准备和开场白的准备有所不同,因为会议或活动在进行过程中可能出现的各种情况是主持人事先无法一一预料的,因此更强调经验和心理上的准备。(参见《借鉴实例》一)

3. 准备冷场和变化

在会议或活动的进行过程中,有时会出现冷场和意外情况,如果主持人在这方面做好相应的准备,就可以最大限度地减小负面影响。任何一次会议或活动都不可能完全按照主持人的设计自始至终进行,也不可能完全正常,不出一点变化。当未曾设计、未曾预料的情况突然发生时,主持人首先要沉着冷静,遇变不慌,其次要有一定的应对策略,用从容恰当的方式加以化解。(参见《借鉴实例》二)

二、主持过程中的语言运用

1. 得体得当

运用什么语言进行主持,首先要考虑主持的内容。是一个会议、一次座谈,还是一场活动。其次要考虑服务的对象,是领导、师长,还是同学校友。再次要考虑主持事项的背景环境,充分利用各种因素,借题发挥,营造气氛。(参见《借鉴实例》三)

2. 亦庄亦谐

主持人的语言运用,除了根据主持内容和对象的不同有所区别外,还应当考虑配合场面发生的情况进行适当调整。有时候运用亦庄亦谐的语言说话,能起到营造氛围、调控节

奏、双向互动、打破僵局的作用。（参见《借鉴实例》四）

3.可进可退

主持人有时为了调控场面上的局势，改变他认为不利于会议或活动继续进行的某些情况，有时会采取积极的态度进行"干涉"，这时候往往都会起到一定的效果，当然很好。但也有"干涉"不能奏效的时候，众目睽睽之下主持人会觉得有些难堪。坚持积极的态度，很可能使小"矛盾"变成大"矛盾"；不坚持吧，不仅自己没有面子，往下怎么继续主持？这时候有经验的主持人就会给自己同时也给对方找个台阶，进退自如地化解难题。（参见《借鉴实例》五）

4.能发能收

在许多场合中，主持人的调控作用是非常明显的。他不仅要按照预先的安排把主持的内容一一落实，而且要争取成功的效果，因此，必要的启发和适时收束在主持的过程中就显得比较重要了。启发性发言，能够引起大家共鸣，有助于话题的展开和深入；当话题偏离了中心并且正说在兴头上，应该适时制止，做到既不让大家扫兴，又能把兴奋点转移过来。（参见《借鉴实例》六）

借鉴实例

一

学校结合学生就业教育，请了两家汽车行业的经理来学校作报告，一家是从事汽车生产的，一家是从事汽车服务的。主持人介绍完来宾后，先请汽车生产企业的经理开讲，这位经理口才很好，报告的内容丰富翔实，赢得学生阵阵掌声。结束后，主持人利用一段串接词，不仅很巧妙地将话题从汽车生产过渡到汽车服务，而且在前面报告人获得良好反应的基础上，为第二报告人奠定了一个很好的基础，维持了会场上的热烈气氛。主持人说："陈经理的精彩报告不仅为我们描述了国家汽车工业发展的大好前景，也为我们每个同学展现了今后就业的光明前途，当然也为我们每个人今后的生活提供了美好的想象。只要我们努力，在不远的将来就会拥有自己的私家车。但是，这个车子不会自己开到我们家，我们得提着人民币去市场买，而且要本着实用的价廉物美的原则。有了车子，我们还要精心地维护它、保养它，这样在驾驶它的时候才会感到又称心又舒适。可以说有多少车子就会有多少服务，这里面的学问多着呢，下面就请精诚汽车销售服务公司的齐经理结合汽车服务市场的最新动态给我们作报告，大家欢迎。"

》 简评

该例文中的主持人能够很巧妙地将话题从汽车生产过渡到汽车服务，起到了很好的"穿针引线"作用。

二

张老师第一次担任班主任,为了把班级工作做好,特意召开一次班会,想请同学们对自己的班级管理工作提点意见。开场白之后就是冷场,同学们出于种种考虑,没有人愿意带头说话。张老师再三表态,想打消同学们的顾虑,但效果依然不佳。张老师想了想,点了一个同学的名,说:"别人都要发言,你可以不发,因为你已经当面向我提过意见了。你还记得提的是什么意见吗?"那位同学站起来说了一遍。张老师说:"他认为我平时和大家相处得太好了,应该再严肃一点,要有一点老师的架子。这个意见提得不错,我准备接受。"旁边有个同学不同意:"我认为这不能算缺点,老师就应该和学生打成一片。但是不要总是和几个学生干部,应该一视同仁。"班干部说:"老师找我们多半是谈工作的,又有什么啦。"同学说:"既然是工作,那就涉及大家。譬如上次的象棋比赛,大家都认为那个计分方法不科学,但你们和老师一说就定下来了,这公平吗?"班干部说:"你们当时怎么不提?"同学说:"谁也没叫我们说呀。"同学们你来我往说了很多对班级工作的意见和建议。张老师坐在一边仔细听着,把同学们说的话认真地记在本子上。

▶▶ 简评

这位班主任在遇到冷场再三要求都没有同学发言时,改变思路,另辟蹊径,达到了预期的效果。

三

中秋节晚上,机电(3)班的同学举办茶话会,邀请了班主任和几位任课教师参加。茶话会中途老师们因事退场,同学们继续娱乐。班级文娱委员在主持过程中分寸掌握得比较适度,受到同学和老师的好评。

主持人:今天是中国的传统节日——中秋节,也是家人团聚的时候。在这明月当空、秋风送爽的晚上,我们有幸请来了尊敬的班主任和几位老师,和大家共聚一堂,虽然我们远离家人,但依然感到身边有浓浓的亲情,在这里同学就是兄弟姐妹,老师就是我们的家长。下面请陈老师给我们说话——

(老师们退场后)

主持人:本人宣布现在可以调换频道了。刚才我注意到,当我说到家人团聚的时候,有人在下面眼圈红红、泪光闪闪,动了思乡之情。每逢佳节倍思亲,我提议以"思亲"为题,每个同学都说一下你现在最想家里哪个人,只能说一个,而且要说出理由。否则表演一个节目,并且负责散场以后打扫卫生。

▶▶ 简评

这位文娱委员(主持人)能够充分把握"中秋"这个茶话会主题,组织活动,并能在老师们中途退场后,借题发挥,随机应变,营造氛围,非常得体。

四

　　一次,办公室开会,20多人围坐成一圈。会议还没有开始,大家有说有笑,十分热闹。主任进来坐下,说:"现在开会。"有人听见了,停止说笑。有人没听见,继续说笑。主任又说了一次:"注意,现在开会了。"大家脸上不大在意的样子。隔得远的两个人还在自顾自地说话。主任提高嗓门,说:"下面说话的声音大一点。"大家都掉过脸去看那两人,一时间,会议室里只能听到两人的说话声。两人陡然打住,有点茫然,问:"叫我们说什么?没安排我们说话呀。"大家都笑起来。主任说:"既然没安排你们说话,你们就好好地听话吧。现在开会。"

>> **简评**

　　这位主任在采用常规方法不奏效的情况下,能及时改变表达方法,既没有板着面孔发脾气,又达到了效果。

五

　　班级举办周末文娱晚会,甲同学被大家推选为主持人。晚会进行中有人递上纸条,要乙同学为大家唱一首歌。乙同学是班上的"百灵鸟",歌唱得好,所以甲主持想也没想就点了乙的名。不料乙同学说什么也不愿唱,场面上就有点僵了。甲主持突然拍了一下脑袋,"瞧我这记性,乙今天有点感冒,嗓子不太好。我想不仅是她,我们大家也不愿意'百灵鸟'在状态不佳的时候一展歌喉。我建议继续下面的节目"。甲善意地撒了个谎,给两人都找到了台阶。事后得知,乙因为家里出了事,当时心情不好。设想甲如果一再坚持,不做退让,结果又会是怎样呢?

>> **简评**

　　这位主持人经验非常丰富,如果一再坚持让乙上去唱,势必会造成冷场的情况(事后得知,乙因家里出了事,心情不好)。这样处理就进退自如地化解了僵局。

六

　　班级召开班干会,讨论对违纪的杨林同学帮助教育的问题。团支部书记主持,说明议题后,请大家发言。杨林性格孤僻,平时不大与人来往,大家一时找不出什么好主意。班长有点急了,"怎么都不吭声,有什么话就说嘛"。大家相互看看,仍旧冷场。班长急得直拿眼睛瞪人。支部书记说:"这事是有点难,要不我们也不会专门开这个会了。杨林虽然性格有点怪,但也有几个经常来往的,是不是可以通过他们做些工作。"有人说:"和他来往的那几个人未必会听我们的。"有人不同意:"为什么不听?我们是帮他,又不是害他。""他要是听话就不会犯错了"。"也许他现在后悔啦。我听人说……"大家讨论起来,越说越热烈,渐渐地就说到别的事情上去了。支部书记说:"大家说得很好,有些情况我们原来不知道,现在我们对杨林同学的了解更多一些了。我们是不是把话题再集中一下,看看哪个办法最好。"

》》简评

这位团支书同学很会做工作。在班长苦于大家不吭声的时候,他能把大家的话匣子打开,当大家讨论偏题的时候,他又能适时地提醒大家把话题集中起来,做到了能发能收。

口语练习

1. 组织一次课堂讨论。
2. 练习场地:教室或会堂。
3. 练习安排:选派学生担任主持。
4. 练习要求:

(1)课堂讨论的内容可以是语文课上的一篇课文,也可以结合学校最近发生的事;

(2)活动之前,主持人针对讨论内容做一定的准备,但主持开始时要求脱稿,鼓励临场应变,现场发挥;

(3)主持人之间的评价以主持活动开展的效果为主要标准。

5. 练习目的:培养和锻炼学生用适当的语言表达和说话技巧来解决组织类似活动时可能遇到的种种难题。

语文实践活动十一 模拟主持

一、活动主题

青春风采主持人大赛。

二、活动目的和要求

搭建一个青春的舞台,一个高职生可以展现自我的舞台,丰富校园多元文化,引导时代潮流思想,展示高职生独特风采。

1. 了解主持工作的内容,掌握一定的主持技巧。
2. 准确把握主持过程中的语言运用。

三、活动内容与步骤

1. 个人报名,小组初选,确定优胜者参加班级比赛。

2.各小组的初选优胜者由语文教师进行相关培训,以熟悉比赛的题型并编排相应节目。

3.由几名教师组成评审团,决出最终优胜者。

4.由全班同学进行选票,得票最多的选手将被评选为"比赛人气王"。

5.此次活动也可引入校园文化艺术节,那样的话,影响更大,意义更深远。

第十二单元

责任义务

单元导读

作为一种人生理想来说,我们做人最一般的目标就是造福人民,积德行善,即不仅仅保持或培育自己良好的道德品质,并且应当做一个对社会对人民有益的人。就像司马迁说的,人都难免一死,但有的重于泰山,有的轻如鸿毛。如果一个人没有现实作为,没有在生活中发挥他生命的现实价值,他的活和他的死就没有什么区别。

毛主席曾用洗脸来比喻做人的责任心,他说:"拿洗脸作比方,我们每天都要洗脸,并且许多人不止洗一次,洗完之后还要拿镜子照一照,要调查研究一番,(大笑)生怕有什么不妥当的地方。你们看,这是何等地有责任心呀!"

美国总统肯尼迪也说过:"不要问国家能给你什么,而要问你能为国家做点什么!"

"活在责任和义务里"这句名言,是已故台湾著名国学大师耕云先生在台北和北京多所大学里反复强调的一句话。他一再告诫学子们:每个人都是社会的一分子,要尽到对社会的责任和义务;同时又是家庭的一分子,也要尽到对家庭的责任和义务。他说,如果我们每个人都能对社会和家庭尽到应尽的责任和义务,那么我们这个社会就少了许多纷争和掠夺,少了许多奸险和罪恶,多了一些安定和祥和。

一个人生活在这个世上,就必须承担属于他的责任,履行属于他的义务。对家庭,对国家,对民族,对社会,对人类,你必须尽到责任和义务;对工作,对事业,对同志,对朋友,对子女,你必须尽到责任和义务。

主动承担责任的人,就会感到身上有一股无形的压力;有无形的压力,就会具备谋求生活的动力;具备谋求生活的动力,就会有信心把自己承担的责任承担到底。同理,主动履行义务的人,就会两肩担道义;两肩担道义,就会一身正气,就会有力量把自己履行的义务履行到底。

　　有人说,责任感是创造一切的机会。抓住这种机会,就应该使人现有的生命,全在道义之中,随时随地无愧于人生。如此,则自己的一举一动、一心一念,都不违背道德仁义,都可惊天动地而泣鬼神,都会随时随地完成任务,圆满人生。就像诸葛亮做人全在"鞠躬尽瘁,死而后已"一样,这是我们应效法的人生观、价值观。

　　围绕话题,本单元精选了5篇散文。《记念刘和珍君》记述刘和珍生平事迹和遇难经过,在叙事基础上再深入一步,总结"三·一八"惨案的教训和对将来的意义。《谈自制力》从诠释自制力的概念入手,提出人应当善于驾驭自我,征服放任。《这就叫公德》中阐明公德是教育的一个重要成分。《史蒂芬娜的选择》中的波兰少女面对格杀勿论的淫威,勇敢地藏匿了十三名犹太逃亡者。《钱学森——中国人的骄傲》则采用了大事记的方式,概括地介绍了钱学森在几个重要阶段的杰出成就。

　　本单元的应用写作安排了"总结",通过学习、训练,旨在帮助大家了解这种文体的特点及基本格式。本单元还安排了"口头汇报"的口语交际训练,通过理论学习和实践训练,让同学们懂得此项技能是未来工作和生活中必备的基本能力和职业素质。语文实践活动配合口语交际,安排了"调查活动"的实训活动,在模拟语境中让同学们学会和掌握此项技能的基本要领,锻炼同学们的口头表达能力和活动组织能力。

五十六　记念刘和珍君[①]

鲁　迅

学习提示

> 这是一篇感情真挚的叙事抒情散文。作者在文章中回忆了与刘和珍交往的一些往事，追忆了刘和珍等人怀抱强烈的民族责任感，慷慨赴难的经过，表达了对英勇献身的烈士的无限哀悼，揭露了反动军阀政府的凶残卑劣及其走狗文人的阴险无耻。同时，作者站在历史的高度总结了"三·一八"惨案的教训和意义，激励继续战斗者怀抱同样的民族责任感"更奋然而前行"。阅读时首先要体会"悲""愤"交集、充沛激越的感情基调，领会全文主旨。同时文章的语言简洁凝练，却又含义深刻，这需要同学们结合作者的写作年代和上下语境，进行合理的推断和想象，领会作者语言的弦外之音。文章综合运用了记叙、议论、抒情等多种表达方式，语言犀利深刻，发人警醒。

一

中华民国十五年[②]三月二十五日，就是国立北京女子师范大学为十八日在

[①] 选自《华盖集续编》(《鲁迅全集》第三卷，人民文学出版社1981年版)。1926年3月，奉系军阀在日本帝国主义支持下进兵关内，冯玉祥率领的国民军同奉军作战。日本帝国主义公开援助奉军，派军舰驶入大沽口，炮击国民军。国民军开炮还击。日本帝国主义便向当时北洋军阀段祺瑞执政府提出抗议，又联合英、美、法、意、荷、比、西等国驻北京公使，借口维护《辛丑条约》，提出种种无理条件，并且在天津附近集中各国军队，准备武力进攻。3月18日，北京人民为了反对帝国主义侵犯我国主权，在天安门前集会抗议，会后到执政府前请愿。段祺瑞竟命令卫兵向请愿群众开枪，并用铁棒大刀追打砍杀，打死打伤200余人，制造了屠杀爱国人民的"三·一八"惨案。刘和珍等都是在当时遇害的。刘和珍，江西省南昌市人，北京女子师范大学英文系学生，学生自治会主席，遇害时年仅22岁。鲁迅(1881～1936)，原名周树人，字豫才，浙江绍兴人。我国现代著名文学家、思想家和革命家。

[②] 中华民国十五年：1926年。

段祺瑞执政府①前遇害的刘和珍、杨德群②两君开追悼会的那一天,我独在礼堂外徘徊,遇见程君③,前来问我道,"先生可曾为刘和珍写了一点什么没有?"我说"没有"。她就正告我,"先生还是写一点罢,刘和珍生前就很爱看先生的文章。"

这是我知道的,凡我所编辑的期刊,大概是因为往往有始无终之故罢,销行一向就甚为寥落④,然而在这样的生活艰难中,毅然预定了《莽原》⑤全年的就有她。我也早觉得有写一点东西的必要了,这虽然于死者毫不相干,但在生者,却大抵只能如此而已。倘使我能够相信真有所谓"在天之灵",那自然可以得到更大的安慰,但是现在,却只能如此而已。

可是我实在无话可说。我只觉得所住的并非人间。四十多个青年的血,洋溢在我的周围,使我难于呼吸视听,那⑥里还能有什么言语?长歌当哭⑦,是必须在痛定之后的。而此后几个所谓学者文人的阴险的论调⑧,尤使我觉得悲哀。我已经出离愤怒⑨了。我将深味⑩这非人间的浓黑的悲凉,以我的最大哀痛显示于非人间,使它们快意于我的苦痛,就将这作为后死者的菲薄⑪的祭品,奉献于逝者的灵前。

二

真的猛士,敢于直面惨淡的人生⑫,敢于正视淋漓的鲜血。这是怎样的哀痛者和幸福者?然而造化⑬又常常为庸人设计,以时间的流驶,来洗涤旧迹,仅

---

① 段祺瑞执政府:1924年第二次"直奉战争",直系军阀失败,北洋军阀推举段祺瑞组织"临时政府","执政府"位于北京铁狮子胡同。段祺瑞,北洋军阀皖系头子,曾经几度把持北洋军阀的中央政府,1926年4月被冯玉祥驱逐下台。
② 杨德群:湖南省湘阴县人。北京女子师范大学国文系预科学生,遇害时年仅24岁。
③ 程君:指程毅志,湖北省孝感市人,北京女子师范大学教育系学生。
④ 寥落:稀少,冷落。
⑤ 《莽原》:鲁迅编辑的一种文艺刊物,所登载的大都是批判旧社会和旧文化的文章。
⑥ 那:同"哪"。
⑦ 长歌当(dàng)哭:意思是用写文章来代替哭泣。长歌,引吭高歌,这里指写文章。当,当作。
⑧ 几个所谓学者文人的阴险的论调:几个所谓学者文人指陈西滢等。陈西滢在3月27日出版的《现代评论》上发表一篇评论"三·一八"惨案的《闲话》,诬蔑遇害的爱国学生"莫名其妙"、"没有审判力",因而盲目地被人引入"死地",并且把杀人责任推在他说的"民众领袖"身上,说他们"犯了故意引人去死地的嫌疑"。鲁迅在《死地》一文中说:"但各种议论中,我觉得有一些比刀枪更可以惊心动魄的在。这就是几个论客,以为学生们本不应当自蹈死地,前去送死的。"
⑨ 出离愤怒:愤怒到极点,甚至超出愤怒的程度。出离,超出。
⑩ 深味:深深地体会。
⑪ 菲薄:这里是微薄的意思。
⑫ 直面惨淡的人生:面对着反动派统治下的悲惨凄凉的黑暗现实。"直面"和下句"正视",都表示正面注视、决不回避的意思。
⑬ 造化:自然界的创造者,也指自然。

使留下淡红的血色和微漠的悲哀。在这淡红的血色和微漠①的悲哀中,又给人暂得偷生,维持着这似人非人的世界。我不知道这样的世界何时是一个尽头!

我们还在这样的世上活着;我也早觉得有写一点东西的必要了。离三月十八日也已有两星期,忘却的救主快要降临了罢②,我正有写一点东西的必要了。

三

在四十余被害的青年之中,刘和珍君是我的学生。学生云者③,我向来这样想,这样说,现在却觉得有些踌躇了,我应该对她奉献我的悲哀与尊敬。她不是"苟活到现在的我"的学生,是为了中国而死的中国的青年。

她的姓名第一次为我所见,是在去年夏初杨荫榆④女士做女子师范大学校长,开除校中六个学生自治会职员的时候。其中的一个就是她;但是我不认识。直到后来,也许已经是刘百昭率领男女武将,强拖出校⑤之后了,才有人指着一个学生告诉我,说:这就是刘和珍。其时我才能将姓名和实体联合起来,心中却暗自诧异。我平素想,能够不为势利所屈,反抗一广有羽翼⑥的校长的学生,无论如何,总该是有些桀骜⑦锋利的,但她却常常微笑着,态度很温和。待到偏安于宗帽胡同,赁屋授课⑧之后,她才始来听我的讲义,于是见面的回数就较多了,也还是始终微笑着,态度很温和。

待到学校恢复旧观⑨,往日的教职员以为责任已尽,准备陆续引退⑩的时候,我才见她虑及母校前途,黯然⑪至于泣下。此后似乎就不相见。总之,在我的记忆上,那一次就是永别了。

---

① 微漠:依稀、淡薄。
② 忘却的救主快要降临了罢:讽刺的说法。意思是有些人快要忘记这件事了吧。忘却的救主,意思是使人忘却的神。
③ 云者:助词,表示提顿,以引起下文。
④ 杨荫榆:江苏无锡人。1924年开始任北京女子师范大学校长。
⑤ 刘百昭率领男女武将,强拖出校:女师大学生反对校长杨荫榆,教育总长章士钊派他的亲信刘百昭(当时任教育部专门教育司司长)雇用男女流氓殴打学生,并把学生强拖出校。
⑥ 广有羽翼:到处都有帮凶。羽翼,鸟的翅膀,这里指帮凶。
⑦ 桀骜(ào):性情倔强不驯服。
⑧ 偏安于宗帽胡同,赁(lìn)屋授课:反对杨荫榆的女子师大学生被赶出校后,在宗帽胡同租赁房屋作临时校舍,于1925年9月21日开学。当时鲁迅和一些进步教师曾去义务教课,表示支持。偏安,这里的意思是被迫离开原来的地方,暂住宗帽胡同。赁,租借。
⑨ 学校恢复旧观:指女师大复校。1925年11月,女师大学生在广大社会力量声援下,终于取得了胜利。章士钊去职,杨荫榆被撤职。女师大宣告复校,学生搬回原址上课。旧观,旧时的景象。
⑩ 引退:辞去官职,这里是告退的意思。
⑪ 黯然:忧伤的样子。

四

我在十八日早晨,才知道上午有群众向执政府请愿的事;下午便得到噩耗,说卫队居然开枪,死伤至数百人,而刘和珍君即在遇害者之列。但我对于这些传说,竟至于颇为怀疑。我向来是不惮①以最坏的恶意,来推测中国人的,然而我还不料,也不信竟会下劣凶残到这地步。况且始终微笑着的和蔼的刘和珍君,更何至于无端在府门前喋血②呢?

然而即日证明是事实了,作证的便是她自己的尸骸。还有一具,是杨德群君的。而且又证明着这不但是杀害,简直是虐杀,因为身体上还有棍棒的伤痕。

但段政府就有令,说她们是"暴徒"!

但接着就有流言,说她们是受人利用的。

惨象,已使我目不忍视了;流言,尤使我耳不忍闻。我还有什么话可说呢?我懂得衰亡民族之所以默无声息的缘由了。沉默呵,沉默呵!不在沉默中爆发,就在沉默中灭亡。

五

但是,我还有要说的话。

我没有亲见;听说她,刘和珍君,那时是欣然前往的。自然,请愿而已,稍有人心者,谁也不会料到有这样的罗网③。但竟在执政府前中弹了,从背部入,斜穿心肺,已是致命的创伤,只是没有便死。同去的张静淑④君想扶起她,中了四弹,其一是手枪,立仆⑤;同去的杨德群君又想去扶起她,也被击,弹从左肩入,穿胸偏右出,也立仆。但她还能坐起来,一个兵在她头部及胸部猛击两棍,于是死掉了。

始终微笑的和蔼的刘和珍君确是死掉了,这是真的,有她自己的尸骸为证;沉勇⑥而友爱的杨德群君也死掉了,有她自己的尸骸为证;只有一样沉勇而友爱的张静淑君还在医院里呻吟。当三个女子从容地转辗于文明人所发明的枪弹的攒射中的时候,这是怎样的一个惊心动魄的伟大呵!中国军人的屠戮

---

① 惮(dàn):怕。
② 喋(dié)血:血流遍地。
③ 这样的罗网:鲁迅在《可惨与可笑》一文中指出:"三月十八日的惨杀事件,在事后看来,分明是政府布成的罗网。"在《空谈》一文中指出:"四十七个男女青年的生命,完全是被骗去的,简直是诱杀。"
④ 张静淑:湖南省长沙市人,北京女子师范大学教育系学生。受伤后经医治,幸得不死。
⑤ 立仆(pū):立刻倒下。
⑥ 沉勇:沉着而勇敢。

妇婴的伟绩,八国联军的惩创学生的武功,不幸全被这几缕血痕抹杀了。

但是中外的杀人者却居然昂起头来,不知道个个脸上有着血污……

六

时间永是流驶,街市依旧太平,有限的几个生命,在中国是不算什么的,至多,不过供无恶意的闲人①以饭后的谈资,或者给有恶意的闲人②作"流言"的种子。至于此外的深的意义,我总觉得很寥寥,因为这实在不过是徒手的请愿。人类的血战前行的历史③,正如煤的形成,当时用大量的木材,结果却只是一小块,但请愿是不在其中的④,更何况是徒手。

然而既然有了血痕了,当然不觉要扩大。至少,也当浸渍⑤了亲族、师友、爱人的心,

纵使时光流驶,洗成绯红,也会在微漠的悲哀中永存微笑的和蔼的旧影。陶潜⑥说过,"亲戚或余悲,他人亦已歌,死去何所道,托体同山阿⑦。"倘能如此,这也就够了。

七

我已经说过:我向来是不惮以最坏的恶意来推测中国人的。但这回却很有几点出于我的意外。一是当局者竟会这样地凶残,一是流言家竟至如此之下劣,一是中国的女性临难竟能如是之从容。

我目睹中国女子的办事,是始于去年的,虽然是少数,但看那干练坚决,百折不回的气概,曾经屡次为之感叹。至于这一回在弹雨中互相救助,虽殒身不恤⑧的事实,则更足为中国女子的勇毅,虽遭阴谋秘计,压抑至数千年,而终于没有消亡的明证了。倘要寻求这一次死伤者对于将来的意义,意义就在此罢。

苟活者在淡红的血色中,会依稀看见微茫的希望;真的猛士,将更奋然而前行。

----

① 无恶意的闲人:指一般庸俗的市民。
② 有恶意的闲人:指陈西滢之流。
③ 人类的血战前行的历史:人类社会在流血斗争中发展的历史。
④ 但请愿是不在其中的:为了积聚革命的力量,以有限的代价去换取更大的胜利,鲁迅是不主张采用向反动派请愿这种方式的。参看他在作《记念刘和珍君》后第二天写的《空谈》一文。
⑤ 浸渍(zì):浸润,渗透。
⑥ 陶潜(372～427):陶渊明,东晋末年著名诗人。
⑦ 亲戚或余悲……托体同山阿(ē):这是陶潜所作的《挽歌》中的四句,意思是,亲族们有的余哀未尽,别的人也已经唱过挽歌。人死了还有什么可说的,不过是寄托躯体于山陵,(最后)和山陵同化而已。山阿,山陵。鲁迅在这里引用这首诗,有青山埋忠骨之意,寄托了作者牢记死者遗愿,死者当与青山同在的深挚感情。
⑧ 殒(yǔn)身不恤(xù):牺牲生命也不顾惜。殒,死亡。恤,顾虑。

呜呼,我说不出话,但以此记念刘和珍君!

四月一日

思考与练习

一、默读课文,先从整体上把握课文内容,然后写出每一部分的主要意思。

二、联系上下文,领会下面句子的含义,回答括号里的问题。

真的猛士,敢于直面惨淡的人生,敢于正视淋漓的鲜血。这是怎样的哀痛者和幸福者?("真的猛士"指的是什么人?"敢于直面惨淡的人生"和"敢于正视淋漓的鲜血"分别是什么意思?)

惨象,已使我目不忍视了;流言,尤使我耳不忍闻。我还有什么话可说呢?我懂得衰亡民族之所以默无声息的缘由了。沉默呵,沉默呵!不在沉默中爆发,就在沉默中灭亡。(这段文字所用的主要表达方式是什么?"不在沉默中爆发,就在沉默中灭亡",这是个选择关系的复句,如果写成"沉默呵,沉默呵!在沉默中爆发",表达效果有什么不同?)

三、课文通过具体事件和细节描写来刻画人物形象。下边的细节描写表现了刘和珍怎样的个性特征和思想品质?

1.她"常常微笑着,态度很温和"。

2.女师大复校,"她虑及母校前途,黯然至于泣下"。

五十七　谈自制力[①]

诸　晓

学习提示

"每个人都有他自己的支配者。一个人应该做节制自己的主人，控制他自己的喜怒哀乐"。一位古希腊的哲人这样说过。当然，对于年轻人来说，要做到控制自己的思想感情和举止行为，并不是一件容易的事。本文从诠释自制力的概念入手，提出人应当善于驾驭自己，征服放任，从日常生活的一点一滴做起，磨练意志。

本文论证的每一部分都以列举事例为基础，并以分析说理解释事例的含义，举例充分，分析透辟。

阅读本文时要概括三个部分的主要意思，并体会课文引用事实作论据时，这些记叙是怎样为阐述、证明论点服务的。

一

什么是自制力呢？

所谓自制力，就是一个人控制自己思想感情和举止行为的能力。人区别于动物的根本点之一，就在于人是有思想的，因而可以按照一定的目的，理智地控制自己的感情和行动。

有一本专门描写打猎的书，其中写到有一只红狐狸，它为了捕获野鸭子，常常可以连续几天潜伏在冰天雪地的沼泽地，它是那样顽强而有耐心，慢慢地

[①] 选自 1980 年 10 月 21 日《中国青年报》，有改动。

毫无声息地贴在地上接近野鸭子。当野鸭子无意中游开了，红狐狸就用舌头舔一下嘴唇，失望地退回原处等候着。为了填饱饥饿的肚子，红狐狸可以这样往返几十次。连续好几天，直到野鸭子由于一时疏忽，终于被它逮住为止。这只红狐狸不是很善于控制自己的行为吗？实际上，这只是狐狸在漫长的进化过程中逐步形成的一种猎获食物的本能。

如果说，连动物有时候为了达到某种目的都能控制自己，对于有思想感情的人来说不更应该善于驾驭自己吗？

二

自制的反面是放任。

我们看一个淘气的孩子，在父母长辈的宠爱下，有时会说一些没大没小的话，做一些颠三倒四的事。家有客人，他更是调皮捣蛋，无一刻安宁，这就是所谓的"人来疯"。

当然，儿童的自制力本来就较弱，发一点"人来疯"是有情可原的。但是，为什么有的青年，到了已经懂事的年龄，还不能约束自己的言行举止呢？重要原因之一，就在放任自己。

比如抽烟，在开始不过是抽抽玩玩的，但有的人却从来不去认真想一想为什么要抽烟，而只是盲目地听凭自己抽下去。于是一根两根，一包两包，直至成为嗜好，积习难改。这不是从放任自己开始的吗？

如果说，盲目纵欲是自制力的腐蚀剂，那么，反过来自制力又是征服放任的有效武器。一个有名的例子，就是《钢铁是怎样炼成的》一书中描写的保尔·柯察金戒烟的故事。有一次，青年们就习惯能不能改掉这个问题发生了争论。有人说，习惯比人厉害，养成了就改不掉，抽烟就是一例。保尔不同意这种看法，他认为：人应该支配习惯，而绝不能让习惯支配人，不然的话，岂不要得出十分荒唐的结论吗？这时，有人挖苦保尔，说他吹牛皮，因为他明知抽烟不好但并没有戒掉。保尔沉默了一会儿，从嘴角拿下烟卷，把它揉碎，斩钉截铁地说："我绝不再抽烟了。要是一个人不能改掉坏习惯，那他就毫无价值。"从此，保尔果然不抽烟了。每一个不想使自己变得"毫无价值"的青年，都应该像保尔一样，下决心依靠自制力跟自己的坏习惯作斗争。

三

自制力属于意志的范畴。

自制力强的人，往往意志比较坚强。控制自己需要意志。意志和思想一样，不是与生俱来的，而是在社会实践中逐步培养和锻炼出来的。要增强自己的自制力,就要从日常生活的一点一滴做起,加强磨练。美国物理学家富兰克林青年时代曾经下决心"克服一切坏的自然倾向、习惯或伙伴的诱惑"。他给自己制定了一项包括十三个名目在内的道德计划,逐条实行。比如,为了矫正空谈和说笑话的习惯,他列了"沉默"一条,要求自己做到:"除非于人于己有利之言谈,避免琐屑的谈话。"后来有一位朋友说他常常显露骄傲。于是他又把"谦逊"加入表中。他晚年撰写自传时,曾经谈起青年时代锻炼自制力的计划,认为他的成绩应归功于节制。

思考与练习

一、用自己的话来解释什么叫"自制力"。

二、根据课文内容,说明人区别于动物的根本点是什么?

三、"自制"、"自信"、"自强",这三者有联系吗?面对这三个词,你有何感想?写一篇300字以上的短文,适当联系实际,谈谈你的想法。

五十八　这就叫公德[①]

冯骥才

> 本文作者运用对比的手法,通过其在欧美国家的一些见闻,告诉我们什么是公德;进而说明公德与教育的关系,即教育中的一个重要成分是公德,公德的"根本是重视他人的存在";公德与环境的关系,即"好的招致好的,坏的传染坏的,善的感染善的,恶的刺激恶的,世上万事皆同此理"。遵守社会公德是个人必备的道德修养,也反映了一个人的教育水平。这篇文章对大家很有教育意义。本文用简洁而浅显的语言,叙议结合地讲述抽象的道理,以小见大,发人深思。

在汉堡定居的一个中国人,对我讲了他的一次亲身感受——

他刚到汉堡[②]时,随着几个德国青年驾车到郊外游玩。他在车里吃香蕉,看车窗外没人,就顺手把香蕉皮扔了出去。驾车的德国青年马上"吱"地来了个急刹车,下去拾起香蕉皮塞到一个废纸兜里,放进车中,对他说:"这样别人会滑倒的。"这件事给他印象很深,从此再不敢随便乱丢废物。

在欧美国家的快餐店里,有个不成文的规矩,吃完东西要把用过的纸盘纸杯吸管扔进店内设置的大塑料箱内,以保持环境的整洁。为了使别人舒适,不妨碍影响别人,这叫公德。

在美国碰到过两件小事,我却记得非常深。

---

① 选自《心灵降落伞》,有改动。冯骥才(1942～　),当代作家。
② 汉堡:德国的港口城市。

一次是在华盛顿①艺术博物馆前的开阔地上,一个身穿大衣的男人猫腰在地上拾废纸。当风吹起一块废纸时,他就像捉蝴蝶一样跟着跑,抓住后放在垃圾筒内。直到把地上的乱纸拾净,拍拍手上的土,走了。这人是谁,不知道。大概他看不惯这些废纸满地,就这样做了。

另一次在芝加哥②的音乐厅。休息室的一角是可以抽烟的,摆着几个脸盆大小坐地的烟缸,里边全是银色的细砂,为了不叫里边的烟灰显出来难看。但大烟缸里没有一个烟蒂。柔和的银沙很柔美。我用手一拂,几个烟蒂被指尖勾起来。原来人们都把烟蒂埋在下面,为了怕看上去杂乱。值得深思的是,没有一个人不这样做。

有人说,美国人的文化很浅,但教育很好。我十分赞同这见解。教育好,可以使文化浅的国家人很文明;教育不好,却能使文化古老国家的人文明程度很低,素质很差。教育中的"德",一个重要成分是公德。公德的根本是重视他人的存在。

我坐在布鲁塞尔③一家旅店的大厅内等候一个朋友。我点着烟,看到对面一个人面前放个烟碟,就伸手拉过来。不一会儿那人起身伸长胳膊往我面前的烟碟里磕烟灰,我才知道他也正在抽烟。赶紧把烟碟推过去。他很高兴,马上谢谢我,并和我极友好地谈起天来。我想当我把烟碟拉过来时,他为什么不粗声粗气地说:"哎,你没看见我正在抽烟!"

美好的环境培养着人们的公德,比如清洁的新加坡,有随地吐痰恶习的人也不会张口把一口粘痰唾在光洁如洗的地面上。相反,混乱肮脏的环境败坏人们的公德,比如纽约地铁,墙壁和车内外到处胡涂乱抹,污秽不堪;人们的烟头乱纸也就随手抛了。

好的招致好的,坏的传染坏的,善的感染善的,恶的刺激恶的,世上万事皆同此理。

思考与练习

一、体会下列语句的特点及在文中的含义。

1."这人是谁,不知道。"

2."值得深思的是,没有一个人不这样做。"

二、作者说"世上万事皆同此理",请举出生活中类似的例子。

三、通过本文的学习,对照自己的言行,思考如何加强自己在社会公德方面的道德修养。

---

① 华盛顿:美国的首都。
② 芝加哥:美国的中西部城市。
③ 布鲁塞尔:比利时的首都。

五十九　史蒂芬娜的选择①

[美]托马斯·弗莱明

学习提示

> 　　这是发生在二战时期的一个真实的故事。波兰少女史蒂芬娜在满城盖世太保特务的眼皮子底下，面对"格杀勿论"的淫威，勇敢地藏匿了13名犹太逃亡者。一边是泯灭人性的屠杀，一边是充满爱心的救助；一边是戒备森严的武装者，一边是手无寸铁的弱女子；一边是尖啸的警笛和血淋淋的尸体，一边是沉着、机智和毫不懈怠的奋斗。虽然每天生活在惊恐之中，但主人公的精神却得到升华。
> 　　本文在记叙时始终围绕着一条线索去选材、组材，去表现中心。阅读本文时，可以思考这样几个问题：文章中心该怎样概括？为什么"如果藏起他们，她和妹妹可能会死，但是如果抛弃了他们，她无疑会在精神上死亡？"本文的对话描写、心理描写、动作描写对突出史蒂芬娜的性格有什么作用？经过仔细阅读，深入理解，试进行阐释。

　　史蒂芬娜·帕得戈斯卡刚把妹妹海伦娜打发上床，就听到前门一阵敲门响。她打了个寒噤。3年来，波兰东南部成了希特勒帝国的一部分。这是1942年，普热米什尔城②到处都是盖世太保特务和正要开往苏联前线的士兵。美丽的金发女郎史蒂芬娜感觉得出：她和8岁的妹妹进进出出时，那些人的眼睛在她身上扫来扫去。她的父亲战前就死了，母亲和哥哥被迫去德国当劳工。史蒂芬娜不得不在一家工厂当机器操作工，以维持自己和妹妹的生活。

---

① 选自《海峡姐妹》1995年第2期。晓雯译。有改动。
② 普热米什尔城：波兰东南部城市，当时被德国占领。

敲门的是谁？是德国士兵要来"保护"她吗？心情沉重的史蒂芬娜把门开了一道缝，门口是一个粗壮的男人，满身伤痕和泥浆。他颓然靠在门框上，低声说道："弗西娅，我需要帮助。"

弗西娅，好朋友才这么叫她。史蒂芬娜认出来人是27岁的犹太人约瑟夫·布兹明斯基。德国占领普热米什尔时，史蒂芬娜曾在他们家干过活。几个月前，纳粹把他们家赶到犹太人居住区，和城里两千多犹太人在一起。他的父母离开前曾请求史蒂芬娜留下来照看屋子，他们认为她是可以信赖的朋友。

史蒂芬娜把约瑟夫扶到椅子上坐下。他问道："能让我在你这儿呆一夜吗，弗西娅？我保证明天就走，我不想连累你。"

史蒂芬娜拼命抑制住袭上心头的恐惧。德国人的告示贴满了普热米什尔城，谁敢藏匿犹太人，格杀勿论。她想帮这个落难的人，但是她能拿自己甚至妹妹的生命冒险吗？想起父母，特别是母亲的教诲，史蒂芬娜明白了自己该怎么做。因为母亲灌输给她的是强烈的宗教信仰和是非观念。史蒂芬娜还记得，孩提时，有一次几个孩子欺负一个犹太男孩，母亲制止了他们。她对史蒂芬娜说希望以后不再发生这种事。

母亲说："我们大家都是同一个上帝的孩子。"

这会儿，史蒂芬娜看看门那边的卧室，瞥见了圣母玛丽亚的画像。这幅画像是她9岁那年在集市上看到并央求母亲买下的。每晚她祷告时，这副安祥的面容使她宁静而又充满力量。

"你不能拒绝！"一个声音在她脑海里响起。她抚摩着约瑟夫青肿的脸，对他说："你当然可以留下!"她泡茶的时候，约瑟夫讲述了事情的经过：纳粹扫荡了犹太人居住区，把他双亲和其他许多人装进了闷罐车厢运到死亡集中营去了。他和他的一个弟弟被迫上了另一列火车。火车开动后，他用藏在口袋里的刀割断了封住车厢小窗口的带刺的铁丝网。他硬把粗壮的身体从窗口挤了出去，然后被一股可怕的力量重重地摔到地上。

他清醒过来后，跌跌撞撞地回到了普热米什尔，藏身在树林里。"只有你这儿我才能来。"约瑟夫边说边狼吞虎咽地嚼着史蒂芬娜摆上来的面包。

两星期后，约瑟夫决意离去。他潜回犹太区，找到了忍饥挨饿的小弟弟哈耐克及弟媳达娜塔，还找到了他们家的老朋友威廉·沙伦格博士和他的女儿朱迪；和他们在一起的还有他们的朋友——快60岁的牙医和他的儿子。这些人还呆在这个危险的地方。

约瑟夫收买了一个印刷工人，伪造了一个可以在城里自由出入的身份证。在史蒂芬娜的帮助下，他偷偷地把食物送给那些人。但后来身份证丢了，他不

第十二单元　责任义务

得不打倒了一个阻止他的纳粹士兵。大胆的约瑟夫意识到这花样不能再玩下去。他回到了史蒂芬娜家。

"弗西娅，你能把我们这些人藏起来吗？没有你的帮助，我们会死的。"

一时间，史蒂芬娜闹不清约瑟夫是不是疯了。战争可能会持续10年。"有人来敲门，那么多人能躲在我床下吗？"她说。

"你得找个房子让我们藏起来。"约瑟夫说。

史蒂芬娜明白，如果藏起他们，她和妹妹可能会死，但是如果抛弃了他们，她无疑会在精神上死亡。她终于说道："如果找得到这样一个房子，我会去做的。"

上哪去找呢？她终于在塔特斯卡大街3号发现了一座带着两个房间、一个厨房和一个阁楼的屋子。和约瑟夫一起查看后，她把房子租了下来。清扫干净，挂上深色窗帘，外人看不见里面。

逃亡者们陆续来了，先是约瑟夫和牙医的儿子，然后是沙伦格博士和他的女儿，随后是牙医。

他们才安顿下来，就接到牙医的一个朋友的便条。那是个寡妇，还在犹太区，她想和儿子、女儿一起加入他们这一伙。她暗示说，如果被拒绝，就去告发他们。

史蒂芬娜很生气，但还是接纳了她。

牙医又恳求史蒂芬娜接纳他侄儿夫妻俩。他们还藏在一座废弃的楼里。接着，哈耐克和达娜塔也来了。

最后一个是犹太邮递员。他听说了塔特斯卡街的这所房子。史蒂芬娜又同意了。一共有13个犹太人住在这里。当普热米什尔犹太区剩余的犹太人被送往死亡集中营时，她意识到她作出了一个正确的决定。

约瑟夫用史蒂芬娜买来的木板在阁楼上做了一个假墙。在伪装好的门后有足够的空间让13个人睡觉。

史蒂芬娜带回的消息令人沮丧："隔壁家就住着一个纳粹！"约瑟夫的工作都快干不下去了。

这伙人更加害怕，更加谨慎，不敢弄出一点声音。因为有人睡觉打鼾，约瑟夫就布置了夜间值班，谁打鼾就会被捅醒。

史蒂芬娜的朋友来访也是个问题。通常她很快就把他们打发走。但有个年轻人爱上了她，一呆几乎就是一整夜。有一次牙医咳嗽发作，差点憋死。

"够了！"热情的追求者走后，约瑟夫说。他教史蒂芬娜买来一张英俊的德国军官的画像挂在墙上。晚上，她的追求者来了，问道："那是谁？""我刚找的男朋友！"史蒂芬娜说。追求者走了，从此没在这条街上露面。

一个寒冷的早晨,牙医声称:"有人得了伤寒!"是那个寡妇,她发着高烧。他们尽量把她隔离,以免传染他人。

一天夜里,这个神志狂乱的女人竟尖叫着冲向月色蒙蒙的大街。史蒂芬娜拼命把她拉回屋里。她惊恐地意识到:如果被告密者看见,他们就死定了。

史蒂芬娜踉踉跄跄①地奔进卧室,在圣母像前跪下,祷告:救救我们吧!不是看在我的份上,而是看在海伦娜的份上。

她转身发现约瑟夫站在门口。他问:"得到回答了吗?""是的,"她平静而肯定地说道,"我们会好的,德国人不会来。"

几个星期过去了,另一个灾难又降临:逃亡者用来买食物的钱花完了。"用我们的手赚钱吧。"史蒂芬娜说。

从第二天开始,史蒂芬娜利用工厂午饭休息时间织毛衣,她用的是从家里旧毛衣上拆下来的线。一个工友很欣赏这件毛衣,问史蒂芬娜能不能为她织一件,她可以用现金买。史蒂芬娜当然说:"可以。"

她很快安排织出了一打毛衣。在塔特斯卡街3号,这伙人夜以继日地工作。顾客们没有注意到史蒂芬娜怎么生产出那么多的织物。

1943年快过去了,史蒂芬娜听到传闻:德国人在战争中失利,开始撤退。

但约瑟夫提醒大家不要高兴得太早,"德国人还在这儿,失败会使他们变本加厉。"一天,史蒂芬娜下班时,听到警笛尖啸。纳粹军队包围了一所房子,拉出了几个恐惧万分的犹太人和藏匿他们的波兰人,他们被推到墙边。"放!"纳粹军官一声令下,枪弹穿透了受害者。

史蒂芬娜注视着血淋淋的尸体,头晕目眩。一连几个星期,她无法入睡。一天夜里,她步履艰难地走回家里,寻思着自己到底还能支撑多久。

她一进门,见约瑟夫和其他人正在和海伦娜玩捉迷藏。孩子追逐着,眼睛发着光,快活地大叫:"我逮着你了,约!""这些人是我的朋友,"史蒂芬娜心里默默地说,"我不能抛弃他们。"

几个月过去了,春风送暖,春雨飘洒在普热米什尔。窗口的守望者发出警报:"纳粹往这来了!"逃亡者们连忙爬上阁楼。

史蒂芬娜开了门。一个军官简短地命令道,她必须在两小时内搬走。部队在街对面设了一家医院,要她腾出房子给护士住。

他走后,史蒂芬娜和约瑟夫商量对策。约瑟夫说:"你和海伦娜得马上离开,到乡下去躲一躲。"

"那你们怎么办?""决一死战!"他回答。

---

① 踉踉跄跄(liàng liàng qiàng qiàng):走路不稳的样子。

"我们行动之前,我要祷告,寻求帮助。"

"让我们都来祷告吧!"约瑟夫提议。打从火车上跳下来后,他越来越强烈地感觉到上帝在保佑着他。

大家随史蒂芬娜进入卧室,开始了祷告。史蒂芬娜凝神静气。很久以前,在捷斯托乔瓦的神殿里,圣母许诺保护波兰人免受敌人蹂躏,现在史蒂芬娜请求圣母在历史性的许诺中把她的犹太人也包括进去。

好像有一个温柔的声音在告诉她:"不用走,没什么可怕的。送你的13个人上楼。打开窗户。就像你要留下的样子开始打扫,边干活边唱歌。"

史蒂芬娜平静地对约瑟夫说,带大伙上楼去。"我不离开你们。一切会好起来的。"然后,她和海伦娜打开窗,着手进行春季大扫除。

纳粹军官很快又回来了。他说:"你不用走了。我们只要一个房间,给两个护士住。"

他们得救了。他们得救了吗?他们难道能和两个德国人同住一屋?约瑟夫让史蒂芬娜相信:"我保证她们来时,大伙不出声。"他答应毫不懈怠地保持警戒。

一星期后,护士搬了进来。她们白天大都呆在医院,但到晚上,常常把德国士兵带回来,在卧室里热热闹闹地聚会。

恐惧和不安攫住了逃亡者。一天下午,两个护士回来很早,跟着来的是两个带枪的士兵。4人低声谈论着,突然,一个护士爬上了通往阁楼的梯子!躲在假墙后的约瑟夫听到脚步声,发出了信号,每个人都仿佛冻住了。他透过小孔,看见楼梯顶端冒出了一个金发脑袋。护士皱着眉打量了一下。不一会,4个德国人离开了屋子。大家又经历了一次性命攸关的考验。

又过了几天,新的麻烦又来了。德方管理人宣布,工厂准备拆散,迁往德国。

史蒂芬娜没有了薪水。大家只好拼命编织。一件毛衣挣来的钱仅够他们吃3天。市场的毛线供应也没保障。他们成日在饥饿中捱过。

一天,护士们气急败坏地从医院冲回来。白肤金发的那位向史蒂芬娜喊道:"我们要回德国了。你得和我们一起走,病房需要一个佣人!"灾难接踵而至。约瑟夫害怕史蒂芬娜要是不走,德国人什么都干得出来。他再次提出拼死一战。史蒂芬娜摇了摇头。

她收拾行李,给海伦娜穿上最好的衣服,满心欢喜地告诉护士她多么盼着能离开这儿。车开来了,护士们爬了上去,司机按着喇叭催促史蒂芬娜。但她磨磨蹭蹭,突然叫道:"我改变主意了。我不走了!"护士们大声威胁着。但是等得不耐烦的司机把车开走了。史蒂芬娜笑了。她回到屋里,伸出双臂拥抱约瑟夫。"如果她们硬要我走,我会揍她们。"她说。

一天早晨,望风的约瑟夫大叫:"德国人要走了!"3个曾是不可一世的德军士兵耷拉着脑袋灰溜溜地走过塔特斯卡大街。这是逃亡者最后看到的纳粹形象。

13个逃亡者终于确认自己安全了。他们冲下阁楼,涌上了大街。约瑟夫又笑又叫:"德国佬滚蛋了!"塔特斯卡街3号的居民们互相拥抱,每张脸上都挂着愉快的笑容。约瑟夫紧紧地拥抱了海伦娜,然后久久地拥抱着她的英雄姐姐。

1945年战争结束后的几个月,约瑟夫向史蒂芬娜求婚。史蒂芬娜逗他:"你说只呆一个晚上,现在你想呆一辈子?"

1961年夫妇俩移居美国。约瑟夫在波士顿郊区开牙科诊所。他们生了一儿一女。海伦娜结婚了,她当了医生,在波兰洛克劳行医。

去年,史蒂芬娜和约瑟夫参加了美国华盛顿的"浩劫纪念馆"落成仪式。参加这一仪式的有以色列、波兰、美国还有其他一些国家的首脑,纪念馆提醒人们:"在最邪恶的时期,人们能忍受痛苦,也可能行善。"

思考与练习

一、快速浏览课文,指出史蒂芬娜等人主要经历了哪几次生死攸关的考验?

二、找出文中描述纳粹暴行的语句。

三、在这样的历史背景中,让我们进一步从史蒂芬娜的言、行、思想中去认识史蒂芬娜是一个怎样的人。

四、请你以文中的一个人物的口吻给史蒂芬娜写一封感谢信。

六十　钱学森——中国人的骄傲[①]

刘敬智

学习提示

钱学森是我国杰出的科学家,被称为"中国的导弹之父"。在几十年的科学实践中,他始终把对祖国的热爱和建设强大国家的愿望,作为自己工作的动力,在火箭技术、航天技术和系统工程理论方面作出了卓越的贡献,被江泽民同志誉为"中国人的骄傲"。

文章以钱学森"对祖国执著的爱"为线索,在引言概述了他一生主要成就的基础上,以小标题的形式,分别叙述了他恋国、回国、建功立业等主要事迹。文章对这些事迹的记述,主要是采用了大事记的方式,紧紧围绕"中国人的骄傲"这一中心,较为概括地介绍了钱学森在几个重要阶段的杰出成就。因此,文章显得精练、集中,中心更加突出。

阅读本文时应注意两个方面:一是体会文章中一些重要的词语对表现钱学森的学术成就和爱国热情所起的作用;二是理解钱学森提出的社会科学、文学艺术与自然科学相结合,创立社会主义文化学的意义。

有这样的一位科学家——

50年代,他毅然放弃了国外优厚的工作、生活和学习条件,冲破重重阻力,回到亲爱的祖国。

随后,他在我国火箭导弹技术、航天技术和系统工程理论方面不断开拓,

[①] 选自1989年8月28日《光明日报》。

几十年来作出了重大的贡献。

最近,他接受了国际技术学界的最高奖"小罗克韦尔奖章",并由此进入"世界级科技与工程名人"之列,在世界的赞誉面前,他说"成绩归于党、归于集体。"

今年8月7日,江泽民总书记、李鹏总理会见了他。江泽民同志把他赢得的荣誉称为"中国人的骄傲",李鹏同志则称赞在他身上体现了"一个中国知识分子具有的光辉品质"。

他,就是我国著名科学家钱学森。

始终眷恋着自己的祖国

钱学森1911年生于上海。早年曾在北京师大附中和上海交通大学求学。1935年,他考取了庚子赔款公费留学,先是在美国麻省理工学院学习,后又到加利福尼亚州理工学院深造,拜读于美国航天科学创始人之一、著名物理学家冯·卡门门下,三年后获得博士学位留校任教。这期间,他在冯·卡门的影响下,对火箭技术发生了兴趣,参加了加州理工学院克根海姆实验室的火箭研究小组。这个实验室后来成为美国火箭技术的摇篮,钱学森就是在这个摇篮里进行火箭技术研究最早的三名成员之一。

钱学森是冯·卡门教授的得意门生。在卡门的指导下,钱学森写出有关高速空气动力学方面的博士论文。1943年,美国军方经过慎重的选择后,委托钱学森同马利纳合作,研究用火箭发动机推进导弹这一重大的军事课题。

第二次世界大战结束时,美国空军高度赞扬钱学森为战争的胜利作出了"巨大的贡献","无法估价的贡献"。美国专栏作家密尔顿·维奥斯特认为,钱学森已是"制定使美国空军从螺旋桨式身喷气式飞机过渡,并最后向遨游太空无人航天器过渡的长远规划的关键人物","是帮助美国成为世界第一流军事强国的科学家银河中一颗明亮的星"。

1947年,经冯·卡门推荐,钱学森成了加州理工学院最年轻的终身教授。自1949年下半年开始,他肩负起该学院"古根海姆喷气推进研究中心"主任的职务,领导研究生的研究和教学工作。那时,年仅三十七岁的钱学森,已被世界公认为力学界和应用数学界的权威和流体力学研究的开路人之一,是卓越的空气动力学家、现代航空科学与火箭技术先驱、工程控制论的创始人。

从1935年到1955年,钱学森在美国整整呆了二十年。这二十年间,他在学术上取得了辉煌的成就,生活上拥有优厚的待遇。然而,他始终眷恋着生他养他的祖国。他在写给自己父亲的信中,不止一次地发出"旅客生涯作到何时"的感叹!他告诉他的父亲,他还不止一次梦见上海,梦见那所伴他度过童年时代的房子。

为回国而斗争

1949年10月1日,新中国诞生了。钱学森兴奋极了。就在那年的中秋节(新中国诞生的第六天)钱学森夫妇心中萌发起一个强烈的念头:回到祖国去,为新生的祖国贡献自己的智慧和力量。

1950年7月,已经下定决心返回祖国的钱学森,会见了主管研究工作的美国海军次长,告诉他准备立即动身回国。这位次长大为震惊,他认为,"钱学森无论在哪里都能抵得上五个师"。他说:"我宁肯枪毙他,也不能放他回中国。"

1950年8月,钱学森买好了机票,准备搭乘加拿大太平洋公司的飞机离开美国。9月中旬,他辞去了美国洛杉矶加利福尼亚理工学院超音速实验室主任和这个学院"古根海姆喷气推进研究中心"负责人的职务。与此同时,他已将许多科学书籍和自己的研究工作笔记装好箱,交给美国搬运公司启运回国。

就在这时,他突然接到美国移民局的通知,勒令他不准离开美国,并以判刑与罚款以恐吓!移民局还搜查并扣压了他全部的科学书籍和笔记本,污蔑他企图运送机密的科学文件回国。

那时,中美在朝鲜战场上处于交战的敌对状态。美国又正盛行法西斯式的麦卡锡①主义。钱学森的回国决心触怒了美国当局。1950年9月9日,钱学森突然被联邦调查局非法逮捕,送到特米那岛上的一个拘留所关押了十五天。十五天的折磨,使他的体重下降了30磅。

加州理工学院的许多师生和当时远在欧洲的冯·卡门等教授闻讯后,立即向美国移民局提出了强烈抗议,又募集了15000美元保释金,才将钱学森从特米那岛的拘留所营救出来。

然而,事情并没有完。美国移民局非法限制钱学森的自由,要他每月到移民局报到一次,并且不准他离开所在的洛杉矶。联邦调查局的特工一直监视他,时常闯入他的研究室和住宅捣乱。他的信件和电话也都受到了检查。

为了减少朋友们的麻烦,整整五年的时间内,钱学森经常处在与世隔绝的境地。但是,这种变相软禁的生活并没有磨掉钱学森夫妇返回祖国的意志。他的夫人蒋英回忆说:"那几天,我们总是摆好三只轻便的小箱子,天天准备随时可以搭飞机动身回国。"

为了方便回国,他们租住的房子都只签一年合同。五年中他们竟然搬了

---

① 麦卡锡(1909～1957),美国参议员。1951～1954年间,一度操纵参议院常设调查小组委员会,收集黑名单,进行非法审讯,采取法西斯手段迫害民主和进步力量,有麦卡锡主义之称。

五次家。那时候,他的七岁男孩和五岁女孩也都知道,离美国远远的地方——中国,有他们的祖父和外祖母在想念着他们。

1955年6月,饱受折磨的钱学森为了早日回到祖国,写信给人大常委会,向祖国母亲发出求救的呼声。

周恩来总理对此非常重视,立即指示,速将此信送给中国驻波兰大使王炳南,指示他在中美大使级会谈中,据理力争,设法营救钱学森回国。

在铁的事实面前,美方代表无言以对。不久,美有关方面匆忙通知钱学森可以离开美国。1955年9月17日,经过了长达五年多的斗争,钱学森、蒋英和他们的两个孩子,终于坐轮船胜利地驶向东方的祖国。

开创我国的导弹卫星事业

钱学森回到祖国后,受到了党和政府无微不至的关怀。一种盼望新中国强大的愿望,促使他上书周恩来总理,提出了发展中国导弹技术的规划设想,受到了党和政府的高度重视。

1956年4月,由周恩来总理亲自主持,在解放军总参谋部大楼里,召开了一次不寻常的中央军委会议。会议的中心议题是,由钱学森谈在我国发展导弹技术的规划设想。

那时钱学森刚入不惑之年,看到那么多共和国的最高军事领导人在倾听他的意见,他显得十分兴奋和激动。他从总理、元帅和将军们的一双双亲切的目光里,体验到了一种从未有过的信任。一种神圣的使命感,在他的心中升腾。

1956年10月8日,我国第一个导弹研究机构——国防部第五研究院成立。钱学森任院长。

那是白手起家、艰苦创业的年代。除了刚刚粉刷过的两个疗养院的一批旧房子外,一无所有。

要搞导弹,首先要有搞导弹的专门技术人才。可是,在五院刚成立时的三百人中,只有钱学森一个是火箭专家。有二百多人是刚分配来的大专院校的毕业生,他们不仅从未学习过导弹理论,甚至连一般的科学实践都很缺乏。毫无疑问,要搞中国的导弹,当务之急是培养中国第一代导弹人才。

钱学森任国防部第五研究院院长时办的第一件事,就是在院内开设导弹研究班,由他亲自授课。此外,他还组织有关专家参加授课,如空气动力学专家庄逢甘教授讲授《空气动力学》,飞机专家梁守槃教授讲《火箭发动机》,朱正教授讲《制导》等。

这年10月17日,毛泽东主席、周恩来总批准了聂荣臻元帅提出的我国导弹研究采取"自力更生为主,力求外援和利用资本主义国家已有的科学成果"的方针。钱学森在他为我国火箭、卫星事业发展的几十年奋斗中,坚定不移地贯彻了这一方针。

1960年10月中旬,在钱学森的亲自领导下,我国第一枚国产近程导弹制造成功了。11月5日上午9时,随着指挥所发出的点火命令,火光闪,惊雷吼,国产导弹呼啸着向90公里外的目标飞去。很快,落区传来报告:导弹精确命中目标。

当天下午,在基地的庆功酒会上,聂荣臻元帅激动地举杯祝酒说:"在祖国的地平线上,飞起了我国自己制造的第一枚导弹!"

有成功,也有失败。1962年3月,我国自行设计的一种中程导弹起飞不久就掉在发射阵地前300米处,把地面炸了一个大坑。

在寻找失败的原因和研究新方案的过程中,钱学森经常深入到控制系统第一线,与同志们共同研究,进行指导。经过再次研究设计和精心加工生产,1964年我国自行设计的中程导弹试制出来,并发射成功。这以后,科技人员重新设计了具有更为先进系统的导弹,并于1965年发射成功。也就在这一年,我国原子弹小型化的工作也已完成。听到这一消息后,钱学森对聂帅说,利用改进的中程运载火箭,即可满足运载核弹头的要求。聂帅听后很高兴,表示同意这一意见。

在钱学森的领导下,改进型运载火箭的研究工作紧张地展开,主攻方向是提高火箭的战术技术性能,使射程、精度、使用性能符合实战要求。改进型运载火箭从方案设计到完成试验飞行仅用了十个月。

1966年10月27日凌晨,改进型中程火箭载着核弹头向千里之外的沙漠深处飞去,准确命中目标并起爆。

从第一颗原子弹爆炸到第一枚导弹核武器研制成功,美国用了十三年,我国仅用了两年多时间。这一成功震惊了世界!从此,在世界上确立起我国核武器大国的地位。正因为如此,当成功的喜讯传来的时候,一直坐镇于发射场的聂荣臻元帅和钱学森教授互相拥抱,流下了激动的热泪。

不倦的追求

钱学森教授是一位在科学的追求上永无止境的科学家。60年代后期和70年代初,他总结了我国导弹武器和航天器系统的研制经验,提出了系统工程理论,并将这一理论应用于军事运筹和社会经济问题,推动了作战模拟技术和社会经济工程在我国的发展。

随着时光的流逝,钱学森已进入古稀之年,但他的科学思维却越发活跃起来,他支持人体科学的研究,主张建立人体科学体系。他还把思维的触角伸向社会科学和文学艺术领域。近些年来,他不止一次地呼吁社会科学、文学艺术与自然科学的结合。他提出了技术美学新观念,甚至主张将系统工程理论和方法用于美学、文艺学和社会主义文化建设。他说:"我们应当创立一门新社会科学,即社会主义文化学。文化建设需要总体的科学指导思想,需要统筹管理,才能搞得更好。"

思考与练习

一、通过阅读课文,讲述钱学森是个什么样的人。

二、课文介绍了钱学森哪几个阶段的杰出成就?

三、钱学森有哪些新的科学思维?

应用写作九 总 结

▶▶ 范例

××工厂20××年工作总结

20××年,我厂在上级党委的领导下,充分发动群众,认真贯彻执行中央关于企业进行全面整顿的决定和关于经济体制改革的决定。积极落实军需生产工作会议精神,以整顿改革为动力,以提高产品质量为重点,努力发展军品和民品生产,搞活经营,较好地完成了20××年各项生产工作任务,取得了较好的经济效益,主要经济技术指标都超额完成了国家计划。

总产值:计划××××万元,预计完成××××万元。比计划增长6.36%。

总产量:计划××万匹,预计完成××万匹,增产×万匹,比去年增长4.78%,创造了历史最高水平。

产品质量:军品混纺色布综合一等品率预计达到81.8%,比计划提高1.8%,综合次品率预计为1.34%,比计划降低0.16%。

利润:计划××万元,预计完成×××万元,超额完成2%,比去年实际利润提高5.5%,同时,预计可向地方财政部门上缴税金×××万元,利税总额预计可达到×××万元,连续两年实现利税超千万元。

一年来,生产取得了新发展,职工生活福利也有了新改善。按照原定计划的要求,较好地完成了以下六件事:第一,新建职工宿舍已基本完工,目前正在抓紧内部装修等基本工作,在20××年第一、二季度可陆续交付使用。第二,劳动服务公司在全厂职工大力支持下办得有生气,有效益。今年不仅安排了20××应届毕业生20人,组织了部分下岗人员到工厂进行定向培训,而且取得了较好的经济效益,利润可达七八十万元,还向税务部门交纳税金××万元。第三,较好地完成了部分宿舍及其配套工程的修缮。厂前宿舍阳台全部加了钢窗,六、七、八栋宿舍区泥土路面全部修为水泥路面,从而使部分职工的生活条件进一步得到改善。第四,逐步加强了食堂管理,增添了"小锅菜",增加了小卖部的品种花样,夜班伙食有所改善。第五,进一步加强了医疗卫生和疾病防治工作,对全厂职工进行了胸透检查,对高温有毒工种112名职工进行了职业病检查,对全厂托幼儿童分批进行了体验和预防注射。第六,进一步组织开展文体活动,丰富了职工的文化生活。俱乐部的图书室进行了整顿,建立了1853人的读书小组,举办了五次知识竞赛,还开展了球类、棋类竞赛等活动。除以上六个方面外,今年我们还兴办了综合服务公司,为生产生活服务之外,还对外经营。在解决职工夫妻分居、计划生育、液化气供应等方面都做了不少工作,职工较为满意。

一年来,我们主要抓了以下几项工作。

一、坚持标准,严格要求,较好地完成了企业全面整顿工作。

整顿是加强企业管理的重要手段,是实行经济体制改革的基础。我厂的全面整顿,在20××年基本完成领导班子、基础工作、规章制度等工作整顿的基础上,根据部调研组年初预验提出的104条意见,在第一季度又重点抓了生产现场、厂容厂貌、劳动纪律、财经纪律和仓库五个方面的整顿。为了迎接上级党委的验收,全厂职工特别是染整、动力、机电、供销、总务等单位的职工积极响应厂党委提出的"狠下'笨功夫',严守铁纪律,落实硬措施,誓夺高效益,确保整顿验收合格"的战斗口号,不计时间、不讲报酬、夜以继日地积极补课,较好地完成了五项工作整顿任务。3月15日上级党委对我厂五项工作整顿进行了全面检查验收,批准我厂为五项工作整顿合格单位。

在整顿验收合格的基础上,全厂职工又再接再厉,根据验收组提出的45个问题,进行专题研究。逐步制定措施,层层落实进行整改,着重狠抓了劳动纪律,专门修订了干部值班制度,规定值班干部每夜查岗不得少于两次。各单位经常组织检查。二、三车间领导轮流值班检查,对各种违法乱纪现象,进行批评教育,有力地保证了正常的生产秩序。为了较好地巩固整顿成果,我们又于4月、8月、9月份分别组织统计、物资整顿和财经纪律三个方面的专业性的自查,并于10月份组织全面复查。在此基础上,为了加快建设"六好"企业的步伐,根据市纺织总公司党委关于建设文明工厂的要求,我们还组织制定了《创建文明工厂规划》,开展了创建文明工厂的活动。另外根据中央关于简政放权和进行经济体制改革的精神,我们在分配制度和经营方式方面也进行了一些探索性的改革,并且取得了较好的效果。

二、坚持"以军为主,军民结合"的原则,基本上实现了增产增收。

1. 坚持以军为主。(略)

2. 充分发挥"市场调节"的作用,初步搞活了工厂的生产经营。(略)

3.走内涵型发展生产的道路,进一步挖掘了生产潜力。(略)

4.开展群众性的节约活动,努力减少支出。(略)

总之,一年来,在党委的领导下,由于全厂职工的积极努力,认真贯彻了十五届三中全会精神,较好地落实了军需生产工作会议精神,取得了较好的经济效益。20××年,我们将再接再厉,锐意改革,开拓前进,为"四化"建设作出更大的贡献。

××工厂

二○××年十二月二十七日

简评

该总结抓住已经完成的事和做了几项工作两大关键问题,运用翔实的材料,点面结合,对成功的经验进行了总结,对今后进行了展望。内容集中,语言朴实简练,结构紧凑,值得借鉴参考。

写作指导

一、概述

对一个时期或一个方面的工作作系统的回顾、分析和研究,认清经验和教训,找出规律性认识,并把这些形成书面文字,就是总结。

二、结构与写法

总结可以有多种多样的写法,如条文式、小标题式、问答式、书信式、三段式等。用得最多的是三段式。三段式的结构安排:

1.标题:标题要与总结的内容紧密相连,力求准确、简明、醒目。一般有以下几种方式:

(1)标明单位名称、时限及总结种类。如《××集团公司2004年营销工作总结》。

(2)概括总结内容范围。如《我厂是如何深化劳动改革的》。

(3)归纳中心,揭示主旨。如《实行优化劳动组合,调动了职工的积极性》。

有的总结,除了正题外,还可以有副题。副题有的指出总结的内容范围,有的起说明、限制的作用。

2.正文:主要包括以下三个方面

(1)情况概述

要简要交代一下工作的时间、背景、取得的主要成绩和效果等,可以让读者了解全貌。

(2)主要做法、经验和体会

这部分是总结的重点,可以先讲做法,后讲体会、经验教训,也可以根据内容分成几个问题,一个一个地写,每个问题既有做法,又有体会;还可以把工作划分成几个阶段,按时间顺序来介绍情况,谈出体会。

(3)存在的问题和努力方向

这是一个问题的两个方面,可以分开写,也可以合在一起写。这部分一般都写得比较简单,但问题要提得中肯,改进措施要订得切实可行,努力方向要提得明确。

3.署名和日期:本单位写的总结,如果在标题中没有写出单位的名称,在总结的篇末要署名。署名要用全称,日期要写明年、月、日。

写作练习

训练目标:能正确掌握"总结"的写法。

训练时间:45分钟

训练要求:

1.了解三段式总结的结构;

2.掌握总结标题的写法;

3.适量掌握正文三个组成部分的写法。

训练设计:

一、请你就你们班开展的某项活动作一个口头总结。

二、把你一学期的学习情况,在班会上向同学们作一个介绍。

口语交际十二　口头汇报

表达指导

口头汇报的要求是思路清晰、实事求是、重点突出、语言简练、节奏适中、吐字清楚、声情并茂。口头汇报一般采取归纳式汇报,效果较好。文字汇报的要求是条理清晰、实事求是、重点突出、文字简练、内容完整、结构合理、文理通顺。

在口头汇报时,要有一定的结束语。比如:其他同志有什么补充的、请领导指示、欢迎领导多来检查指导工作等。同时,在汇报工作时,还要因人、因时、因事,具体情况,具体对待,有针对性地进行汇报,以取得满意的效果,达到汇报工作、促进工作、指导工作的目的。

汇报工作不是从工作过程按顺序地说到结果,最好能先讲结果。因为领导每天的工作很多,你应为他节省时间。如果你先讲出一大堆理由来,等领导不耐烦地摆摆手说"简单点儿",你再把结论说出来,不仅使你显得很难堪,而且领导也会认为"这人太啰嗦,做事不利落"。特别是当工作失败时,先说工作失败了,然后再说明失败的原因,这样领导才不会把失败的责任全推到你头上。因为领导首先想知道的是事情的结果,至于失败的原因可在结论说出后慢慢解释。因此,同样是失败,先说与后说,给领导的印象会截然不同。

如何做好口头汇报?

一、基本的态度

1.口头汇报是一个要好好把握、难得的机会,而不是一件紧张又恐怖的事

对大部分人来说,坐在台下听的机会,远远比站在台上说的机会多,因此许多人被要

求作口头汇报时,往往会比较紧张,甚至有些抗拒。然而从另一个角度想,每次都是坐在台下听别人讲(很多时候还是被"强迫"坐在台下听),好不容易有机会上台讲给别人听,当然要把握机会,好好表现一番。(参见《借鉴实例》一)

2.口头汇报是完全可以演练的

这个观点也牵涉到两个完全相反的基本态度。如果你对口头汇报没有经验或没有信心,像是很多大学研究生第一次参加国际会议,要用英文作口头汇报,可能会非常紧张,但是只要多下功夫,一场口头汇报是完全可以演练的(参见《借鉴实例》二)。相反,有些汇报者认为自己对内容十分熟悉,汇报前完全没作任何演练,以为自己一上台就能讲得很好,但是除了天生的演说家之外,如果口头汇报前没有作适当的演练,大部分人都会汇报得一团糟。

二、汇报前的准备

当然,准备口头汇报和准备一场戏剧最大的不同在于,一场口头汇报里,演讲者会同时是编剧、导演、演员、道具和舞台监督。在口头汇报之前的准备,演讲者基本上要做三件事:编好剧本,准备好道具,然后不断反复演练。

不要被"技巧"迷惑了,一场口头汇报的成功,充实的内容才是最基本的条件,而内容的准备是完全没有技巧的,只能靠汇报者自己下硬功夫收集、研究,透彻了解所要汇报的内容,真正成为这个主题的专家。成为这个主题的专家,"master the topic",也是自己作口头汇报时最大的信心来源,如果对要汇报的主题没有自己是"专家"的感觉,也许你根本不该上台汇报。

虽然汇报内容的准备完全没有技巧,但是汇报内容的选择与编排,或是说是"写剧本",应该还是有些技巧的。在汇报内容选择技术面上有两个基本的考虑:"我的观众是谁"和"我有多少时间"。想清楚你的观众是谁,他们知道什么、不知道什么、对什么有兴趣、对什么没有兴趣。自己听汇报或演讲时,最无聊的就是演讲者讲了一大堆大家早就知道的浅显道理,或者演讲者讲了一大堆没有人听得懂的深奥理论,两者都让人觉得参加这场演讲真是浪费时间、毫无收获。例如,在学校进行学术会议汇报时,大家听得兴趣盎然,反应热烈,同样的内容向企业大老板作汇报时,却没讲多久就被不耐烦地打断,因为这位企业大老板想知道的不是学术或技术的内容,而是"这个技术怎么样能帮助我赚钱"。

借鉴实例

一

研究生毕业前都要经过论文口试这一关,平常都是听教授在讲台上吹牛,这会儿至少有三个教授得坐在台下乖乖听自己讲半小时、一小时,可不是千载难逢的机会!与其紧张兮兮,不如用更积极的心态,当作是自己难得表现的机会。

当然报告或演讲完毕后,也许并不会立刻得到赏识、升迁,或者得到一笔大合约、赚大钱,但是每一次口头汇报,除了所要传达的内容外,个人的学识、风度、谈吐也都会在台下听众心中留下印象,有适当机会时也许立刻就会想到你!

从另一个的角度来看,即使你经常作口头汇报,丝毫不会紧张,但是仍然应该重视并认真准备每一次口头汇报。现代人时间是很宝贵的,有时候听一场口头汇报、一场演讲,或一堂课,发现演讲者完全没有认真准备,自己和其他的许多听众浪费了那么多宝贵的时间听讲而没有收获,往往会觉得很愤怒,当然对演讲者个人的评价也必定大打折扣。

>> 简评

口头汇报是展示自己的极好机会,应好好把握,做好充分准备,但不必过于紧张。

二

美国某个大学医院每年都会为医生开设训练课程,课程完毕之后当然也会让听众对每一个讲师作教学评比。有一年,一个心理学教授在训练课程中设计了一个实验,安排一位演员担任讲师,讲授这位演员完全不了解的医学课程。上课之前当然要对演员进行深入训练,让他把讲课内容像背台词一样背起来,讲课时的段落、语调、姿势,乃至于视听辅助工具的使用,都经过反复排练。

训练课程完毕后的教学评比,这位演员居然得到最高分。

>> 简评

这个故事的目的当然不是说演讲者可以不必了解演讲内容。个人的学识、说话的技巧当然要靠长期培养,但是一场口头汇报是完全可以演练的。

口语练习

2011年7月23日20:34分D301次列车在行驶至温州方向双屿路段下岙路时,与杭州—福州南D3115次(CRH1)发生追尾事故,假设你正好在事故现场,请你将现场情况向单位领导作口头汇报。

语文实践活动十二　市场调查

一、活动主题

产品市场调查(MP3)。

二、活动目的和要求

要求详细了解MP3市场方面的情况,为该产品在合肥的扩展制定科学、合理的营销方案提供依据。

1. 全面摸清企业品牌在消费者中的知名度、渗透率、美誉度和忠诚度。
2. 全面了解本产品各主要品牌在合肥的销售现状。
3. 全面了解合肥主要竞争品牌的价格、广告、促销等营销策略。
4. 了解合肥高职院校对MP3消费的观点、习惯。
5. 预测MP3市场容量及潜力。

三、活动内容和步骤

因为MP3在高职院校学生中使用的普遍性,全校在校学生都是调查对象,但因为家庭经济背景的差异,在校学生月生活支出还是存在较大的差距,导致消费购买习惯的差异性,因此他们在选择MP3的品牌、档次、价格上都会有所不同。为了准确、快速地得出调查结果,此次市场调查采用分层随即抽样法:先按其住宿条件的差异分为两层——公寓学生与普通宿舍学生,然后再进行随机抽样。此外,分布全市各处的各分销商、专卖店也是本次调查的对象,因其规模、档次的差异性,此次调查采用判断抽样法。

1. 选拔调查人员若干名,对其进行简单培训。
2. 确定调查人员的职责(调研督导、调查人员、复核员)。
3. 对消费者以问卷调查为主。要求其在调查问卷上写明学生姓名、所在班级、寝室电话号码,以便以后的问卷复核。调查员可以在当时收回问卷,也可以第二天收回(这有利于被调查者充分考虑,得出更真实、有效的结果)。
4. 对经销商以深度访谈为主。
5. 问卷调查内容:(1)消费者对MP3的购买意愿与消费心理;(2)消费者对MP3各品牌的了解程度;(3)消费者对品牌的意识,对本品牌及竞争品牌的概念及品牌忠诚度;(4)消费者平均月开支及消费比例的统计;(5)消费者理想的MP3的描述。

附录一　应用文常用套语

颁布:庄严地发布。如:颁布命令。
颁发:隆重地发给。如:颁发证书。
查收:清点收下。如:货已查收。
查复:了解后回复。如:当即查复。
查询:了解问询。如:经多方查询。
查对:查清核对。如:经查对无误。
查照:查看。如:希查照办理。
查处:调查处理。如:进行了查处。
查实:调查证实。如:经我方查实。
大有:很有。如:大有可为。
大力:十分尽力。如:大力支援。
大肆:十分放肆。如:大肆宣传。
可否:可不可以。如:可否参加。
能否:能不能。如:能否前来。
当否:是不是恰当。如:当否,请批示。
妥否:是不是恰当。如:妥否,请批示。
再次:再一次。如:再次协商。
一再:多次。如:一再说明。
一度:一段时间。如:曾一度中断。
基于:根据。如:基于上述原因。
鉴于:由于考虑到。如:鉴于身体状况。
鉴戒:教训。如:引以鉴戒。
借鉴:参考。如:可作借鉴。

台鉴:您审阅。如:某某先生台鉴。

台览:您阅。如:请经理台阅。

惠鉴:劳驾您审阅。如:某某先生惠鉴。

雅鉴:请您审阅并指教。如:某某先生雅鉴。

台安:您安好。如:敬祝台安。

台祺:您吉祥。如:顺颂台祺。

径向:直接向。如:可径向上级报告。

径与:直接与。如:请径与某某先生联系。

与会:参加会议。如:与会代表50人。

参与:参加进去共同工作。如:参与管理。

拟于:打算在。如:拟于明天动身。

拟定:打算制订。如:拟定计划。

以期:以此希望。如:以期在青举办。

如期:合乎预定的日期。如:已经如期到达。

切勿:千万不要。如:切勿上当。

切切:千万注意。如:切切。

顷闻:刚才听到。如:顷闻某某病逝。

顷接:刚才接到。如:顷接来函。

顷奉:刚才接到(用于下对上)。如:顷奉上级指示。

顷据:根据刚才(得的信息)。如:顷据中央气象台预报。

莅临:到来。如:敬请莅临指导。

事宜:事情的安排处理。如:有关具体事宜。

为此:为了这个。如:为此,要尽快办理。

为要:是重要的。如:要速办为要。

为宜:是适当的。如:以自愿为宜。

为妥:是适当的。如:以自愿为妥。

为盼:是所盼望的。如:请速回复为盼。

为荷:感谢您的帮助。如:请协助解决为荷。

是荷:感谢您的帮助。如:请大力协助是荷。

届时:到时候。如:请届时出席。

就绪:已经安排好。如:已全部就绪。

以资:用来作为。如:以资鼓励。

以此:用这个。如:以此推算。

以利:有利于。如:以利发动群众。
以其:用它的。如:以其特长取胜。
均为:都是因为。如:均为责任事故。
均须:都必须。如:各处室均须注意。
亦须:也必须。如:亦须妥善安排。
务须:一定必须。如:务须做好准备。
务请:务必请。如:务请于15日前答复。
务期:一定要(达到某种要求)。如:希于月底前务期完成。
报请:报告请求。如:特报请董事会批准。
恳请:恳切请求。如:恳请予以审批。
提请:提出请求。如:必须提请领导批准。
恭请:恭敬地邀请您。如:恭请光临。
敬请:恭敬地邀请您。如:敬请光临。
敬悉:恭敬地知道。如:来函敬悉。
奉悉:尊重地知道。如:大札奉悉。
谨悉:恭敬而慎重地了解到。如:来函谨悉。
得悉:了解到。如:得悉喜讯。
收悉:收到后知道了。如:来函收悉。
已悉:已经知道了。如:来文已悉。
谨致:郑重而恭敬地给予。如:谨致热烈地敬礼。
谨启:恭敬地陈述。如:某某公司谨启。
函达:写信告知。如:特此函达。
函告:通过信件相告。如:特此函告。
函复:通过信件答复。如:特此函复。
见复:请答复。如:望见复。
见教:请指教。如:望见教。
见示:请指示。如:望见示。
见谅:请原谅。如:尚祈见谅。
尚祈:还请求。如:尚祈见谅。
商榷:商量讨论。如:尚待商榷。
商酌:商量斟酌。如:请与某某商酌。
当即:当时立刻就。如:当即进行研究。
即日:当天。如:即日来音。

即席:当场。如:即席发表讲话。
即可:立刻就可以。如:即可动工。
即行:立刻行动。如:一经查明,即行办理。
据此:根据这个。如:据此,我们决定……
特此:特地这样。如:特此通告。
接洽:联系商量。如:请接洽。
接办:接过来办理。如:由我公司接办。
业经:已经经过。如:业经领导批准。
未经:没有经过。如:未经领导批准。
后经:后来经过。如:后经改进。
均经:都已经过。如:以上数据均经核实。
拟经:打算经过。如:拟经上级批准后动工。
一经:一旦经过。如:方案一经批准,立即行动。
悉心:用尽心思。如:一定悉心办理。
悉力:尽一切力量。如:望予悉力协助。
承诺:答应承办(某项事情)。如:已经承诺,就必须完成。
均系:纯粹是。如:所谈均系实情。
均应:都应该。如:均应按规定办理。
本应:本来应该。如:本应严格处理。
限于:限定在。如:限于月底完成。
希于:希望在。如:希于月初做好。
业于:已经在。如:业于上周竣工。
应予:应该给以。如:应予鼓励。
希予:希望给以。如:希予大力协助。
准予:准许给以。如:准予补发。
特予:特地给以。如:特予通报表扬。
不予:不给以。如:不予登记。
不力:不得力。如:某某办事不力。
兹聘:现在聘请。如:兹聘某某为我所顾问。
兹有:现在有。如:兹有某某等三人。
兹派:现在派。如:兹派工程师三人。
兹将:现在把。如:兹将报表送上。
兹因:现在因为。如:兹因无力偿还。

兹就：现在对。如：兹就生产作了安排。
显系：显然是。如：显系装运责任。
竭诚：竭尽全力，真心诚意。如：感谢贵公司竭力合作。
歉难：抱歉，难以。如：歉难承担经济损失。
复希：还希望。如：复希将查照结果函告。

附录二　古代文化知识

一、姓名字号

姓和氏　在古代,姓和氏是两个不同的概念,姓是家族系统的称号,姓的分支才叫"氏"。古代贵族才有姓氏,平民没有,女子称姓,男子称氏。战国以后一般平民才有姓氏。

名　古代名与字也是两个概念。名有小名和学名的分别,例如曹操,字孟德,小字(名)阿瞒。父母亲属可呼小名,其余人呼小名为不敬。名可自称。

字　古人除姓名外,还有字,例如诸葛亮,名亮,字孔明。称字一般表示尊重。

名字连说时,一般先称字,后称名,但也可以先称名后称字,如"余弟安国平父、安上纯父"(王安石《游褒禅山记》),"安国、安上"为名,"平父、纯父"为字。

号　也叫别号,多为自取,如欧阳修号"醉翁"、"六一居士",白居易号"香山居士",李白号"青莲居士"。

外号　按照人物的性格、能力、外貌特征,人们常给人物取外号,也称绰号或诨号。如《水浒》中的宋江称"及时雨",张顺称"浪里白条"。

封号　帝王赐给臣子的号叫"封号",如宋神宗封王安石为"荆公"。

谥号　死后被朝廷授予的谥号,如欧阳修叫"文忠",诸葛亮叫"忠武"。

庙号　皇帝死后朝廷授予的谥号,"太祖、太宗、文帝、武帝"等均是庙号。

排行　"伯、仲、叔、季"放在字里表示排行,依次表示老大、老二、老三、老四,如孔丘字仲尼,即排行第二。也有用数字排行的,如白居易被称为白二十二。

郡望　又称"地望",用居住地命名,如韩愈为韩昌黎。

避讳　古时对君主或尊长的名字要避免直接说出,用改字、缺笔等办法回避。如汉文帝叫刘恒,便把姮娥改称"嫦娥";为避康熙皇帝玄烨的讳,洪亮吉在《治平篇》中把"玄孙"叫作"元孙"。

二、称谓知识

1.(1)直呼姓名。主要用于自称和作传介绍。其余情况,如直呼别人姓名,多表示对别人的轻视厌恶。

(2)称字、号、谥号、斋名。多表示称呼者对被称呼者的尊敬和礼貌。

(3)称官名、爵号、籍贯或郡望。古人认为称字号还不够尊敬,因而在前加上官爵名,籍贯或郡望。如杜甫被称为"杜工部",王安石被称为"王荆公",柳宗元被称为"柳河东",韩愈被称为"韩昌黎"。

(4)称职业和名。如庖丁、史迁。"庖"是职业,"丁"是名;"史"是职业,"迁"是名。

(5)姓名、字号、官爵名、籍贯、郡望、排行连说时,一般顺序为:姓—官爵名—籍贯或郡望—排行—字—名。如刘(姓)都督(官名)肇基(名)。也有将姓排在字后,加"公"表尊称的,如太史(官名)文起(字)文(姓)公。

2.(1)谦称。

①表示谦逊的态度,用于自称。愚,谦称自己不聪明。鄙,谦称自己学识浅薄。敝,谦称自己或自己的事物不好。卑,谦称自己身份低微。窃,有私下、私自之意,使用它常有冒失、唐突的含义在内。臣,谦称自己不如对方的身份地位高。仆,谦称自己是对方的仆人,使用它含有为对方效劳之意。

②古代帝王的自谦词有孤(小国之君)、寡(少德之人)、不谷(不善)。

③古代官吏的自谦词有下官、末官、小吏等。

④读书人的自谦词有小生、晚生、晚学等,表示自己是新学后辈;如果自谦为不才、不佞、不肖,则表示自己没有才能或才能平庸。

⑤古人称自己一方的亲属朋友时,常用"家"、"舍"等谦词。"家"是对别人称自己的辈份高或年纪大的亲属时用的谦词,如家父、家母、家兄等。"舍"用以谦称自己的家或自己的卑幼亲属,前者如寒舍、敝舍,后者如舍弟、舍妹、舍侄等。

⑥其他自谦词有:因为古人坐席时尊长者在上,所以晚辈或地位低的人谦称在下;小可是有一定身份的人的自谦,意思是自己很平常、不足挂齿;小子是子弟晚辈对父兄尊长的自称;老人自谦时用老朽、老夫、老汉、老拙等;女子自称妾;老和尚自称老衲;对别国称自己的国君为寡君。

(2)敬称,表示尊敬客气的态度,也叫"尊称"。

①对帝王的敬称有万岁、圣上、圣驾、天子、陛下等。驾,本指皇帝的车驾。

古人认为皇帝当乘车行天下,于是用"驾"代称皇帝。古代帝王认为他们的政权是受命于天而建立的,所以称皇帝为天子。古代臣子不敢直达皇帝,就告诉在陛(宫殿的台阶)下的人,请他们把意思传达上去,所以用陛下代称皇帝。

②对皇太子、亲王的敬称是殿下。

③对将军的敬称是麾下。

④对有一定地位的人的敬称:对使节称节下;对三公、郡守等有一定社会地位的人称阁下,现在多用于外交场合,如大使阁下。

⑤对于对方或对方亲属的敬称有令、尊、贤等。令,意思是美好,用于称呼对方的亲属,如令尊(对方父亲)、令堂(对方母亲)、令阃(对方妻子)、令兄(对方的哥哥)、令郎(对方的儿子)、令爱(对方的女儿)。尊,用来称与对方有关的人或物,如尊上(称对方父母)、尊公、尊君、尊府(皆称对方父亲)、尊堂(对方母亲)、尊亲(对方亲戚)、尊驾(称对方)、尊命(对方的嘱咐)、尊意(对方的意思)。贤,用于称平辈或晚辈,如贤家(称对方)、贤郎(称对方的儿子)、贤弟(称对方的弟弟)。仁,表示爱重,应用范围较广,如称同辈友人中长于自己的人为仁兄,称地位高的人为仁公等。

⑥称年老的人为丈、丈人,如"子路从而后,遇丈人"(《论语》)。唐朝以后,丈、丈人专指妻父,又称泰山,妻母称丈母或泰水。

⑦称谓前面加"先",表示已死,用于敬称地位高的人或年长的人,如称已死的皇帝为先帝,称已经死去的父亲为先考或先父,称已经死去的母亲为先慈或先妣,称已死去的有才德的人为先贤。称谓前加"太"或"大"表示再长一辈,如称帝王的母亲为太后,称祖父为大(太)父,称祖母为大(太)母。唐代以后,对已死的皇帝多称庙号,如唐太宗、唐玄宗、宋太祖、宋仁宗、元世祖、明太祖等;明清两代,也用年号代称皇帝,如称朱元璋为洪武皇帝,称朱由检为崇祯皇帝,称玄烨为康熙皇帝,称弘历为乾隆皇帝。

⑧对尊长者和用于朋辈之间的敬称有君、子、公、足下、夫子、先生、大人等。

⑨君对臣的敬称是卿或爱卿。

⑩对品格高尚、智慧超群的人用"圣"来表敬称,如称孔子为圣人,称孟子为亚圣。后来,"圣"多用于帝王,如圣上、圣驾等。

(3)贱称,表示轻慢斥骂的态度。如《荆轲刺秦王》:"今往而不反者,竖子也。"《毛遂自荐》:"白起,小竖子耳。"《鸿门宴》:"竖子不足与谋!"《孔雀东南飞》:"小子无所畏,何敢助妇语!"

(4)特殊称谓主要有以下四种:

①百姓的称谓。常见的有布衣、黔首、黎民、生民、庶民、黎庶、苍生、黎元、

氓等。

②职业的称谓。对一些以技艺为职业的人,称呼时常在其名前面加一个表示他的职业的字眼,让人一看就知道这人的职业身份。如《庖丁解牛》中的"庖丁","丁"是名,"庖"是厨师,表明职业。《师说》中的"师襄"和《群英会蒋干中计》中提到的"师旷","师",意为乐师,表明职业。《柳敬亭传》中的"优孟",是指名叫"孟"的艺人。"优",亦称优伶、伶人,古代用以称以乐舞戏谑为职业的艺人,后亦称戏曲演员。

③不同的朋友关系之间的称谓。贫贱而地位低下时结交的朋友叫"贫贱之交";情谊契合、亲如兄弟的朋友叫"金兰之交";同生死、共患难的朋友叫"刎颈之交";在遇到磨难时结成的朋友叫"患难之交";情投意合、友谊深厚的朋友叫"莫逆之交";从小一块儿长大的异性好朋友叫"竹马之交";以平民身份相交往的朋友叫"布衣之交";辈份不同、年龄相差较大的朋友叫"忘年交";不拘于身份、形迹的朋友叫"忘形交";不因贵贱的变化而改变深厚友情的朋友叫"车笠交";在道义上彼此支持的朋友叫"君子交";心意相投、相知很深的朋友叫"神交"("神交"也指彼此慕名而未见过面的朋友)。

④年龄的称谓。古人的年龄有时不用数字表示,不直接说出某人多少岁或自己多少岁,而是用一种与年龄有关的称谓来代替。垂髫(tiáo)是三四岁至八九岁的儿童(髫,古代儿童头上下垂的短发)。总角是八九岁至十三四岁的少年(古代儿童将头发分作左右两半,在头顶各扎成一个结,形如两个羊角,故称"总角")。豆蔻是十三四岁至十五六岁(豆蔻是一种初夏开花的植物,初夏还不是盛夏,比喻人还未成年,故称未成年的少年时代为"豆蔻年华")。束发是男子十五岁(到了十五岁,男子要把原先的总角解散,扎成一束)。弱冠是男子二十岁(古代男子二十岁行冠礼,表示已经成人,因为还没达到壮年,故称"弱冠")。而立是男子三十岁(立,"立身、立志"之意)。不惑是男子四十岁(不惑,"不迷惑、不糊涂"之意)。知命是男子五十岁(知命,"知天命"之意)。花甲是六十岁。古稀是七十岁。耄(mào)耋(dié)指八九十岁。期颐指一百岁。

三、天文历法知识

1. 北斗又称"北斗七星",指在北方天空排列成斗形(或构形)的七颗亮星。七颗星的名称是:天枢、天璇、天玑、天权、玉衡、开阳、摇光。排列如斗构,故称"北斗"。根据北斗星便能找到北极星,故又称"指极星"。屈原《九歌》:"操余弧兮反沦降,援北斗兮酌桂浆。"《古诗十九首》:"玉衡指孟冬,众星何历历。"玉衡是北斗星中的第五星。《小石潭记》中用"斗折蛇行",形容像北斗星的曲线一样弯弯曲曲。

2.农历与节气。

(1)农历,我国长期采用的一种传统历法,它以朔望的周期来定月,用置闰的办法使年平均长度接近太阳回归年,因这种历法安排了二十四节气以指导农业生产活动,故称农历,又叫中历、夏历,俗称阴历。古人写文章,凡用序数纪月的,大多以农历为据。如《游褒禅山记》"至和元年七月某日",《石钟山记》"元丰七年六月丁丑",农历的六月、七月相当于公历的七月、八月。

(2)二十四节气,是我国古代历法的重要组成部分。古人根据太阳一年内的位置变化以及所引起的地面气候的演变次序,把一年三百六十五又四分之一的天数分成二十四段,分列在十二个月中,以反映四季、气温、物候等情况,这就是二十四节气。每月分为两段,月首叫"节气",月中叫"中气"。二十四节气的名称和顺序为:

正月	立春、雨水	二月	惊蛰、春分
三月	清明、谷雨	四月	立夏、小满
五月	芒种、夏至	六月	小暑、大暑
七月	立秋、处暑	八月	白露、秋分
九月	寒露、霜降	十月	立冬、小雪
十一月	大雪、冬至	十二月	小寒、大寒

为了便于记忆,人们编出了歌谣:"春雨惊春清谷天,夏满芒夏暑相连,秋处露秋寒霜降,冬雪雪冬小大寒。"古诗文中常用二十四节气来纪日,如《扬州慢》:"淳熙丙申至日,予过维扬。"夏至白天最长,冬至白天最短,因而古人称夏至、冬至为至日,这里指冬至。

3.历法知识:

纪年法,我国古代纪年法主要有四种:

(1)王公即位年次纪年法。以王公在位年数来纪年。如《左传·殽之战》:"三十三年春,秦师过周北门。"指鲁僖公三十三年。《廉颇蔺相如列传》:"赵惠文王十六年,廉颇为赵将。"

(2)年号纪年法。汉武帝起开始有年号。此后每个皇帝即位都要改元,并以年号纪年。如《岳阳楼记》"庆历四年春"、《琵琶行》"元和十年"、《游褒禅山记》"至和元年七月某日"、《石钟山记》"元丰七年"、《梅花岭记》"顺治二年"、《〈指南录〉后序》"德祐二年"、《雁荡山》"祥符中"("祥符"是"大中祥符"的简称,宋真宗年号)等。

(3)干支纪年法。如《五人墓碑记》:"予犹记周公之被逮,在丁卯三月之望。""丁卯"指公元1627年;《〈黄花冈七十二烈士事略〉序》:"死事之惨,以辛亥三月二十九日围攻两广督署之役为最。""辛亥"指公元1911年;《与妻书》"辛未三月念六夜四鼓","辛未"应为辛亥。近世还常用干支纪年来表示重大历史事件,如"甲午战争"、"戊戌变法"、"庚子赔款"、"辛丑条约"、"辛亥革命"。

(4)年号干支兼用法。纪年时皇帝年号置前,干支列后。如《扬州慢》"淳熙丙申","淳熙"为南宋孝宗赵昚(shèn)年号,"丙申"是干支纪年;《核舟记》"天启壬戌秋日","天启"是明熹宗朱由校年号,"壬戌"是干支纪年;《祭妹文》"旷乾隆丁亥冬","乾隆"是清高宗爱新觉罗·弘历年号,"丁亥"是干支纪年;《梅花岭记》"顺治二年乙酉四月","顺治"是清世祖爱新觉罗·福临年号,"乙酉"是干支纪年。

纪月法,我国古代纪月法主要有三种:

(1)序数纪月法。如《采草药》:"如平地三月花者,深山中则四月花。"《〈指南录〉后序》"德祐二年二月","是年夏五","五"就是五月。《谭嗣同》"今年四月,定国是之诏既下","八月初一日,上召见袁世凯","以八月十三日斩于市"。

(2)地支纪月法。古人常以十二地支配称十二个月,每个地支前要加上特定的"建"字。如杜甫《草堂即事》诗:"荒村建子月,独树老夫家""建子月"按周朝纪月法指农历十一月。庾信《哀江南赋》:"以戊辰之年,建亥之月,金陵瓦解。""建亥"即农历十月。

(3)时节纪月法。如《古诗十九首》:"孟冬寒气至,北风何惨栗。""孟冬"代农历十月;陶渊明《拟古诗九首》"仲春遘时雨","仲春"代农历二月。

纪日法,我国古代纪日法主要有四种:

(1)序数纪日法。如《梅花岭记》:"二十五日,城陷,忠烈拔刀自裁。"《项脊轩志》:"三五之夜,明月半墙。""三五"指农历十五日。《〈黄花冈七十二烈士事略〉序》:"死事之惨,以辛亥三月二十九日围攻两广督署之役为最。"

(2)干支纪日法。如《殽之战》:"夏四月辛巳,败秦军于殽。""四月辛巳"指农历四月十三日;《石钟山记》"元丰七年六月丁丑",即农历六月九日;《登泰山记》"是月丁未",指这个月的十八日。古人还单用天干或地支来表示特定的日子。如《礼记·檀弓》"子卯不乐","子卯",代指恶日或忌日。

(3)月相纪日法。指用"朔、朏(fěi)、望、既望、晦"等表示月相的特称来纪日。每月第一天叫朔,每月初三叫朏,月中叫望(小月十五日,大月十六日),望后这一天叫既望,每月最后一天叫晦。如《祭妹文》"此七月望日事也";《五人墓碑记》"在丁卯三月之望";《赤壁赋》"壬戌之秋,七月既望";《与妻书》"初婚三四个月,适冬之望日前后"。

(4)干支月相兼用法。干支置前,月相列后。如《登泰山记》:"戊申晦,五鼓,与子颍坐日观亭。"

纪时法,我国古代纪时法主要有两种:

(1)天色纪时法。古人最初是根据天色的变化将一昼夜划分为十二个时辰,它们的名称是:夜半、鸡鸣、平旦、日出、食时、隅(yú)中、日中、日昳(dié)、晡(bū)时、日入、黄昏、人定。

(2)地支纪时法。以十二地支来表示一昼夜十二时辰的变化。古天色纪时、地支纪时与今序数纪时对应关系见附表。

十二时辰	黄昏	人定	夜半	鸡鸣	平旦	日出	朝食	隅中	日中	日昃	晡时	日夕
十二地支	戌	亥	子	丑	寅	卯	辰	巳	午	未	申	酉
二十四时	19-21	21-23	23-1	1-3	3-5	5-7	7-9	9-11	11-13	13-15	15-17	17-19
五更	20-22	22-24	24-2	2-4	4-6							
五更	一更	二更	三更	四更	五更							

四、地理知识

【中国】 现为中华人民共和国简称。但在古代文献中它是一个多义性的词组。从春秋战国至宋元明清,多用来泛指中原地区。如孟子《齐桓晋文之事》:"莅中国而抚四夷也。"司马光《赤壁之战》:"若能以吴、越之众与中国抗衡,不如早与之绝。""驱中国士众远涉江湖之间。"

【中华】 上古时期华夏族居四方之中的黄河流域一带,故称"中华",后常用来泛指中原地区。如《三国志》:"其地东接中华,西通西域。"今已成为中国的别称。

【九州】 传说中的我国上古时期划分的九个行政区域,州名分别为:冀、兖、青、徐、扬、荆、豫、梁、雍。后成为中国的别称。陆游诗云:"死去元知万事空,但悲不见九州同。"《过秦论》"序八州而朝同列",秦居雍州,加上八州即九州。

【赤县】 古人把中国称作"赤县神州"。毛泽东词《浣溪沙·和柳亚子先生》:"长夜难明赤县天。"辛弃疾词《南乡子》:"何处望神州,满眼风光北固楼。"

【中原】 又称中土、中州。狭义的中原指今河南省一带,广义的中原指黄河中下游地区或整个黄河流域。如《出师表》:"当奖率三军,北定中原。"陆游《示儿》诗:"王师北定中原日,家祭无忘告乃翁。"指整个黄河流域。

【海内】 古代传说我国疆土四面环海,故称国境之内为海内。王勃《杜少府之任蜀州》:"海内存知己,天涯若比邻。"司马光《赤壁之战》:"海内大乱,将军起兵江东。"

【四海】 参见"海内"条。指天下、全国。如贾谊《过秦论》"有席卷天下,包举宇内,囊括四海之意"。《赤壁之战》:"遂破荆州,威震四海。"《阿房宫赋》:"六王毕,四海一。"《五人墓碑记》:"四海之大,有几人欤?"

【六合】 上下和四方,泛指天下。如《过秦论》"履至尊而制六合","然后以六合为家,殽函为宫"。李白《古风》诗:"秦王扫六合,虎视何雄哉!"

【八荒】 四面八方遥远的地方,犹称"天下"。《过秦论》:"囊括四海之意,并吞八荒之心。"梁启超《少年中国说》:"纵有千古,横有八荒。"

【江河】 古代许多文章中专指长江、黄河。如《鸿门宴》:"将军战河南,臣战河北。"《过秦论》:"然后践华为城,因河为池。"《殽之战》:"公使阳处父追之,及诸河。"再如《祭妹文》"先茔在杭,江广河深",此处"江"即指长江,"河"则指运河。

【西河】 又称河西,黄河以西的地区。如《廉颇蔺相如列传》:"会于西河外渑池。"《过秦论》:"于是秦人拱手而取西河之外。"

【江东】 因长江在安徽境内向东北方向斜流,而以此段江为标准确定东西和左右。所指区域有大小之分,可指南京一带,也可指安徽芜湖以下的长江下游南岸地区,即今苏南、浙江及皖南部分地区称作江东。《史记·项羽本纪》:"且籍与江东子弟八千人渡江而西,今无一人还,纵江东父兄怜而王我,我何面目见之!"李清照诗云:"至今思项羽,不肯过江东。"《赤壁之战》:"兼仗父兄之烈,割据江东。"

【江左】 即江东。古人以东为左,以西为右。《群英会蒋干中计》:"即传令悉召江左英杰与子翼相见。"

【江表】 长江以南地区。《赤壁之战》:"江表英豪,咸归附之。"

【江南】 长江以南的总称,所指区域因时而异。白居易词云:"江南好,风景旧曾谙。"王安石诗云:"春风又绿江南岸,明月何时照我还。"

【淮左】 淮水东面。《扬州慢》"淮左名都,竹西佳处",扬州在淮水东面。

【山东】 顾名思义,在山的东面。但需注意的是,因"山东"之"山",可指崤山、华山、太行山、泰山等数种不同的山,而所指地域不尽相同。下面是以崤山为标准的"山东"。如《汉书》曾提到"山东出相,山西出将"。《鸿门宴》:"沛公居山东时,贪于财货。"《过秦论》:"山东豪俊遂并起而亡秦族矣。"

【关东】 古代指函谷关或潼关以东地区,近代指山海关以东的东北地区。曹操《蒿里行》:"关东有义士,兴兵讨群凶。"指潼关以东地区。

【关西】 指函谷关或潼关以西地区。《赤壁之战》:"马超、韩遂尚在关西,为操后患。"

【关中】 所指范围不一,古人习惯上将函谷关以西地区称为关中。《鸿门宴》:"沛公欲王关中,使子婴为相。"《过秦论》:"始皇之心,自以为关中之固。"

【西域】 古代称我国新疆及其以西地区。《雁荡山》:"按西域书,阿罗汉诸矩罗居震旦东南大海际雁荡山芙蓉峰龙湫。"

【岭峤】 五岭的别称,指越城、都庞、萌渚、骑田、大庾等五岭。《采草药》:"岭峤微草,凌冬不雕。"(这里特指两广一带)。

【朔漠】 指北方的沙漠,也可单称"朔",泛指北方。《采草药》:"朔漠则桃李夏荣。"《木兰诗》:"朔气传金柝,寒光照铁衣。"朔气指北方的风。《林教头风雪山神庙》"仍旧迎着朔风回来",指北风。

【百越】 又作百粤、诸越。古代越族居住在江浙闽粤各地,统称为百越。古文中常泛指南方地区。《过秦论》"南取百越之地",《采草药》"诸越则桃李冬实"。

【五岳】 五大名山的总称,即东岳泰山、西岳华山、中岳嵩山、北岳恒山、南岳衡山。《梦游天姥吟留别》:"势拔五岳掩赤城。"

【京畿】 国都及其附近的地区。《左忠毅公逸事》:"乡先辈左忠毅公视学京畿。"

【三辅】 西汉时本指治理京畿地区的三位官员,后指这三位官员管辖的地区。《张衡传》:"衡少善属文,游于三辅。"《记王忠肃公翱事》:"公一女,嫁为畿辅某官某妻。"隋唐以后简称"辅"。

【三秦】 指潼关以西的关中地区。项羽灭秦后曾将此地封给秦军三位降将,故得名。《送杜少府之任蜀州》:"城阙辅三秦,风烟望五津。"

【郡】 古代的行政区域。秦统一天下设三十六郡,隋唐后州郡互称,明清称府。《过秦论》"北收要害之郡",《琵琶行》"元和十年予左迁九江郡司马",《赤壁之战》"已据有六郡,兵精粮多"。

【州】 参见"郡"条。《隆中对》:"自董卓已来,豪杰并起,跨州连郡者不可胜数。"《赤壁之战》:"荆州之民附操者,逼兵势耳。"

【道】 汉代在少数民族聚居区设道,这是一种行政特区,与县相当。唐代的道,先为监察区,后演变为行政区,是州以上一级行政单位。明清在省内设道,其中守道是小行政区,而巡道只有监察区性质。《谭嗣同》"旋升宁夏道",这里的"道",指道的长官。

【路】 宋元时期行政区域,相当于现在的省。《〈指南录〉后序》:"予除右丞相兼枢密使,都督诸路军马。"《永遇乐·京口北固亭怀古》:"望中犹记,烽火扬州路。"

【山水阴阳】 古代以山南、水北为阳,以山北、水南为阴。《愚公移山》:"指通豫南,达于汉阴。""汉阴"指汉水南面。《登泰山记》:"泰山之阳,汶水西流;其阴,济水东流。"《游褒禅山记》:"所谓华阳洞者,以其乃华山之阳名之也。"

【古称别称】 如南京又称建康、金陵、江宁、白下。《柳敬亭传》："尝奉命至金陵。"《病梅馆记》："江宁之龙蟠……皆产梅。"《梅花岭记》："吴中孙公兆奎以起兵不克,执至白下。"又如扬州称广陵、维扬,李白《送孟浩然之广陵》："烟花三月下扬州。"姜夔《扬州慢》："淳熙丙申至日,予过维扬。"再如杭州称临安、武林,苏州称姑苏,福州称三山,成都称锦官城。《柳敬亭传》："余读《东京梦华录》、《武林旧事》。"《枫桥夜泊》："姑苏城外寒山寺,夜半钟声到客船。"《春夜喜雨》："晓看红湿处,花重锦官城。"《〈指南录〉后序》："自海道至永嘉来三山,为一卷。"

五、职官知识

【爵】 即爵位、爵号,是古代皇帝对贵戚功臣的封赐。旧说周代有公、侯、伯、子、男五种爵位,后代爵称和爵位制度往往因时而异。如汉初刘邦既封皇子为王,又封了七位功臣为王,彭越为梁王,英布为淮南王等;魏曹植曾封为陈王;唐郭子仪被封为汾阳郡王;清太祖努尔哈赤封其子阿济格为英亲王,多铎为豫亲王,豪格为肃亲王。再如宋代寇准封莱国公,王安石封荆国公,司马光为温国公;明代李善长封韩国公,李文忠封曹国公,刘基封诚意伯,王阳明封新建伯;清代曾国藩封一等毅勇侯,左宗棠封二等恪靖侯,李鸿章封一等肃毅伯。

【丞相】 是封建官僚机构中的最高官职,是秉承君主旨意综理全国政务的人。有时称相国,常与宰相通称,简称"相"。如《陈涉世家》："王侯将相宁有种乎?"《廉颇蔺相如列传》："且庸人尚羞之,况于将相乎!"《蜀相》："丞相祠堂何处寻,锦官城外柏森森。"《〈指南录〉后序》："予除右丞相兼枢密使,都督诸路军马。"

【太师】 指两种官职,其一,古代称太师、太傅、太保为"三公",后多为大官加衔,表示恩宠而无实职,如宋代赵普、文彦博等曾被加太师衔。其二,古代又称太子太师、太子太傅、太子太保为"东宫三师",都是太子的老师,太师是太子太师的简称,后来也逐渐成为虚衔。如《梅花岭记》"颜太师以兵解",颜真卿曾被加太子太师衔,故称。再如明代张居正曾有八个虚衔,最后加太子太师衔;清代洪承畴也被加封太子太师衔,其实并未给太子讲过课。

【太傅】 参见"太师"条。古代"三公"之一。又指"东宫三师"之一,如贾谊曾先后任皇子长沙王、梁怀王的老师,故封为太傅。后逐渐成为虚衔,如曾国藩、曾国荃、左宗棠、李鸿章死后都被赠太傅。

【少保】 指两种官职,其一,古代称少师、少傅、少保为"三孤",后逐渐成为虚衔,如《梅花岭记》"文少保亦以悟大光明法蝉蜕",文天祥曾任少保官职,故称。其二,古代称太子少师、太子少傅、太子少保为"东宫三少",后也逐渐成为虚衔。

【尚书】 最初是掌管文书奏章的官员。隋代始设六部,唐代确定六部为吏、户、礼、兵、刑、工,各部以尚书、侍郎为正副长官。如《张衡传》:"上书乞骸骨,征拜尚书。"再如大书法家颜真卿曾任吏部尚书,诗人白居易曾任刑部尚书,史可法曾任兵部尚书。

【学士】 魏晋时是掌管典礼、编撰诸事的官职。唐以后指翰林学士,成为皇帝的秘书、顾问,参与机要,因而有"内相"之称。明清时承旨、侍读、侍讲、编修、庶吉士等虽亦为翰林学士,但与唐宋时翰林学士的地位和职掌都不同。如《〈指南录〉后序》"以资政殿学士行",这是文天祥辞掉丞相后授予的官职;《谭嗣同》"君以学士徐公致靖荐",徐致靖当时任翰林院侍读学士,这是专给帝王讲学的官职。白居易、欧阳修、苏轼、司马光、沈括、宋濂等都曾是翰林学士。

【上卿】 周代官制,天子及诸侯皆有卿,分上中下三等,最尊贵者谓"上卿"。如《廉颇蔺相如列传》:"廉颇为赵将……拜为上卿。"

【大将军】 先秦、西汉时是将军的最高称号。如汉高祖以韩信为大将军,汉武帝以卫青为大将军。魏晋以后渐成虚衔而无实职。明清两代于战争时才设大将军官职,战后即废除。《张衡传》"大将军邓骘奇其才",邓骘当时为汉和帝的大将军。

【参知政事】 又简称"参政"。是唐宋时期最高政务长官之一,与同平章事、枢密使、枢密副使合称"宰执"。宋代范仲淹、欧阳修、王安石都曾任此职。《训俭示康》"参政鲁公为谏官","鲁公"指宋真宗时的鲁宗道。《谭嗣同》"参预新政者,犹唐宋之参知政事,实宰相之职。"

【军机大臣】 军机处是清代辅佐皇帝的政务机构。任职者无定员,一般由亲王、大学士、尚书、侍郎或京堂兼任,称为军机大臣。军机大臣少则三、四人,多则六、七人,被称为"枢臣"。清末汉人只有左宗棠、张之洞、袁世凯等短时间地任过军机大臣。《谭嗣同》"时军机大臣刚毅监斩"。

【军机章京】 参见"军机大臣"条。是军机处的办事人员,军机大臣的属官,被称为"小军机"。《谭嗣同》:"皇上超擢四品卿衔军机章京,与杨锐、林旭、刘光第同参预新政。"

【御史】 本为史官,如《廉颇蔺相如列传》"秦御史前书曰","相如顾召赵御史书曰"。秦以后置御史大夫,职位仅次于丞相,主管弹劾、纠察官员过失诸事。韩愈曾任监察御史,明代海瑞曾任南京右佥都御史。再如《记王忠肃公翱事》"公为都御史,与太监某守辽宁",王翱当时任都察院长官。

【枢密使】 枢密院的长官。唐时由宦官担任,宋以后改由大臣担任,枢密院是管理军国要政的最高国务机构之一,枢密使的权力与宰相相当,清代军机大臣往往被尊称为"枢密"。宋欧阳修曾任枢密副使。《〈指南录〉后序》:"予除右丞相兼枢密使,都督诸路军马。"文天祥当时掌管军事要务。

【左徒】 战国时楚国的官名,与后世左右拾遗相当。主要职责是规谏皇帝、举荐人才。《屈原列传》:"屈原者,名平,楚之同姓也。为楚怀王左徒。"

【太尉】 元代以前的官职名称。是辅佐皇帝的最高武官,汉代称大司马。宋代定为最高一级武官。《林教头风雪山神庙》:"我因恶了高太尉,生事陷害,受了一场官司。"高太尉指高俅。

【上大夫】 先秦官名,比卿低一等。《廉颇蔺相如列传》:"拜相如为上大夫。"当时蔺相如比上卿廉颇官位要低。

【大夫】 各个朝代所指的内容不尽相同,有时可指中央机关的要职,如御史大夫、谏议大夫等。《屈原列传》:"上官大夫与之同列,争宠而心害其能。""上官大夫",一般认为是指上官靳尚。"子非三闾大夫欤?"屈原担任的是掌管王族昭、屈、景三姓事务的长官。《〈指南录〉后序》:"缙绅、大夫、士萃于左丞相府。"指的便是御史大夫、谏议大夫等。

【士大夫】 旧时指官吏或较有声望、地位的知识分子。《师说》:"士大夫之族,曰师曰弟子者,则群聚而笑之。"《石钟山记》:"士大夫终不肯以小舟夜泊绝壁之下,故莫能知。"《训俭示康》:"当时士大夫家皆然。"《五人墓碑记》:"郡之贤士大夫请于当道。"

【太史】 西周、春秋时为地位很高的朝廷大臣,掌管起草文书、策命诸侯卿大夫、记载史事,兼管典籍、历法、祭祀等事。秦汉以后设太史令,其职掌范围渐小,其地位渐低。司马迁做过太史令。《张衡传》:"顺帝初,再转,复为太史令。"《五人墓碑记》:"贤士大夫者,冏卿因之吴公,太史文起文公,孟长姚公也。"文起为翰林院修撰,史官,故称太史。

【长史】 秦时为丞相属官,如李斯曾任长史,相当于丞相的秘书长。两汉以后成为将军属官,是幕僚之长。《出师表》:"侍中、尚书、长史、参军,此悉贞良死节之臣。""长史"指张裔。《赤壁之战》:"子瑜者,亮兄瑾也,避乱江东,为孙权长史。"

【侍郎】 初为宫廷近侍。东汉以后成为尚书的属官。唐代始以侍郎为三省(中书、门下、尚书)各部长官(尚书)的副职(详见"三省六部"条)。韩愈曾先后任过刑部、兵部、吏部的侍郎。《出师表》"侍中、侍郎郭攸之、费祎、董允等",其中董允是侍郎。《谭嗣同》:"八月初一日,上召见袁世凯,特赏侍郎。"袁世凯为兵部侍郎。

【侍中】 原为正规官职外的加官之一。因侍从皇帝左右,地位渐高,等级超过侍郎。魏晋以后,往往成为事实上的宰相。《出师表》提到的郭攸之、费祎即是侍中。

【郎中】 战国时为宫廷侍卫。自唐至清成为尚书、侍郎以下的高级官员,分掌各司事务。如《荆轲刺秦王》:"诸郎中执兵,皆陈殿下。"此指宫廷侍卫。《张衡传》"公车特征拜郎中","郎中"是管理车骑门户的官名。

【参军】 "参谋军务"的简称,最初是丞相的军事参谋,如《出师表》所说的参军蒋琬。晋以后地位渐低,成为诸王、将军的幕僚,如陶渊明曾任镇军参军,《后汉书》著者范晔曾任刘裕第四子刘义康的参军。隋唐以后逐渐成为地方官员,如杜甫曾任右卫率府胄曹参军、华州司功曹参军,白居易曾任京兆府户曹参军。

【令尹】 战国时楚国执掌军政大权的长官,相当于丞相,如《屈原列传》:"令尹子兰闻之大怒。"明清时指县长,如《促织》:"天将以酬长厚者,遂使抚臣、令尹并受促织恩荫。"

【尹】 参见"令尹"条。战国时楚国令尹的助手有左尹、右尹,如《鸿门宴》"楚左尹项伯者",左尹地位略高于右尹。又为古代官的通称,如京兆尹、河南尹、州尹、县尹等。

【都尉】 职位次于将军的武官。《陈涉世家》:"陈涉自立为将军,吴广为都尉。"《鸿门宴》:"沛公已出,项王使都尉陈平召沛公。"

【冏卿】 太仆寺卿的别称,掌管皇帝车马、牲畜之事。《五人墓碑记》"贤士大夫者,冏卿因之吴公","因之"是吴默的字。

【司马】 各个朝代所指官位不尽相同。战国时为掌管军政、军赋的副官,如《鸿门宴》:"沛公左司马曹无伤言之。"隋唐时是州郡太守(刺史)的属官,如《琵琶行》:"元和十年,予左迁九江郡司马。"白居易当时被贬至九江,位在州郡别驾、长史之下。

【节度使】 唐代总揽数州军政事务的总管,原只设在边境诸州;后内地也遍设,造成割据局面,因此世称"藩镇"。《红楼梦》第四回:"雨村便疾忙修书二封与贾政并京营节度使王子腾。"

【经略使】 也简称"经略"。唐宋时期为边防军事长官,与都督并置。如范仲淹曾任陕西经略副使。明清两代有重要军事任务时特设经略,官位高于总督。如《梅花岭记》"经略洪承畴与之有旧",洪承畴降清后曾任七省经略,驻扎江宁。

【刺史】 原为巡察官名,东汉以后成为州郡最高军政长官,有时称为太守。唐白居易曾任杭州、苏州刺史,柳宗元曾任柳州刺史。

【太守】 参见"刺史"条。又称"郡守",州郡最高行政长官。范晔曾任宣城太守。《桃花源记》:"及郡下,诣太守,说如此。"《孔雀东南飞》:"直说太守家,有此令郎君。"《赤壁之战》:"与苍梧太守吴巨有旧,欲往投之。"

【都督】 参见"经略使"条。军事长官或领兵将帅的官名,有的朝代地方最高长官亦称"都督",相当于节度使或州郡刺史。如《梅花岭记》:"任太守民育及诸将刘都督肇基等皆死。"刘肇基是驻地方卫所的军事长官。

【巡抚】 明初指京官巡察地方。清代正式成为省级地方长官,地位略次于总督,别称"抚院"、"抚台"、"抚军"。如《五人墓碑记》:"是时以大中丞抚吴者为魏之私人。"抚吴,即担任吴地的巡抚。

【抚军】 参见"巡抚"条。《促织》:"乃赏成,献诸抚军。"抚军大悦,以金笼进上。"又称作"抚臣",如"诏赐抚臣名马衣缎"。

【校尉】 两汉时期次于将军的官职。如《赤壁之战》:"以鲁肃为赞军校尉。"鲁肃当时担任协助主帅周瑜规划军事的副将。唐以后地位渐低。

【教头】 宋代军中教练武艺的军官,《水浒传》中的林冲就是京城八十万禁军的枪棒教头。

【提辖】 宋代州郡武官的官名,主管训练军队、督捕盗贼等事务。如《水浒传》中的鲁提辖鲁智深。

【从事】 中央或地方长官自己任用的僚属,又称"从事员"。《赤壁之战》:"品其名位,犹不失下曹从事。"

【知府】 即"太守",又称"知州"。《登泰山记》:"是月丁未,与知府朱孝纯子颖由南麓登。"

【县令】 一县的行政长官,又称"知县"。《孔雀东南飞》:"还家十余日,县令遣媒来。"

【里正】 古代的乡官,即一里之长。如《促织》:"令以责之里正。"

【里胥】 管理乡里事务的公差。《促织》:"里胥狡黠,假此科敛丁口。"

【三省六部】 三省为中书省、门下省、尚书省。隋唐时,三省同为最高政务机构,一般中书省管决策,门下省管审议,尚书省管执行,三省的长官都是宰相。中书省长官称中书令,下有中书侍郎、中书舍人等官职;门下省长官称侍中,下有门下侍郎、给事中等官职;尚书省长官为尚书令,下有左右仆射等官职。尚书省下辖六部:吏部(管官吏的任免与考核等,相当于现在的组织部)、户部(管土地户口、赋税财政等)、礼部(管典礼、科举、学校等)、兵部(管军事,相当于现在的国防部)、刑部(管司法刑狱,相当于现在的司法部)、工部(管工程营造、屯田水利等)。各部长官称尚书,副职称侍郎,下有郎中、员外郎、主事等官职。六部制从隋唐开始实行,一直延续到清末。

【官职的任免升降】 "三省六部"制出现以后,官员的升迁任免由吏部掌管。官职的任免升降常用以下词语：

(1)拜。用一定的礼仪授予某种官职或名位。如《〈指南录〉后序》中的"于是辞相印不拜"，就是没有接受丞相的印信，不去就职。

(2)除。拜官授职，如"予除右丞相兼枢密使"(《〈指南录〉后序》)一句中的"除"，就是授予官职的意思。

(3)擢。提升官职，如《战国策·燕策》："先王过举，擢之乎宾客之中，而立之乎群臣之上。"

(4)迁。调动官职，包括升级、降级、平级转调三种情况。为易于区分，人们常在"迁"字的前面或后面加一个字，升级叫迁升、迁授、迁叙，降级叫迁削、迁谪、左迁，平级转调叫转迁、迁官、迁调，离职后调复原职叫迁复。

(5)谪。降职贬官或调往边远地区。《岳阳楼记》"滕子京谪守巴陵郡"中的"谪"就是贬官。

(6)黜。"黜"与"罢、免、夺"都是免去官职。如《国语》："公将黜太子申生而立奚齐。"

(7)去。解除职务，其中有辞职、调离和免职三种情况。辞职和调离属于一般情况和调整官职，而免职则是削职为民。

(8)乞骸骨。年老了请求辞职退休，如《张衡传》："视事三年，上书乞骸骨，征拜尚书。"

后记

本套教材在编写、修订过程中,我们得到了安徽省教育厅职教处、各有关学校领导的大力支持和帮助。省教育厅教科院、合肥师范学院的专家们对教材提出了宝贵意见。安徽大学出版社朱丽琴副总编辑、李梅主任给予了具体的指导。龚婧瑶编辑为这套教材的诞生,付出了大量的时间和劳动。在此一并致谢。

在编写中,我们参考、引用了有关资料,对资料的原作者,我们再次表示衷心的感谢。因客观原因,无法及时与部分原作者或作者近亲属取得联系,在此致以歉意,并请相关作者在见书后及时与安徽大学出版社取得联系,我们将尽快奉上样书。

《语文》编写组
2011 年 8 月